HENRI FRÉDÉRIC AMIEL

FRAGMENTS D'UN

JOURNAL INTIME

Nouvelle édition conforme au texte original
et suivie d'un Index

INTRODUCTION DE
BERNARD BOUVIER

TOME PREMIER
contenant un Portrait inédit.

PARIS
Librairie Stock
Delamain et Boutelleau

1927

FRAGMENTS

D'UN

JOURNAL INTIME

TOME PREMIER

HENRI-FRÉDÉRIC AMIEL

FRAGMENTS

D'UN

JOURNAL INTIME

NOUVELLE ÉDITION
*Conforme au texte original
et suivie d'un INDEX*

INTRODUCTION DE

BERNARD BOUVIER

TOME I

Contenant un portrait inédit

PARIS

LIBRAIRIE STOCK

DELAMAIN ET BOUTELLEAU

7, Rue du Vieux-Colombier

MDCCCCXXVII

LE PREMIER TIRAGE DE CETTE ÉDITION
NOUVELLE DES FRAGMENTS DU JOURNAL
INTIME D'AMIEL A ÉTÉ DE CINQ MILLE
CINQ CENTS EXEMPLAIRES, SAVOIR : QUATRE
MILLE CINQ CENTS EXEMPAIRES PARTAGÉS
EN HUIT ÉDITIONS POUR LA COLLECTION
LETTRES, MÉMOIRES ET CHRONIQUES, DE
LA LIBRAIRIE STOCK ET MILLE EXEM-
PLAIRES POUR GEORG ET Cie, GENÈVE,
PORTANT LA FIRME DE CETTE MAISON.

INTRODUCTION

I

Amiel écrivait en 1876 : « De mes quatorze mille pages de *Journal* qu'on en sauve cinq cents c'est beaucoup, c'est peut-être assez. » Au lendemain de sa mort, les premiers éditeurs des *Fragments du Journal intime* ont répondu à cette timide ambition. Ils ont publié, en 1883 et en 1884, les deux étroits volumes, remaniés dans la cinquième édition de 1887, qui ont fait la renommée d'Amiel, et qui, réimprimés depuis jusqu'au trentième mille, ont été traduits en plusieurs langues. C'est grâce à leur choix sévèrement réglé que cette renommée a lentement élevé l'auteur du *Journal intime* au premier rang des moralistes de langue française. Personne aujourd'hui ne lui conteste plus cette place éminente. D'un critique à l'autre, parmi ceux dont le jugement reproduit vraiment le sentiment d'innombrables lecteurs, dispersés en tous pays, les considérants sont divers sans doute, mais la conclusion est unanime. Dans le long discours qui enregistre au cours des âges la pensée continue de l'humanité, Amiel a prononcé des paroles qui demeurent, avec le sens, l'accent et le tour que son génie leur a donnés, et l'on vient de saluer en lui, à la date centenaire de sa naissance, l'un des explorateurs les plus hardis, l'un des grands découvreurs de l'âme humaine.

Mais l'heure n'est-elle pas venue de le faire parler de nouveau, et d'enrichir, si ce n'est de quelques volumes, au moins de quelques centaines de pages encore, la confession empruntée à l'énorme manuscrit ? Telle est la tâche que je me suis proposée en recevant ce précieux dépôt, jalousement tenu loin de tout regard pendant quarante années. Entreprise qui n'était qu'apparemment facile. Aux méthodes simples que l'érudition applique à toutes sortes de textes, la conscience, l'amour et le sens esthétique ont peu de part. Aussi ne soulagent-elles pas l'éditeur qui veut et doit choisir, d'une anxiété parfois douloureuse. Ceux de 1883 l'ont bien connue. Pour la surmonter, ils ont adopté des principes qui donnent à leur œuvre sa physionomie originale. Mais aujourd'hui j'en suivrai d'autres, et c'est précisément pour les exposer, en décrivant le manuscrit du *Journal intime* et en racontant son histoire, que je m'adresse aux lecteurs curieux de comparer ce texte nouveau avec le texte consacré. Ils n'y chercheront point une biographie d'Amiel, pas plus qu'Edmond Scherer n'a voulu l'écrire en présentant les premiers *Fragments*, ni un jugement de plus sur un homme qui a passé sa vie à se juger lui-même. Mais ils voudront sans doute être plus complètement informés sur l'œuvre qui leur est devenue plus chère à mesure que plus familière. Une biographie authentique d'Amiel, sa correspondance doit la précéder. J'en possède aujourd'hui une partie, je m'efforce de recueillir ce qu'il en peut rester encore en d'autres mains. Après ce nouveau recueil de *Fragments*, je souhaite avoir le temps et les forces de la publier.

On voudra bien me pardonner de parler délibérément à la première personne. Imiter l'admirable réserve de celle qui écrivit l'*Avertissement* de l'édition de 1883, je le voudrais, mais il y faudrait des artifices de langage qui me paraissent vains. De nobles scrupules retenaient cette noble femme, à qui le *Journal intime* doit d'avoir été révélé au public. Légataire du manuscrit, elle voulut m'en faire l'héritier après elle. De cette responsabilité, qui me semblait redoutable, je n'ai voulu accepter que l'obligation morale d'apprendre à mieux connaître le *Journal intime* une fois libéré de sa captivité, pour le faire mieux connaître à mon tour. Je raconte simplement ce que m'ont appris les papiers qui ont été confiés pour un temps à la garde de deux personnes avec moi, ou qui m'ont été personnellement légués. Tout mon effort est au service de la pensée et de la volonté incertaines d'Amiel.

II

Le « Journal intime régulier » débute avec la fin de l'année 1847. Cette date reparaît inscrite sur chacun des cent soixante-treize cahiers du manuscrit. Amiel se trouvait alors, à vingt-six ans, étudiant de l'Université de Berlin, dans une période de pleine possession de soi, de sécurité et d'équilibre, qui devait précisément trouver son expression dans la rédaction journalière de notes sur ses travaux, ses lectures, ses relations scientifiques et mondaines, aussi bien que sur sa vie intérieure. « Je suis maintenant plein d'espé- « rance ; cette mélancolie inquiète, ce tempérament sombre « qui m'ont rongé si longtemps, me semblent tendre à « s'évanouir. L'avenir ne m'effraie plus depuis que je vois « la possibilité de réaliser mes rêves, que mes incertitudes « diminuent, que mes forces croissent, que je deviens « homme. » (*Antécédents du Journal intime*, 6 février 1846 [1].)

Mais avant de faire du Journal l'œuvre essentielle de sa vie et d'y trouver, en dehors et au-dessus, ou plutôt au cœur de toute activité sociale et professionnelle, la raison d'être de sa pensée, il devait entendre confusément, suivre à tâtons et comme malgré lui l'appel intérieur. On trouve les tentatives, souvent abandonnées et reprises, de noter ses réflexions et ses expériences de chaque jour, entre dix-huit et vingt-cinq ans. Ces essais juvéniles remplissent un ou deux cahiers dont le premier, mis à part sous la rubrique « réservé », va du 24 juin 1839 au 27 août 1841. C'est le plus caractéristique de cette série initiatrice, celui qui fait de bonne heure entrevoir les émotions intimes, les conflits d'idées et de sentiments qui devaient conduire cette âme d'exception, toujours plus complaisamment livrée à une liberté ruineuse de toute œuvre solide, forte et définitive,

---

1. Amiel groupe lui-même sous cette indication générale les cahiers de jeunesse qu'il intitule d'ailleurs, tantôt *Premier Journal*, tantôt *Notes et réflexions ou Journal*.

à s'observer, se juger et se décrire elle-même dans une confidence de trente-cinq années.

Voici la première de ces réflexions : « Le moyen de ne rien « apprendre, tout en travaillant, c'est de voltiger d'un « ouvrage à l'autre, ou de trop lire d'une haleine. Je parcours, « je feuillette vingt fois un volume d'histoire, tandis que « j'aurais pu le lire attentivement. Ainsi j'ai trouvé la « recette d'avoir toujours à recommencer. Il faudra régler « cela. » Et cet étudiant de dix-huit ans continue : « Je « voudrais tellement lire et apprendre de choses à la « fois que les bras me tombent de découragement, et que « je reste devant l'ouvrage sans pouvoir me résoudre à me « borner à un seul sujet, et sans oser commencer. C'est un « grand défaut : encore une chose à corriger... » (*Premier Journal*, 24 juin 1839.)

Pour répondre à l'infatigable curiosité d'un esprit qui prévoit déjà que le complet sera son besoin et son rêve, que rien de ce qui est fini ne le satisfera jamais, il se livre, en marge de ses cours, qui semblent d'ailleurs le captiver peu, et à côté des distractions de la camaraderie ou de la famille, qui ne l'absorbent jamais, à une lecture avide et surtout dispersée. Voici, par exemple, ce qu'il a lu, du 24 juin au 17 octobre de cette année 1839 : Béranger, *Chansons* ; Mignet, *Napoléon* ; Victor Hugo, *les Orientales, les Voix intérieures* ; Mme de Staël, *Corinne* ; Michelet, *Introduction à l'Histoire universelle* ; J.-J. Rousseau, *Lettres sur la botanique* ; de Saintines, *Picciola* ; Balzac, *la Peau de chagrin, Physiologie du Mariage* ; G. Sand, *La dernière Aldini* ; Ch. Nodier, *Mlle de Marsan* ; Jules Janin, *Chemin de traverse* ; Grégoire de Tours, *Histoire des Francs* ; Montaigne, quelques livres des *Essais* ; Villemain, *Eloge de Montaigne* ; quelques chapitres du *Perfectionnement moral* ; Charles Didier, *Rome souterraine*, et je crois que j'en oublie ! Mais bientôt, il en viendra à « sentir ce qu'il y a de faux dans la vie des livres », par opposition à la vie réelle : « Je reconnais avec une sorte « de terreur l'énorme illusion, sur laquelle j'ai vécu sans « la raisonner, que tout était dans les livres, et que là l'on « apprenait plus vite et mieux. » (*Antécédents du Journal intime*, Berlin, 8 avril 1845.)

N'est-ce pas la tentation suprême de l'intelligence, le désordre malin de la curiosité de l'esprit, l'attrait défendu de l'arbre du bien et du mal ? « Il faut régler cela », ce mot revient comme le refrain de ces premiers cahiers. Et il est bien, ce journal ébauché, le refuge contre un malaise grandissant du jeune homme abandonné sans règle et sans mesure à la soif de connaître. « Il faut régler cela », il faut trouver et s'imposer une discipline de travail, un contrôle rigoureux de ces multiples aventures intellectuelles, la sagesse enfin et la ligne de conduite persévérante que pourra seul lui tracer le dessein arrêté d'une vocation.

« Depuis longtemps, je suis préoccupé de ma vocation. « C'est la planète, comme dit Gœthe, autour de laquelle « gravitent pour le moment mes réflexions et mes lectures. « J'éprouve de cruelles incertitudes. C'est peut-être que « l'orgueil m'aveugle et que je ne crois jamais trouver ma « place assez haut ni assez loin. Où tout cela aboutira-t-il ? « Qui vivra verra. » (*Premier Journal*, 14 octobre 1840.)

En attendant, Amiel s'efforce d'assurer par des « principes » une recherche qu'inquiète le sentiment, parfois douloureux, de la fuite du temps mal employé. En voici deux : « Pour « grouper ses études, il faut proposer un but certain, et plutôt « un peu vaste, à ses efforts et à ses travaux. » — « Chaque « branche spéciale doit être fécondée et animée par l'idée « de ce vaste ensemble auquel elle appartient. C'est la seule « méthode de la faire étudier avec fruit. » (*Premier Journal*, 8 octobre 1840.)

Je continue mes citations. Le 6 mars 1840, il avait écrit : « Employé presque tout le temps que j'avais de libre à « rédiger cette petite carte de quatre pouces de surface où « se trouvent toutes les règles que j'adopte pour ma conduite ; « je me suis tourmenté pour rendre complètes les trois qui « concernent l'étude. J'ai trouvé un cadre où je pouvais tout « faire entrer. Comment retenir ce qu'on a appris ; — « comment apprendre de nouveau ; — comment être sûr « qu'on sait. » (*Premier Journal*, 6 mars 1840.)

Mais le découragement, l'infidélité à cette discipline reparaîtront bientôt et rendront plus pressant l'appel à ce singulier secours du Journal : « Oh ! ces temps, je suis bien

« las de moi : je vois le peu de résultats de mes deux ans
« et demi d'Auditoire[1] ; je sens ma vie s'écouler sans porter
« de fruit, sans la trouver employée. Je gaspille mes forces
« à quelques lectures dispersées, qui ne laissent pas des
« traces pour assez longtemps. La paresse a tout envahi.
« Elle me tue. Mais non, c'est moi qui la tuerai. Je vais
« m'occuper dès ce soir d'un examen de ma vie. Je l'achèverai
« et mettrai tout par écrit. Du passé je me tournerai vers
« l'avenir et, tout humilié par celui-là, je me formerai un
« renouvellement de vie ; je choisirai enfin nettement ma
« vocation, je fixerai l'œuvre que je veux accomplir et, de
« là, je construirai mes plans pour l'année prochaine et
« les suivantes, dirigés tous vers ce but unique. Je ne res-
« serrerai pas trop ma liberté, parce que c'est le moyen de
« n'en rien obtenir ; mais je me tracerai un itinéraire général.
« Oui, il faudra que je revienne souvent au but que je me
« propose, et que tous les mois, et même toutes les semaines,
« il y ait irrévocablement un examen de mes progrès, soit
« intellectuels, soit moraux, soit même physiques. »

Ordre dans ses lectures, choix d'une carrière, méthode
et plan de travail, examen de conscience, telles sont donc
les premières étapes de volonté par où passe l'auteur du
Premier Journal.

Amiel ne se décida d'ailleurs pas à ce dialogue périodique
avec lui-même sans hésitation, ni même sans résistance.
De bonne heure, il en pressentit le danger : « Il y a une
« certaine volupté à se faire des moralités, à déclamer de
« beaux conseils, et une sotte mélancolie à se sentir in-
« capable de les suivre. » (*Premier Journal*, 14 octobre 1839.)
— « Ces journaux sont une illusion. Ils ne renferment pas la
« dixième partie de ce qu'on pense en une demi-heure sur
« ce sujet. S'ils pouvaient seulement être une table des
« matières, ce serait précieux. » (*Premier Journal*, 13 octobre 1840.)

Mais comment, d'autre part, quand on a l'instinct, le

---

1. On appelait « Auditoire » les trois années d'études générales de sciences
et de lettres par où passaient les étudiants de Genève avant d'entrer dans les
Facultés professionnelles.

besoin et le rêve du complet, consentir à rien perdre de soi-même, à se renouveler, se métamorphoser, à mourir tous les jours, pour renaître différent, sans cueillir les leçons de ces expériences successives ? « Une idée qui me frappa, « c'est celle-ci : « Chaque jour nous laissons une partie de « nous-mêmes en chemin. Tout s'évanouit autour de nous, « figures, parents, concitoyens, les générations s'écoulent « en silence, tout tombe et s'en va, le monde nous échappe, « les illusions se dissipent, nous assistons à la perte de toutes « choses, et ce n'est pas assez, nous nous perdons nous- « mêmes ; nous sommes aussi étrangers au moi qui a vécu, « que si ce n'était pas nous ; ce que j'étais il y a quelques « années, mes plaisirs, mes sentiments, mes pensées, je ne le « sais plus, mon corps a passé, mon âme a passé aussi, « le temps a tout emporté. J'assiste à ma métamorphose, « je ne sais plus ce que j'étais, mes jouissances d'enfant je « ne puis plus les comprendre, mes observations, mes espé- « rances, mes créations de jeune homme, elles sont perdues ; « ce que j'avais senti, ce que j'avais pensé (mon seul précieux « bagage), la conscience de mon ancienne existence, je ne « l'ai plus, c'est un passé englouti. Cette pensée est d'une « mélancolie sans égale. Elle rappelle le mot du prince de « Ligne : *Si l'on se souvenait de tout ce qu'on a observé ou* « *appris dans sa vie, on serait bien savant.* Cette pensée suffirait « à faire tenir un journal assidu. » (*Premier Journal*, 8 oc- tobre 1840.)

Comme on le verra, dans son année d'Italie, peu ému par le spectacle des paysages, des architectures ou des œuvres d'art, mais constamment enclin à transposer toutes ses sen- sations sur le plan de la réflexion morale ou philosophique, ainsi, dès l'adolescence, il lui faut un acte de l'intelligence pour trouver de l'attrait, de l'intérêt aux choses. Il n'agira pas avant d'être maître du principe. Ce qui est, pour d'autres, récompense du travail, en est pour lui la condi- tion. Il entrevoit d'abord la pluralité, son ambition tend à la connaissance totale, sa méthode instinctive d'apprendre est la synthèse.

Laissons-le parler, à la fin d'un de ses examens de lui- même, comme le *Premier Journal* en contient déjà plusieurs :

« Je crois être bien doué, mais mon état naturel est le repos.
« Tout ce que j'ai de facultés a besoin, pour s'éveiller, d'un
« acte formel de volonté. La volonté m'est plus nécessaire
« qu'à un autre, car mes facultés sont sans élan par elles-
« mêmes. Ce sont des serviteurs absolument dévoués et
« passifs. Une volonté énergique pourrait aller loin avec mes
« instruments, car elle serait richement servie. Si je n'ac-
« quiers pas la volonté, je ne serai rien.

« La conscience du succès double mes forces ; je ne com-
« mence pas si je n'espère pas réussir. Je me décourage vite :
« j'ai besoin de triompher, j'ai besoin de confiance en moi.
« Je n'entreprendrai jamais rien de grand, sans la foi en
« moi-même. » (*Premier Journal*, 18 juin 1841.)

Mot humble et profond qui révèle le tragique caché d'une
jeunesse, d'ailleurs si riche, extérieurement si enjouée et
parfois si brillante. Ramenée constamment à elle-même,
la pensée de l'Amiel de vingt ans tourne, comme en un cercle,
dans ce tourment, apparemment sans issue, du choix d'une
vocation.

Cet esprit, déjà ouvert à l'universel, redoute de dépendre de
qui que ce soit, de se donner à aucune vérité particulière, de
rien sacrifier des dons magnifiques que chaque méditation
nouvelle lui fait découvrir en lui. Il voudrait, du premier
coup, et dût-il tout renoncer de l'homme individuel, atteindre
à la connaissance et à la définition de l'homme absolu. « Tout
« est dans tout, écrira-t-il quelques années plus tard, et si
« l'œil peut jamais pénétrer à fond un seul objet, l'univers de-
« vient pour lui transparent. Un homme représente l'homme,
« l'homme contient l'animal, l'animal le végétal, le végétal
« le minéral, le minéral l'algèbre et la géométrie. Comprendre
« à fond un homme, ce serait voir à jour l'univers. » (*Premier
Journal*, Berlin, 4 février 1845.)

Vue saisissante, dans la hardiesse d'un raccourci où se
ramassent toutes les sciences ! Prise de possession victo-
rieuse de l'inconnu ! La lutte même qu'Amiel avait de bonne
heure entreprise pour se connaître et réaliser en lui la paix
par l'équilibre de son esprit et de son cœur, devait le conduire
à sa vocation véritable.

« Aujourd'hui, à la tombée de la nuit, je me suis mis à

« réfléchir sur un système de vie, sur un plan immense de
« travail, tel qu'on serait tenté de l'entreprendre, si l'on
« oubliait qu'on ne dispose que de forces humaines. Nature,
« humanité, astronomie, sciences naturelles, mathématiques,
« poésie, religion, beaux-arts, histoire, psychologie, tout
« doit rentrer dans la philosophie, comme je la conçois...
« Puis, des scrupules me prenaient à la gorge. Étudier ce qui
« est, comprendre et même trouver la raison de ce qui s'est
« fait, est-ce utile ? Étendre mon intelligence, avoir tout
« compris, quand j'y réussirais, n'est-ce pas un but person-
« nel, une jouissance égoïste ? Comment servir au monde ?
« N'est-ce pas en trouvant une idée nouvelle, plutôt qu'en
« remuant toutes les idées créées ? — J'y répondais en di-
« sant : Une fois l'idée de Dieu comprise, le rôle de l'humanité
« déterminé, mon œuvre serait de les faire connaître, mon
« devoir m'appellerait à dire au poète, à la science, à la mu-
« sique, à la philosophie, à tout ce que font les hommes :
« voilà votre tâche, voilà votre destination...» (*Premier
Journal*, 8 octobre 1840.)

On ne sourira pas de ces transports d'une imagination
encyclopédique, de ce romantisme éperdu de l'esprit, quand
on songera qu'Amiel à vingt ans traçait ainsi l'immense
horizon de l'œuvre de toute sa vie, du *Journal intime*, dont
les puissances se mouvaient déjà obscurément en lui.

J'en prends à témoin la confession si belle, si vaste, si
étonnante par l'audace, si touchante par l'humilité, qu'il
écrira de sa solitude de Fillinge, en Savoie, le 14 septembre
1841, dans une lettre à sa tante Fanchette :

« Hier au soir, je suis rentré dans ma chambre, et là, sous
« le regard des étoiles qui se pressaient là-haut, j'ai réfléchi
« sérieusement. Je me demandais ce que je me suis demandé
« vingt fois, quelle serait la pensée autour de laquelle j'or-
« donnerais ma vie, l'idée dominante, le but, le mobile qui de-
« vait englober tous les autres, dominer tout le reste et donner
« de l'unité à ma carrière. C'est une des choses qui me font
« souffrir le plus, que de me sentir gaspillé et éparpillé par la
« vie ; les forces se dispersent, on ne sait pas précisément ce
« que l'on fait, et quand on a dépensé bien des peines et des
« travaux, on n'est pas plus avancé vers le bonheur. Il faut

« donc centraliser son activité, se rendre compte clairement
« du but où l'on va et comment on y va...

« Le but, il est dans ce qui ne passe pas, dans ce qui échappe
« à tout, aux revers et aux tyrans, dans ce qui nous appar-
« tient et nous appartiendra, dans notre âme. Notre âme est
« un dépôt solennel, c'est la seule chose éternelle au milieu
« de tout ce qui nous entoure, ces montagnes, ce globe, ces
« soleils ; c'est le souffle divin qui vaut mieux que tous ces
« mondes ; nous lui devons tout. Elle doit avoir conscience
« d'elle-même, de son but, de sa vie intérieure ; nous devons
« faire comparaître devant elle nos actions, nos sentiments,
« nos acquisitions de tous les jours, elle doit juger de ce qui
« appartient à sa culture véritable, et juger tout ce qui n'a
« pas des racines et des fruits immortels. Il faut se dire que
« cette âme est destinée à grandir sans fin et sans limites,
« que si nous avons été jetés sur cette planète, nous devons
« lui survivre et passer ailleurs... Mais cette éducation éter-
« nelle nous avons à la commencer sur ce globe ; le monde,
« notre carrière, les amis, les parents, la religion sont des
« moyens de Dieu ; les vraies relations sont de Dieu à nous ;
« l'amour des créatures, il est pieux, il est sanctifié par la loi
« céleste, mais c'est encore une éducation, un moyen pour
« monter plus haut. La charité est le plus grand échelon
« pour arriver à l'amour suprême. — Notre âme a beaucoup
« de facultés diverses, beaucoup de puissances, en apparence
« opposées, mais toutes se rallient dans son centre ; elles ne
« sont que les rayons qui, quoique divergents, remontent
« à une source unique, émanent du point central. Tout ce que
« la terre peut nous fournir, il faut le prendre. Les facultés
« doivent être cultivées ensemble, pour maintenir l'équilibre
« et ne pas amener l'hypertrophie de l'une au détriment de
« l'autre. Musique et géométrie, astronomie et esthétique,
« philosophie et poésie, sciences morales et arts industriels;
« rien n'est de trop, rien n'est à repousser. Le but ne change
« pas, mais les moyens se modifient et s'assouplissent. Si
« la culture scientifique manque, si la maladie nous enchaîne,
« eh bien ! la vie intérieure trouve encore un profit à en tirer,
« elle apprend à souffrir ; elle se fait forte, elle s'instruit au
« détachement du monde, elle étudie ses impressions, elle

« se purifie et se résigne. Si les livres manquent, on a le cœur
« humain à sonder ; si la société manque, on a les œuvres
« de l'art ou celles de la nature. Si toutes ces moissons sont
« absentes et qu'on n'ait pas à les apporter à son âme, la
« table de la vie intérieure ne sera pourtant pas vide ; il y
« aura encore nous-même et Dieu : nous-même, nos facultés,
« le jeu de nos passions, de nos idées, la structure et l'action
« de l'entendement, surtout l'étude morale de notre cœur,
« et tout cela pour en faire l'offrande à notre âme et de notre
« âme elle-même à Dieu.

« La vie intérieure doit être l'autel de Vesta, dont le feu
« doit brûler nuit et jour. Notre âme est le temple saint dont
« nous sommes les lévites. Tout doit être apporté sur l'autel
« éclairé et passé au feu de l'examen, et l'âme se doit la
« conscience de son action et de sa volonté... »

On reconnaît aisément quelques-unes des pensées, quelques-uns des accents des *Antécédents,* contemporains de cette
confession toute palpitante d'enthousiasme, et qui répond
aux angoisses de l'adolescence par une sorte de prophétie,
de totale et rapide vision de sa destinée.

Le *Journal intime* réalisera vraiment la « vocation » d'Henri-
Frédéric Amiel. On l'a mal jugé, je crois, quand on y a vu
je ne sais quel confident désabusé, quel compagnon de désespérance, quel vautour qui rongerait la poitrine de ce
Prométhée enchaîné ; ou bien, quand on y a montré comme un
acte d'accusation contre un monde auquel Amiel n'aurait
jamais pu s'adapter, comme une sorte de revanche que le
martyr de l'idéal aurait prise, jour après jour, sur une patrie
ingrate, une vie sociale hostile et une carrière manquée :
non, le Journal n'est rien moins que cette œuvre cruelle et
stérile. « Je n'ai pas eu de consolateur, d'ami supérieur à moi
et me comprenant et me redonnant de la force dans mon
adolescence. » Ainsi parle Amiel à vingt-quatre ans. Mais dès
la vingtième année, il avait, à son insu, découvert le remède
à son mal, à cette privation dont tout son être souffrait :
se donner à lui-même cet ami supérieur, ce guide, ce stimu-
lateur, ce conseiller et ce juge, dont la parole remplira sa solitude et sauvera son courage : ce sera le *Journal intime.*

Seulement, si bien des pages de l'œuvre poursuivie jusqu'à

l'anéantissement de toutes les espérances et de toutes les déceptions, semblent donner raison à la sévérité de certains moralistes, si Amiel lui-même l'a parfois condamnée, c'est qu'elle subit à son tour la « loi d'ironie » qu'il a définie : « la duperie inconsciente, la réfutation de soi par soi-même, la réalisation concrète de l'absurde ». — « Le philosophe aussi « tombe sous la loi d'ironie, car après s'être mentalement « défait de tous les préjugés, c'est-à-dire s'être internationalisé « à fond, il lui faut rentrer dans sa guenille et sa chenille, « manger et boire, avoir faim, soif, froid, et faire comme tous « les autres mortels, après avoir momentanément fait comme « personne. » Oui, comme tous les autres mortels, s'abandonner aux faims et aux soifs du cœur, ambitionner la gloire, gémir des déceptions, se prêter à l'envie, rêver le bonheur et le bien-être domestiques, déjouer les curieux, démasquer les méchants, faire appel à la sympathie et à l'admiration, affirmer ses mérites, réclamer ses récompenses, primer enfin en revendiquant tous ses droits.

Toutes ces faiblesses humaines entrent et passent sur la scène du *Journal intime*. Coalition changeante et momentanée, elles n'y célèbrent aucune victoire, aucune conquête. La loi du devoir et l'intelligence souveraine abolissent la loi d'ironie. Le fond de l'âme d'Amiel, ce n'est pas la défaite, ni la désespérance, c'est l'héroïsme, comme l'annonçaient déjà les *Antécédents du Journal*. Toutes les dissonances s'effaceront dans l'accord suprême de la conscience morale et de l'esprit.

III

Le manuscrit du *Journal intime* régulier compte 173 cahiers in-quarto — en réalité 174 si l'on tient compte d'une erreur de pagination — qu'Amiel a cousus lui-même et réunis dans treize cartonnages à dos de parchemin. L'ensemble donne environ 16.900 pages, tandis que les quatre cahiers des *Antécédents* n'en comptaient pas deux cents.

Pendant les années du début l'auteur suit une pratique assez régulière de paragraphes logiquement distingués par des sous-titres qu'il souligne et des notes marginales ajoutées après coup.

En réalité il tâtonnait encore : la diversité autant que l'abondance des faits ou des réflexions à relever l'embarrassent. Pas plus qu'il ne se tenait à la règle de consacrer au Journal la dernière heure d'une journée de travail sévèrement divisée (de 9 à 10 heures du soir), il ne suivait le plan jadis tracé d'un journal réparti en cinq cahiers de notes intimes : « 1. Moral ; 2. Intellectuel ; 3. Physique ; 4. Vie intérieure, impressions ; 5. Projets, plans. » (*Antécédents*, 30 octobre 1840.)

C'est le temps où il se proposait d'élucider « l'art et la méthode de la vie ». — « Le principe, c'est la volonté : « vouloir ce qu'on sait ; le but, c'est la vocation : savoir ce « qu'on doit ; la méthode, c'est le plan de vie : fixer comment « on doit. » Mais il devait se lasser bientôt de cette pédanterie « de catéchisme : « Employé plusieurs heures à relire et « orner de marginaux un des cahiers de mon *Journal intime*, « afin de faire des renvois et rapprochements. Il est assez « ennuyeux par son éternelle préoccupation personnelle et « moraliste. L'absence de faits tient à la division du travail, « je voulais réserver les faits à d'autres cahiers parallèles... « —... Il faut donc améliorer le Journal en y faisant une place « aux gens et aux choses. De psychologique et moral, le « faire devenir plus pittoresque. Ou bien serait-ce l'œuvre « d'un autre cahier ? Ne faut-il pas que toute la vie subjec- « tive, plus immédiatement saisie dans sa conscience que « racontée dans ses actes, rentre dans le Journal ? Les trois « sphères concentriques de la vie subjective, c'est-à-dire les « faits et les actes ; — les idées apparues ; — les sentiments « éprouvés, doivent former ou composer la matière du Jour- « nal [1]. »

Et Amiel dresse ce tableau singulier :

A. ACTA :   *a)* Emploi du temps et des heures· (*sta-tistique*) ;
                   b) Détails (*espoirs*).

---

1. *Journal intime,* décembre 1849. Toutes les citations faites au cours de cette Introduction sont empruntées à des parties inédites du manuscrit.

B. COGITATA :   *a)* Connaissances acquises (*musée*) ;

                       b) Idées devenues et trouvées (*arsenal*).

C. SENTITA :   *a)* Ce qui passe, aperceptions fugitives (*lyrisme, théâtre*) ;

                       b) Ce qui reste, sentiment fondamental (*religion, confessionnal*).

Mais il abandonne bientôt toute intention pédagogique de division du travail. En regard du schéma précédent, une note postérieure pose en marge cette question : « Le Journal intime exprime-t-il la vie ? » C'est de la vie que le Journal devait en effet s'inspirer toujours plus spontanément. « Si je con-
« tinue, écrit Amiel en 1852, il prendra un autre aspect... Pour
« le moment, ce Journal est encore un être mystique et hy-
« bride, semainier, agenda, procès-verbal, inquisiteur, con-
« fident, garde-notes, mais où deux rôles dominent : celui de
« greffier qui constate et celui de Nestor qui sermonne.
« Statistique et monitoire. c'est également fastidieux. Aussi
« est-il peu amusant à relire. Cependant s'il a été utile à écrire
« il a une excuse. » On voit peu à peu, par la seule disposition graphique et la physionomie des cahiers, comment le Journal s'affranchit d'être une discipline pour devenir une diversion, un délassement, avant qu'il ne soit un jour le compagnon indispensable, et parfois le maître impérieux. Dès lors il se rapproche plus étroitement de son auteur, il paraît se modeler sur son naturel et s'accommoder à son humeur. S'il ne reçoit pas encore son premier salut du matin, il l'appelle plus cons- tamment à lui, et les semaines, même les journées deviennent de plus en plus rares pendant lesquelles Amiel n'y a rien consigné :

« Journal négligé, journal ennuyeux, car il ne consigne
« plus que quelques faits grossiers et point ou peu d'impres-
« sions ; il garde la matière et perd l'esprit des journées
« écoulées. Au lieu d'un bouquet, je n'ai plus qu'un herbier,
« les fleurs elles-mêmes y sont aplaties, sans parfum et sans
« fraîcheur. Or, une fleur sèche n'est plus vraie, est un men-
« songe. Un journal arriéré n'est plus un journal, et sa fidé-
« lité même peut tromper. Un témoin qui ne dit pas toute

« la vérité est un faux témoin comme celui qui l'altère et
« plus que celui qui la tait. Donc écrire tous les jours, ou ne
« revenir qu'avec scrupules sur les jours oubliés. » (*Journal
intime*, 22 avril 1851.)

A partir de l'automne 1852, il n'y aura plus de journées
blanches, sauf quelques exceptions très espacées. Et c'est
alors aussi que se fixe ce type de rédaction, presque uniforme
dans les périodes de calme physique et moral, d'après lequel
Amiel inscrit sous la date du jour une énumération des lectures faites, des lettres écrites et des visites reçues ; et puis
développe, en paragraphes longs et courts, d'abord l'analyse
et la critique des articles et ouvrages lus, ensuite le commen-
taire de ses rencontres, de ses conversations ou de ses expériences de la journée.

D'un jour à l'autre, d'une année à l'autre, le nombre des
pages peut varier beaucoup. Sur la couverture du 144e cahier, qui se termine avec l'année 1876, Amiel inscrit cette
observation : « 14.000 pages en 25 ans, donnent 482 pages
« par an, et une et trois dixièmes de page par jour pendant
« 10.480 jours consécutifs. » En fait, son humeur mobile ne
s'astreint à aucun calcul. « Ai-je assez griffonné aujourd'hui
« (11 pages) ; à ce compte-là, cela ferait 3.700 pages en une
« année, autant que dans les dix années de 1848 à 1858. —
« Supposez quatre pages par jour, d'un ouvrage durable ;
« en trois mois, ce serait un volume. Mettons neuf mois pour
« le préparer et le méditer : cela ferait encore un volume
« par an. » (*Journal intime*, 7 avril 1866.)

Les années seront donc fort inégales : la moyenne pour les
dix premières est de 293 pages ; pour les dix suivantes, de
528 pages ; pour les dix suivantes, de 635 pages. Les trois
années les plus chargées sont 1870 (813 pages), 1871 (841 pages, et 1880 (809 pages).

En tête du deuxième volume de cette édition, on trouvera
le fac-similé de la couverture d'un des cahiers du Journal,
le quatre-vingt-dix-septième. J'aurais pu reproduire celle
du deuxième cahier (1848) qui porte l'inscription suivante,
curieux programme, d'ailleurs bien confus encore et rédigé
dans le style de l'étudiant berlinois, de l'œuvre qu'il vient
d'entreprendre : « Observatoire général. Revue de l'ensemble,

« de la marche de mon développement. Quartier général des
« opérations. Coup d'œil sur l'harmonie ou la dissonance inté-
« rieures, sur les lacunes, les fautes ou les malaises, sur l'éva-
« luation simultanée et organique de mes forces physiques,
« intellectuelles et morales. — Thermomètre de mon état
« psychologique. — Ma vie la plus centrale, la plus secrète,
« la plus recueillie. — Relations avec la sphère éternelle. —
« Expérience intérieure. Conscience de moi. Équilibre, pro-
« portion, mesure, harmonie, eurythmie. *Lebenskunst.* Édu-
« cation infinie. — États de l'âme et principes directeurs ou
« consolateurs. — Caractère. Inclinations. Impressions. »

Toutes les couvertures des cahiers de papier blanc ne sont
pas aussi chargées. Parmi les premiers, quelques-uns portent
l'épigraphe : *Specula, speculum.* D'autres, plus tard, des de-
vises qui sont des admonestations : A POINT. ATTENDS. RIEN
SANS BUT. POUR AUTRUI. NULLA DIES SINE LINEA. NE CRAS.
CAVE CASSUM. BE FAST. Ou bien ce sont des citations empruntées à ses lectures du moment, où se rencontrent Sénèque,
Martial, Montaigne, Fénelon, Voltaire, Rousseau, Gœthe,
Heine, George Sand, Sainte-Beuve, Vinet, Emerson, pour ne
mentionner que les noms les plus illustres ou les plus fré-
quents. Ou bien encore des stances, des distiques, des quatrains, parfois signés des initiales d'Amiel. En voici quelques
exemples :

> Nul ne fait bien que ce qu'il fait sans trêve ;
> Tout vrai talent s'exerce chaque jour ;
> Plus verdit l'arbre, et plus il prend de sève ;
> Plus le cœur aime, et plus il tient d'amour.
>
> (35e cahier, mars 1858.)

> Nature, en ma faveur tu fus en vain prodigue :
> Pour moi, vouloir, agir, vivre est une fatigue.
>
> (37e cahier, mars 1859.)

> Crois, et tu peux agir ; doute, et tu restes coi ;
> Pour oser quelque chose et vaincre, il faut la foi.
>
> (70e cahier, janvier-mars 1865.)

> Dans cette existence qu'oppresse
> Le malheur de l'humanité,

Il n'est de bon que la sagesse
Et de sage que la bonté.

(107e cahier, septembre-novembre 1870.)

Obtenir la paix, tu le peux ;
Presque le bonheur, si tu veux :
Fais ton devoir, et rends heureux.

(111e cahier, février-avril 1871.)

DAPHNIS ET CHLOÉ

Unis par le cœur, sans prêtre ou notaire,
Avant d'être époux, ils furent conjoints ;
Le code civil vient après Cythère :
Pour aimer plus tôt, s'en aime-t-on moins ?

(117e cahier, janvier 1872.)

De l'idéal disert amant,
Contemplatif à l'âme fière,
Tout ce qu'il veut, il peut le faire,
Mais il voulut bien rarement.

(159e cahier, mai-juillet 1879.)

Fallait-il qu'on le dît ou qu'on me le cachât ?
Ainsi je dois mourir noyé dans mon crachat :
Mon âme, hélas ! la devinait cette fin lamentable,
    Et n'est pas résignée.
Quoi ! rien pour mon salut, quoi ! rien pour mon rachat ?.
    Ignoble et dure destinée !

(164e cahier, janvier-mars 1880.)

Au cours même du Journal, la réflexion d'Amiel tourne très fréquemment en vers-proverbes, en distiques, en quatrains et même en petits poèmes, parfois humoristiques, pour la plupart gnomiques. Les *Fragments* publiés en conservent quelques-uns, quoique les éditeurs de 1883 les aient le plus souvent supprimés. La plupart sont médiocres sans doute, mais caractéristiques du tour d'esprit d'un moraliste trop souvent épris du joli, même du précieux. Sur la couverture du cent trente et unième cahier, qui date de 1874, je relève cette note significative : « Un supplément nécessaire de ce « Journal, c'est la collection des *Pensives*, recueil de plus de

« 700 piécettes gnomiques, écrites au jour le jour depuis
« quelques années et réunies à part. Ces brimborions tra-
« duisent les situations morales actuelles ou traversées. S'ils
« ont peu de valeur littéraire, ils sont un mémorial psycho-
« logique. » Les recueils du *Penseroso* et de *La Part du Rêve*
offrent les échantillons les plus réussis de cette poésie sen-
tencieuse.

Certaines périodes du Journal sont plus versifiantes que
d'autres ; ainsi les années 1868 à 1872, dont beaucoup de
pages présentent un mélange constant de prose et de vers.
L'auteur écrivait peu après : « Je remarque que les jours sans
« rimes sont ceux où je me laisse le plus abattre. » Voici l'un
de ces jours de bon courage et de franchise alerte :

8 novembre 1861 (neuf heures du matin).

Sirocco, sol mouillé, vent tiède, ciel couvert,
    La terre est de feuilles jonchée ;
Oublions ! l'arbre nu sait-il qu'il était vert ?
    Le nid froid, qu'il eut sa nichée ?
Vivons, marchons front haut, fêtons même l'hiver,
    A quoi bon la tête penchée ?

Va, ne sois point ingrat et savoure les biens
    Dont le ciel pour toi fut prodigue :
Si chaque homme a ses maux, sache porter les tiens,
    Aux mauvais pensers fais la figue.
Un cœur joyeux, voilà le meilleur des soutiens,
    C'est le cœur triste qui fatigue.

Tes longs abattements viennent de ton ennui,
    Et ton ennui de ta faiblesse ;
Trop vite tu t'assieds, trop tôt l'espoir t'a fui,
    Trop aisément ton cœur se blesse ;
Sois homme, prends courage et dis-toi qu'aujourd'hui
    Ton ennemi, c'est la mollesse.

« Voilà dix-huit vers sortis involontairement de la première
« ligne qui avait pris la tournure d'un alexandrin, et d'un
« mouvement de gratitude éprouvé ce matin en songeant
« à la liberté qui m'était accordée par la Providence. Le
« vers a sollicité la pensée, et la pensée le vers. Quand tous
« les deux sont complices, le mal se fait tout seul, et les

« strophes pourraient se multiplier sans intention comme
« sans rature. »

Si ces improvisations versifiées sont pour la plupart sur-
chargées de ratures et de corrections, le texte en prose, au
contraire, est presque constamment net et de premier jet.
Les plus beaux morceaux du Journal semblent avoir été
écrits d'une haleine, et il y en a qui remplissent plusieurs
pages. Trop surveillée dans les cahiers du début, souvent
relâchée et difficile dans les derniers, l'écriture est alors d'une
fermeté singulière, rapide, docile à la pensée, sobre de toute
recherche, plus logicienne qu'artiste et d'une belle élégance
intellectuelle. L'esprit ordonne, éclaire et pénètre tout. C'est
la contemplation souveraine, traduite par la beauté graphique
d'une force condensée, et qui va droit au but.

Ainsi, de lui-même, le manuscrit parle aux yeux et trahit
par sa forme changeante l'évolution de sa vie intérieure. De
greffier, il est promu secrétaire intime ; de témoin, confident ;
de conseiller, libérateur. Les agitations de l'âme d'Amiel se
révèlent au seul aspect de ces pages. Avant le jour souvent, il
allume sa lampe pour écrire, à peine levé. « C'est toujours
« au réveil que les pensées du jour précédent me reviennent.
« La nuit les tamise en quelque sorte et les dégage des faits
« insignifiants ou indifférents qui les contenaient. » A quelques heures d'intervalle, d'heure en heure dans les jours les
plus troublés, il y revient « comme un oiseau encagé qui bat les
barreaux de sa cage ». Ou bien au contraire, lorsque quelque
grand spectacle de nature emplit ses yeux et exalte sa pensée,
il en marque les phases par des notations espacées selon le
rythme des choses. C'est le conflit de la lumière et des ombres,
un orage dans la haute montagne, la symphonie d'un coucher
de soleil sur le lac et les rivages aimés de Clarens. Sept heures,
onze heures du matin, midi ; trois heures, cinq heures, huit
heures, onze heures du soir : strophes en prose ou parties
détachées d'un scénario, le Journal alors chante ou construit
l'œuvre poétique.

Ces tableaux dramatiques ou ces monologues inspirés,
Amiel les a-t-il plus tard relus ? Il rouvrait rarement les
cahiers achevés, plus rarement encore, une ou deux fois seulement, il a prêté un cahier ou un autre à des amies dont il

était sûr. Et il semble, à chaque expérience, l'avoir regretté sauf, sans doute, le jour où il lut pendant deux heures des' pages triées du cent cinquante-sixième cahier (janvier-février 1879) à celle qu'il appelait Fida, ou Seriosa, celle qui, quatre ans plus tard, entrera dans la connaissance du manuscrit tout entier : « J'ai été mieux que récompensé. Ma chère petite « stoïcienne, qui était accablée quand j'ai commencé, était « toute épanouie à la fin. Elle m'a dit : Ce 2 avril, j'ai été « ravie, vous ne sauriez croire le bien que vous me faites ; il « me semble déjà être une âme et regarder les choses de ce « monde comme on les verra dans l'au-delà. » (*Journal intime*, 2 avril 1879).

Amiel ne savait comment tirer parti de ce manuscrit où aucune table des matières, aucun répertoire ne le guidait. Ses papiers innombrables s'accumulaient dans des caisses, non pas précisément dédaignés, car il les conservait tous, mais réunis par liasses, au petit bonheur, et jamais repris. « Ce « qui serait préférable encore, ce serait le répertoire général « de mes papiers, cours, notes, agendas, correspondances, « *allerley*, et surtout une table des matières de mon *Journal* « *intime* : car ce vaste fouillis ne peut servir à personne, pas « même à son propriétaire et à son auteur. N'y pouvant rien « retrouver, je l'ai comme ne l'ayant pas, il ne me sert de « rien. » (*Journal intime*, 22 avril 1876.)

IV

Sur les instructions à laisser quant à l'emploi de ses « papiers personnels », Amiel hésita longtemps. Il les rédigea pour la première fois en 1874, les modifia en 1877, les renouvela enfin, trois semaines avant sa mort, le 22 avril 1881. Elles concernent essentiellement la correspondance, les manuscrits de ses cours, ses poésies inédites et le *Journal intime*. « Souhaitant que mes travaux, mes expériences et mes « méditations ne soient pas entièrement perdus et puissent « servir à d'autres, sinon faire survivre mon nom, je désire-« rais, et c'est le désir que je recommande le plus vivement à

« mes héritiers, que l'on trouve moyen de faire une publica-
« tion posthume de ce que je puis avoir écrit d'utile et de
« bon. » (*Instructions, 23 juillet* 1877.) Il prévoyait alors, en
réservant sur sa fortune la somme nécessaire à sa publication,
une édition de ses œuvres en six volumes. Le premier eût
compris, avec la reproduction des recueils égrenés, *Grains
de Mil, Penseroso, La Part du Rêve, Jour à Jour,* un choix
fait dans les portefeuilles inédits des *Méandres* ; le cinquième,
ses articles et études critiques ; le sixième, ses travaux scientifiques d'histoire littéraire ou d'histoire de la philosophie ;
les deuxième, troisième et quatrième volumes, sous le titre
de *Pensées d'un Contemplateur,* eussent été réservés à un
choix de lettres et à « des pensées et fragments de toute es-
« pèce extraits des 12.000 pages du Journal, dont le premier
« millier a fourni la partie prose des *Grains de Mil* ».

Quelques amis étaient désignés pour « préaviser sur le fond,
la forme et la conduite de l'entreprise », parmi lesquels
Marc Monnier, Victor Cherbuliez, Auguste Bouvier, Joseph
Hornung, Edmond Scherer.

Sans revenir sur ce projet d'édition générale, les instructions postérieures semblent décharger l'exécuteur testamentaire d'une partie de sa tâche : « Il remettra la collection des
« poésies inédites à Mlle Berthe Vadier, qui donnera son
« préavis en première ligne sur ce qui pourrait en être publié.
« Il remettra la collection du *Journal intime* à Mlle Fanny
« Mercier, qui donnera son préavis en première ligne sur
« ce qui pourrait en être utilisé pour la publication.
« Ces deux amies dévouées, qui sont en même temps mes
« élèves, seront à regarder comme le conseil étroit pour le
« détail et la pratique de toute l'entreprise. » (*Instructions,*
23 juillet 1877.)

Plus précisément encore l' « instruction additionnelle »
du 22 avril 1881 stipule entre autres : « Je lègue à Mlle Fanny
« Mercier : 1º ma correspondance ; — 2º mon *Journal in-
« time* (16.900 pages bientôt) ; — 3º mes cours manuscrits, à
« remettre avant tout en ordre ; — 4º mes souvenirs de jeu-
« nesse et d'études. »

Amiel poursuit ainsi jusqu'aux dernières conséquences le
principe auquel il s'était déjà arrêté en 1874 : « A ma famille

« tout ce que j'ai reçu ; mais à moi, c'est-à-dire à ceux que j'ai
« choisis comme ma famille spirituelle, ma création, ma pen-
« sée. »

V

C'est par Fanny Mercier, la modeste institutrice genevoise,
la « chère calviniste », la « petite sainte », la « chrétienne », la
« Sensitive », la « Seriosa », la « Fida », la « Stoïca » du *Journal
intime*, que fut accompli ce vœu le plus profond, le plus
sacré d'Amiel : que le meilleur de sa pensée fût sauvegardé
et transmis.

Marie-Françoise Mercier (1836-1918) dirigeait un externat
de jeunes filles, avec sa sœur Pauline, qu'Amiel appelait
volontiers Perle ou Perline. Les deux sœurs, chez qui la
grâce enjouée de Pauline s'accordait parfaitement à la
gravité virile et passionnée de Fanny, vivaient avec leur
mère, qu'elles entourèrent d'une tendre sollicitude jusqu'à
l'âge de quatre-vingt-quatorze ans. C'est « le Trèfle », « l'Ile
d'azur », « la Passerine », foyer où l'auteur du Journal a
vécu tant d'heures de confiante amitié. « Hier au soir en
« rentrant et ce matin au réveil, songé à la Passerine. Ce
« milieu cordial, honnête, intelligent, affectueux, ne serait-il
« pas salutaire pour la vie quotidienne ? Ne semble-t-il
« pas m'être offert par la Providence ? Simplicité, vertu,
« culte du devoir, amour des saines et pures jouissances,
« qu'y manque-t-il ? » (*Journal intime*, 5 juillet 1875.)
On comprend mieux le sens de ce mot, ajouté par Amiel
à ses *Instructions* de 1881, à l'adresse de Fanny Mercier :
« Vous m'avez dit quelquefois que vous étiez ma veuve. Je
« vous laisse des droits de veuve : ma correspondance et
« mon Journal. »
Pendant les années 1882 et 1883, cette femme admirable,
désolée par la mort du maître, du confident et de l'ami,
accablée de travail, épuisée de forces, a recueilli nuit après
nuit les richesses de l'immense confession, en a saisi l'ampleur
et la profondeur, en a ressènti l'infinie souffrance, en a contemplé la beauté morale, en a vécu de nouveau, assaillie de

souvenirs lumineux et sombres, tourmentée de scrupules, parfois dévorée d'angoisses, toutes les grandeurs et toutes les faiblesses. « Il s'agit d'une dette de fidélité envers une âme
« qui a beaucoup souffert... Vous l'avouerai-je, est-ce parce
« que je suis femme ? mais l'idée de survivance par le nom,
« la renommée, est une idée qui m'aborde rarement —
« relativement à moi jamais, cela va sans dire, — mais
« même en pensant à d'autres, même en pensant à notre ami,
« elle me préoccupe très peu. Ce qui me poursuit d'autant
« plus, c'est l'idée de la revivance spirituelle. Que le meilleur
« de nos chers défunts ne s'évanouisse pas avec leur présence,
« que leur œuvre ne se perde pas, qu'elle soit rassemblée,
« qu'elle soit un trésor accessible à tous et enrichissant
« l'indigence qui souffre, voilà mon désir... Faire rendre
« justice à notre ami et, selon son vœu, sauver pour les
« autres le legs de sa vie malheureuse, le fruit d'expériences
« et de pensées qui a mûri au fond même de ses souffrances
« et de ses luttes... Une publication posthume est chose si
« difficile, et celle d'un *Journal intime* chose si délicate !
« C'est en quelque sorte livrer une âme — et cela peut de-
« venir une trahison, — si ce n'est une œuvre de fidélité
« intelligente. Cette responsabilité d'un ouvrage où les
« droits de la vérité et ceux de la protection doivent se con-
« cilier est bien grave, elle me trouble souvent, d'autant
« plus que par intérêt personnel (peut-être est-ce instinct
« féminin ?) j'aurais voulu seulement abriter, embaumer
« ces confidences intimes dans le recueillement... La dernière
« feuille,, c'est-à-dire la troisième de notre volume a été
« tirée cette après-midi. Je devrais peut-être en éprouver
« quelque joie, mais l'avouerai-je à l'ami de notre ami, je
« n'en ai pas la force maintenant. La lecture que j'ai faite
« et refaite était trop douloureuse, elle soulevait trop de
« questions, entr'ouvrait trop d'abîmes, faisait naître trop
« de regrets. J'ai été trop déchirée par le récit des souffrances
« de notre ami, trop émue de ses paroles, trop navrée de ses
« erreurs et de ses défaites, trop indignée des méchancetés
« et des hypocrisies humaines... Le dernier mot qui m'était
« dit par l'exécuteur testamentaire était toujours : Hâtez-
« vous, et je ne pouvais faire comprendre que choisir une

« nuance parmi des centaines de tons semblables demande
« quelque examen et quelque loisir ; et qu’on n’extrait pas
« deux cent cinquante pages de sept mille sans quelque
« hésitation, quand on cherche le vrai et qu’on ne voudrait
« pas manquer le beau ni le bien. En définitive, j’ai passé
« mes nuits, perdue devant ces sept mille pages sans un
« point de repère (ni table, ni marginaux), remuée par mille
« pensées mais ne voulant qu’une chose : sous tant de
« profils fuyants revoir la physionomie vraie, accomplir le
« dernier vœu... Je voudrais que tout ce que nous donnerons
» sur lui et à propos de lui fût bienfaisant, rendît l’âme
« plus haute, initiât à une vie supérieure et plus pure, bref
« plus salutaire. » (Lettres de Fanny Mercier à Edmond
Scherer, août-septembre-octobre 1882.)

Toute la noblesse d’âme de Stoïca, la « chère calviniste »,
si retenue dans ses aveux, si austère dans sa dignité, si
passionnée dans sa foi et ses affections, se révélait ainsi, à
son insu et malgré elle, à « l’ami de notre ami », à cet homme
hautain et lointain, le sénateur inamovible, le maître critique
Edmond Scherer, qu’elle ne connaissait encore que par
quelques jugements d’Amiel, mais qu’elle pressentait le seul
capable de comprendre à première vue le *Journal intime*,
d’accueillir, pour l’aider dans son héroïque entreprise, ses
doutes, ses résistances, ses sacrifices et son inébranlable
résolution.

Si c’est à Fanny Mercier, son « ange gardien », qu’Amiel se
décida enfin à confier le manuscrit de son Journal, pour qu’elle
le connût tout entier et choisît la première les morceaux
à en publier, c’est qu’il pouvait se reposer sans réserve sur
son intelligence et son cœur. Il lui laissait sur sa correspondance et ses confessions des « droits de veuve ». Le dernier
billet qu’il lui écrivait était signé : « Votre vieil ami de
vingt-quatre ans ». « N’est-ce pas mon amie particulière,
« celle qui m’a pris pour son maître et son guide, et que j’ap-
« pelle la petite sainte ?... Si elle n’a pas la verve créatrice,
« la gaieté féconde, elle a l’intelligence, la volonté, la con-
« science surtout, la pureté, le sens moral à un degré rare.
« C’est la loyauté même, le courage, la charité, la fidélité.
« Elle m’est profondément attachée. Sa discrétion et sa

« délicatesse sont parfaites, sa puissance de dévouement
« a fait ses preuves. Y a-t-il une femme plus véridique, aussi
« incapable de détours ? Peut-on pousser plus loin l'oubli
« de soi, la soumission à la règle, la discipline de soi-même,
« tous les scrupules ? quelqu'un aime-t-il le bien d'une façon
« plus absolue et paraît-il mieux fait pour l'héroïsme que
« cette pauvre petite calviniste sans apparence, mais dont
« l'être intérieur est une flamme, une flamme divine ? »
(*Journal intime*, 5 juillet 1875.) « Je suis toujours émerveillé
« de lire dans cette âme profonde et pure. » (*Journal intime*,
14 septembre 1874.) « L'erreur, le mal, le laid, le faux, le
« médiocre la tourmentent et la bouleversent... Son besoin
« de perfection ne comprend pas le laisser aller du prochain ;
« sa délicatesse ne peut se faire à l'indélicatesse ; sa pureté
« se trouble devant le vice, le crime, la méchanceté et même
« devant leurs images. C'est une hermine esthétique, une
« sensitive morale. *Lauter Gold*. Source cachée, profonde,
« limpide, dont n'approche aucune fange et où ne se mirent
« que les étoiles. J'admire avec émotion cette ingénuité
« enfantine, dans une forte intelligence et un vaillant carac-
« tère. Cette amie-là, c'est ma conscience. Et quand je la
« sens trembler, pleurer silencieusement comme une pauvre
« femme, cela me remue les entrailles. Sa beauté morale me
« remplit de respect et sa sensibilité m'émerveille. Elle a
« certainement quelque chose de rare et même d'extraor-
« dinaire. Vraiment, elle m'édifie, car elle me redonne la
« foi à la sainteté. Et dans l'être austère, dans l'âme stoïque,
« dans la créature impalpable, il y a une femme aimante,
« passionnée même, qui voudrait se résigner à n'être qu'une
« âme et n'y réussit pas. C'est une piété. C'est un drame
« religieux. » (*Journal intime*, 8 décembre 1872.)

Lorsque Edmond Scherer eut appris à connaître cette
femme exceptionnelle, au moment même où il venait de
découvrir dans des pages transcrites du Journal le génie
méconnu de son ami, il s'associa à elle pour l'œuvre de
justice qu'elle lui proposait. Ce ne fut pas d'abord sans
résistance. C'est moi, jeune étudiant, qui remis au sénateur-
écrivain les premiers fragments copiés à son intention par
Fanny Mercier. Cousine de mon père, elle m'avait chargé,

en l'accompagnant d'une lettre, de cette mission dont elle
attendait le succès avec anxiété. C'était au printemps de
1882. Edmond Scherer lut la lettre mais ne voulut pas
ouvrir la grande enveloppe jaune où Fanny Mercier avait
réuni les copies révélatrices. « Reprenez ces papiers, jeune
« homme, me dit-il. J'ai connu Amiel, et j'ai lu ses ouvrages.
« Rien ne lui a réussi. Laissons dormir sa mémoire. Ne re-
« muons pas ses cendres. » Et comme j'insistais sans retenue,
encouragé par la pensée de cette parente que j'aimais
autant que je la respectais, et qui ne pouvait avoir tort à
mes yeux, il consentit à garder l'enveloppe pour la renvoyer
directement. Mais ces pages, elle les avait si heureusement
choisies pour gagner et persuader le critique désabusé, qu'il
lui écrivait le lendemain : « Envoyez-moi tout ce que vous
« pouvez du Journal... »

Ainsi s'engagea entre Fanny Mercier et Edmond Scherer
une correspondance de huit années, qui, faisant suite à la
correspondance entre elle et Amiel, présentera un jour
l'exemple de ce qu'il y a de plus rare et de plus beau dans
l'amitié qui peut unir une femme et un homme supérieurs.

D'autres collaborateurs s'employèrent sans doute à la
première édition des *Fragments* : Marc Monnier, et surtout
le professeur Joseph Hornung, ami ancien, collègue d'Amiel
à l'Université, homme de haute culture et de cœur dévoué,
qu'il avait désigné comme l'un de ses exécuteurs testamen-
taires. Mais c'est de Scherer d'abord, et bientôt de lui
exclusivement, que Fanny Mercier sollicite le conseil, le
contrôle et l'appui. « J'aurais voulu tout vous demander,
« jour après jour, et tout vous soumettre... Je voudrais
« réaliser les intentions de notre ami, achever son désir,
« mais sans vous, cher ami, je ne l'aurais pu ; sans vous,
« vœu, devoir, désir, promesse, souvenir, fidélité, tous ces
« chers et uniques restes n'eussent pu être plus forts que la
« mort. » (Fanny Mercier à Edmond Scherer, octobre 1882.)

En obtenant enfin de Scherer cette « étude philosophique
et morale », cette « biographie psychologique », qui ouvre
le premier volume des *Fragments* de 1882, l'éditrice du
Journal, toujours soucieuse de s'effacer elle-même et de
soustraire son nom à la publicité, suivait les indications

mêmes de son maître et réellement « achevait son désir ».
Elle avait souvent rencontré le nom de Scherer aux pages
du manuscrit. « Il a l'esprit scientifique et littéraire, ouvert
« à la fois à la poésie et à la philosophie, sagace, scrutateur,
« analyste. J'ai avec lui de grandes analogies et nous nous
« entendons à demi-mot, rapprochés que nous sommes par
« nos études ainsi que par notre tournure d'esprit. » (*Journal
intime*, 15 octobre 1850.)

« Edmond Scherer m'a répondu et sa réponse m'étourdit
« tout en me touchant. D'un esprit fin, critique et sévère
« comme le sien, un jugement sur moi tel que celui qu'il
« m'adresse est le témoignage le plus inattendu et le plus pré-
« cieux que j'aie reçu. » (*Journal intime*, 27 décembre 1861.)

« Si les autres traces de mon passage s'effacent, ces six
« mille pages seront un témoignage de ma vie cachée et
« fourniront les lignes d'un portrait individuel. Cela n'aurait
« sans doute aucune valeur pour la littérature ou la science,
« mais une biographie psychologique a pourtant son intérêt.
« Quelque ami d'élite (Edmond Scherer.....) en pourrait
« peut-être sortir un livre, peut-être des pensées. » (*Journal
intime*, 26 octobre 1864.)

Avant de se décider à écrire son *Etude*, Scherer a dû
surmonter bien des scrupules, dont le plus fort l'avait même
incliné d'abord au refus : « Ils (les cahiers du Journal à lui
« confiés) renferment sur la France et les Français des juge-
« ments que notre ami, je le reconnais, avait le droit de
« porter, dans lesquels je trouve même une part de vérité,
« mais que je n'aurais jamais pu avoir l'air d'approuver et de
« sanctionner en prenant part à la publication du volume
« qui les renferme. »

Les instances de Fanny Mercier, la lecture d'un plus
grand nombre d'extraits du manuscrit persuadèrent enfin
Scherer, et il composa cette notice qui ouvre la série des
grands articles consacrés au *Journal intime* par les Renan, les Caro, les Bourget, les Matthiew Arnold, les Gaston
Frommel. Parmi ceux des hommes de sa génération, le témoignage de l'ancien ami d'Amiel demeure le plus pénétrant
et le plus vrai. Ses pages sur l'optimisme et le pessimisme,
sur la « position intermédiaire » de l'auteur du Journal,

résument parfaitement l'histoire morale d'une génération d'abord enthousiaste et peu à peu désabusée des ambitions du positivisme. Mais la vérité, ou les vérités, qu'apporte le Journal sur la connaissance de l'homme dépassent cette expérience, tandis qu'au contraire les essais de psychologie des peuples qu'il contient demeurent limités aux événements politiques et à l'évolution sociale d'un siècle. C'est ce que son premier commentateur aura sans doute reconnu plus tard.

Fanny Mercier et Edmond Scherer ont été véritablement les ouvriers de la gloire d'Amiel.

VI

Les *Fragments* devaient d'abord paraître sous le titre de *Caractéristique du Penseur*, qui eût parfaitement répondu à l'idée que Fanny Mercier se faisait du recueil qu'elle composait. Si le titre a été abandonné, les intentions de l'éditrice, avec tout ce qu'elles comportaient de préférences, d'élection et d'exclusion, son œuvre les a réalisées. « Laissant « de côté ce qui est d'un caractère local et privé, disait-elle « dans l'*Avertissement* daté d'octobre 1882, les éditeurs, « dans le choix de leurs extraits, se sont attachés à repro- « duire la physionomie intellectuelle et morale de leur ami, « à faire connaître ses hautes pensées, ses vastes aperçus « sur la vie, les hommes et les choses... confidences d'un « contemplatif, d'un philosophe pour qui les choses de l'âme « étaient les souveraines réalités. » Ils avaient donc délibé- rément fait un départ entre les éléments si divers, mais non disparates, que présente le manuscrit. Dans son choix, Fanny Mercier devait obéir à cet instinct de perfection morale qui faisait le ressort toujours tendu de sa volonté. L'étonne- ment, l'angoisse, l'effroi, « l'inexprimable douleur » qu'avait fait naître dans son âme vibrante de puritaine la lecture de certaines pages du Journal, elle les avait acceptés pour elle- même, — «Avoir lu ainsi, c'est en quelque sorte avoir vécu. « Je ressors de cette expérience, mûrie », — mais elle résolut de n'en rien laisser paraître dans les extraits qu'elle livrerait au public. Toute l'énergie d'une conscience qui souffrait en dehors du sublime et du parfait, elle l'appliqua à servir l'image idéale qu'elle avait conservée du maître et de l'ami, et qu'elle voulait retrouver à travers ses longues confessions. Telle lui apparaissait la vérité, telle la piété, tel le devoir : abîmes entr'ouverts, erreurs et défaites, faillites du vouloir, abdication radicale de la foi, toutes ces expériences du péché lui semblèrent abolies par la mort. Que le silence s'étende donc sur elles... « Elle voudrait toujours un ami parfait; « un autre que je ne suis. Elle m'a rêvé d'une certaine « façon et ne peut se consoler de ce que je ne m'emboîte pas dans cet idéal. » (*Journal intime*, 5 octobre 1879.)

Réalités éphémères dénuées de valeur éducative, contradictions douloureuses de l'homme naturel, énigmes pour la délicatesse ignorante de la femme non mariée, hérésies même du jugement moral ou de la pensée religieuse, elle estimait de pareilles confidences vaines, nuisibles ou fausses. Il fallait rétablir l'image un moment troublée du « penseur », dans toute sa pureté. La mission du *Journal intime* n'était-elle pas de « rendre l'âme plus haute, initier à une vie supérieure et « plus pure, bref plus salutaire » ? Et quelle plus fidèle application des principes de son auteur : « On doit laisser périr « ce qui est médiocre et mauvais. Où en serait-on si le « Journal intime ou la correspondance de chacun voyait le « jour ? On publie déjà trop, l'excellent et le bienfaisant ont « seuls des titres à survivre. » (*Journal intime*, juillet 1875.)

En fait, tandis que, du vivant de son maître, Fanny Mercier avait constamment ambitionné qu'il composât un livre ordonné et fort, un livre de pensée et de science désintéressées; une belle œuvre où toutes ses facultés se seraient associées et exaltées, elle voulut en quelque sorte accomplir après lui, même par lui et pour lui, cette œuvre vainement espérée. La *Caractéristique du Penseur* révélerait l'Amiel inconnu, l'Amiel véritable, celui pour qui les choses de l'âme étaient les souveraines réalités [1].

---

1. « Ce sont encore les grandes maximes évangéliques qui paraissent le plus « sûr oreiller, quand le cœur fatigué veut se reposer sur quelque chose. Elles « donnent courage. Malheur à ceux qui corrompent, découragent et désolent

Ainsi s'explique jusque dans le détail la pratique suivie
par les premiers éditeurs du Journal.

Il serait fastidieux de la décrire longuement. Ceux qui
en sont curieux compareront les textes de 1883-1884 et de
1887 avec la présente édition. Ils s'apercevront bientôt comment un culte trop épuré du vrai, du beau et du bien peut
mener au purisme littéraire et moral, et nuire en fin de compte
à cette vérité que les éditeurs voulaient excellemment bonne
et belle. Fanny Mercier sollicitait de Scherer, en lui commu-
niquant les copies des pages choisies par elle, « son senti-
« ment quant à la publication de ces divers morceaux ou à
« leur élimination, et dans le texte, ses corrections de style
« et de mots ici et là s'il y a lieu, et les suppressions désira-
« bles. » Scherer acquiesçait, tout en protestant de son respect
pour un écrivain « auquel on ne devrait toucher qu'en trem-
blant ». Ils n'ont point justifié ni même exposé leur méthode
de travail, ne se sentant redevables qu'à une mémoire très
chère, qu'ils se croyaient en droit de corriger de ses erreurs.
L'image qu'ils se faisaient d'Amiel leur a paru plus ressem-
blante que celle qu'il a librement étalée aux pages chan-
geantes de son Journal. Ainsi leur œuvre, en s'émancipant
de la reproduction exacte du manuscrit, devait lui rendre une
concentration et une unité idéales. Le spontané, le familier, le
cru ou le trivial des confidences non surveillées, furent sys-
tématiquement sacrifiés. Le penseur est relégué dans un état
d'âme uniquement scientifique et contemplatif. Et c'est
peut-être la pensée elle-même qui a souffert, tandis que sont

« leurs frères. Ils font une œuvre mauvaise. Dans ce sens, je ne voudrais pas
« avoir publié les doctrines du pessimisme. Semer le désespoir est une œuvre
« qui pèse sur la conscience, eût-on la vérité pour soi. Faire connaître sans
« nécessité à un enfant le crime de son père, à supposer qu'on possède seul
« ce terrible secret, ne serait-ce pas une barbarie atroce et coupable ? Non,
« toute vérité n'est pas bonne à dire, et celles qui rendent la vie insupportable
« doivent être tenues secrètes. Qui sait d'ailleurs si elles sont absolument
« vraies ? Tuer l'espérance est un meurtre, et même une superstition doit être
« ménagée jusq 'à ce qu'on ait une foi meilleure à lui opposer. » (*Journal
intime*, 12 janvier 1872.) Réflexion de Fanny Mercier : « Ceci donne à penser
« aux éditeurs du Journal, n'est-ce pas ? ils ne voudraient pas faire une œuvre
« *mauvaise.* » Réponse de Scherer : « Eh ! mon Dieu, oui, c'est vrai, très vrai,
« mais combien n'y aurait-il pas à dire aussi en faveur de la sincérité absolue,
« et du droit de la vérité, de toute vérité, à trouver son expression ? Dans tous,
« les cas, il est clair que ce morceau, malgré son éloquence, doit être réservé. »

certainement appauvries l'histoire et la poésie de cette existence. Les lecteurs avertis ont bien pressenti qu'on leur dérobait certaines parties, certains aspects de l'original. De là sans doute ce qu'il y a d'incomplet toujours, d'insuffisant souvent, de contradictoire parfois dans les jugements que des critiques même illustres ont portés sur le *Journal intime*.

L'écrivain des *Fragments* paraît presque constamment en tenue de cérémonie, quand ce n'est pas dans l'attitude hiératique du penseur. Pour détacher la méditation journalière de l'aventure individuelle, du fait insignifiant, de l'expérience passagère, ses interprètes n'en choisissent que la partie générale, centrale, et suppriment le plus souvent d'une part le début adventice, de l'autre le retour final du général au particulier, de la « philosophie » au lyrisme. Pour donner à un fragment une composition mieux équilibrée, plus académique en quelque sorte, il leur arrive, tantôt de combiner en un tout et sous une seule date des parties extraites de journées diverses, tantôt même de compléter un fragment par des emprunts faits à des lettres d'Amiel écrites à la même date. C'est ainsi, par exemple, que l'impressionnisme d'une série de sensations ingénument notées dans le Journal fera place à un paysage savamment composé, l'étude de plein air à un tableau de chevalet (11 avril 1868).

L'élégance condamne les termes du parler local : *retaconner*, par exemple, est remplacé par « *refaire* une dizaine d'hémistiches » ; « rêvassé... jusqu'à m'endormir », par : « rêvé la tête dans les mains. » (21 juillet 1856).

« Ce monde de loups et de renards », expression trop violente, disparaîtra. De même pour le : « bonne nuit aux couches nuptiales », du 8 août 1865 ; pour le : « notre maussade et monotone virilité », du 28 avril 1852 ; pour cette phrase du 1er août 1853 : « du catholicisme comme de l'épicuréisme on ne revient pas plus que de la mutilation virile ». Il faut atténuer les hardiesses, éviter les fréquentes expressions de renforcement comme *tout, fort, beaucoup*, et les épithètes véhémentes comme *furieux, horrible*. « Le doute absolu de la pensée » devient : « le doute de la pensée » ; « détester toutes les églises » devient : « désapprouver toutes les églises ». Quand le manuscrit dit : « la démocratie socialiste », Scherer ajoute :

« et non socialiste », sans doute pour ménager cette démocratie qu'Amiel n'aimait point. « Le miel est dans la gueule
du lion », « le que sais-je ? des trépassés », « la disparition de
Dieu » seront effacés. « Savoir être prêt, c'est au fond savoir
mourir » (15 août 1851) est un arrangement ingénieux,
tandis que le manuscrit dit : « Savoir finir, c'est la même
chose au fond que savoir mourir ». Amiel ne sera autorisé
à dire ni « ma mansarde », ni « ma carcasse ». « J'écris en
manches à côté de ma fenêtre ouverte » ; « un vagabond
bohème », ou « une tortue qui rentre ses pattes sous sa cara-
pace », en parlant de lui-même, seront biffés. Plus clas-
siques que Chateaubriand, les éditeurs effacent « y aurait-il
un « crocodile ?... » (5 avril 1864). Il leur arrive d'opprimer,
d'émasculer sa nature aimante et passionnée, lorsqu'à propos
de ses inclinations naissantes, ils barrent ces expressions :
« la liste de mes infanticides antérieurs », ; « l'étreinte féconde »
« ou un onanisme intellectuel ». Tout au moins risquent-ils,
quand ils omettent certains préambules (3 août 1856, 9
août 1862, 29 janvier 1866, 26 août 1868, 15 avril 1870,
28 avril 1871), de fausser le ton, l'allure, parfois le sens du
morceau tout entier. Un « pour ainsi dire » viendra brider la
hardiesse d'une métaphore. « L'Allemand n'est pas de race
noble » leur semblera déraisonnable ; « l'immortalité individuelle est-elle vraisemblable ? » imprudent ; « j'ai un
crabe dans les bronches », ignoble... Mais voilà certes assez
d'exemples de cette industrieuse et funeste piété !

VII

« Il y a, écrivait l'héritière du *Journal intime*, la piété
« pour les morts, piété qui pénètre leurs intentions et en dicte
« le respect ; il y a la pénétration, la délicatesse, la loyauté
« absolue. » Pour celui à qui, après elle, le manuscrit a été
confié avec la mission d'en publier à nouveau des fragments,
une seule obligation englobe toutes les autres, en les subor-
donnant : la loyauté absolue. Loyauté envers le manuscrit,
loyauté envers le lecteur. Ce qui signifie d'abord et avant

tout : s'interdire aucune modification dans le texte reproduit du manuscrit ; puis, puisqu'il faut procéder par choix dans ces milliers de pages : choisir assez librement pour que le Journal intime reprenne sa physionomie naturelle, sa diversité dans la monotonie, plutôt qu'une variété concertée dans une unité artificielle ; mais encore : choisir dans les parties négligées ou interdites du manuscrit, non pour altérer la figure connue de son auteur, mais pour l'enrichir ; tendre, par cette constante et rigoureuse exactitude, à une harmonie, plus mobile peut-être mais plus vraie aussi et plus vivante du modèle ; ne pas oublier enfin que tout ce qu'on connaît du *Journal intime* depuis quarante années, doit avoir place dans une édition qui veut être authentique, et, en deçà des limites imposées, définitive.

Pour présenter une image plus expressive du « Penseur », les éditeurs des *Fragments* y avaient inséré des maximes et réflexions détachées, pour la plupart extraites du Journal, mais groupées arbitrairement à la fin de chaque année. Sentences sans date et sans ordre, qui interrompent la suite chronologique des morceaux et suspendent l'enchaînement de la confession. Sans méconnaître l'originalité, la grâce, la force ou la beauté de ces pensées plus ou moins développées, je les supprime dans l'édition présente, pour les réserver à un recueil spécial où d'autres y seront jointes et pourront former avec elles un ensemble harmonieux et varié, tel qu'Amiel en a eu souvent la vision, sans la réaliser.

On sait que la cinquième édition des *Fragments*, parue en 1887, diffère de la première et a été depuis invariablement réimprimée. Tandis qu'une douzaine d'erreurs de dates y étaient rectifiées, vingt et un fragments disparurent pour être remplacés par une trentaine de fragments nouveaux. Dans ce second choix, les scrupules et les prédilections des éditeurs n'avaient pas changé. En reprenant leur œuvre, il m'a paru d'abord que l'édition de 1922, puisqu'elle ramène les textes déjà connus à la lettre du manuscrit, les devait reproduire tous. Aussi ai-je remis les fragments supprimés en 1887, malgré leur moindre valeur, auprès de ceux qui les ont alors remplacés. Les uns et les autres sont en outre souvent modifiés, en ce que je les donne plus complets, si ce n'est toujours tout entiers, tels qu'ils sont dans le Journal. Les lecteurs familiers des *Fragments* ou les amateurs de petits problèmes de philologie les distingueront aisément, en comparant les éditions. A eux d'instruire en détail, s'il leur plaît, le procès des premiers éditeurs. Pour moi, qui ressens profondément la reconnaissance qui leur est due, je ne chercherai pas à les accabler sous un appareil de notes critiques, où les lecteurs ne trouveraient ni plaisir ni profit.

Pour le seul tome deuxième des éditions antérieures à la mienne, c'est-à-dire pour les années 1867 à 1881 du Journal, je compte soixante-dix-sept fragments ainsi renouvelés. Ces morceaux complets sont plus vrais parce qu'ils rendent le rythme essentiel et uniforme de la pensée d'Amiel, qui suit la marche hégélienne : thèse, antithèse, synthèse. D'abord le fait particulier, individuel et local, ou les notations spontanées de l'artiste ; puis la généralisation, où se déploient l'invention hardie, les rapprochements inattendus, la puissance de synthèse en même temps que la vaste culture du philosophe ; enfin, la « conclusion », comme il lui arrive souvent de dire lui-même, et qui est tantôt un retour de la pensée au penseur, une effusion lyrique ou un refrain mélancolique, tantôt la réflexion éclairée et désintéressée, la résolution ferme, l'idéalisme réalisable. Amiel eût volontiers défini ces trois phases de l'opération intellectuelle de tant de pages de son Journal : histoire — rêves et science libre — philosophie.

Aussi me suis-je beaucoup moins soucié que mes prédécesseurs d'éviter les répétitions. Elles abondent dans l'immense manuscrit, répétitions de maximes, d'images et de comparaisons ; répétitions d'idées, de jugements ; répétitions surtout de confidences sentimentales, de plaintes sur sa santé, sur son isolement, sur sa faiblesse de volonté, sur son apathie, sur ses dépouillements. Il arrivait rarement à Amiel de se relire, et ce n'était jamais que par caprice et au hasard. Ces répétitions ne lui échappèrent pourtant pas. Mais il en voyait le côté utile, de vérification, de contrôle. Qui veut plaire les évite, disait-il, mais qui ne s'occupe que du vrai les tolère. Si l'art s'ingénie à faire du nouveau, crainte de satiété, l'observation note le réel comme il se présente. « Peut-être

« y a-t-il une ou plusieurs constantes dans ces variations com-
« binées de la pensée ou du sentiment... y a-t-il des varia-
« tions de saison, d'année ou d'âge ? » Il laisse la question
ouverte. S'il n'y a aucun profit scientifique à tirer de ces notations innombrables, eh bien ! elles lui auront servi à vivre,
comme les autres habitudes hygiéniques, la friction, le la-
vage, le dormir, l'alimentation, la promenade. Que le Journal
intime soit instructif ou récréatif, c'est bien ; s'il sert de mé-
morandum biographique, c'est mieux ; s'il aiguise l'esprit
d'analyse et entretient l'art de s'exprimer, c'est mieux encore ;
mais sa fonction principale, au risque des redites, c'est de
« rétablir l'intégrité de l'esprit et l'équilibre de conscience,
« c'est-à-dire la santé intérieure ».

L'édition nouvelle du *Journal intime* offre enfin deux cent
soixante-trois fragments entièrement inédits. Ceux qui en
font les frais, estimant cette proportion déjà considérable,
m'ont obligé, pour la maintenir, à réduire d'un tiers le choix
que j'avais fait, de préférence dans les années 1876 à 1881,
parmi un grand nombre de pages qui me paraissaient toutes
intéressantes à publier. Ces éliminations successives m'ont
coûté bien des heures inquiètes et douloureuses. J'ai connu
parfois les angoisses que Seriosa avait traversées, mais en
hésitant là où elle décidait d'emblée et sans retour. La
vérité psychologique et morale me contraignait de rompre
avec les consignes qu'elle s'était imposées, au moins pour de
brefs extraits que la sincérité désentravée d'Amiel n'eût pas
désavoués. On connaissait assez le peintre de paysages, le
critique religieux et littéraire, le psychologue des nationalités, l'architecte du monde de l'esprit : mais peut-être, pour
mieux discerner l'homme dans le penseur, fallait-il entendre
quelques-unes de ses confidences amères ou irritées sur la
famille, la cité, la vie académique et l'enseignement, sur les
relations féminines et les contraintes du célibat.

A propos des *Fragments* de 1883, on a parlé de la maladie
de l'idéal. Certains fragments inédits permettront de diag-
nostiquer la maladie de la pudeur. C'est toujours une force
contrariée dans son expansion et qui se retourne sur l'être
d'imagination, de pensée et de désirs, pour le tourmenter,
le fouailler ou le ronger cruellement. Les premières manifes-

tations et certains désordres de la puberté avaient rempli
d'étonnement, puis d'appréhension, l'auteur du premier
Journal, ce jeune homme de dix-huit ans, ardent, pur et vrai,
jusqu'à troubler sa vision et paralyser sa volonté. Ce mal
secret n'a jamais connu ni de longs répits ni de complète
guérison. Voilà plus de cinquante ans qu'Amiel, en s'exami-
nant lui-même, a prononcé le mot de « refoulement » et a
analysé la symbolique des rêves. Dans cette longue souffrance,
d'où il ne tira qu'une clairvoyance plus aiguë et un renoncement plus entier, il demeura généreux, héroïque et fier. Et
dans cette lutte destructrice de toute joie de vivre, c'est l'esprit qui devait remporter les dernières victoires.

« Que vivre est difficile, ô mon cœur fatigué ! » n'est pas le
suprême soupir du *Journal intime*, comme le ferait croire
l'œuvre de ses premiers éditeurs. La fin d'Amiel, si elle ne
ressemble pas au decrescendo, au lamento ralenti d'un ample
morceau d'orgue, fut claire, noble et simple. Entre les crises
qui l'étouffaient, il continua de suivre le train du monde et de
nourrir sa pensée de fortes lectures. Il ressentit vivement les
sollicitudes plus pressantes de l'amitié. « Aime et sois d'accord », c'est-à-dire accepte la loi universelle et donne ton cœur
à tous ceux qui la subissent avec toi, cette maxime inscrite
sur son tombeau fut réellement la dernière raison de sa vie,
et la leçon de sa mort. On comprendra que j'aie voulu reproduire toute la fin authentique du manuscrit. Bien des années
auparavant, comme il venait de perdre un ami cher et lointain, Amiel avait écrit : « Comme j'ai compris ce besoin ar-
« dent d'avoir les dernières paroles, les derniers regards de
« ceux qu'on a aimés ! il semble qu'un mourant nous parle
« d'outre-tombe. »

VIII

« Je n'ai jamais avoué mes peines profondes qu'à mon
« Journal ». C'est peut-être ce simple aveu des mois tourmen-
tés de 1868 qui ramène l'interminable confession à sa raison d'être essentielle et à son sens définitif. Car tout est peine

pour un homme qui rêve toute la justice et toute la vérité, et le dialogue perpétuel, au dehors et au-dessus de l'agitation du monde, entre la conscience, la pensée et le cœur, ne serait en fin de compte que le passe-temps d'un exilé de l'idéal.

Le Journal ressemble trop à Amiel pour qu'on puisse le définir par une formule compréhensive et nette. Il oscille sans répit entre la tendance au complet, à la froide objectivité, et l'abandon lyrique. Tout ensemble, et toujours, livre de raison et livre de passion. Dès qu'il a commencé d'écrire, Amiel s'est efforcé, sans doute, de s'affranchir d'une contemplation toute égotiste, d'un piétisme et d'un ascétisme fastidieux. De bonne heure, il a redouté les prestiges et les rançons fatales de l'introversion. Tantôt ami, tantôt ennemi , le Journal raconte dès lors une longue lutte et des réconciliations sans cesse renouvelées entre l'homme et l'écrivain intime. « Je commence à me lasser de cette étude stérile et seu- « lement curieuse et à vouloir du profit, du progrès, de l'ac- « tion. L'office du miroir ne me suffit plus, je veux réa- « liser... L'intuition du bien qui ne mène pas à l'héroïque « effort est une forme de la lâcheté. » (*Journal intime*, 15 octobre 1850.)

Il serait vain de décrire selon une courbe régulière la relation entre sa pensée et sa parole écrite : il n'y a pas d'évolution logique dans l'histoire morale d'Amiel, mais seulement un long effort, que n'interrompent que de brèves défaillances, vers les certitudes de l'absolu. Rien ne devait mieux soutenir cette constante aspiration que la confession de ses peines profondes, puisqu'elle lui rendait, jour après jour, la lumière intérieure si ce n'est la paix ; et, aux heures les plus critiques, la paix si ce n'est la force ; et, quand le cycle des années fut accompli, la force enfin de mourir en sage.

Arrivé aux deux tiers de sa carrière, comme le manuscrit comptait déjà quatre-vingt-seize cahiers, Amiel se pose à nouveau la question : « A quoi doit servir le *Journal intime* ? » Et il y répond par une note inscrite sur la couverture du quatre-vingt-dix-septième cahier, à la date du 23 mai 1869 : « 1º à dégonfler son cœur ; — 2º à s'apercevoir de sa vie ; — « 3º à éclaircir sa pensée ; — 4º à intéresser la vieillesse, si « l'on doit parvenir à cet âge ; — 5º à intéresser peut-être

« les amis auxquels on le léguera ; — 6º à fournir peut-être
« quelques pensées utiles aux amis inconnus qui existent
« dans le public. »

Il ne demandait donc plus à son confident de le morigéner,
de le redresser. L'examen de conscience a perdu de sa rigueur
critique. Il s'attarde aux curiosités de la vie intérieure, et
même aux complaisances de la biographie. C'est Montaigne
substitué à Pascal, comme il dit, c'est la psychologie substituée à la morale. L'égoïsme inévitable de ces entretiens quo-
tidiens prend un caractère plus général et en quelque sorte
impersonnel. Le Journal a accompli l'œuvre négative dont
Amiel s'est longtemps défendu. L'écrivain a détaché l'homme
de l'ambition créatrice, l'a dépris de l'action sociale. Que ce
soit par l'âpreté de l'analyse intérieure, ou au contraire par
l'attrait de la réflexion solitaire et du monologue sans frein
ni fin, l'habitude du Journal détruit lentement le vouloir.
« Disséquer son cœur comme tu le fais, c'est tuer sa vie,
« écrivait-il autrefois. Éternel et téméraire chimiste de toi-
« même, quand cesseras-tu de dissoudre tes sentiments par
« la curiosité ? tu as déjà réussi à te couper tout élan, à tarir
« toute sève, à effaroucher tout instinct. » (*Journal intime*,
24 févier 1851.)

Ou bien, quand se détend la résistance, quand le courage
s'abandonne : « Avec quel vif plaisir je reviens à mon Journal
« après une journée de séparation, c'est comme un ami que
« l'on revoit. Il me fait besoin et me repose. Je lui parle et il
« me répond... C'est le livre des souvenirs, et l'heure où
« je lui rends visite est l'heure du recueillement. » (*Journal
intime*, 30 décembre 1851.)

Toutes ces pages silencieuses, « jalons du passé, croix fu-
« néraires, pyramides de pierre, tiges qui reverdissent, cail-
« loux blancs et médailles », aident le pèlerin à retrouver la
trace de ses pensées, de ses larmes et de ses joies. Ou bien
elles marquent les délivrances de ses anxiétés intérieures.
Analyser sa peine, en pénétrer la cause ou seulement la fixer
dans des mots, c'est la dissiper et se calmer. La contemplation pure et impersonnelle, indifférente au vouloir et au désir,
ramène le penseur à la loi universelle, au devoir et à Dieu.
Peu à peu tout ce qui peut, de la réalité journalière, se dé-

gager pour la conscience, se formuler pour l'esprit et prendre
une figure dans l'imagination appartiendra au Journal. « Le
« but à lui assigner, c'est de n'avoir aucun but particulier,
« mais de servir à tout... Un peu de caprice n'y nuit pas,
« l'imprévu n'y saurait être un défaut. Ainsi entendu, le
« Journal est le modèle des confidents, rêvé par les poètes
« comiques et tragiques : il ne sait rien, est prêt à tout, écoute
« admirablement, et pourtant sait consoler, conseiller et
« gronder. » (*Journal intime*, 10 mai 1855.)

Si le Journal a permis à Amiel de résister au monde qu'il
sentait hostile, le danger était qu'il l'entraînât, année après
année, jusqu'aux hautes régions de l'isolement moral, où
l'âme ne rencontre plus que les tentations de l'orgueil. Mais
il ne s'y attarda jamais. Une naturelle humilité et l'infatigable curiosité de la vie, qui se réveillait après chaque abdication, le ramenaient au spectacle des choses et des idées.
« Pour quelle raison continuer ce Journal ? parce que je suis
« seul. C'est mon dialogue, ma société, mon compagnon,
« mon confident. C'est aussi ma consolation, ma mémoire,
« mon souffre-douleur, mon écho, le réservoir de mes expé-
« riences intimes, mon itinéraire psychologique, ma pro-
« tection contre la rouille de la pensée, mon prétexte à
« vivre, presque la seule chose utile que je puisse laisser
« après moi. » (*Journal intime*, 20 septembre 1864.)

Ce Journal donnera-t-il de son auteur une idée parfaitement juste ? Pour y réussir, il faudrait s'étudier en philosophe
et se peindre en artiste, ce qui gênerait la modestie et tourne-
rait à une tâche ingrate et ridicule. En fait, celui qui l'écrit,
en taisant ses bons mouvements et ses meilleurs moments,
grossit ses torts et ses chagrins. Il pèche par omission et peint
en noir, sans intention, mais par l'inégale répartition des lumières et des ombres. Ainsi les sermonnaires, les satiriques,
les gazettes criminelles donnent une idée fausse d'une époque,
en insistant sur le mal qu'elle contient... « Je suis un peu plus
« heureux, un peu moins mauvais, un peu moins faible que ne le
« dit et le croit mon Journal. » (*Journal intime*, 16 juin 1866.)

Dorénavant les jugements qu'Amiel portera sur son œuvre,
tandis qu'elle grandit en se nourrissant de sa substance intellectuelle et morale, alterneront, jusqu'à la fin, entre la

mélancolie désolée et le quiétisme débonnaire, entre la plainte
et la gratitude. « Le rongement solitaire dérive de l'instinct
« de suicide. Le Journal intime est la cage où l'on entretient
« ce renard qui nous dévore le cœur, ce vautour qui nous
« dépèce le foie. Le corrosif qui devait nous servirà la critique
« des gens et des choses hors de nous se retourne ainsi cnotre
« nous ; l'alchimiste a laissé couler sur ses mains l'eau régale
« qui le brûle jusqu'à l'os. » (*Journal intime*, 31 mars 1879.)
Mais du mal même, et c'est là l'expérience qu'atteste la
longue méditation du penseur genevois, un bienfait pouvait naître : « Vivre c'est se guérir et se renouveler tous les
« jours, c'est aussi se retrouver et se reconquérir. Le Journal
« nous remet en équilibre. C'est une sorte de sommeil con-
« scient, où, cessant d'agir, de vouloir, de nous tendre, nous
« rentrons dans l'ordre universel et nous cherchons la paix.
« Nous échappons ainsi au fini. Le recueillement est comme
« un bain de l'âme dans la contemplation et le Journal n'est
« que le recueillement plume en main. » (*Journal intime*,
28 janvier 1872.)

L'homme s'est disséminé dans l'œuvre mais ne s'y est
point dissous, comme il paraît le croire et le craindre : il s'y
retrouve au contraire, mais transfiguré. C'est le Journal qui
donne cette clef de la pensée et de la conduite de sa vie,
qu'Amiel se désespère par moments d'avoir perdue. Le Journal lui révèle son propre secret, lui dévoile le mystère de ses
apparentes faillites, et recueille la moisson magnifique de
son long dépouillement. Par un phénomène de déplication
et de réimplication, pour parler sa langue, son Journal intime, les cahiers de cet immense manuscrit, sont devenus sa
propre individualité, la réalité présente, palpable et indestructible d'un moi multiple, fugace et capable de toutes les
métamorphoses. « Ces milliers de pages ne sont bonnes que
« pour moi et pour ceux qui après moi pourront s'intéresser
« à l'itinéraire d'une âme, dans une condition obscure, ilon
« du bruit et de la renommée... Mon Journal est peut-être
« ma principale idole, la chose à laquelle je tiens le plus. »
(*Journal intime*, 21 décembre 1860).

*
* *

C'est le *Journal* qui a réalisé la vocation d'Amiel. Raconte-t-il le pire et le meilleur de son âme ? Ceux qui se sont le plus analysés se connaîtraient-ils le moins ? Je ne sais. Peut-être « la conscience ne peut-elle dévoiler ses dernières profondeurs « à un autre qu'à Dieu ». Mais le *Journal intime* représente certainement l'action, pendant plus de trente années soutenue, d'un esprit subtil et fort qui conçoit tout le mouvement de l'univers comme matière pour la pensée, et le don d'un cœur profond dont « la plus tenace et peut-être la seule passion » fut la liberté intérieure. L'esprit tendait à l'absolu, le cœur à l'infini. Dans l'éternel conflit entre le réel et l'idéal, la grandeur et la souffrance d'Amiel naissent des vastes étendues et des profondeurs insondables où s'aventurent cet esprit et ce cœur toujours ramenés à leur prison. Tout le Journal raconte et décrit les élans, les ambitions, les soifs d'un caractère contraint, d'une condition rétrécie et d'un tempérament opprimé. Aucun système ne suffit à combler les vides que l'analyse a creusés en eux et autour d'eux. Alors, le penseur accepte une religion, une foi et une morale tout humaines. Pascal et Montaigne se réconcilient aux pages du Journal. Toute la dignité de l'homme se retrouve dans l'homme qui se connaît et se livre loyalement. A qui se confesse dans la vérité de la lumière intérieure, la paix et la force sont rendues, et par-dessus, l'admiration et la sympathie de ceux qu'émeuvent une sincérité si humble et si fière, un art si dédaigneux des artifices.

En ouvrant le sanctuaire de sa vie cachée, Amiel accomplissait un acte de résolution héroïque. Ce délicat, ce juste fournissait prise à la malignité, à l'inintelligence, à l'injustice. Il offrait un otage au destin. Mais la lumière divine qui baigne parfois ces Champs Élysées de l'âme, enveloppe celui qui y pénètre de piété, d'amour et de reconnaissance. Si se connaître est la souveraine sagesse, si se vaincre est le parfait devoir, s'avouer peut être la suprême bonté.

L'homme qui a créé une forme de pensée ne saurait douter de lui définitivement. Une récompense magnifique était réservée à l'humble auteur du *Journal intime*. Peut-être l'avait-il entrevue, lorsqu'il a dit : « Se confier, c'est s'exposer et se « livrer : mais ce courage touche les cœurs magnanimes. »

BERNARD BOUVIER.

Genève, Février 1922.

FRAGMENTS D'UN JOURNAL INTIME

Berlin, 16 décembre 1847[1]. — Pauvre journal intime ! tu attends là depuis sept mois et c'est en décembre que se fait la première application d'une résolution de mai. Ou plutôt pauvre moi ! Je ne suis pas libre, car je n'ai pas la force d'exécuter ma volonté. Je viens de relire mes notes de cette année. Tout a été vu, prévu, je me suis dit les plus belles choses, j'ai entrevu les plus séduisantes perspectives, et aujourd'hui je suis retombé, j'ai oublié. Ce n'est pas l'intelligence, c'est le caractère qui me manque. Quand je m'adresse à mon juge intérieur, il voit très clair et parle fort juste. Je me devine mais ne me fais pas obéir. Et encore en ce moment-ci je sens que j'ai du plaisir à découvrir mes fautes et leurs motifs, sans que j'en devienne plus fort contre elles. Je ne suis pas libre. Qui devrait l'être plus que moi ? Aucune contrainte extérieure, jouissance de tout mon temps, maître de me poser un but quelconque. — Mais je me fuis des semaines, des mois entiers ; je cède aux caprices du jour, je suis le regard de mes yeux.

Pensée terrible : Chacun se fait son destin.

Les Indiens disaient : Le destin n'est point un mot, mais il est la suite des actions commises dans une autre vie. Il n'est pas nécessaire de remonter si haut. Chaque vie se fait son destin. — Pourquoi es-tu faible ? parce que tu as dix mille fois cédé. Ainsi tu es devenu le jouet des circonstances ; c'est toi qui as fait leur force, non elles qui ont fait ta faiblesse.

Je viens de faire repasser devant les yeux de ma conscience toute ma vie antérieure : enfance, collège, famille,

1. Extrait du cahier qui porte le numéro 1 avec le titre, ajouté plus tard : *Commencement d'un journal intime régulier.*

adolescence, voyages, jeux, tendances, peines, plaisirs, le bon et le mauvais. J'ai essayé de dégager la part de la nature et de la liberté ; de retrouver dans l'enfant et le jeune homme les linéaments de l'être actuel. Je me suis vu en relations avec les choses, avec les livres, avec parents, sœurs, camarades, amis. Les maux contre lesquels je lutte sont de vieille date. — C'est une longue histoire, qu'il me faudra écrire quelque jour. — Si l'antagonisme est la condition du progrès, j'étais né pour faire des progrès.

Tu n'es pas libre, pourquoi ? parce que tu n'es pas d'accord avec toi-même, que tu rougis devant toi ; parce que tu cèdes à tes curiosités, à tes désirs. Ce qui te coûte le plus c'est de renoncer à ta curiosité.

Tu es né pour être libre, pour réaliser courageusement et pleinement ton idée. Tu sais que la paix est là. Équilibre, harmonie ; savoir, aimer, vouloir ; idée, beauté, amour ; vivre de la volonté de Dieu, de la vie éternelle ; être en paix avec toi-même, avec la destinée ; tu sais parfaitement, tu as reconnu et senti souvent que là était ton devoir, ta nature, ta vocation, ton bonheur. — Mais au-dessous de ton devoir général, tu n'as pas assez précisé ta vocation spéciale, ou plutôt tu n'as pas cru sérieusement au résultat auquel tu étais arrivé ; tu t'es distrait. Renoncer à la distraction, te concentrer dans ta volonté, sur une pensée ; c'est ce qui te coûte tant.

. . . .

Exprimer, réaliser, achever, produire : préoccupe-toi de cette pensée. C'est l'art. Trouve sa forme à chaque chose. Que ta pensée aille à sa conclusion, que ta parole exprime ta pensée ; achève tes phrases, tes gestes, tes lectures. Demi-pensée, demi-mot, demi-connaissance, triste chose. Cela revient à dire, préciser, circonscrire, épuiser, ou renoncer à la curiosité. Ordre, énergie, persévérance, c'est ce que je demandais ailleurs. — Pour ta vie intérieure, l'écueil c'est la dissipation. Tu te perds de vue toi et tes plans, tu n'as rien de plus intéressant que précisément ce qui ne t'intéresse pas. Or céder à cette paresse, c'est donner une force de plus au tentateur ; c'est pécher contre ta liberté, c'est t'enchaîner pour le lendemain. La force physique ne s'acquiert que par les exercices gradués, soutenus et énergiques. Graduation, énergie, continuité, sont également les conditions de la vie intellectuelle et morale.

. . . .

D'où vient ce défaut singulier de prendre toujours par le plus long, de préférer le moins important au plus important, d'aller au moins pressé ; ce zèle pour l'accessoire, cette horreur de la ligne droite ? D'où vient ce plaisir, entre plusieurs lettres à lire, de commencer par la moins intéressante ; entre plusieurs visites, de préférer la moins nécessaire, entre plusieurs études de choisir précisément celle qui est la plus en dehors du chemin naturel ; entre plusieurs emplettes, la moins urgente ? Est-ce seulement la tendance à manger son pain noir le premier ? un raffinement de goût ? Est-ce le désir du complet, la hâte à profiter de l'occasion qui peut fuir, le nécessaire devant toujours venir ? Beau zèle. Ou bien manière d'éluder le devoir, ingénieuse rouerie pour renvoyer ce qui importe et ce qui ordinairement est le plus pénible ; ruse du moi indocile et paresseux ? Ou bien est-ce irrésolution, manque de courage, remise de l'effort à une autre fois ?

Les deux dernières explications qui reviennent à une seule, me semblent la vraie. « Temps gagné, tout gagné », disent les diplomates. Le cœur, fin diplomate, fait de même. Il ne refuse pas, il ajourne seulement. L'ajournement, s'il n'est pas résolu, est une défaite de la volonté. Ne remets à demain que ce qui n'est pas possible aujourd'hui...

Tout ceci considéré, le cœur arrête : 1º Comme garantie, faire journal, tous les soirs, quelques mots ; le dimanche, retour sur la semaine ; le premier dimanche du mois, retour sur le mois, et à la fin de l'année retour sur l'année. — 2º Conclusion positive : épeler ce que je dois faire ici, avec le temps et les moyens y alloués. Ce point-ci sera à reprendre.

Berlin, 31 décembre 1847. — J'ai besoin d'affection. Avoir l'air d'un ami et n'en avoir pas la réalité, cela offense ma franchise. L'absence de sérieux me repousse décidément. — Je ne sais pas encore vivre avec les hommes ; surtout avec mes contemporains. Pourquoi ? parce que tu es despotique. Tu es jaloux de tes égaux. Non, ce n'est pas cela. Tu n'accordes la supériorité qu'à ceux que tu aimes. Tu as besoin d'aimer pour n'être pas jaloux. Et cependant la justice doit passer avant l'amour. A celui qui serait reconnaissant tu donnerais avec joie, mais tu n'aides pas à monter celui qui ne te demande rien. — Tu dois faire droit aux autres. Le moyen, c'est de penser toujours que chacun t'est supérieur par quelque endroit, et de lui reconnaître cet avantage, volontiers en t'effaçant, en le mettant sur ce terrain. Intéresse-toi vraiment aux autres, c'est le moyen de leur inspirer de l'intérêt. Pas de hauteur, de raideur, d'orgueil. Attache-toi à ce que chacun a de bon, de meilleur, et non à son côté faible. Cherche à donner du plaisir, du bonheur aux autres ; que l'on aime à se trouver avec toi ; l'amabilité est un reflet de l'amour.

Sois juste. C'est-à-dire respecte l'individualité de chacun ; respecte ses opinions, ses lumières ; écoute-le avec égard, consulte-le et ne t'impose pas. — Sois bon. Cherche à faire du bien, à éclairer, à intéresser, soulager, aider, etc... — Sois flexible. Ne demande pas à quelqu'un ce qu'il n'a pas. Prends chacun comme il est ; ne demande pas amitié de ce qui n'a que de l'esprit, de l'esprit de celui qui a surtout des connaissances. Apprends à te plier aux caractères. C'est le savoir-vivre. Résigne-toi et assouplis-toi. La souplesse, qui vient de la bonté et non de la ruse, n'est pas un défaut, mais une qualité. — Sois vrai. C'est ce que tu es un peu exclusivement. Tu ne sais pas dissimuler un mécontentement. Mais sois vrai dans tes manières, c'est-à-dire simple. Sois au lieu de paraître. Tâche de ne pas paraître plus sot ou plus railleur que tu ne l'es. Mesure, naturel, convenance, sont des qualités très importantes ; convenance surtout, mais la vraie, celle qui se fonde sur les vrais rapports des choses. Convenance dans le style, le langage, les actions, c'est la proportionnalité constante avec les lieux, les temps, l'âge, le sexe, les circonstances, etc. C'est l'expression du vrai, le tact du juste.

Berlin, 15 mars 1848. — Il faut en finir avec la vie de réceptivité exclusive, et produire. Conclure et réaliser, c'est-à-dire produire et spécialiser : cela presse. Tu auras bientôt vingt-sept ans. Ta jeunesse, ta force, doivent servir.

Si ta vie ne doit pas s'évaporer inutile, il faut te concentrer sans retard. Tu dois t'imposer une œuvre. Une œuvre : Que ce soit ta pensée de tous les jours. Travaille pendant qu'il est jour. Tu as la responsabilité du talent qui t'a été confié.

Chacun a son œuvre. Tous nous travaillons à l'œuvre de notre espèce, à dégager la mission de l'humanité et à la réaliser. Le cordonnier qui coud une semelle sert par une foule d'intermédiaires à agrandir la vie de Dieu dans l'homme. Métamorphose ascendante de la vie, spiritualisation progressive, tel est notre devoir. Aide l'homme à devenir toujours plus divin ; dans son intelligence, dans son sentiment, dans son action. Tel est le but. — Parmi toutes les vocations, quelle est celle que tu dois choisir ? Celle où tu peux le mieux être toi-même ? Et remplir le mieux ? La science de l'unité, la philosophie, la philosophie de la vie.

Berlin, 16 juillet 1848. — Il n'y a qu'une chose nécessaire : posséder Dieu. Toutes les formes variables sous lesquelles se divise cette possession doivent être possédées comme si on ne les possédait pas. Tous les sens, toutes les forces de l'âme et de l'esprit, toutes les ressources extérieures sont autant d'échappées ouvertes sur la divinité : autant de manières de déguster et d'adorer Dieu. De là leur valeur infinie, mais relativement infinie. Néanmoins, il faut savoir se détacher de tout ce qu'on peut perdre, ne s'attacher absolument qu'à l'éternel et à l'absolu et savourer le reste comme un prêt, un usufruit, enfermer son temps dans son éternité, ses amours partielles dans son amour suprême, sa variété humaine dans son unité divine. — Adorer, comprendre, recevoir, sentir, donner, agir : voilà ta loi, ton devoir, ton bonheur, ton ciel. Advienne que pourra, même la mort. Mets-toi d'accord avec toi-même, n'aie rien à te reprocher, vis en présence et en communion avec Dieu, et laisse guider ton existence aux puissances générales contre lesquelles tu ne peux rien. — Si la mort te laisse du temps, tant mieux, mais tu dois rendre compte de tes jours. Si elle t'emporte, tant mieux encore, tu as eu une douce vie et tu es enlevé avant d'en avoir connu les amertumes. Si elle te tue à demi, tant mieux, elle te ferme la carrière du succès, pour t'ouvrir celle de l'héroïsme, de la résignation et de la grandeur morale. Toute vie a sa grandeur, et comme il t'est impossible de sortir de Dieu, le mieux est d'y élire sciemment domicile.

Berlin, 20 juillet 1848. — Juger notre époque du point de vue de l'histoire universelle, l'histoire au point de vue des périodes géologiques, la géologie au point de vue de l'astronomie, c'est un affranchissement pour la pensée. Quand la durée d'une vie d'homme ou d'un peuple vous apparaît aussi microscopique que celle d'un moucheron, et, en revanche, la vie d'un éphémère aussi infinie que celle d'un corps céleste avec toute sa poussière de nations, on se sent bien petit et bien grand, et l'on domine de toute la hauteur des sphères sa propre existence et les petits tourbillons qui agitent notre petite Europe.

Berlin, 15 novembre 1848. — Tu as rêvé plusieurs fois, et ce journal intime en porte la trace, une belle activité à Genève. Notre vie manque de centre, et nos études aussi : injecter le besoin scientifique, l'élan vers la poésie et la philosophie, préparer à la métamorphose religieuse de l'avenir, mettre en communion avec l'Allemagne ; réveiller l'originalité suisse-romande, travailler à un centre de vie intellectuelle, ayant pour base la Suisse française et la Savoie, selon le projet qui m'a occupé déjà ; donner une base à notre théologie, aux sciences naturelles, à la critique littéraire, à la production littéraire ; montrer la genèse et l'appui des sciences entre elles. — Encyclopédie ; propédeutique. — Faire diversion à ces querelles politiques incessantes et leur rendre plus de substantialité en rendant plus populaire la science de l'homme — créer une école vivante et active, qui redonne du lustre au nom genevois. Trouver notre originalité et la développer (Lettres sur Genève) ; car notre conservation n'est qu'à ce prix. Il faut être fort pour avoir le droit d'être ; nous disparaissons parce que notre principe de vie s'en va. — La vie calviniste... attention, tu touches là le point brûlant. Si l'élément fondamental et caractéristique de la nationalité genevoise est le protestantisme, ce n'est que dans une révolution du protestantisme, c'est-à-dire une restauration ou une métamorphose que le rajeunissement de Genève est possible. La question est de savoir si le protestantisme n'est pas une école de trois siècles, *dans* l'histoire de Genève, s'il n'y a pas de Genève possible en avant et en arrière de cette période brillante. Le protestantisme a été une greffe puissante qui nous a fait porter tous nos fruits ; mais son influence n'est plus exclusive, elle est même à son déclin. — L'état protestant a fini sans retour, puisque Genève est mixte. — La Genève nouvelle ne peut plus être l'ancienne. Quelle sera sa religion ? son principe ? — Pas de rêverie ! C'est toujours sur les frontières des religions que se rencontre l'intolérance ; le besoin de conservation rend l'attitude plus polémique. Espérer une conciliation du catholicisme et du protestantisme à Genève serait s'abuser. — Mais la partie protestante est elle-même en schisme. Il y a les immobiles, les indifférents, les tièdes, l'église nationale et les dissidents, les Libertins et les Rigides. Métamorphoser notre protestantisme qui n'est plus en accord avec notre vie et notre science. Tel est le but. Ce n'est que par l'éducation, et par son centre, la philosophie et la théologie, que ce résultat est possible.

Mais garde ton plan, mesure tes forces et n'entame pas tous les arbre de la forêt à la fois.

Ainsi : Allumer le feu sacré chez les jeunes gens. — Grouper les capacités autour d'un drapeau. — Influer sur la prédication et le journalisme — par l'école, la jeunesse ; par les capacités, la littérature et la vie ; gagner des alliances à Lausanne, à Neufchâtel. Former ainsi un public et une opinion.

Pousser à la fois à la science indépendante et supérieure à toute spécialité, et à la réalisation originale ; avoir le but national dans le but humain, le but politique en dedans du but national. Conserver dans chaque effort particulier le sentiment de l'ensemble [1].

Genève, 3 mars 1849. — Ne perds-tu pas ta vie ? L'indolence, la timidité et la dispersion ne tuent-elles pas ton

---

1. Amiel résume ici par avance les idées qu'il développera, l'année suivante, dans sa thèse de candidat à la chaire d'Esthétique, où il sera nommé, à l'Académie de Genève : *Du mouvement littéraire de la Suisse romane*, Genève, 1849.

avenir ? Tu méconnais le don de Dieu qui est en toi ; tu n'oses pas voir ce que tu dois être et l'être. Tu confonds l'intention avec la force, c'est-à-dire ta volonté propre avec la volonté de Dieu. — Il te faut à tout prix acquérir une supériorité ; cela veut dire une spécialité. A quoi as-tu plus de talent qu'aucun autre ? Ou plutôt où trouves-tu la paix intellectuelle, la satisfaction ? Dans la majesté sereine des grandes pensées et des larges horizons ; dans la philosophie de l'histoire et des religions. Je m'oublie longtemps dans des sphères inférieures, mais ce n'est que sur la haute montagne de la contemplation que-je me sens ce que je suis. Pontife de la vie infinie, brahmane adorant les destinées, l'onde calme reflétant et condensant les rayons de l'univers ; contemplation, en un mot, voilà ce qui m'attire. — « Être maître de moi comme de l'univers », être la conscience de tout et de moi-même, et la symboliser pour autrui par la parole dans quelque œuvre imposante et solitaire. En voulant trop faire son droit au particulier, au fini, au contingent, tu te perds, et retombes des cimes éternelles.

20 avril 1849 [1]. — Il y a six ans [2] aujourd'hui que j'ai quitté Genève pour la dernière fois. Que de voyages, que d'impressions, observations, pensées, que de formes, de choses et d'hommes ont depuis passé devant moi et en moi ! Ces sept dernières années [3] ont été les plus importantes de ma vie : elles ont été le noviciat de mon intelligence, l'initiation de mon être à l'être.

Tourbillons de neige impénétrable, par trois fois cet après-midi. Pauvres pêchers et pruniers fleuris ! Quelle différence d'avec il y a six ans, lorsque les beaux cerisiers parés de leur robe verte du printemps, chargés de leurs bouquets de noce, souriaient à mon départ, le long des campagnes vaudoises, et que les lilas de la Bourgogne me jetaient à l'impériale des bouffées de leurs parfums !...

1. Quand aucune indication de lieu n'est donnée, c'est que l'auteur écrit à Genève.

2. D'avril 1843 à décembre 1848, l'auteur avait fait un voyage en France, puis un séjour de cinq ans en Allemagne.

3. Le séjour en Allemagne avait été précédé d'une année passée en Italie (1841-1842).

3 mai 1849. — Mon pauvre ami, tu es triste, et pourquoi ? parce que tu ne vois guère moyen de vivre, et que tu n'es pas encore résigné à l'impuissance et à la mort. Il te faut envisager cet avenir en face, et t'y faire. Ta faible poitrine te forcera sans doute à renoncer à la carrière professorale, car tu es encore exténué d'une seule leçon donnée hier ; or de quoi te faire gagne-pain, si la parole te manque ? — vie accourcie, sans doute pas de mariage, faute de santé et d'argent, carrière impossible, pas d'action extérieure. Bref, tu es un être condamné et inutile, si tu ne te fais pas de santé.

Tu ne t'es jamais senti l'assurance intérieure du génie, le pressentiment de la gloire ni du bonheur. Tu ne t'es jamais vu grand, célèbre, ou même époux, père, citoyen influent. Cette indifférence d'avenir, cette défiance complète sont sans doute des signes. Ce que tu rêves est vague, indéfini, céleste ; tu ne dois pas vivre, parce que tu n'en es maintenant guère capable. — Tiens-toi en ordre ; laisse les vivants vivre ; ne compte plus sur ta carcasse avariée, et résume tes idées, fais le testament de ta pensée et de ton cœur : c'est ce que tu peux faire de plus utile. — Renonce à toi-même et accepte ton calice, avec son miel et son fiel, n'importe. Fais descendre Dieu en toi, embaume-toi de lui par avance, fais de ton sein un temple du Saint-Esprit ; fais de bonnes œuvres, rends les autres heureux et meilleurs. — N'aie plus d'ambition personnelle et alors tu te consoleras de vivre et de mourir, quoi qu'il vienne.

27 mai 1849. — Être méconnu même par ceux qu'on aime, c'est la vraie croix, c'est ce qui met sur les lèvres des hommes supérieurs ce sourire douloureux et triste, c'est la plus poignante amertume des hommes qui se dévouent ; c'est ce qui a dû serrer le plus souvent le cœur du Fils de l'homme, c'est la coupe de souffrance et de résignation. Si Dieu pouvait souffrir, c'est le chagrin que nous devons lui faire, et tous les jours. Lui aussi et lui surtout est le grand méconnu, le souverainement incompris. Hélas ! hélas ! — Ne pas se lasser, ne pas se refroidir, être joyeux de ce qu'il y a, et non préoccupé de ce qui manque ; être indulgent, patient, sympathique, bienveillant ; épier la fleur qui naît et le cœur qui s'ouvre ;

toujours espérer, comme Dieu ; toujours aimer, c'est là le devoir.

3 juin 1849. — Temps délicieux, frais et pur. Longue promenade matinale. Surpris l'aubépine et l'églantier en fleurs. Vagues et salubres senteurs des champs. Les Voirons bordés d'une lisière de brume éblouissante, le Salève vêtu de belles nuances veloutées. Travaux aux champs. Deux charmants ânes, l'un broutant avec avidité une haie d'épine-vinette. Trois jeunes enfants ; j'ai eu une envie démesurée de les embrasser. Jouir du loisir, de la paix des champs, du beau temps, de l'aisance ; avoir mes deux sœurs avec moi ; reposer mes yeux sur des prairies embaumées, et sur des vergers épanouis ; entendre chanter la vie sur les herbes et dans les arbres ; être si doucement heureux, n'est-ce pas trop ? est-ce mérité ? Oh ! jouissons-en sans reprocher au ciel sa bienveillance ; jouissons-en avec gratitude. Les mauvais jours viennent assez tôt et assez nombreux. Je n'ai pas le pressentiment du bonheur. Profitons d'autant plus du présent. Viens, bonne Nature, souris et enchante-moi. Voile-moi quelque temps mes propres tristesses et celles des autres ; ne me laisse voir que les draperies de ton manteau de reine et cache les misères sous les magnificences.

1ᵉʳ octobre 1849. — Hier, dimanche, relu et extrait tout l'Évangile de saint Jean. Il m'a confirmé dans ma pensée que Jésus n'était pas Trinitaire ; qu'il faut n'en croire que lui et découvrir l'image vraie du fondateur derrière toutes les réfractions prismatiques à travers lesquelles il nous parvient, et qui l'altèrent plus ou moins. Rayon lumineux et céleste tombé dans le milieu humain, la parole du Christ a été brisée en couleurs irisées, et déviée en mille directions. Le travail historique du christianisme est, de siècle en siècle, de se dépouiller d'une nouvelle coque, de subir une nouvelle métamorphose, de spiritualiser toujours plus son intelligence du Christ, son intelligence du salut.

Je suis stupéfait de l'incroyable somme de judaïsme, de formalisme qui subsiste encore, dix-neuf siècles après que le Rédempteur a proclamé que c'était la lettre qui tuait et

que le symbolisme était mort. — La nouvelle religion est
si profonde qu'elle n'est pas même comprise à l'heure qu'il
est, et si hardie, qu'elle paraîtrait, à l'heure qu'il est, blas-
phématoire à la plupart des chrétiens. — La personne du
Christ est le centre de cette révélation; révélation, rédemption, vie éternelle, divinité, humanité, propitiation, incarnation, jugement, Satan, ciel, enfer, tout cela s'est matérialisé,
épaissi, et présente cette étrange ironie d'avoir un sens profond et d'être interprété charnellement, espèce de fausse
monnaie en sens inverse, qui vaut plus que la valeur
d'échange. La hardiesse et la liberté chrétiennes sont à reconquérir ; c'est l'Église qui est hérétique, l'Église dont la
vue est trouble et le cœur timide. Bon gré, mal gré, il y a
une doctrine ésotérique ; non pas qu'elle soit un joug, mais
une force des choses. — Il y a une révélation relative : chacun entre en Dieu autant que Dieu entre en lui, et comme le
dit Angelus, je crois, l'œil par où je vois Dieu est le même
œil par où il me voit [1].

Le christianisme, s'il veut triompher du panthéisme, doit
l'absorber ; pour nos pusillanimes d'aujourd'hui, Jésus serait
entaché d'un odieux panthéisme, car il a confirmé le mot
biblique : *Vous êtes des dieux* ; et saint Paul aussi, qui nous
dit que nous sommes la *race de Dieu*.

A notre siècle il faut une dogmatique nouvelle, c'est-à-dire
une explication plus profonde de la nature de Christ et des
éclairs qu'elle projette sur le ciel et sur l'humanité.

14 décembre 1849 (huit heures du matin). — Virginité
virile, tu méritais pour ta rareté un temple, et si les anciens
l'ont oublié, ils ont eu tort. A vingt-huit ans, n'avoir, comme
dit Pythagore, encore livré sa force à aucune femme, ou,
comme dit Gœrres, n'avoir pas encore goûté, ou, comme
dit Moïse, n'avoir pas encore connu, ou, comme les romanciers
français, n'avoir pas encore possédé, est un phénomène ou
plutôt une curiosité, dont aucun homme de ma connaissance
parmi ceux de mon âge ne peut offrir un second exemple.

---

1. Johann Scheffler, dit *Angelus Silesius*, 1624-1677, né et mort à Breslau,
auteur de poésies religieuses mystiques, très connues en Allemagne.

Est-ce un bien ? est-ce un mal ? est-ce une stupidité ? est-ce une vertu ? J'ai souvent débattu cette question. Avoir couché dans tous les lits de l'Europe depuis Upsal à Malte, et de Saint-Malo à Vienne, dans les chalets et dans les hôtels, chez les bergères de Bretagne, et à deux pas des filles de Naples, et ne connaître la volupté qu'en imagination ; avoir eu le tempérament le plus précoce, fait les lectures les plus ravageantes ; avoir eu même les occasions les plus séduisantes et cela avant vingt ans ; curieux jusqu'au crime, et à plus forte raison curieux de l'amour, inflammable, toujours errant, par quel miracle rapporté-je au foyer natal mon ignorance d'enfant ? il y en a bien des causes, plusieurs à mon avantage, mais dont je reporte la vertu à mon bon ange, à mon bon moi. — *Puber, liber ; liber, miser*, tel est le résumé de deux lettres, jadis écrites de voyage à B***. — Qui m'a gardé ? Respect d'autrui ; j'ai toujours eu horreur de faire du mal, de mener à mal autrui ; l'idée de corrompre m'était insoutenable, et la fille ou la femme à laquelle je n'aurais point fait de mal, était alors indigne de moi. Ce dilemme, je n'ai moralement jamais pu le résoudre. — Sincérité : devant donner des conseils à deux jeunes sœurs, je suis resté pur, pour n'être pas un hypocrite ; car j'ai l'hypocrisie en abomination. Ne pouvant avoir ni l'effronterie du vice, ni sa dissimulation, je n'ai pu y céder. — Imagination : en centuplant la chose, sa volupté comme son remords, elle m'a toujours gardé par épouvante, en même temps que tenté par séduction. — Un quatrième gardien a été ma timidité fabuleuse et bête même. Je n'ai jamais pu dire un mot déshonnête à une femme, et il me faut encore des efforts pour ne pas rougir lorsque d'autres en disent. J'ai plus souvent rougi pour autrui, à la place d'autrui, que pour mon compte, et c'est le témoin qui était embarrassé pour le coupable. Cette timidité bête me laisse encore des regrets : je regrette plus quelques baisers que j'aurais pu, même dû prendre, à Stockholm, à Cherbourg et autres lieux, que quelques actions condamnables. Ces souvenirs d'une volupté chaste me sont chers ; ils ont plus de parfum pour moi, que sans doute la possession complète pour un libertin. — Un puissant gardien a été aussi ma défiance de moi-même. Je sentais que l'étincelle deviendrait incendie, que la rage passionnée était plutôt à comprimer qu'à retenir une fois élancée. J'avais peur de moi-même et n'ai jamais osé m'abandonner. Je me rappelle avoir refusé G*** qui m'entraînait, que je tenais dans mes bras, tous deux à demi hors de nous. J'ai eu peur du tigre de la passion, je n'ai pas osé démuseler la bête féroce, me laisser aller à moi-même. J'en ai presque du regret, surtout ayant su depuis que mes scrupules pour elle lui faisaient trop d'honneur, et faisaient voir trop de délicatesse. J'ai écrasé la tentation plutôt que de l'éteindre. Sottise peut-être : on n'est pas complètement homme, tant qu'on ignore la femme. J'ai préféré l'ignorance au remords ; pour moi, c'était un sacrifice, qu'un autre, moins dévoré du besoin de savoir, ne comprendra guère. — D'autre part, je m'étais juré d'être aussi héroïque que la femme pure, qui ne donne sa fleur de chasteté, sa couronne de vierge, qu'à celui qui lui rend la guirlande d'épouse. Je m'étais juré de faire à celle qui conquerrait mon cœur une offrande exquise et rare, la virginité de mes sens, avec les prémices de mon âme, un amour grand, complet, sans brèche, sans tache ; pour pouvoir accepter sans rougir un don équivalent, pour pouvoir ouvrir toute ma vie à ses yeux, et la laisser plonger en moi, sans qu'elle rencontrât de fange dans mes souvenirs, ni de rivalité même dans mes rêves. Si c'est une niaiserie, je t'en remercie, mon Dieu. L'idéal aussi est un songe, mais un songe qui l'emporte sur toutes les pauvretés du réel. Pour un fils d'Ève, renoncer à la pomme de la science, c'est valoir mieux que sa mère ; mais ce n'est pas moi qui ai mérité, c'est mon bon ange, c'est mon instinct, c'est Dieu en moi. Moi j'ai voulu mordre, c'est lui qui a paralysé mes lèvres ; moi, j'ai voulu pécher et j'ai péché, c'est lui qui m'a gardé. Aussi je ne puis être fier, mais touché, reconnaissant et humble.

Dimanche 7 avril 1850. — Beaucoup rêvassé cette nuit, j'ai la tête un peu lourde, et me suis levé tard. Après déjeuner, exploré avec soin toutes nos pousses printanières, du persil aux rosiers, et des lilas aux pêchers : espaliers, boutures, gazon, touffes, bourgeons, rien n'a été oublié. L'air est de la plus grande douceur, avec une moite humidité, atmosphère toute végétale, caressante et féconde.

J'éprouve que la conscience diurne est autre que la conscience nocturne, comme le dit Kerner et l'école des magnétiseurs ; dans celle-ci je suis plus recueilli, moins distrait, plus sérieux ; dans l'autre, les préjugés, séductions, illusions du dehors reprennent leur empire. C'est l'opposition du monde intérieur et du monde extérieur ; de la concentration et de la projection ; de l'homme religieux et de l'homme mondain, de l'homme essentiel et de l'homme mobile ; nous voyons ainsi alternativement *sub specie œterni et temporis* pour parler avec Spinoza. — La conscience nocturne nous met en présence de Dieu et de nous-mêmes, en un mot de l'unité ; la conscience diurne nous replace en rapport avec les autres, avec le dehors, en un mot avec la diversité.

Conséquences : un projet doit être examiné à ces deux lumières ; la vie doit comparaître à ce double tribunal. — La conscience a sa rotation comme la planète, son côté d'ombre où apparaissent les étoiles, la pensée de l'infini, la contemplation ; son côté lumineux où tout brille, où les couleurs et les objets se croisent, éblouissent, étourdissent. — La vie complète a ces deux faces, l'âme humaine tourne en Dieu comme la planète dans le ciel, et c'est la succession de l'infini et du fini, de la totalité et du détail, de la contemplation et de l'action, de la nuit et du jour, qui est son initiation ascendante. — Il ne faut regretter ni blâmer l'une ou l'autre tendance, il faut les harmoniser, car toutes deux sont dans les voies divines, toutes deux sont bonnes, en tant qu'elles s'entr'aident.

Ceci m'explique pourquoi les idées qui m'ont poursuivi à mon réveil m'apparaissent tout autrement maintenant, quelques heures plus tard. Je suis déjà plongé dans la dispersion diurne. — Ces idées avaient trait au mariage. Voici ce qu'il me semblait alors : tout ce qui est indissoluble ne doit être contracté que dans la plénitude de sa conscience, *sub specie œterni.* — En conséquence, tout ce qui passe, considérations de beauté, d'orgueil, de vanité, de richesse, d'avantages extérieurs, doit être reconnu, pénétré, repoussé comme motif dirigeant : le remords suivrait tôt ou tard. —

Tromper ou se tromper, céder à une tentation, entraîne des résultats cruels. Le bonheur est forcément réciproque, et ne se trouve qu'en se donnant.

Un mariage qui te ferait oublier ta vocation et tes devoirs ; qui t'empêcherait de regarder toujours en toi ; qui ne t'améliorerait pas, en un mot, est mauvais.

Le mariage qui t'apparaîtra comme une chaîne, comme un esclavage, comme un étouffement, ne vaut rien. — L'esclavage ne disparaît que s'il y a amour, et l'amour n'est vrai que s'il est central, et puisse s'envisager comme éternel ; il n'y a d'éternel que ce qui peut croître, se développer, grandir toujours. — Le mariage qui ne serait pas une aspiration infinie, comme sur deux ailes, le mariage temporel, ne t'offrirait aucun bonheur ; il ne vaut pas l'indépendance, il te laisserait un incurable malaise, un regret, un reproche, une souffrance sans terme. — Le vrai mariage doit être réellement un pèlerinage, un purgatoire, dans le sens élevé du dogme catholique. Il doit être un chemin à la vraie vie humaine ; le point de vue religieux est le seul digne de lui. Ainsi tant que tu ne sentiras pas le mariage comme un besoin pour remplir ta vocation d'homme, ou lorsqu'une certaine union t'offrira une perspective différente — abstiens-toi. Une seule chose est nécessaire, être ce qu'on doit être, accomplir sa mission et son œuvre.

Dans ma mobilité et mon désir de comprendre tous les points de vue, je passe par mille tentations et m'abandonne moi-même. Ainsi je reviens, après beaucoup de détours, au point où j'étais maintes fois arrivé. — Double bonheur : le loisir qui me permet de rentrer en moi-même ; ce journal intime qui m'éclaire à volonté, et que je puis consulter comme une sibylle, car nous avons en nous un oracle toujours prêt, la conscience, qui n'est autre chose que Dieu en nous.

9 septembre 1850. — Ma force est surtout critique : je veux avoir la conscience de toute chose, l'intelligence de toute chose. Mon trait frappant, c'est l'élasticité, l'éducabilité, la réceptivité, la force d'assimilation et de pénétration. Mon bien-être, et je l'ai retrouvé aujourd'hui, c'est de sentir vivre en moi l'univers, de voir dans tous les progrès de la science et des arts des progrès personnels, de sentir tous les talents, les génies, tous les hommes comme mes mandataires, mes organes, mes fonctions, de vivre de la vie universelle, et par conséquent de m'oublier moi-même. Je suis objectif et non subjectif, je suis plus contemplateur qu'ambitieux ; comprendre est pour moi le but, et produire n'est qu'une voie pour mieux comprendre. Je suis plus conscience que volonté. Mon vrai nom c'est penseur. Curiosité encyclopédique, *homo sum, nihil humani*, etc. — Psychologiste, étudiant les métamorphoses de l'esprit, avant et dans l'humanité. Je multiplie mon être borné par l'infini des formes équivalentes, ascendantes ou descendantes.

J'ai cependant un scrupule. Ce protéisme qui m'est cher et me semble un privilège est pourtant lui-même une captivité, car je suis devenu critique, tandis que j'ai eu l'aptitude productrice. Ma longue habitude m'a donc imposé une forme, à moi si multiforme ou plutôt formifuge. Je suis prisonnier de la tendance critique, analytique, reproductive. C'est une limite, une pétrification, une privation, une diminution de moi-même. Dois-je chercher à m'en affranchir ? Oui, au point de vue de ma croissance harmonique, de ma culture individuelle ; peut-être non au point de vue de la force, d'une carrière, de la réussite, car on ne fait quelque chose qu'en se bornant, on n'acquiert une autorité qu'en prenant une forme, on ne pousse loin une activité qu'en se spécialisant. Ne vaut-il pas mieux jeter son poids intellectuel du côté où l'on incline ?

23 octobre 1850. — Ce soir, feuilleté les œuvres complètes de Montesquieu. Je ne puis rendre encore bien l'impression que me fait ce style singulier, d'une gravité coquette, d'un laisser aller si concis, d'une force si fine, si malin dans sa froideur, si détaché en même temps que si curieux, haché, heurté comme des notes jetées au hasard, et cependant voulu. Il me semble voir une intelligence grave, impassible, s'habillant d'esprit, voulant piquer autant qu'instruire. Le penseur est aussi bel esprit, le jurisconsulte tient du petit-maître et un grain des parfums de Cnide a pénétré dans le sanctuaire de Minos. C'est un beau livre grave, tel qu'il

pouvait être au XVIIIe siècle. — La recherche, s'il y en a,
n'est pas dans les mots, elle est dans les choses. La phrase
court sans gêne et sans façon, mais la pensée s'écoute.

30 décembre 1850. — Le rapport de la pensée à l'action
m'a beaucoup préoccupé, à mon réveil, longtemps avant de
me lever, et cette formule bizarre, à demi nocturne, me
souriait : L'action n'est que la pensée épaissie, devenue concrète, obscure, inconsciente. Il me semblait que nos moindres
actions, manger, marcher, dormir, étaient la condensation
d'une multitude de vérités et de pensées, et que la richesse
d'idées enfouies était en raison directe de la vulgarité de
l'action (comme le rêve qui est d'autant plus actif que nous
dormons plus profondément). Le mystère nous assiège et
c'est ce qu'on voit et fait chaque jour qui recouvre la plus
grande somme de mystères. — Par la spontanéité, nous
reproduisons analogiquement l'œuvre de la création : inconsciente, c'est l'action simple ; consciente, c'est l'action
intelligente, morale. — Au fond, c'est la sentence de Hegel [1],
mais jamais elle ne m'avait paru plus évidente, plus palpable.
Tout ce qui est, est pensée, mais non pensée consciente et
individuelle. L'intelligence humaine n'est que la conscience
de l'être. — C'est ce que j'ai autrefois formulé ainsi : Tout
est symbole de symbole, et symbole de quoi ? de l'esprit.

17 février 1851. — Je lis depuis six à sept heures, sans
discontinuer, les *Pensées* de Joubert. J'ai éprouvé d'abord
le plus vif attrait, le plus puissant intérêt, mais je suis déjà
assez refroidi. Cette pensée hachée, fragmentaire, par gouttes
de lumière, sans haleine, me fatigue, non la tête, mais la
raison. Les mérites de Joubert sont la grâce du style, la
vivacité ou la finesse des aperçus, le charme des métaphores.
Mais ses défauts sont : 1. Philosophie seulement littéraire et
populaire. — 2. L'originalité n'est que dans le détail et les
facettes. — Pose beaucoup plus de problèmes qu'il n'en
résout, note et constate plus qu'il n'explique. — En somme,
c'est un penseur plutôt qu'un philosophe ; un critique re-

---

1. *Alles Wirkliche ist vernünftig und alles Vernünftige wirklich.*

marquablement organisé, d'une sensibilité exquise de sensation, mais intelligence sans capacité de coordination, écrivain
sans veine, strangulé, n'émettant que par des fissures, pour
ainsi dire, des petits jets merveilleux de transparence et
d'éclat, mais sans élan et sans longueur, comme des jets de
verre liquide. Il manque de concentration et de continuité,
c'est un philosophe et un artiste imparfaits plutôt que
manqués, car il pense et écrit merveilleusement en petit ;
c'est un entomologiste, un lapidaire, un joaillier, un mon-
nayeur de sentences, d'adages, d'aperçus, d'aphorismes, de
conseils, de problèmes, et son recueil (extrait de ses notes de
journal, accumulées pendant cinquante années de sa vie)
est une collection d'insectes, de papillons, de brillants, de
médailles et de pierres gravées. Le tout est pourtant plus
fin que fort, plus poétique que profond, et laisse au lecteur
plutôt l'impression d'une grande richesse de menues curiosités
de prix, que d'une grande existence intellectuelle et d'un
point de vue nouveau. — La place de Joubert me semble
donc au-dessous et fort loin des philosophes et des poètes
véritables, mais honorablement entre les moralistes et les
critiques. C'est un de ces hommes très supérieurs à leurs
œuvres, et qui ont, dans leur personne, ce qui manque à ces
dernières, l'unité. — Ce premier jugement est du reste incomplet et sévère. J'aurai à le modifier plus tard.

20 février 1851. — J'ai presque achevé ces deux volumes
de *Pensées*, du moins lu une vingtaine des trente et un chapitres, et la plus grande partie de la *Correspondance*. Celle-ci
m'a surtout charmé, elle est remarquable de grâce, de finesse,
d'atticisme et de précision. On voit que l'auteur aimait
et pratiquait Mme de Sévigné. Les chapitres de métaphysique, de philosophie sont les plus insignifiants. Tout ce qui
est ensemble, larges vues, est peu du ressort de Joubert; il
n'a pas de philosophie de l'histoire, pas d'intuition spéculative. C'est le penseur de détail, et son domaine est la psychologie et les choses de goût. Dans cette sphère des finesses et
des délicatesses de l'imagination et du sentiment, dans le
cercle des affections et des préoccupations privées, de l'éducation, des relations sociales, il abonde en sagacité ingénieuse,

en remarques spirituelles, en traits exquis. C'est une abeille qui va de fleur en fleur, un zéphyr qui butine, lutine et se joue, une harpe éolienne, un rayon furtif qui tremblote à travers les feuillages ; cet écrivain a quelque chose d'impalpable, d'immatériel, d'animique, que je n'oserais dire efféminé, mais qui n'est pas viril. Il manque d'os et de corps, il voltige, timide, clairvoyant, rêveur, loin de la réalité. C'est une âme, un souffle plutôt qu'un homme. C'est un esprit de femme dans un caractère d'enfant, aussi inspire-t-il moins d'admiration que de tendresse et de reconnaissance.

27 février 1851. — Relu le premier livre de l'*Émile* : j'ai été choqué contre toute attente, car j'ouvrais le livre avec un vif besoin de style et de beauté. J'ai éprouvé une impression de lourdeur, de dureté, d'emphase martelée et pénible, quelque chose de violent, d'emporté et de tenace, dépourvu de sérénité, de noblesse, de grandeur. J'ai trouvé, dans les qualités comme dans les défauts, une sorte d'absence de bon ton, la flamme du talent mais sans grâce, sans distinction, sans l'accent de la bonne compagnie. J'ai compris, pour la première fois, une espèce de répugnance que peut inspirer Rousseau, la répugnance du bon goût. J'ai reconnu en quoi ce modèle était dangereux pour le style, en même temps que cette vérité sophistiquée et mélangée, dangereuse pour la pensée. Ce qu'il y a de vrai et de fort dans Rousseau ne m'échappait pas et je l'admirais encore, mais ses mauvais côtés m'apparaissaient avec une évidence relativement assez neuve.

(Même jour.) — Le penseur est au philosphe ce que le dilettante est à l'artiste. — Il joue avec la pensée et lui fait produire une foule de jolies choses de détail, mais il s'inquiète des vérités plus que de la vérité, et l'essentiel de la pensée, sa conséquence, son unité, lui échappe. Il manie agréablement son instrument, mais il ne le possède pas, et encore moins le crée-t-il. C'est un horticulteur et non un géologue, il ne laboure la terre que ce qu'il faut pour lui faire rendre des fleurs et des fruits, il ne la creuse pas assez pour la connaître. En un mot, le penseur est un philosophe superficiel, frag-

mentaire, curieux ; c'est le philosophe littéraire, orateur, causeur et écrivain ; le philosophe est le penseur scientifique. Les penseurs servent à éveiller les philosophes ou à les populariser. Ils ont donc une double utilité, outre leur agrément. Ils sont les éclaireurs de l'armée des lecteurs, les boute-en-train, les docteurs de la foule, les changeurs de la pensée qu'ils monétisent en pièces courantes, les abbés à courte robe de la science, qui vont des clercs aux laïcs, les truchements de l'Église auprès du troupeau et du troupeau auprès de l'Église. Le penseur est le littérateur grave, c'est pour cela qu'il est populaire. Le philosophe est un savant spécial (par la forme de sa science, non par le fond), c'est pour cela qu'il ne peut l'être. — En France, pour un philosophe (Descartes) il y a eu trente penseurs. En Allemagne, pour dix penseurs il y a vingt philosophes.

12 mars 1851 (trois heures après-midi). — Pourquoi ai-je envie de pleurer ? ou de dormir ? Langueur de printemps, besoin d'affection. Je rentre d'une promenade par ce chaud soleil d'une douce après-dînée, qui pénètre les moelles. Tout paraît vide, vain, pauvre en vous, quand la nature parle d'amour. Les livres vous répugnent, l'action vous fait sourire de dédain. La musique, la poésie, la prière ont seules assez de tendresse pour correspondre à votre secret désir. Elles sont le seul nid de duvet où l'âme endolorie et sensitive puisse se reposer sans se meurtrir. La science est trop dure, la distraction trop insensible, la pensée trop prompte. Heureux ceux qui savent chanter, ils endorment leur souffrance, ils recueillent leurs larmes dans un prisme de cristal. Mon compagnon de promenade est allé à son piano, j'ai ouvert mon journal. Il sera plus vite consolé que moi.

Est-ce notre vie ordinaire qui est fausse, ou ses impressions qui trompent ? Ni l'un ni l'autre.

Le printemps est bon comme l'hiver. L'âme doit se tremper et se durcir, elle doit aussi s'ouvrir et se détendre. Respecte chaque besoin nouveau qui apparaît dans ton cœur, c'est une révélation, c'est la voix de la nature, qui t'éveille à une nouvelle sphère d'existence ; c'est la larve qui tressaille et pressent le papillon. N'étouffe pas tes soupirs, ne dévore pas tes larmes, ils annoncent ou une grandeur inconnue, ou un trésor oublié, ou une vertu qui se noie et appelle au secours. La douleur est bonne, car elle fait connaître le bien ; le rêve est salutaire, car il présage une réalité plus belle ; l'aspiration est divine, car elle prophétise l'infini, et l'infini c'est la Maïa, la forme riante ou sombre de Dieu.

La grandeur d'un être est proportionnelle à ses besoins. Dis-moi ce que tu désires et je te dirai qui tu es. Pourtant, diras-tu, il y a une chose plus grande que l'aspiration, c'est la résignation. Il est vrai, mais c'est non pas la résignation passive et triste qui est un énervement, mais la résignation décidée et sereine qui est une force. L'une est une privation car elle n'est qu'un regret ; l'autre une possession car elle est une espérance. Or regarde et tu verras que cette résignation n'est qu'une aspiration plus haute. Ainsi la loi subsiste.

26 mars 1851. — Combien des hommes illustres que j'ai connus sont déjà fauchés par la mort : Steffens, Marheineke, Dieffenbach, Neander, Mendelssohn, Thorwaldsen, Œhlenschlæger, Geijer, Tegner, Œrsted, Stuhr, Lachmann [1], et chez nous Sismondi, Tœpffer, de Candolle, savants, artistes, poètes, musiciens, historiens. La vieille génération s'en va. Que donnera la nouvelle ? que donnerons-nous ? Quelques grands vieillards, Schelling, Humboldt, Schlosser, nous renouent encore avec un passé glorieux. Qui se prépare à porter l'avenir ? parmi les nains du présent, où germent les géants futurs ? les héros de la seconde moitié du siècle ? Un frisson nous saisit, quand les rangs s'éclaircissent, quand l'âge nous pousse, quand nous approchons du zénith et que le destin nous dit : « Montre ce qui est en toi. C'est le moment, c'est l'heure, ou retombe dans le néant, sois maudit, oublié ou méprisé. Tu as la parole ! à ton tour ! fournis ta mesure, dis ton mot, révèle ta nullité ou ta capacité. Sors de l'ombre.

---

1. Steffens, disciple de Schelling ; Marheineke, théologien de l'école de Hegel ; Neander, célèbre professeur d'exégèse et d'histoire de l'Église, à Berlin ; Geijer, historien, et Tegner, poète, étaient tous les deux suédois. Œrsted, le physicien, a publié un volume intitulé *L'esprit dans la nature*. Stuhr est l'auteur d'une histoire des religions et Lachmann, l'illustre philologue, germaniste, éditeur des *Niebelungen*.

Il ne s'agit plus de promettre, il faut tenir ; ni d'espérance, mais de réalité. Le temps de l'apprentissage est terminé, les semailles et la germination sont passées, voyons ta moisson. Serviteur, sors ton talent, et montre-nous ce que tu en as fait. Parle à présent ou tais-toi pour jamais. » — C'est une sommation solennelle dans toute vie d'homme, que cet appel de la conscience ; solennelle et effrayante comme la trompette du jugement dernier qui vous crie : « Ès-tu prêt ? rends compte. Rends compte de tes années, de tes loisirs, de tes forces, de tes études, de ton talent et de tes œuvres ! T'es-tu préparé à ta mission ? ou as-tu gaspillé tes heures, vécu au jour le jour, en lâche épicurien, sans grandeur, sans prévoyance, sans dévouement ? — C'est ici l'heure des grands cœurs, retire-toi, — l'heure des héros et des génies, rentre dans la poudre, va-t'en. »

2 avril 1851. — Quelle jolie promenade ! ciel pur, soleil levant, tous les tons vifs, tous les contours nets, sauf le lac doucement brumeux et infini. Un *œil* de gelée blanche poudrait les prairies, donnait aux haies de buis vert une vivacité charmante et à tout le paysage une nuance de santé vigoureuse, de jeunesse et de fraîcheur. — « Baigne, élève ta poitrine avide dans la rosée de l'aurore ! » nous dit Faust, et il a raison. Chaque aurore signe un contrat nouveau avec l'existence ; l'air du matin souffle une nouvelle et riante énergie dans les veines et les moelles ; chaque journée est une répétition microscopique de la vie. — Tout est frais, facile, léger le matin comme à l'enfance. Comme l'atmosphère, la vérité spirituelle est plus transparente. Comme les jeunes feuilles, les organes absorbent plus avidement la lumière, aspirent plus d'éther et moins d'éléments terrestres.

La nuit et le ciel étoilé parlent de Dieu, d'éternité, d'infini à la contemplation ; l'aurore est l'heure des projets, des volontés, de l'action naissante. La sève de la nature se répand dans l'âme et la pousse à vivre, comme le silence et la « morne sérénité de la voûte azurée » l'inclinent à se recueillir. — Le printemps est là. Primevères et violettes ont fêté son arrivée. Les pêchers ouvrent leurs corolles imprudentes ; les bourgeons gonflés des poiriers, des lilas, annoncent l'épanouissement prochain ; les chèvrefeuilles sont déjà verts. Poètes, chantez, car la nature chante déjà son chant de résurrection. Elle bourdonne par toutes les feuilles un hymne d'allégresse, et les oiseaux ne doivent pas être seuls à faire entendre une plus distincte voix.

6 avril 1851. — Combien ne suis-je pas vulnérable ? Si j'étais père, quelle foule de chagrins ne pourrait pas me faire un enfant ! Époux, j'aurais mille façons de souffrir, parce qu'il y a mille conditions à mon bonheur. J'ai l'épiderme du cœur trop mince, l'imagination inquiète, le désespoir facile et les sensations à contre-coups prolongés. — Ce qui pourrait être me gâte ce qui est, ce qui devrait être me ronge de tristesse. Aussi la réalité, le présent, l'irréparable, la nécessité me répugnent ou même m'effraient. J'ai trop d'imagination, de conscience et de pénétration, et pas assez de caractère. La vie théorique a seule assez d'élasticité, d'immensité, de réparabilité ; la vie pratique me fait reculer.

Et pourtant elle m'attire, elle me fait besoin. La vie de famille surtout, dans ce qu'elle a de ravissant, de profondément moral, me sollicite presque comme un devoir. Son idéal me persécute même parfois. Une compagne de ma vie, de mes travaux, de mes pensées et de mes espérances ; un culte de famille, la bienfaisance au dehors, des éducations à entreprendre, etc., etc., les mille et une relations morales qui se déroulent autour de la première, toutes ces images m'enivrent souvent. Mais je les écarte, parce que chaque espérance est un œuf d'où peut sortir un serpent au lieu d'une colombe ; parce que chaque joie manquée est un coup de couteau ; parce que chaque semence confiée à la destinée contient un épi de douleurs, que l'avenir peut en faire germer.

Je me défie de moi-même, du bonheur, parce que je me connais. L'idéal m'empoisonne toute possession imparfaite. Tout ce qui compromet l'avenir ou détruit ma liberté intérieure, m'assujettit aux choses, ou m'oblige à être autre que je ne voudrais et devrais être, tout ce qui attente à mon idée de l'homme complet, me blesse au cœur, me contracte, me navre, même en esprit, même d'avance. J'abhorre les regrets, les repentirs inutiles. — La fatalité des conséquences qu'entraîne chacun de nos actes, cette idée capitale du drame, ce sombre élément tragique de la vie, m'arrête plus sûrement que le bras du Commandeur. — Je n'agis qu'à regret et presque que par force.

Dépendre est pour moi une idée insupportable ; mais dépendre de l'irréparable, de l'arbitraire, de l'imprévu, et surtout dépendre par ma faute, dépendre d'une erreur, c'est-à-dire aliéner ma liberté, mon espérance, tuer le sommeil et le bonheur, c'est l'enfer !

Tout ce qui est nécessaire, providentiel, bref inimputable, je le supporterais, je crois, avec force d'âme. Mais la responsabilité envenime mortellement le chagrin. Or un acte est essentiellement volontaire. Aussi j'agis le moins possible.

Dernier soubresaut de la volonté propre qui se cabre et se dissimule, recherche du repos, de la satisfaction, de l'indépendance ! N'y a-t-il pas quelque reste d'égoïsme dans ce désintéressement ? dans cette peur ? dans cette susceptibilité oisive ?

Tu voudrais accomplir le devoir, mais où est-il ? quel est-il ? Ici l'inclination revient et interprète l'oracle. La question dernière est celle-ci : Le devoir est-il d'obéir à sa nature, même la meilleure et la plus spirituelle, ou bien de la vaincre ? Gœthe et Schiller, le point de vue humain ou religieux, se réaliser ou s'abandonner, pour centre son *idée* ou bien Dieu, équivalents du même débat. Éviter le malheur, qui est une entrave, ou le chercher comme une purification.

La vie est-elle essentiellement l'éducation de l'esprit et de l'intelligence ou celle de la volonté ? et la volonté est-elle dans la force ou dans la résignation ? — Si le but de la vie est d'amener au renoncement, alors viennent maladies, entraves, souffrances de toute espèce ! Si le but est de manifester l'homme complet, alors ménager son intégrité ! — Provoquer l'épreuve, c'est tenter Dieu. Au fond, le Dieu de justice me voile le Dieu d'amour. J'ai tremblement et non confiance.

Toute voix double, partagée, combattue dans la conscience, n'est pas encore la voix de Dieu. Descends encore plus profond en toi, jusqu'à ce que tu n'entendes plus qu'une voix simple, voix qui lève tout doute, qui entraîne la persuasion, la clarté, la sérénité. Heureux, dit l'apôtre, ceux qui sont d'accord avec eux-mêmes, et qui ne se condamnent pas eux-mêmes dans le parti qu'ils prennent. Cette identité intérieure, cette unité de conviction est d'autant plus difficile que l'esprit discerne, décompose, prévoit davantage. La liberté a bien de la peine à revenir à la franche unité de l'instinct.

Hélas ! il faut donc remonter mille fois les cimes déjà gravies, reconquérir les points de vue atteints, il faut πολε μεῖν πόλεμον. Le cœur, comme les rois, sous la forme de paix perpétuelle, ne signe donc que des trêves. La vie éternelle est donc éternellement à regagner. Le fleuve des jours nous entraîne loin des montagnes de la patrie et il faut revenir en nuages visiter leurs sommets, cercle infini, rotation fatale, œuvre de Sisyphe. Hélas oui ! la paix même est une lutte, ou plutôt, c'est la lutte, l'activité qui est la loi. Nous ne trouvons de repos que dans l'effort, comme la flamme ne trouve d'existence que dans la combustion. O Héraclite, l'image du bonheur est donc la même que celle de la souffrance ; l'inquiétude et le progrès, l'enfer et le ciel sont donc également mobiles. L'autel de Vesta et le supplice de Belzébuth brillent du même feu. — Eh bien oui, c'est la vie, la vie à double face et à double tranchant. Le feu qui éclaire est aussi le feu qui consume ; l'élément des dieux peut devenir celui des maudits.

7 avril 1851. — Lu en partie le volume de Ruge [1], *Die Academie* (1848), où l'Humanisme, le point de vue du jeune hégélianisme, en politique, religion et littérature, est représenté par des correspondances ou des articles directs (Kuno Fischer, Kollach, etc). — Ils représentent le parti *philoso-phiste* du siècle dernier, tout-puissant à dissoudre par le raisonnement et la raison, impuissant à construire, car la construction repose sur le sentiment, l'instinct et la volonté.

1. Arnold Ruge, né en 1803, mort à Brighton en 1880, principal rédacteur des *Hallische* puis des *Deutsche Jahrbücher* (1838-1843) où écrivaient Strauss, Bruno Bauer, Louis Feuerbach. Il fit partie du Parlement de Francfort.

En marge de ce morceau, Amiel a écrit plus tard, en le relisant : « Les *H. ma-nistes* (Ruge, Feuerbach, etc.), Philosophie et Religion, Intellectualisme et Moralisme. »

La conscience philosophique se prend ici pour la force réalisatrice, la rédemption de l'intelligence se prend pour la rédemption du cœur, c'est-à-dire la partie pour le tout, et le dernier en ordre chronologique pour le premier. Ils me font saisir la différence radicale de l'*intellectualisme* et du *moralisme*. Chez eux, la philosophie veut supplanter la religion. Le principe de leur religion c'est l'homme, et le sommet de l'homme, c'est la pensée. Leur religion est donc la religion de la pensée.

Ce sont là les deux mondes : le Christianisme apporte et prêche le salut par la conversion de la volonté ; l'Humanisme le salut par l'émancipation de l'esprit. L'un saisit le cœur, l'autre le cerveau. — Tous deux veulent faire atteindre à l'homme son idéal, mais l'idéal diffère, sinon par son contenu, au moins par la disposition de ce contenu, par la prédominance et la souveraineté données à telle ou telle force intérieure ; pour l'un l'esprit est l'organe de l'âme ; pour l'autre l'âme un état inférieur de l'esprit ; l'un veut éclairer en améliorant, l'autre améliorer en éclairant. C'est la différence de Socrate à Jésus.

La question capitale est celle du péché. La question de l'immanence, du dualisme est secondaire, car elle peut être résolue que l'autre reste. La Trinité, la vie à venir, le paradis et l'enfer peuvent cesser d'être des dogmes, des réalités spirituelles, le formalisme et le littéralisme peuvent s'évanouir, la question humaine demeure : Qu'est-ce qui sauve ? Comment l'homme est-il amené à être vraiment homme ? La dernière racine de son être est-elle la responsabilité, oui ou non ? est-ce faire ou savoir le bien, agir ou penser qui sont le dernier but ? — Si la science ne donne pas l'amour, elle est insuffisante. Or elle ne donne que l'*amor intellectualis* de Spinoza, lumière sans chaleur, résignation contemplative et grandiose, mais inhumaine parce qu'elle est peu transmissible et reste un privilège et le plus rare de tous. L'*amour moral* place le centre de l'individu au centre de l'être, il a au moins le salut en principe, le germe de la vie éternelle ; la pensée décrit autour du centre ses cercles de plus en plus étendus et illimités dans leur croissance. — Chérubins et Séraphins : voilà déjà le dilemme ou plutôt la distinction.

Aimer c'est virtuellement savoir ; savoir n'est pas virtuellement aimer : voilà la relation de ces deux modes de l'homme. La rédemption par la science ou par l'amour intellectuel est donc inférieure à la rédemption par la volonté ou par l'amour moral. La première peut libérer du moi, elle peut affranchir de l'égoïsme. La seconde pousse le moi hors de lui-même, le rend actif et agissant. L'une est critique, purificatrice, négative ; l'autre est vivifiante, fécondante, positive. La science, si spirituelle et substantielle qu'elle soit en elle-même, est encore formelle relativement à l'amour. La force morale est donc le point vital.

Et cette force ne s'atteint que par la force morale. Le semblable seul agit sur le semblable. Ainsi n'améliorez pas par le raisonnement, mais par l'exemple ; ne touchez que par l'émotion ; n'espérez exciter l'amour que par l'amour. Soyez ce que vous voulez faire devenir autrui. Que votre être, non vos paroles, soient une prédication.

Donc, pour revenir au sujet, la philosophie ne doit pas remplacer la religion ; les révolutionnaires ne sont pas des apôtres, quoique les apôtres aient été révolutionnaires. Sauver du dehors au dedans, et par dehors j'entends aussi l'intelligence relativement à la volonté, c'est une erreur et un danger. La partie négative de l'œuvre des Humanistes est bonne, elle dépouillera le christianisme de toute une coque devenue extérieure ; mais Feuerbach et Ruge ne peuvent sauver l'humanité. Il lui faut des saints et des héros pour compléter l'œuvre des philosophes. La science est la puissance de l'homme, et l'amour sa force ; l'homme ne *devient* homme que par l'intelligence, mais il n'*est* homme que par le cœur. Savoir, aimer et pouvoir, c'est là la vie complète.

15 juin 1851. — Ce soir, fait quelques allées et venues sur le pont des Bergues, par un beau ciel sans lune. J'admirais la fraîcheur des eaux, rayées des lumières des deux quais et miroitant sous le scintillement des étoiles. A la rencontre de ces groupes variés de jeunes gens en phalange, de familles, de couples, d'enfants qui regagnaient en chantant ou causant leurs foyers domestiques, leur mansarde ou leur salon, j'éprouvais un sentiment de sympathie pour tous ces passants, j'ouvrais les yeux et les oreilles en poète et en peintre, ou tout simplement en curieux bienveillant, je me sentais content de vivre et de voir vivre. Peut-être seulement aurais-je désiré à mon bras quelque jeune fille au visage aimant, pour partager un peu cette poésie. Cette vision passe quelquefois en dansant devant moi, mais j'en détourne les yeux : elle a trop de charme et d'enivrement pour que je m'y abandonne. Le *tout ou rien* fait mon stoïcisme. Chercher est odieux pour ma fierté, ne pas chercher n'aboutit pas. Ni mère, ni tante, ni sœur, ni amie ne cherchent pour moi. Donc, je ceins mes reins et referme exactement mon cilice. Or la trentaine approche. Souffle ta lampe. Il se fait tard, et demain a sa tâche à accomplir.

15 août 1851. — Savoir être prêt, grande chose ! faculté précieuse et qui implique du calcul, du coup d'œil et de la décision. Il faut pour cela savoir trancher, car on ne peut tout dénouer ; savoir dégager l'essentiel, l'important des minuties qui ne finissent jamais ; en un mot simplifier sa vie, ses devoirs, ses affaires, son bagage, etc.

Il est étonnant combien nous sommes d'ordinaire enchevêtrés, empelotonnés de mille et un empêchements et devoirs qui n'en sont pas, et qui nous entravent pourtant dans nos mouvements. Savoir finir, c'est la même chose au fond que savoir mourir, c'est distinguer les choses véritablement nécessaires et remettre les autres à leur place. — Pour être le plus libre possible à chaque moment, il faut avoir beaucoup d'ordre. C'est le désordre qui nous rend esclaves. Le désordre d'aujourd'hui escompte la liberté de demain.

Les choses que nous laissons traîner derrière nous se redressent plus tard devant nous et embarrassent notre chemin. Que chacun de nos jours règle ce qui le concerne, liquide ses affaires, respecte le jour qui le suivra, et alors nous serons toujours prêts. L'encombrement nuit à toute aisance, à toute liberté, à toute clarté, et l'encombrement naît de l'ajournement.

Donc ne renvoie pas au lendemain ce qui peut être fait

sur l'heure. Rien n'est fait, tant qu'il reste quelque chose à
faire : achever est la mesure du maître.

Aix-les-Bains, 2 septembre1851. — Entrepris Tocqueville
(De la Démocratie en Amérique). Mon impression est encore
mélangée. Bel ouvrage, mais j'y sens un peu trop l'imitation
de Montesquieu. Puis ce style abstrait, piquant, fin, senten-
cieux, est un peu dur, raffiné et monotone. Il a trop d'esprit
et pas assez d'imagination. Il est fragmentaire, coupé, pé-
tillant, mais il ne laisse pas que de fatiguer par sa mobilité
soubresautée. Il fait penser plus qu'il ne charme, et quoique
grave, il paraît sautillant. Cette méthode de morcellement
de la pensée, d'illumination du sujet par facettes successives,
a de sérieux inconvénients. On voit trop bien les détails au
détriment de l'ensemble.Cette multitude d'étincelles éclairent
mal. — En somme, je trouve ce style spirituel, subtil, profond même, mais un peu sec, brisé et fatigant. L'auteur est
évidemment une intelligence grave, mûre, pénétrante, qui
domine de haut son sujet et l'analyse avec sagacité dans ses
mille replis.

Aix-les-Bains, 6 septembre 1851. —L'ouvrage de Tocqueville donne à l'esprit beaucoup de calme, mais lui laisse
un certain dégoût. On reconnaît la nécessité de ce qui arrive,
et l'inévitable repose ; mais on voit que l'ère de la médiocrité
en toute chose commence, et le médiocre glace tout désir.
L'égalité engendre l'uniformité, et c'est en sacrifiant l'excellent, le remarquable, l'extraordinaire, que l'on se débarrasse
du mauvais. — Le spleen deviendra la maladie du siècle
égalitaire. — L'utile remplacera le beau, l'industrie l'art,
l'économie politique la religion, et l'arithmétique la poésie.

Le temps des grands hommes passe ; l'époque de la fourmilière, de la vie multiple arrive. Par le nivellement continuel
et la division du travail, la société deviendra tout, et l'homme
ne sera rien.

La statistique enregistrera de grands progrès, et le moraliste un déclin graduel ; les moyennes monteront comme le
fond des vallées par la dénudation et l'affaissement des monts.
Un plateau de moins en moins onduleux, sans contrastes,

sans oppositions, monotone, tel sera l'aspect de la société humaine. Les extrêmes se touchent, et si la marche de la création consiste d'abord à dégager sans limite et multiplier les différences, elle revient ensuite sur ses pas pour les effacer une à une. L'égalité qui, à l'origine, est encore la torpeur, l'inertie, la mort, deviendrait-elle à la fin la forme de la vie ?

N'est-ce pas acheter trop cher le bien-être universel que de le payer au prix des plus hautes facultés, des plus nobles tendances de l'espèce humaine ? Est-ce bien là le sort fatal réservé aux démocraties ? Ou bien, au-dessus de l'égalité économique et politique à laquelle tend la démocratie socialiste, se formera-t-il un nouveau royaume de l'esprit, une église de refuge, une république des âmes, où par-dessus le pur droit et la grossière utilité, le beau, l'infini, l'admiration, le dévouement, la sainteté auront un culte et une cité ? Le matérialisme utilitaire, la légalité sèche, égoïste, l'idolâtrie de la chair et du moi, du temporel et de Mammon sont-elles le terme de nos efforts ? Je ne le crois pas. — L'idéal de l'humanité est tout autrement haut. Mais l'animal réclame le premier, et il faut d'abord bannir la souffrance superflue et d'origine sociale avant de revenir aux biens spirituels. Il faut que tout le monde vive avant que de s'occuper de religion.

Aix-les-Bains, 7 septembre 1851 (dix heures du soir). — Un clair de lune étrange, recueilli, par une brise fraîche et un ciel traversé de nuages, rend à cette heure notre terrasse charmante. Ces rayons doux et pâles laissent tomber du zénith une paix résignée qui pénètre. C'est la joie calme, le sourire pensif de l'expérience, avec une certaine verdeur stoïque. Les étoiles brillent, les feuillages frémissent sous des reflets argentés ; pas un bruit de vie dans la campagne, de larges ombres s'engouffrent sous les allées et au tournant des escaliers. Tout est mystérieux, furtif et solennel.

Heure nocturne, heure de silence et de solitude, tu as de la grâce et de la mélancolie, tu attendris et tu consoles ; tu nous parles de tout ce qui n'est plus et de tout ce qui doit mourir, mais tu nous dis : Courage ! et tu nous promets le repos.

9 novembre 1851 (dimanche). — Second discours d'Adolphe Monod à Saint-Gervais, moins grandiose peut-être, mais presque plus hardi et pour moi plus édifiant que celui de dimanche dernier. Le sujet était *Saint Paul* ou la vie active, comme celui de dimanche *Saint Jean* ou la vie intérieure du chrétien. J'ai ressenti les chaînes d'or de l'éloquence ; j'étais suspendu à ses lèvres et ravi de son audace et de sa grâce, de son élan et de son art, de sa sincérité et de son talent ; j'ai reconnu que pour les puissants les difficultés sont une source d'inspiration, et ce qui ferait broncher les autres l'occasion de leurs plus hauts triomphes. — Il a fait pleurer saint Paul pendant une heure et demie, il en a fait une nourrice, il a été chercher son vieux manteau, ses prescriptions d'eau et de vin à Timothée, la toile qu'il raccommodait, son ami Tychique, bref tout ce qui pouvait faire sourire, et de là il a su tirer le pathétique le plus constant, les leçons les plus austères et les plus saisissantes. Dans les larmes de la douleur, de la charité et de la tendresse il a fait revivre tout saint Paul, comme martyr, comme apôtre et comme homme, avec une grandeur, une onction, une chaleur de réalité, telles que je ne les avais encore jamais vues.

L'apothéose de la douleur dans notre siècle de bien-être, où pasteurs et troupeaux s'engourdissent dans les langueurs de Capoue ; l'apothéose de la charité ardente, militante, à notre époque de froideur et d'indifférence pour les âmes ; l'apothéose du christianisme humain, naturel, devenu chair et vie, à notre époque où les uns le mettent pour ainsi dire au-dessus de l'homme et les autres au-dessous, et enfin, pour péroraison, la nécessité d'un peuple nouveau, d'une génération plus forte, pour sauver le monde en présence des tempêtes qui le menacent : Peuple de saint Paul, lève-toi et à l'œuvre ! Paul a pleuré, mais il triomphe. Aujourd'hui comme lui, demain avec lui !

Diction, composition, ressources, débit, images, tout est instructif, étonnant, précieux à recueillir. Quelle étude infinie que celle d'une heure pareille ; que de trésors d'habileté à admirer en même temps qu'on pleure !

18 novembre 1851. — L'énergique subjectivité qui s'affirme avec foi en soi, qui ne craint pas d'être quelque chose de particulier, de défini, et sans avoir conscience ou honte de son illusion subjective, m'est étrangère. Je suis, quant à l'ordre intellectuel, essentiellement objectif, et ma spécialité distinctive c'est de pouvoir me mettre à tous les points de vue, de voir par tous les yeux, c'est-à-dire de n'être enfermé dans aucune prison individuelle. — De là aptitude à la théorie, et irrésolution dans la pratique ; de là talent critique et gêne de production spontanée ; de là aussi, longue incertitude de convictions et d'opinions, tant que mon aptitude est restée instinct, mais maintenant qu'elle est consciente et qu'elle se possède, elle peut conclure et s'affirmer à son tour, en sorte qu'après avoir donné l'inquiétude, elle apporte enfin la paix. Elle dit : Il n'y a repos d'esprit que dans l'absolu, repos du sentiment que dans l'infini, repos de l'âme que dans le divin. Rien de fini n'est vrai, n'est intéressant, n'est digne de me fixer. Tout ce qui est particulier est exclusif, tout ce qui est exclusif me répugne. Il n'y a de non exclusif que le Tout ; c'est dans la communion avec l'Etre et par tout l'être que se trouve ma fin. Alors, dans la lumière de l'absolu, toute idée devient digne d'étude ; dans l'infini, toute existence digne de respect ; dans le divin, toute créature digne d'amour. L'homme complet et harmonique, l'homme-Christ, voilà mon credo. L'amour, dans l'intelligence et la force, voilà mon aspiration.

2 décembre 1851. — La loi du secret. Fais comme la plante, protège par l'obscurité tout ce qui germe en toi, pensée ou sentiment, et ne le produis au jour que déjà formé. Toute conception doit être enveloppée du triple voile de la pudeur, du silence et de l'ombre. Respecte le mystère, car sa profanation donne la mort. Ne mets pas à nu tes racines, si tu veux croître et vivre. Et s'il se peut, même au jour de la naissance, ne convie pas de témoins, comme le font les reines, mais ouvre-toi comme la gentiane des Alpes sous le regard de Dieu seul.

1er février 1852 (dimanche). — Passé une partie de l'après-midi à lire les *Monologues* (de Schleiermacher). Ce petit livre m'a fait une presque aussi grande impression qu'il y a douze ans pour la première fois. Il m'a replongé dans ce monde intérieur où je reviens avec béatitude, quand je m'en suis écarté. J'ai pu du reste mesurer le progrès fait depuis lors, à la transparence que toutes ces pensées avaient pour moi, à la foule d'analogies que j'y retrouvais avec les miennes, à la liberté avec laquelle j'entrais dans ce point de vue et aussi le jugeais. C'est grand, puissant, profond, mais c'est encore orgueilleux et même égoïste. Le centre de l'univers, c'est encore le Moi, le grand *Ich* de Fichte.

L'indomptable liberté, l'apothéose de l'individu s'élargissant jusqu'à contenir le monde, s'affranchissant jusqu'à ne reconnaître rien d'étranger, ni aucune limite, tel est le point de vue de Schleiermacher. La *vie intérieure* : 1, dans son affranchissement du temps ; 2, dans son double but, réalisation de l'espèce et de l'individualité ; 3, dans sa domination fière de toutes les circonstances ennemies ; 4, dans sa sécurité prophétique de l'avenir ; 5, enfin, dans son immortelle jeunesse, tel est le contenu des cinq *Monologues*.

Nous entrons dans une vie monumentale, typique, profondément originale et réfractaire à toute influence extérieure, bel exemple de l'autonomie du Moi, beau modèle de caractère ; — stoïcisme — mais le mobile de cette vie n'est pas encore religieux ; il est plutôt moral et philosophique. — Je n'y vois point un modèle, mais un exemple ; non un résultat à imiter, mais un sujet précieux d'étude.

Cet idéal de la liberté absolue, infrangible, inviolable, se développant d'après ses propres lois, se respectant elle-même, et dédaignant le monde et l'activité pratique est aussi l'idéal d'Emerson. L'homme jouit ici de lui-même, et réfugié dans l'inaccessible sanctuaire de sa conscience personnelle, il devient un Dieu. Il est à lui-même principe, mobile et fin de sa destinée, il est lui-même et c'est assez. L'orgueil de la vie n'est pas loin d'une sorte d'impiété, d'un déplacement de l'adoration. En effaçant l'humilité, ce point de vue surhumain a un grave danger, il est la tentation même à laquelle succomba Adam, celle de devenir son maître en étant devenu semblable aux Eloïm. L'héroïsme dans les *Monologues* touche à la témérité, la liberté apparaît trop comme indépendance et pas assez comme soumission ; tout le côté du devoir est trop resté dans l'ombre ; l'âme est trop seule et trop émancipée de Dieu ; bref le droit et la valeur de l'individu sont trop exclusivement mis en saillie, et dans l'individu, l'unité de vie ne laisse pas assez voir au-dessous d'elle la discorde et la lutte, la paix est achetée à trop bon compte, la sérénité est trop de nature et pas assez de conquête.

Ontologiquement, la position de l'homme dans le monde des esprits est mal indiquée. L'âme individuelle n'étant pas unique et ne sortant pas d'elle-même, ne peut se concevoir seule. Psychologiquement, la force de spontanéité du moi est conçue trop exclusivement. En fait, dans l'évolution de l'homme, elle n'est pas tout. Moralement, le mal est à peine nommé ; le déchirement, condition de la vraie paix, n'apparaît pas. La paix n'est ni une victoire ni un salut, c'est plutôt une bonne fortune.

2 février 1852. — Encore les *Monologues*. Je me suis assez défendu hier contre eux par la critique, je puis m'abandonner maintenant sans scrupule et sans danger à la sympathie et à l'admiration qu'ils m'inspirent. Cette vie essentiellement libre, cette conception souveraine de la dignité humaine, cette possession actuelle de l'univers et de l'infini, cet affranchissement de tout ce qui passe, ce sentiment puissant de sa supériorité et de sa force, cette énergie invincible de la volonté, cette pénétration parfaite de soi-même, cette autocratie de la conscience qui s'appartient, tous ces signes d'une magnifique et indomptable personnalité, d'une nature conséquente, complète, profonde, harmonique, indéfiniment perfectible, m'ont pénétré de joie et de reconnaissance. Voilà une vie, voilà un homme ! Ces perspectives ouvertes sur l'intérieur d'une grande âme font du bien. A ce contact, on se fortifie, on se restaure, on se retrempe. Le courage revient par la vue. Quand on voit ce qui a été, on ne doute

plus que cela puisse être. En voyant un homme, on se dit :
Oui, soyons homme !

3 mars 1852.— L'opinion a sa valeur et même sa puissance;
l'avoir contre soi, fût-elle erronée de tout point, est pénible
auprès des amis, nuisible auprès des autres hommes. — Il
ne faut pas flatter l'opinion, ni la courtiser, mais il convient,
s'il se peut, de ne pas lui faire ou même lui laisser suivre
fausse piste à votre sujet. Le premier est une bassesse, le
second une imprudence. On doit avoir honte de l'un, on peut
avoir regret de l'autre. — Prends garde à toi, tu es très porté à
cette dernière faute, et elle t'a déjà fait beaucoup de tort.
Par raideur et par dédain, tu comptes sur la justice du temps ;
par sagesse, tu devrais lui faciliter sa tâche et hâter son jour.
— Quand on vit en société, il ne suffit pas d'avoir pour soi
sa conscience, il est bon et peut-être nécessaire de mettre
de son côté l'opinion. — Fléchis donc ta fierté, abaisse-
toi jusqu'à devenir habile. Ce monde de loups et de renards, d'égoïsmes adroits et d'ambitions actives, de vanités
énormes et de mérites lilliputiens, ce monde des hommes,
où il faut mentir par le sourire, la conduite, le silence autant
que par la parole, monde dégoûtant pour l'âme droite et
fière, ce monde, c'est le tien. Il faut savoir y vivre. On y a
besoin de succès, réussis. On n'y reconnaît que la force : sois
fort. L'opinion veut courber les fronts sous sa loi. Au lieu de
la narguer, il vaut mieux la vaincre. — Je comprends la
colère du mépris et le besoin d'écraser que donne invinciblement tout ce qui rampe, tout ce qui est tortueux, oblique,
ignoble...
Mais je ne puis rester longtemps sur ce sentiment, qui est
de la vengeance. Ce monde, ce sont des hommes ; ces hommes,
ce sont des frères. N'exilons pas le souffle divin. Aimons. Il
faut vaincre le mal par le bien ; il faut conserver une conscience pure. — A ce point de vue, on peut encore se pres-
crire la prudence : Sois simple comme la colombe et prudent
comme le serpent, a dit l'apôtre. — Soigne ta réputation,
non par vanité, mais pour ne pas nuire à ton œuvre et par
amour pour la vérité. Il y a encore de la recherche de soi-
même dans ce désintéressement raffiné, qui ne se justifie

pas, pour se sentir supérieur à l'opinion. L'habileté, c'est de paraître ce qu'on est ; l'humilité, c'est de sentir qu'on est peu de chose.

Allons, merci, Journal, mon emportement a passé. Je suis tranquille et me sens bienveillant. Je viens de relire ce cahier et ma matinée s'est envolée dans ce monologue. J'ai du reste trouvé de la monotonie dans ces pages, et le même sentiment y revient trois ou quatre fois. Tant pis ; ces pages ne sont pas faites pour être lues, elles sont écrites pour me calmer et me ressouvenir. Ce sont des jalons dans mon passé, et au lieu de quelques-uns des jalons, il y a des croix funéraires, des pyramides de pierre, des tiges qui ont reverdi, des cailloux blancs, des médailles ; tout cela sert à retrouver son chemin dans les Champs Élysées de l'âme. Le pèlerin a marqué ses étapes, il peut retrouver la trace de ses pensées, de ses larmes et de ses joies. Ceci est mon carnet de voyage ; si quelques passages peuvent en être utiles à d'autres, et si j'en ai parfois communiqué même au public, ces mille pages dans leur ensemble ne sont bonnes que pour moi, et pour ceux qui après moi pourront s'intéresser à l'itinéraire d'une âme, dans une condition obscure, loin du bruit et de la renommée. Ces feuilles seront monotones quand ma vie l'aura été, elles se répéteront quand les sentiments se répéteront ; c'est toujours de la vérité ; et la vérité est leur seule muse, leur seul prétexte, leur seul devoir. Comme registre psychologique et biographique, elles auront plus tard de la valeur pour ma vieillesse, si je vieillis ; elles ont déjà du prix pour moi comme confidentes et comme oreiller.

(Plus tard.) — ... Il n'y a pas beaucoup de jeunes gens de mon âge, qui, sans souci pour leur existence matérielle, se soient plus et plus souvent rongés intérieurement que moi. Quand je pense aux sombres promenades solitaires, aux rages insensées et douloureuses ressenties au grand soleil, certains jours de printemps, aux soirées et aux matinées perdues à me serrer le cœur entre les mains, à toutes mes larmes rentrées de Berlin et d'ailleurs ; quand je pense à mes veilles de Faust, à la solitude morale dans laquelle il m'a fallu grandir depuis mon enfance, sauf les rencontres précieuses mais

épisodiques de l'amitié ; quand je réfléchis à ce que je serais
sans les distractions de l'étude, sans l'oubli de moi-même,
sans la vie de la pensée, sans le refuge tranquille de la science,
je ne puis m'empêcher de voir que le fond de ma vie est la
tristesse, parce que j'ai vécu seul, dans l'abandon, refoulé
sur moi-même, et qu'il n'est pas bon que l'homme soit seul.
Ce sont des souffrances qui font rire les autres, quand on a
du reste loisirs, indépendance, qu'on peut étudier, voyager,
flâner à son gré ; mais quoique je ne puisse pas le dire, j'ai
cependant souffert et même assez souffert. Dieu merci, je
n'ai pas la sottise d'y mettre de la vanité ; mais je trouve
le surnom d'« heureux de ce monde » curieux par le contraste. D'ailleurs il exprime quelque chose de vrai, c'est-
à-dire mon état présent et mon extérieur. J'ai l'attitude et
le dehors d'un homme qui ne désire rien et a fait son nid.
Seulement le monde prend trop souvent votre cuirasse pour
votre épiderme, votre apparence pour votre réalité, et vous
croit insensible parce que vous contenez votre sentiment.

26 avril 1852. — Ce soir, éprouvé du vide, rentré en
moi-même : avenir, solitude, devoir, toutes ces idées solen-
nelles ou pressantes sont venues me visiter. J'ai recommencé
mon credo, reconstitué (et cette fois dans un carnet à part)
le catéchisme de ma vie, le plan de ma conduite, l'unité
de mon existence bariolée et capricieuse. — Je me suis
recueilli, revisé, ramassé, concentré, massé en moi-même,
et cela est bien nécessaire contre la dispersion et la distraction qu'amènent les jours et les détails.

Lu une partie du livre de Krause [1] (*Urbild der Mensch-
heit*, 1811), qui répondait à merveille à ma pensée et à mon
besoin ; en général ce philosophe exerce sur moi une impression bienfaisante ; sa sérénité intime et religieuse gagne et
envahit. Il donne la paix et le sentiment de l'infini.

Pourtant il me manque quelque chose : le culte, la piété
positive et partagée. Quand donc l'Église à laquelle j'ap-

1. Charles-Christian-Frédéric Krause, 1781-1832, philosophe allemand,
chef d'école ; il a désigné son système par le nom de *panenthéisme.*

partiens de cœur sera-t-elle constituée ? Je ne puis, comme Scherer, me contenter d'avoir raison tout seul. Il me faut un christianisme moins solitaire. Il le faut aussi plus pratique : je prie souvent, je n'ai pas communié à Pâques. Aussi mes besoins religieux ne sont pas satisfaits, c'est comme mes besoins sociaux et mes besoins d'affection. Quand je cesse de les oublier dans la somnolence, ils se réveillent avec une sorte d'âcreté douloureuse. Ma vie est tiède, elle manque d'énergie, de substance, de grandeur et de joie. Pourquoi ? faute de réactifs, de stimulants, de circonstances. Je m'endors comme la marmotte parce que l'hiver m'entoure. L'hiver, c'est le milieu dans lequel je suis plongé, l'atmosphère inerte, engourdie des esprits, les préoccupations mesquines, terre à terre, fastidieuses qui m'enveloppent et m'oppressent. J'oscille entre la langueur et l'ennui, l'éparpillement dans l'infiniment petit et la nostalgie de l'inconnu ou du lointain.

— Il faut singulièrement de puissance morale pour résister à ces influences ambiantes, et pour se régénérer perpétuellement dans cette déperdition ennemie. C'est l'histoire, si souvent faite par les romanciers français, de la vie de *province* ; seulement la province, c'est tout ce qui n'est pas la patrie de l'âme, tout lieu où le cœur se sent étranger, inassouvi, inquiet et altéré. Hélas ! à le bien prendre, ce lieu c'est la terre, cette patrie rêvée c'est le ciel. Cette souffrance, c'est la nostalgie éternelle, la soif du bonheur.

In der Beschränkung zeigt sich erst der Meister, dit Gœthe. — Mâle résignation, c'est aussi la devise des maîtres de la vie : mâle, c'est-à-dire courageuse, active, résolue, persévérante ; — résignation, c'est-à-dire renoncement, abnégation, concentration, limitation. — Énergie résignée, c'est la sagesse des fils de la terre, c'est la sérénité possible dans cette vie de lutte et de combat ; c'est la paix du martyre et la promesse du triomphe.

Lancy[1], *28 avril 1852*. — Langueurs printanières, vous voilà donc revenues, vous me visitez encore après une longue absence. Hier au soir le théâtre, ce matin la poésie

---

1. Village près de Genève.

(Ch. Reynaud, Heine), le chant des oiseaux, les rayons tranquilles, l'air des campagnes verdoyantes, tout m'est monté au cœur et mes yeux se sont mouillés. O silence, tu es effrayant ! effrayant comme le calme de l'Océan qui laisse plonger le regard dans ses abîmes insondables ; tu nous laisses voir en nous des profondeurs qui donnent le vertige, des besoins inextinguibles, infinis, des trésors de souffrance et de regret. Viennent les tempêtes ! elles agitent au moins la surface de ces ondes aux secrets terribles. Soufflent les passions ! en soulevant les vagues de l'âme elles en voilent les gouffres sans fond. A nous tous, enfants de la terre, fils du temps, l'éternité inspire une involontaire angoisse, et l'infini une mystérieuse épouvante. Il nous semble entrer dans le royaume de la mort. — Pauvre cœur, tu veux de la vie, tu veux de l'amour, tu veux des illusions, et tu as raison après tout, la vie est sacrée.

Dans ces moments de tête à tête avec l'infini, quel autre aspect prend la vie ! comme tout ce qui nous occupe, préoccupe, passionne et remplit, devient subitement, à nos yeux, puéril, frivole, et vain. Nous nous semblons des marionnettes qui jouons au sérieux une parade fantastique, et qui prenons des hochets pour des trésors. Comme alors tout est autre : la réalité paraît moins vraie que la fable et que l'art. Le but de tout ceci c'est le développement de l'âme, tout le reste ombre, prétexte, figure, symbole et rêve : l'âme est la seule réalité, le reste est la fantasmagorie sublime destinée à l'égayer et à la former. Berkeley paraît vrai, Fichte et Emerson aussi. Les contes de fées, les légendes, sont aussi directement vrais que l'histoire naturelle et plus encore, du moins emblèmes plus transparents. Immortelle, durable, seule parfaitement réelle est la conscience ; le monde n'est qu'un feu d'artifice. La conscience est un univers, son soleil est l'amour.

Ah ! je retombe déjà dans la vie générale, objective de la pensée, elle me délivre (est-ce le mot ?), non, elle me prive de la vie intime du sentiment. Le savant tue l'amoureux, la réflexion dissout la rêverie et brûle ses ailes délicates. — Voilà pourquoi la science ne fait pas des hommes, elle en fait des entités, des abstractions ; ah ! sentons, vivons et n'analysons pas toujours. Soyons naïfs avant d'être réfléchis Donnons-nous avant de reprendre. Éprouvons avant d'étudier. Laissons-nous aller à la vie.

> Enivrons-nous de poésie,
> Nos cœurs n'en aimeront que mieux !

Langueurs printanières, vous parlez d'amour. Il est doux de partager sa vie pour la doubler. N'aurai-je donc jamais le cœur d'une femme pour m'y appuyer ? un fils pour me faire revivre, un petit monde où je puisse laisser fleurir tout ce que je cache en moi ? Je recule et redoute, crainte de briser mon rêve ; j'ai tant mis sur cette carte que je n'ose la jouer. Rêvons encore...

Ne te violente pas toi-même et respecte en toi les oscillations du sentiment, c'est ta vie et ta nature : un plus sage que toi les a faites. Ne t'abandonne pas tout entier à l'instinct ni à la volonté ; l'un est une sirène, l'autre un despote. Ne sois ni l'esclave de tes impulsions et de tes sensations du moment, ni celui d'un plan abstrait et général. Sois ouvert à ce qu'apporte la vie, du dedans et du dehors, à l'imprévu ; mais donne à ta vie l'unité, ramène l'imprévu dans les lignes de ton plan. Élève la nature à l'esprit et que l'esprit redevienne nature. C'est à cette condition que ton développement sera harmonieux et que la sérénité de l'Olympe, la paix du ciel pourront rayonner sur ton front ; — toujours à condition que ta paix soit faite et que tu aies gravi le calvaire.

(Après-midi.) — Ne retrouverai-je pas quelques-unes de ces rêveries prodigieuses, comme j'en ai eu quelquefois : à l'aube, un jour de mon adolescence, assis dans les ruines du château de Faucigny ; sous le soleil de midi, une fois dans la montagne, au-dessus de Lavey, couché au pied d'un arbre et visité par trois papillons ; une nuit sur la grève sablonneuse de la mer du Nord, le dos sur la plage et le regard errant dans la voie lactée ; — de ces rêveries grandioses, immortelles, cosmogoniques, où l'on porte le monde dans son sein, où l'on touche aux étoiles, où l'on possède l'infini ? Moments divins, heures d'extase où la pensée vole de monde

en monde, pénètre la grande énigme, respire large, tranquille, profonde comme la respiration diurne de l'Océan, sereine et sans limites comme le firmament bleu ; visites de la muse Uranie, qui trace autour du front de ceux qu'elle aime le nimbe phosphorescent de la puissance contemplative, et qui verse dans leur cœur l'ivresse tranquille du génie, sinon son autorité ; instants d'intuition irrésistible où l'on se sent grand comme l'univers et calme comme un Dieu ? — Des sphères célestes jusqu'à la mousse ou au coquillage sur lesquels je reposais, la création entière m'était soumise, vivait en moi, et accomplissait son œuvre éternelle avec la régularité du Destin et l'ardeur passionnée de l'amour. Quelles heures, quels souvenirs ! Les débris qui m'en restent suffisent à me remplir de respect et d'enthousiasme, comme des visites du Saint-Esprit. Et retomber de ces cimes aux horizons sans bornes, dans les ornières bourbeuses de la trivialité ! Quelle chute ! Pauvre Moïse ! tu vis aussi onduler dans le lointain les coteaux ravissants de la terre promise, et tu dus étendre tes os fatigués dans une fosse creusée au désert. — Lequel de nous n'a sa Terre promise, son jour d'extase et sa fin dans l'exil ? Que la vie réelle est donc une pâle contrefaçon de la vie entrevue, et combien ces éclairs flamboyants de notre jeunesse prophétique rendent plus terne le crépuscule de notre maussade et monotone virilité !

Lancy, 29 avril 1852. — Étudié les progrès de nos lilas, de nos spirées, etc. Charmante surprise : l'épanouissement d'un des arbustes à petites feuilles, fleuri pendant la nuit à toutes ses extrémités, coquet, mignon et frais comme un bouquet de noces, avec toutes les grâces d'une demi-éclosion ; que ces fleurettes blanches, discrètement ouvertes comme des pensées du matin, et posées comme des abeilles ou des gouttes de rosée sur ce jeune feuillage délicat et d'un vert si virginal, avaient d'élégante et pudique beauté ! Mère des merveilles, mystérieuse et tendre Nature, pourquoi ne vivons-nous pas en toi ? Les poétiques flâneurs de Tœpffer, Jules, Charles, tous ces sensibles amis et amants de la nature, ces observateurs ravis et éblouis, revenaient à mon souvenir comme un reproche ou une leçon. Le modeste jardin d'un presbytère, l'horizon étroit d'une mansarde contiennent autant d'enseignements qu'une bibliothèque pour qui sait regarder et entendre. Oui, nous sommes trop occupés, trop affairés, trop encombrés, trop actifs. Il faut savoir jeter par-dessus bord tout son bagage de soucis, de pédanterie et d'érudition, se refaire simple, enfant, vivre de l'heure du présent, reconnaissant, naïf et heureux. Oui, il faut savoir être oisif ; dans l'inaction attentive et recueillie, notre âme efface ses plis, se détend, se déroule, renaît comme l'herbe foulée ou la haie émondée ou la feuille froissée, redevient naturelle, spontanée, sincère, originale ; la rêverie, comme la rosée, rafraîchit et retrempe le talent ; source de joie et de pensées, elle accumule en se jouant les matériaux et les images ; c'est le dimanche de la pensée ; et qui sait si le repos de la flânerie n'est pas aussi important et pas plus fécond que la tension du travail. — La flânerie, si spirituellement chantée et vantée par Tœpffer, n'est pas seulement délicieuse mais utile. C'est un bain de santé qui rend l'élasticité au corps et à l'âme ; c'est le signe et la fête de la liberté ; c'est un banquet joyeux, le banquet du papillon qui lutine et butine dans les prés. Or l'âme aussi est un papillon.

Lancy, 2 mai 1852 (dimanche). — Cette matinée, lu l'épître de saint Jacques, le volume exégétique de Cellérier[1] sur cette épître, puis beaucoup de pensées de Pascal, après toutefois avoir passé plus d'une heure au jardin, avec nos deux larronneaux. Je leur ai fait examiner de près les fleurs, les arbrisseaux, les hannetons, les escargots, pour les exercer à l'observation, à l'admiration et à la bienveillance.

Quelle n'est pas l'importance des premiers dialogues dans la première enfance ! Combien j'ai senti la sainteté de cette mission ! Je ne l'aborde qu'avec une sorte de religieux effroi. L'innocence et l'enfance sont sacrées. Le semeur qui jette le grain, le père qui jette la parole féconde, accomplissent un acte de pontife, et ne devraient le faire qu'avec religion, avec prière et gravité, car ils travaillent au règne de Dieu.

---

1. Jacob-Élysée Cellérier, professeur de théologie à l'Académie de Genève, né en 1785, mort en 1862.

Toute semaille est une chose mystérieuse, qu'elle tombe dans le sol ou dans les âmes. L'homme est un colon : toute son œuvre à le bien prendre est de développer la vie, de la semer partout ; c'est la tâche de l'humanité, et cette tâche est céleste. L'influence d'un mot dit à son heure est incalculable. Nous oublions trop que la parole est une révélation, un ensemencement (*sermo-serere*). O le langage ! quelle chose profonde ! mais nous sommes obtus, parce que nous sommes matériels et matérialistes. Nous voyons les pierres et les arbres, nous ne distinguons pas les armées des idées invisibles qui peuplent l'air et battent perpétuellement de l'aile autour de chacun de nous !

3 mai 1852. — Les hommes, comme le costume masculin, sont vulgaires, laids ou uniformes dans toutes les classes ; ce sont les femmes qui, comme la flore des montagnes, indiquent avec la précision la plus caractéristique la gradation des zones superposées de la société. La hiérarchie morale se marque ostensiblement et visiblement dans l'un des sexes, elle est confuse dans l'autre. Chez les femmes, elle a la régularité des moyennes et de la nature ; chez les hommes, elle a les bizarreries imprévues de la liberté. C'est que l'homme se fait plutôt lui-même par sa volonté et que la femme est façonnée par sa destinée ; que l'un modifie les circonstances avec son énergie, et que l'autre les subit et les reflète dans sa douceur ; bref que la femme est plutôt genre et l'homme individu.

6 mai 1852. — Chose curieuse, les femmes sont à la fois le sexe le plus un et le plus différent ; le plus un au point de vue moral, le plus différent au point de vue social ; confrérie dans le premier cas, hiérarchie dans le second. Tous les degrés de culture et de condition se marquent nettement dans leur extérieur, leurs manières et leurs goûts ; la fraternité intérieure se retrouve dans leurs sentiments, leurs instincts et leurs désirs. Le sexe féminin représente ainsi l'égalité naturelle et l'inégalité historique ; il maintient l'unité de l'espèce et sépare les catégories de la société. La femme a donc une mission essentiellement conservatrice ; elle conserve d'un côté l'œuvre de Dieu, ce qu'il y a de permanent dans l'homme, ce qu'il y a en lui de beau, de grand, d'humain ; elle conserve d'autre part ce qui est l'œuvre des circonstances, les usages, les ridicules, les préjugés, les petitesses, c'est-à-dire le bon et le mauvais, le sérieux et le frivole. Que voulez-vous ? Acceptez la fumée, si vous voulez le feu. C'est ici une loi providentielle, bonne par conséquent. — La femme est la tradition, comme l'homme est le progrès ; et sans eux, point de vie. L'histoire, comme tout ce qui a vie, est le produit des deux forces : si son père est le progrès, la tradition est sa mère. A chaque sexe son lot dans l'œuvre commune de la race.

Lancy, 14 mai 1852. — Hier, je faisais la philosophie de la joie, de l'allégresse, de la jeunesse, du printemps qui sourit et des roses qui enivrent ; je prêchais la force, et j'oubliais que c'était un dithyrambe à la bonne chance ; qu'affligé et éprouvé comme les deux amis avec lesquels je me promenais, j'aurais raisonné et parlé comme eux.

Nos systèmes, comme on l'a dit, sont l'expression de notre caractère ou la théorie de notre situation. C'est-à-dire que nous aimons à croire acquis ce qui est donné, que nous prenons notre nature pour notre ouvrage, et notre lot pour notre conquête : illusion née de la vanité et aussi du besoin de liberté ; nous répugnons à être le produit des circonstances ou l'épanouissement d'un germe intérieur ; et cependant nous avons tout reçu, et la part vraiment à nous est bien petite, car c'est surtout la négation, la résistance, les fautes et les torts qui forment cette part. Nous recevons tout, la vie et le bonheur, mais la manière dont nous le recevons, voilà ce qui nous reste. Recevons avec confiance, sans rougeur, sans anxiété ; acceptons de Dieu aussi notre nature, ayons pour elle charité, fermeté, intérêt ; n'acceptons pas le mal et la maladie en nous, mais acceptons-nous malgré la maladie et le mal. Et ne craignons pas la joie pure ; Dieu est bon et ce qu'il fait est bien fait. — Résignons-nous à tout, même au bonheur ; parfumons par l'encens de la prière les sentiers épineux de l'épreuve et les chemins fleuris de la félicité. L'homme vraiment saint, a dit un mystique, Bœhme ou

Angelus, conserverait la fraîcheur du ciel même dans les flammes de l'enfer. La paix de la conscience, voilà le diamant incorruptible que rien d'extérieur ne peut entamer. — Si cela ne paraissait un sauvage et impitoyable paradoxe, je dirais : La souffrance est de notre faute ; la sainteté est sereine. L'apôtre a osé dire : Soyez toujours joyeux !

. . . .

Vu le premier ver luisant de la saison, dans le gazon au bord du petit chemin tournant qui descend de Lancy vers la ville. Il rampait furtivement sous l'herbe, comme une pensée timide ou un talent naissant.

17 juin 1852. — Tous les despotismes ont un instinct supérieur et divinatoire de ce qui entretient l'indépendance et la dignité humaines, et il est curieux de voir nos radicaux entendre l'école tout comme le prince-président, et l'enseignement réaliste servir partout à étouffer sous les faits la liberté d'examen portée sur les questions morales. Le matérialisme est la doctrine auxiliaire de toute tyrannie, d'un seul ou des masses. Écraser l'homme spirituel, moral, général, humain, si l'on peut dire, en le spécialisant ; créer des rouages de la grande machine sociale et non plus des êtres complets, leur donner pour centre la société et non la conscience, asservir l'âme aux choses, dépersonnaliser l'homme, c'est la tendance dominante à notre époque. Atomisme moral et unité sociale, substitution des lois de la matière morte (gravitation, nombre, masse) aux lois de la nature morale (persuasion, adhésion, foi) ; l'égalité, principe du médiocre, devenant dogme ; l'unité par l'uniformité (catholicisme de la démocratie mal entendue) ; le nombre devenant raison ; toujours la quantité au lieu de la qualité ; la liberté négative qui n'a aucune règle en soi, et ne rencontre de limite que dans la force, prenant partout la place de la liberté positive, qui est la possession d'une règle intérieure, d'une autorité et d'un frein moraux ; c'est le dilemme posé par Vinet : socialisme et individualisme. — Je dirais plus volontiers : c'est l'antagonisme éternel entre la lettre et l'esprit, entre la forme et le fond, entre l'extérieur et l'intérieur, entre l'apparence et la réalité, qui se retrouve dans la conception de toute chose et de toute idée. Le matérialisme épaissit et pétrifie tout, rend toute chose grossière et toute vérité fausse. Il y a un matérialisme religieux, politique, etc., qui gâte tout ce qu'il touche, liberté, unité, égalité, individualité. Ainsi, il y a deux manières d'entendre la démocratie.

Pour en revenir au point de départ, le béotisme imminent ou plutôt le réalisme grossier contre lequel notre enseignement a une lutte à soutenir, n'est pas un phénomène momentané et personnel, mais une tendance de l'époque, et une inclination de notre esprit national dégénéré. Ce qui est vraiment menacé c'est la liberté morale, c'est la conscience, c'est la noblesse même de l'homme, c'est le respect de l'âme. Défendre l'âme, ses intérêts, ses droits, sa dignité, c'est le devoir le plus pressant pour quiconque voit le danger ; défendre l'humanité dans l'homme, c'est ce que doivent faire l'écrivain, le pasteur, l'instituteur, le philosophe. L'homme : l'homme vrai, l'homme idéal : telle doit être leur devise, leur mot d'ordre, leur cri de ralliement. Guerre à ce qui l'avilit, le diminue, l'entrave, le dénature : protection à ce qui le fortifie, l'ennoblit, l'élève ! La pierre de touche de tout système religieux ou politique, ou pédagogique, c'est l'homme qu'il forme, l'individu qui sort de ses mains. Si le système nuit à l'intelligence, il est mauvais ; s'il nuit au caractère, il est vicieux ; s'il nuit à la conscience, il est criminel.

20 juillet 1852. — Marc Monnier a passé chez moi la matinée. Nous avons parlé d'Allemagne, de Paris, de voyage, de Hegel, du présent et de l'avenir. C'est toujours le même garçon, souple, fort, aisé, heureux, plein de verve, de ressort, de gaieté et d'imagination, avec son étoile et son balancier, son goût sûr et sa facilité féconde. Je ne serais pas une semaine avec lui, sans redevenir poète ou au moins écrivain. Il ira en octobre s'établir à Paris. Il a dix ans de plus que son âge. Nous avons parlé de la *Revue suisse* et de mes projets. Je l'ai accompagné jusqu'à Carouge. Voilà bien « l'heureux du siècle », titre que je mérite peu, quoiqu'on me l'ait donné. Aujourd'hui surtout j'étais triste.

Lancy, 12 août 1852. — Chaque sphère de l'être tend à une

sphère plus élevée et en a déjà des révélations et des pressentiments. L'idéal, sous toutes ses formes, est l'anticipation symbolique d'une existence supérieure à la nôtre, à laquelle nous tendons. Comme les volcans nous apportent les secrets de l'intérieur du globe, l'inspiration, l'enthousiasme, l'extase sont des explosions passagères du monde intérieur de l'âme. La vie humaine n'est que l'avènement à la vie spirituelle, et il y a encore des degrés innombrables soit dans l'une, soit dans l'autre. Ainsi veille et prie, disciple de la vie, chrysalide d'un ange, prépare ton éclosion future, car l'ascension divine n'est qu'une série de métamorphoses de plus en plus éthérées, où chaque phase, résultat des précédentes, est la condition de celles qui la suivent. La vie divine est une série de morts successives, où l'esprit rejette ses imperfections et ses symboles et cède à l'attraction croissante du centre de gravitation ineffable, du soleil de l'intelligence et de l'amour. Les esprits créés, qui reconnaissent leur mission, tendent à former des constellations et des voies lactées dans l'empyrée de la divinité ; en devenant des dieux, ils entourent d'une cour étincelante et incommensurable le trône du souverain. Leur grandeur, voilà leur hommage. Leur divinité d'investiture est la couronne la plus éclatante de Dieu. Dieu est le père des esprits ; la vassalité de l'amour, telle est la constitution du royaume éternel.

13 août 1852 (midi). — J'ai passé toute la matinée dans une méditation profonde. Quels voyages et quels coups d'ailes ! J'ai repris le problème de Mejnour et de Zanoni[1] : Quelle est la vraie vie ? Parcouru, sondé, traversé dans ses trois dimensions la science universelle, franchi tout le temps, tout l'espace, revu les mystères, initiations, évocations, invocations de toute espèce. Décrit des cercles autour de toute activité, de toute individualité. Je me sentais une sorte d'ubiquité, de clairvoyance et de puissance intellectuelle extraordinaires. J'ai reconquis autour de moi l'espace, l'horizon, l'éther spirituels... Le résultat a été celui-ci : j'ai reproduit, avec l'in-

---

1. Mejnour et Zanoni, personnages d'un roman symbolique de E.-L. Bulwer, *Zanoni* (Londres, 1840).

tensité du rêve, à peu près la vie dans laquelle a dû être plongé Bulwer, lorsqu'il écrivit son livre ; puis après m'y être dilaté, agrandi, retrouvé, j'ai aussi tracé mon cercle autour, je m'en suis dégagé, je m'y suis senti à l'étroit. Je suis repassé de Plotin à Jésus-Christ, et de Tyane à Nazareth. Ce sont des matinées où l'on vit des siècles, et des siècles d'humanité, car on revoit, ressent et reproduit ce qui a fait vivre et mourir des races et des religions, des civilisations et des divinités. — J'ai été presque étonné de ne pas me retrouver en cheveux blancs.

23 août 1852. — Des visiteurs m'ont pris mon après-midi, d'abord deux de mes étudiants, ... puis Marc Monnier et Victor Cherbuliez, avec lesquels nous avons discouru de l'Allemagne, de Molière, de Shakespeare, du style des écrivains français, et joué beaucoup de parties de boules. Cherbuliez a gagné, il est plus rose, plus jeune, plus gai, son œil est doux et fin, son front haut et méditatif, sa bouche malicieuse, sa voix seule est un peu vieille et cassée, c'est un garçon bien distingué. Ces deux gars si bien doués, si pleins d'entrain, de zèle, d'espérance m'ont rendu mélancolique. D'ailleurs je n'ai jamais été familier avec Victor : il est trop réservé, trop circonspect et trop malin pour cela. Une pensée involontaire me poursuivit.

Lancy, 27 septembre 1852 (10 heures du matin). — A cette heure, j'accomplis ma trente et unième année.....
Sois pur, constant, fidèle à toi-même, maître de tes instincts, énergique, crois en toi, n'attends pas l'approbation, la sympathie, la reconnaissance des autres. Songe que tu as une œuvre à faire, que le temps perdu est un vol fait à Dieu, que le découragement est une faiblesse, et que la seule paix c'est la paix de la conscience, qu'obtiennent seuls le courage et le dévouement. — Sois dévoué à ta famille, à tes amis, à ta patrie, à tous les hommes ; lutte contre ton inconstance et ta faiblesse de femme ; sois courageux, sois fort, sois homme enfin.
Sois le champion de la vérité, défends l'âme et la liberté, aide à l'enfantement de l'humanité nouvelle, de la société

future, ne désespère ni de toi-même ni des autres, aime, crois, travaille, combats, espère. — Ne te laisse pas séduire par les bagatelles, les minuties, les oripeaux, les coquillages de la route. N'oublie pas ton but, ceins tes reins, concentre tes forces, simplifie ta vie, rassemble tes volontés, noue ton faisceau, économise non ton cœur, mais ton temps et tes heures. L'heure de la dispersion, des rêveries à travers champs est passée. Laisse à l'adolescence cette course échevelée et joyeuse, cette poursuite de toutes les fleurs. Il s'agit maintenant de moissonner, de lier sa gerbe, de donner ses fruits...

Le plus beau poème c'est la vie, la vie qui se lit tout en se composant, où la verve et la conscience s'allient et s'entr'-aident, la vie qui se sait microcosme et qui joue devant Dieu la répétition en miniature du poème universel et divin. — Oui, sois homme, c'est-à-dire sois Nature, sois Esprit, sois image de Dieu, sois ce qu'il y a de plus grand, de plus beau, de plus élevé dans toutes les sphères de l'être, sois une idée et une volonté infinie, une reproduction du grand Tout. Et sois tout en n'étant rien, en t'effaçant, en laissant entrer Dieu en toi comme l'air dans un espace vide, en réduisant ton moi égoïste à n'être que le contenant de l'essence divine. Sois humble, recueilli, silencieux, pour entendre au fond de toi-même la voix subtile et profonde ; sois spirituel et pur pour entrer en communion avec l'esprit pur. Retire-toi souvent dans le dernier sanctuaire de ton intime conscience, rentre dans ta *ponctualité* d'atome pour t'affranchir de l'espace, du temps, de la matière, des tentations, de la dispersion, pour échapper à tes organes, à ta propre vie, c'est-à-dire meurs souvent, et interroge-toi en face de cette mort, comme préparation à la dernière mort. Celui qui peut sans frémir envisager cécité, surdité, paralysie, maladie, trahison, misère, — celui qui peut, sans trembler, comparaître en face de la Justice souveraine, celui-là seul peut se dire préparé à la mort partielle ou totale. Combien j'en suis loin, et que mon cœur est loin de ce stoïcisme ! Mais au moins se détacher de tout ce qui peut nous être enlevé, tout accepter comme un prêt et un don, et ne tenir qu'à l'impérissable, c'est ce qu'il faut essayer. — Croire en un Dieu bon, paternel, éducateur, qui mesure le vent à la brebis tondue, qui ne punit que par nécessité et ne prive qu'à regret : cette pensée ou plutôt cette conviction donne du courage et de la sécurité. Oh ! que nous avons besoin d'amour, de tendresse, d'affection, de bonté, et que nous sommes vulnérables, nous fils de Dieu, nous, immortels et souverains ! Forts comme le monde, ou faibles comme le vermisseau, suivant que nous représentons Dieu ou que nous ne représentons que nous-mêmes, que nous nous appuyons sur l'Être ou que nous sommes seuls.

Le point de vue religieux, d'une religion active et morale, spirituelle et profonde, donne seul à la vie toute sa dignité et toute son énergie. Il rend invulnérable et invincible. Le baptême spirituel est la véritable eau du Styx ; nulle arme terrestre ne peut blesser à mort, nulle résistance ne peut lasser celui qui a été trempé dans son onde. On ne peut vaincre la terre qu'au nom du ciel. Tous les biens furent donnés par-dessus à celui qui ne voulut que la sagesse. C'est quand on est désintéressé qu'on est le plus fort, et le monde est aux pieds de celui qu'il ne peut séduire. Pourquoi ? parce que l'esprit est maître de la matière et que le monde appartient à Dieu. — « Prenez courage, a dit une voix céleste, j'ai vaincu « le monde. »

Merci, loisir ; merci, retraite ; merci, Providence ! j'ai pu rentrer en moi, j'ai pu donner audience à mon bon ange. Je me suis retrempé dans le sentiment de ma vocation, de mon devoir, dans le ressouvenir de ma faiblesse. Allons, année nouvelle, apporte ce que tu voudras, mais ne m'emporte pas la paix, laisse-moi la clarté de la conscience, et l'espoir en Dieu !

Seigneur, prête ta force aux faibles de bonne volonté ! (*Midi.*)

Lancy, 31 octobre 1852. — Promenade d'une demi-heure au jardin par une fine pluie. — Paysage d'automne. Ciel tendu de gris et plissé de diverses nuances, brouillards traînant sur les montagnes de l'horizon ; nature mélancolique, les feuilles tombaient de tous côtés comme les dernières illusions de la jeunesse sous les larmes de chagrins incurables. Nichée d'oiseaux babillards s'effarouchant dans les bosquets et s'ébattant sous les branchages comme des écoliers entassés

et cachés dans quelque pavillon. Le sol jonché de feuilles
brunes, jaunes et rougeâtres ; les arbres à demi dépouillés,
les uns plus, les autres moins, fripés de roux, de citron, d'amarante (ordre de dépouillement : catalpa, mûrier, acacia, pla-
tane, noyer, tilleul, ormeau, lilas) ; les massifs et buissons
rougissants ; quelques fleurs encore : roses, béquettes, capu-
cines, dahlias rouges, blancs, jaunes, panachés, égouttant
leurs pétales, des pétunias flétris, des mesembryanthemum
au riche incarnat, et dont le feuillage en couronne éclipse
par ses teintes mauves et roses les fleurs mignonnettes ;
maïs desséchés, champs nus, haies appauvries. — Le sapin,
seul vigoureux, vert, stoïque au milieu de cette phtisie universelle, éternelle jeunesse bravant le déclin. — Tous ces innombrables et merveilleux symboles que les formes, les couleurs,
les végétaux, les êtres vivants, la terre et le ciel fournissent
à toute heure à l'œil qui sait les voir, m'apparaissaient charmants et saisissants. J'avais la baguette poétique et n'avais
qu'à toucher un phénomène pour qu'il me racontât sa signification morale. J'avais aussi la curiosité scientifique, j'en-
registrais et questionnais : pourquoi le rouge domine ? ce qui
fait durer inégalement les feuilles ? etc., etc.

Un paysage quelconque est un état de l'âme, et qui lit
dans tous deux est émerveillé de retrouver la similitude dans
chaque détail. La vraie poésie est plus vraie que la science,
parce qu'elle est synthétique et saisit dès l'abord ce que la
combinaison de toutes les sciences pourra tout au plus
atteindre une fois comme résultat. L'âme de la nature est
devinée par le poète, le savant ne sert qu'à accumuler les
matériaux pour sa démonstration. L'un reste dans l'ensemble,
le second vit dans une région particulière. L'un est concret,
l'autre abstrait.

L'âme du monde est plus ouverte et intelligible que l'âme
individuelle ; elle a plus d'espace, de temps et de force pour
sa manifestation.

6 novembre 1852. — Je suis susceptible encore de toutes les
passions, car je les ai toutes en moi ; dompteur de bêtes féroces, je les tiens en cage et en laisse, mais je les entends parfois gronder. J'ai étouffé plus d'un amour naissant. Pour-

quoi ? parce qu'avec cette sûreté prophétique de l'intuition morale, je les sentais peu viables et moins durables que moi. Je les ai étouffés au profit futur de l'affection définitive. Les amours des sens, de l'imagination, de la sensibilité, je les ai pénétrés et rejetés, je voulais l'amour central et profond. J'y crois encore, et tant pis pour l'honneur du sexe féminin, si j'ai tort. Je ne veux pas de ces passions de paille qui éblouissent, consument ou dessèchent ; j'appelle, j'attends et j'espère encore le grand, le saint, le grave et sérieux amour qui vit par toutes les fibres et par toutes les puissances de l'âme. Toute femme qui ne le comprend pas n'est pas digne de moi. Et si je dois rester seul, j'aime mieux emporter mon espérance et mon rêve que de mésallier mon âme.

8 novembre 1852. — La responsabilité est mon cauchemar invisible. Souffrir par sa faute est un tourment de damné, car le ridicule y envenime la douleur, et le pire des ridicules, celui d'avoir honte de soi à ses propres yeux. Je n'ai de force et d'énergie que contre les maux venus du dehors, mais un mal irréparable, fait par moi, une résiliation pour la vie, de mon repos, de ma liberté, cette seule pensée me rend déjà fou. — J'expie mon privilège. Mon privilège, c'est d'assister au drame de ma vie, d'avoir conscience de la tragi-comédie de ma propre destinée, et plus que cela d'avoir le secret du tragi-comique lui-même, c'est-à-dire de ne pouvoir prendre mes illusions au sérieux, de me voir pour ainsi dire de la salle sur la scène, d'outre-tombe dans l'existence, et de devoir feindre un intérêt particulier pour mon rôle individuel, tandis que je vis dans la confidence du poète qui se joue de tous ces agents si importants, et qui sait tout ce qu'ils ne savent pas. C'est une position bizarre, et qui devient cruelle, quand la douleur m'oblige à rentrer dans mon petit rôle, auquel elle me lie authentiquement, et m'avertit que je m'émancipe trop en me croyant, après mes causeries avec le poète, dispensé de reprendre mon modeste emploi de valet dans la pièce. — Shakespeare a dû éprouver souvent ce sentiment, et Hamlet, je crois, doit l'exprimer quelque part. C'est une *Doppelgängerei* tout allemande, et qui explique le dégoût de la vie réelle et la répugnance pour la vie publique, si communs aux penseurs de la Germanie. Il y a comme une dégradation, une déchéance gnostique, à replier ses ailes de génie et à rentrer dans sa coque grossière de simple particulier. — Sans la douleur, qui est la ficelle de ce hardi cerf-volant, ou le cordon ombilical par lequel cette pensée sublime est rattachée à son humanité, l'homme s'élèverait trop vite et trop haut, et les individus d'élite seraient perdus pour l'espèce, comme des ballons qui, sans la gravitation, ne reviendraient plus de l'empyrée.

Comment donc retrouver le courage de l'action ? En laissant revenir un peu l'inconscience, la spontanéité, l'instinct, qui rattache à la terre et qui dicte le bien relatif et l'utile.

En croyant plus pratiquement à la Providence, qui pardonne et permet de réparer.

En acceptant plus naïvement et plus simplement la condition humaine, redoutant moins la peine, calculant moins, espérant plus ; c'est-à-dire diminuant, avec la clairvoyance, la responsabilité, et avec la responsabilité, la timidité.

En acquérant plus d'expérience par les pertes et les leçons.

10 novembre 1852. — En m'éveillant, senti toute la grandeur des dieux de l'Olympe hellénique, et pris en pitié les clabauderies barbares des ignorants qui les ont traités en mauvais joujoux. J'en ai compris la noblesse, la profondeur idéale, et j'ai été grec pendant une heure, avec piété. — Comment la plus belle des races humaines se serait-elle avilie dans ses divinités ? Tels hommes, tels dieux. Cette seule réflexion devrait déjà rendre modeste.....

La mythologie grecque est la religion de l'idéal. Chaque être, grand ou petit, ville ou individu, porte en soi sans le savoir une idée, son idée. La dégager, la reconnaître, la fixer, c'est avoir trouvé le phare, la religion, le dieu de cette vie particulière. Le dieu de chaque existence est l'idéal gravé en elle. Chaque vie n'a donc qu'un dieu.....

Combien n'avons-nous pas à apprendre des Grecs, ces immortels aïeux ! Et comme ils ont mieux résolu leur problème que nous ! — Leur homme n'était pas le nôtre, mais comme ils ont mieux révéré, cultivé, anobli l'homme qu'ils connaissaient ! — A mille égards encore, nous sommes auprès d'eux des barbares, comme me le disait, en soupirant, Béranger en 1843. — Barbares en éducation, en éloquence, en vie publique, en poésie, en fait d'art, etc. Il nous faut des millions d'hommes pour en produire quelques-uns d'élite ; un millier suffisait en Grèce. Si la mesure d'une civilisation est le nombre d'hommes accomplis qu'elle produit, nous sommes encore loin de ce peuple modèle. Les esclaves ne sont plus au-dessous de nous, mais ils sont parmi nous. La barbarie n'est plus aux frontières, elle vit avec nous porte à porte. Nous portons en nous de beaucoup plus grandes choses, mais nous sommes bien plus petits. C'est un résultat bien bizarre : la civilisation objective a créé de grands hommes en ne le cherchant pas ; la civilisation subjective en crée de mesquins et incomplets, tout au contraire de son vœu et de sa mission. Les choses deviennent majestueuses, mais l'homme diminue. Pourquoi donc ?

1. Nous avons trop de sang barbare et grossier dans les veines. Manquons d'harmonie, de mesure et de grâce.

2. Le christianisme, en brisant l'homme en extérieur et intérieur, le monde en terre et ciel, en enfer et paradis, a décomposé l'unité humaine, il est vrai pour la reconstruire plus profonde et plus vraie ; mais la chrétienté n'a pas encore digéré ce levain puissant. Elle n'a pas encore conquis la vraie humanité ; elle vit encore sous l'antinomie du péché et de la grâce, d'ici-bas et de là-haut. — Elle n'a pas pénétré dans tout le cœur de Jésus ; elle est encore dans le *narthex* de la pénitence ; elle n'est pas réconciliée, et même les Églises portent encore la livrée de la domesticité et n'ont pas la joie des filles de Dieu, baptisées du Saint-Esprit.

3. Division du travail excessive.

4. Mauvaise et sotte éducation, qui ne développe pas tout l'homme.

5. Le problème de la misère. — Nous avons aboli l'esclavage, mais sans avoir résolu la question du travail. En droit, il n'y a plus d'esclaves ; en fait, il y en a. Et tant que la majorité des hommes n'est pas libre, on ne peut concevoir l'homme libre, on ne peut même bien le réaliser. Voilà suffisamment de causes.

12 novembre 1852. — L'été de la Saint-Martin continue, et les journées commencent toutes par le brouillard. Couru un petit quart d'heure autour du jardin pour gagner souplesse et chaleur. Admiré les derniers boutons de roses, les gaufrures élégantes des feuilles de fraisier brodées de givre et surtout les ravissantes tentures d'arachnés villageoises, suspendues dans les branches vertes des sapins, petits salons de bal, pour des fées légères comme des rayons de lune, tapissés de poudre de perles, que mille résilles de cordages tout tremblants de rosée retenaient par en haut comme les colliers d'un lustre et par en bas comme les ancres d'un vaisseau. Ces petits édifices aériens avaient toute la légèreté fantastique des Elfes et la fraîcheur vaporeuse de l'aurore. Ils m'ont fait revoir la poésie septentrionale, j'ai senti comme un souffle de la Suède, de l'Islande et de la Calédonie, Frithiof et l'Edda, Ossian et les Hébrides, tout ce monde de la froidure et du brouillard, des génies et des rêveries, où la chaleur ne vient pas du soleil, mais du cœur, où l'homme est plus en relief que la nature ; ce monde chaste, vigoureux, où la volonté joue plus de rôle que la sensation, la pensée plus que l'instinct, — bref la poésie romantique, germanique et du Nord s'éveilla de proche enproche dans mes souvenirs et ma sympathie. Poésie fortifiante, d'effet moral tonique. Singulier charme de l'imagination : une brindille de sapin et quelques fils d'araignée peuvent faire revivre pour elle des pays, des époques et des nations.

(Même jour.) — Terminé la veillée par une lecture littéraire. Quelques morceaux de la *Chrestomathie française*, et la remarquable lettre de Vinet, en tête du second volume, m'ont fait passer une ou deux heures charmantes. Cette lettre m'a frappé, il me semblait que je l'écrivais moi-même. Je n'ai jamais senti comme aujourd'hui ma parenté d'esprit avec Vinet, le psychologue moraliste, le critique devin et juge. Je crois que je pourrais le continuer, car ma plus visible aptitude est de même nature et peut-être pas de moindre degré. Il me semble même avoir des ressources, une étendue et un horizon peut-être plus grands. Mes voyages, la variété de mes études, la foule des choses et des hommes avec lesquels

j'ai été en contact, en ont tout le mérite. Une vocation moins nette et moins constante, une vie moins dévouée au devoir, mais une même aptitude, un talent de même genre, une culture plus large et une flexibilité peut-être supérieure : tels seraient les éléments d'une comparaison. Comme chrétien, je lui serai toujours inférieur ; comme penseur, comme écrivain, je puis espérer peut-être davantage.

L'homme restera un modèle ; sa philosophie, sa théologie, son esthétique, bref son œuvre objective seront ou sont dépassées sur tous les points. Vinet est une grande âme et un beau talent, mais pas assez bien servi par les circonstances, une personnalité digne de toute vénération, un grand homme de bien et un écrivain d'élite, mais pas encore un grand homme ni un grand écrivain. Il a profondeur et pureté, mais non grandeur. Il est trop méditation, réflexion, et pas assez puissance. Il est trop raffiné, subtil, analytique, trop ingénieux, il a trop de pensée de détail et pas assez de veine, d'éloquence, d'imagination, de chaleur, d'ampleur. La casuistique de conscience, la casuistique grammaticale, l'éternelle suspicion du moi, le perpétuel examen moral, expliquent son talent et ses limites. Il manque de flamme, de mouvement, de popularité, d'entraînement ; l'individualisme, qui est son titre de gloire, est aussi la cause de sa faiblesse. On retrouve toujours chez lui le solitaire et l'ascète. Sa pensée est en chapelle et s'éprouve continuellement elle-même. De là cet air de scrupule, d'anxiété, de discrétion qui caractérise le ton de son style. Énergie morale, mais délicatesse trop grande ; finesse d'organisation, mais petite santé, pour ainsi dire : voilà ce qu'on y sent. Toute la force est reployée sur elle-même, contre elle-même ; si j'ose créer le mot : réflexivité trop constante, tel est l'éloge ou le reproche à lui adresser.

— Plus de spontanéité, c'est-à-dire d'élan dans son allure ; plus d'objectivité, c'est-à-dire de corps autour de son esprit, et de cercles de vie autour de son cercle individuel : voilà ce qu'il laisse à désirer et ce dont la présence ferait de son style, si riche de substance et si plein d'idées, un grand style. Vinet, c'est l'homme et l'écrivain conscience. — Heureuses la littérature et la société qui posséderaient deux ou trois individus pareils !

16 novembre 1852 (cinq heures du matin). — Je me réveille aujourd'hui trois heures seulement plus tard que je m'endormais hier. L'équilibre s'est rétabli par la bascule. Mais quelles sensations diverses, en dépit de toutes les ressemblances apparentes ! Comme la lampe du soir éclaire un autre homme que la lampe du .matin ! Et que l'état de veille est différent s'il finit la journée ou s'il la commence ! — La veille tardive c'est l'excitation, l'expansion, l'imagination, l'âme dans sa multiplicité et sa vivacité ; la veille matinale c'est le calme, la méditation, la concentration, l'âme dans sa simplicité et son recueillement. L'une est chaleur, l'autre est fraîcheur. Dans l'une on produit, dans l'autre on reçoit. Dans la première on vit, dans la seconde on se sent vivre. — J'entends mon cœur et ma montre marquer la fuite des secondes, et dans le lointain résonne le bruit sourd des fléaux des batteurs de grange. C'est l'heure où l'âme écoute, l'heure de la prière et des hautes pensées l'heure de l'infini et de l'éternel, et c'est avec une parfaite sagesse psychologique que la voix du muezzin, les cloches de tous les couvents et les appels divers de tous les cultes invitent, à cette heure matinale, l'homme à s'élever à Dieu. A ce moment, la voix de la conscience parle seule, plus tard d'autres voix s'éveillent à leur tour. Vie éternelle (profondeur), vie particulière (activité), vie universelle (étendue), j'ai eu raison, c'est bien le rythme régulier de la journée entre deux sommeils, c'est-à-dire de la vie consciente, spirituelle et responsable. Retrancher l'une des périodes est une mutilation. Étendre tour à tour l'une sur les deux autres est un droit et souvent un devoir.

17 novembre 1852. — ... Le jour vient ; il est six heures trois quarts. Entre la lumière froide du jour qui traverse la vapeur des carreaux et la lumière chaude de la lampe qui reluit sur mon papier, il n'y a qu'un rideau léger et transparent. Lutte curieuse et symbolique : c'est le cœur, tranquille dans la solitude et le recueillement, que vient assaillir le monde extérieur, pour l'arracher à sa paix, lui imposer devoirs, ennuis, dispersion tout au moins. On vivait tout en soi, il faut vivre au dehors !... Voici le jour, il faut mentir, disait Delphine, dans sa belle poésie de *La Nuit* : mot de femme. Nous dirons : Voici le jour, il faut agir. — Nuit, jour ; solitude, société ; vérité, mensonge, telle est l'équation de la Parisienne. Je dirai : la lampe et le jour, c'est le moi et le non-moi, le calme et le mouvement, la méditation et l'action, la conscience et la volonté. — Tirons le rideau ; lampe, éteins-toi !

26 décembre 1852 (dimanche). — Si je jette beaucoup de loques de notre théologie et de notre église, c'est pour arriver mieux au Christ lui-même. Ma philosophie me le permet. Elle ne pose pas le dilemme de religion ou philosophie, mais celui de religion comprise ou religion acceptée. Pour moi, la philosophie est une manière de saisir les choses, un mode de perception de la réalité. Elle ne crée pas la nature, l'homme, Dieu, mais elle les trouve et cherche à les comprendre. La philosophie est la reconstruction idéale de la conscience, la conscience se comprenant elle-même avec tout ce qu'elle contient. Elle peut contenir une nouvelle vie, le fait de la régénération et du salut, la conscience peut être chrétienne ; l'intelligence de la conscience chrétienne, c'est une partie intégrante de la philosophie, comme la conscience chrétienne est une forme capitale de la conscience religieuse, et la conscience religieuse une forme essentielle de la conscience.

6 janvier 1853. — L'empire de soi dans la tendresse, telle est la condition de l'autorité sur l'enfance. — Que l'enfant ne découvre en vous aucune passion, aucune faiblesse dont il puisse user, qu'il se sente incapable de vous tromper ou de vous troubler, et il vous sentira supérieur à lui par nature, et votre douceur aura pour lui une valeur toute particulière, car elle lui inspirera du respect. L'enfant qui peut vous communiquer colère, impatience, agitation, se sent plus fort que vous, et l'enfant ne respecte que la force. La mère doit se considérer comme le soleil de son enfant, immuable et toujours rayonnant, où la petite créature mobile, prompte aux larmes et aux éclats de rire, légère, inconstante, passionnée, orageuse, vient se recharger de chaleur, d'électricité et de lumière, s'égaliser, se calmer, se fortifier. La mère représente le bien, la vertu, la Providence, la Loi, c'est-à-dire la Divinité sous sa forme accessible à l'enfance. Qu'elle soit passionnée, et elle enseigne un Dieu capricieux, despotique, ou même plusieurs dieux en discorde. La religion de l'enfant dépend de la manière d'être (et non de parler) de sa mère et de son père. Chaque chose et surtout chaque être tend à transformer les autres à son image. L'idéal intérieur et inconscient qui guide votre vie est précisément ce qui atteint l'enfant ; vos paroles, vos remontrances, vos punitions, vos éclats même ne sont pour lui qu'une comédie et qu'un tonnerre ; votre culte, voilà ce qu'il pressent et ressent par instinct.

Soyez bon, violent, impatient, injuste, morose, tendre, faible, avare, tout ce que vous direz et ferez ne pourra masquer l'impression fondamentale. L'enfant voit ce que nous sommes à travers ce que nous voulons être ; de là sa réputation de physionomiste. Il étend son pouvoir le plus loin qu'il peut avec chacun de nous ; c'est un fin diplomate. Il subit sans le savoir l'influence de chacun et la reflète en la transformant d'après sa nature propre : c'est un miroir grossissant. — Voilà pourquoi l'enfant est une critique et un châtiment des défauts des parents ; c'est le péché qui se punit lui-même. — Voilà pourquoi le premier principe de l'éducation, c'est : Élève-toi toi-même. La première règle à suivre pour s'emparer de la volonté d'un enfant, c'est : Deviens maître de la tienne !

5 février 1853 (sept heures du matin). — Je suis toujours émerveillé de la différence entre les dispositions intérieures du soir et celles du matin. Le soir je vois en noir, et le matin en rose. Les passions, qui donnent le ton le soir, laissent le matin l'empire à la partie contemplative de l'âme. Ce qui paraissait impossible aux unes, paraît aisé à l'autre. Tout l'être échauffé, irrité, tendu par l'excitation nerveuse de la journée arrive le soir au point culminant de sa vitalité humaine ; l'être rafraîchi, apaisé, reposé par le calme du sommeil, est au matin plus près du ciel, plus bienveillant, meilleur. J'ai senti qu'il faut avoir pesé une résolution aux deux balances, examiné une idée aux deux lumières, pour diminuer la chance d'erreur, en prenant la moyenne de nos oscillations diurnes. Notre vie intérieure décrit journellement les courbes barométriques régulières, indépendamment des bouleversements accidentels que les orages divers des sentiments et des passions peuvent soulever en nous. Chaque âme a son climat, et est un climat ; elle a sa météorologie particulière dans la météorologie générale, et la psychologie ne sera pas achevée avant la physiologie de la planète, que nous nommons insuffisamment aujourd'hui la physique du globe.

J'ai prié, j'ai demandé l'esprit de mansuétude, de reconnaissance et de pardon, au lieu de l'esprit de talion, de vengeance et d'impatience. J'ai reconnu que ce qui nous paraît impossible n'est souvent qu'une impossibilité toute subjective. Notre âme, sous l'action des passions, produit par un mirage étrange des obstacles gigantesques, des montagnes ou des abîmes qui nous arrêtent tout court ; soufflez sur la passion, et cette fantasmagorie s'évanouira. Admirablement symbolisée par les poèmes chevaleresques sous la forme de forêts enchantées à travers lesquelles ne passent que les héros, que cette puissance de mirage et de fascination, qui va jusqu'à l'hallucination, est un phénomène moral digne d'une attentive étude ! — Ainsi nous produisons nous-mêmes notre monde spirituel, nos monstres, nos chimères et nos anges, nous objectivons ce qui fermente en nous. Tout est merveille pour le poète, tout est divin pour le saint, tout est grand pour le héros, tout est mesquin, chétif, laid, mauvais pour l'âme basse et sordide. Le méchant crée autour de lui un pandémonium, l'artiste un olympe, l'élu un paradis, que chacun d'eux voit seul. Nous sommes tous visionnaires, et ce que nous voyons c'est notre âme dans les choses. — Nous nous récompensons et nous punissons nous-mêmes sans le savoir. — Aussi, tout paraît changer quand nous changeons.

L'âme est essentiellement active, et l'activité dont nous avons conscience n'est qu'une partie de notre activité, et l'activité volontaire n'est qu'une partie de notre activité consciente.

Ceci est la base d'une psychologie et d'une morale. L'homme reproduisant le monde, s'enveloppant d'une nature qui est l'objectivation de sa nature spirituelle, se récompensant et se punissant ; les choses étant la nature divine ; la nature de l'esprit parfait ne se comprenant que dans la mesure de notre perfection ; l'intuition récompense de la pureté intérieure ; la science (objective) au bout de la bonté (subjective) ; bref, une phénoménologie nouvelle, plus complète et plus morale, où l'âme totale devient esprit. — C'est peut-être là mon sujet pour mon cours d'été. Tout le domaine de l'éducation intérieure, de la vie mystérieuse (inconscience, religion, apparitions, inspiration), du rapport de la nature à l'esprit, de Dieu et de tous les êtres à l'homme, la répétition en miniature de la cosmogonie, théogonie, mythologie et histoire universelle ; l'évolution de l'esprit ; en un mot le problème des problèmes dans lequel j'ai plongé souvent, mais dont les choses finies, le détail, les minuties m'ont mille fois détourné : voilà ce que contient cette question. Je reviens au bord du grand abîme, mais recueilli en moi-même, sans orgueil, sans fanatisme, avec le clair sentiment que c'est là le problème de la science, que le sonder est un devoir, que Dieu ne se cache que dans sa lumière et son amour, qu'il nous appelle à devenir esprits, à nous posséder et à le posséder dans la mesure de nos forces, que c'est notre incrédulité, notre lâcheté spirituelle, qui est notre infirmité et notre faiblesse.

Au bord de ce grand abîme, je sens le frisson du sublime courir dans mes veines, mais sans glacer mon cœur : Énée au bord de l'Averne entreprenait un moins hardi voyage ; Dante, plongeant le regard dans les trois mondes avec leurs divers cieux, entrevoyait sous la forme d'image ce que je voudrais saisir sous sa forme plus pure. Mais il était poète et je ne serai que philosophe. Le poète se fait comprendre des générations humaines et des foules ; le philosophe ne s'adresse qu'à quelques rares esprits...

Le jour est venu, avec lui arrive la dispersion dans l'action, je me sens désaimanté, la clairvoyance pure fait place au regard, et la profondeur éthérée du ciel de la contemplation s'évanouit devant l'éclat des choses finies. Est-ce un mal ? non, mais cela prouve que les heures les plus propres à la phénoménologie sont celles qui précèdent l'aube. De ces hauteurs, redescendons sur la terre. *(Huit heures et quart.)*

10 février 1853. — J'ai fait cet après-midi une excursion à Salève avec mes quatre meilleurs amis, C[harles] H[eim], E[rnest] N[aville], E[lie] L[ecoultre], E[dmond] S[cherer], les habitués du cénacle... La conversation a été des plus nourries et nous a empêchés de regarder la boue profonde qui gâtait notre chemin. C'est surtout Naville, Scherer et moi qui l'avons alimentée, et c'est moi qui y mettais le feu. La liberté en Dieu (l'âge de notre globe, les lois de la nature sont-elles fixes ? nos sciences naturelles sont-elles certaines ? la science conclut-elle à l'athéisme ? le Dieu-caprice, le Dieu-causalité ? l'un déduit de la nature, l'autre de l'histoire ; — que chaque oracle ne répond que suivant la question posée ; — que chacun fait son Dieu à son image ; — que chaque science détermine en Dieu un attribut) ; l'essence du christianisme (peut-elle se déterminer ? historiquement ou directement ? implique-t-elle le surnaturel ? le surnaturel n'est-il que la mesure de notre ignorance ou l'essence de la révélation ? le miracle ? les rationalistes et les sectes sont-ils en dedans du Christianisme ? la vérité religieuse est-elle question de majorité et de tradition ? la christologie surnaturelle et divine en opposition, etc., etc.), et, au retour, les publications nouvelles en philosophie (Strauss-Durkheim, Hollard, le Lotus de la Loi, Humboldt, etc.) et en controverse, et les individualités (Secrétan, Vinet, Baudry, la *Revue de Théologie*), tels ont été les trois sujets de conversation. Les principaux résultats pour moi ont été :

1. Un excellent exercice de dialectique et d'argumentation avec de solides champions.

2. Personnellement je n'ai rien appris, mais j'ai vu se confirmer beaucoup de mes idées, et je pénètre toujours mieux dans les esprits de mes amis, tout en me dégageant mieux moi-même. Je suis beaucoup plus près de Scherer que de Naville, mais je me sépare aussi du premier.

3. Un fait extrêmement frappant, qui équivaut au changement d'épées dans *Hamlet*, c'est que les esprits abstraits (qui vont des idées aux faits) se battent toujours en faveur de la réalité concrète, tandis que les esprits concrets (qui vont des faits à l'idée) combattent ordinairement pour les notions abstraites. Chacun met sa prétention où il n'a pas sa force.

Chacun tient à ce qu'il vise et vise instinctivement à ce qui lui manque. C'est une protestation inconsciente contre l'incomplet de chaque nature. Chacun tend vers ce qu'il a le moins, et le lieu d'arrivée est précisément autre que le lieu du départ. La Terre promise, c'est celle où l'on n'est pas. La nature la plus intellectuelle a pour théorie l'éthicisme ; la nature la plus morale a une morale intellectualiste. J'ai pu l'observer dans toute cette discussion de trois à quatre heures. Rien ne nous est plus caché que notre illusion de tous les jours, et notre plus grande illusion, c'est de croire que nous soyons ce que nous croyons être.

4. Les intelligences mathématiques et les intelligences historiques (les deux classes d'intelligences) ne peuvent jamais s'entendre. Quand elles réussissent à s'entendre sur les mots, elles diffèrent sur les choses que désignent les mots. Au fond de chaque discussion de détail entre elles, revient le problème de l'origine des idées. Si elles n'y songent pas, confusion ; si elles y songent, séparation. Elles ne s'accordent que sur le but, la vérité ; mais jamais sur le chemin, sur la méthode et le critère. — La pensée de la pensée et la conscience de la conscience, c'est là que doit arriver la faculté critique du philososphe, et peu d'esprits s'élèvent jusque-là ; aussi la plupart des meilleurs sont encore dupes de leur pensée et emprisonnés dans leur conscience.

5. Heim était l'impartialité de la conscience, Naville la moralité de la conscience, Lecoultre la religion de la conscience, Scherer l'intelligence de la conscience, et moi la conscience de la conscience. Un terrain commun, mais des individualités diverses. *Discrimen ingeniorum.*

Le carillon de Saint-Pierre sonne minuit... Ce qui m'a charmé le plus dans cette longue discussion, c'est le sentiment de ma liberté. Remuer les plus grandes choses sans en être fatigué, être plus grand que le monde, jouer avec sa force, c'est le bien-être de l'intelligence et la fête olympique de la pensée. *Habere, non haberi.* — Un bonheur égal, c'est le sentiment de la confiance réciproque, de l'estime et de l'amitié dans la lutte ; comme les athlètes on s'embrasse avant et après le combat, et le combat n'est que le déploiement des forces d'hommes libres et égaux.

20 mars 1853. — Veillé seul... et remplacé la maîtresse de maison. Rendu deux ou trois fois visite à l'alcôve des enfants. Jeunes mères, je vous comprenais. Le sommeil est le mystère de la vie ; il y a un charme profond dans cette obscurité que traverse la lueur tranquille de la veilleuse et dans ce silence que mesure la respiration rythmée de ces jeunes êtres endormis. On devine qu'on assiste à une opération merveilleuse de la nature, et je ne me sentais point profane. Je regardais et j'écoutais sans bruit, recueilli, attendri et discret, cette poésie du berceau, bénédiction ancienne et toujours nouvelle de la famille, cette image de la création, endormie sous l'aile de Dieu, et de notre conscience replongeant dans l'ombre pour se reposer de la pensée, et du tombeau, cette couche divine où l'âme à son tour vient se reposer de la vie.

27 avril 1853. — Ce soir j'ai lu le traité de Nicole, si admiré par Mme de Sévigné, sur *Les moyens d'entretenir la paix parmi les hommes*, et sur *Les jugements téméraires*. Cette sagesse douce, insinuante, sagace, perçante et humble, qui déroule si bien les arrière-pensées et les secrets du cœur et soumet tout à la règle sacrée de l'amour de Dieu et des hommes, fait singulièrement de bien. Tout y est égal, uni, bien lié, bien pensé, mais sans éclat, sans brillant, sans parure mondaine du style. Le moraliste s'efface et ne s'adresse en nous qu'à la conscience. C'est un confesseur, un ami et un conseiller.

« Il faut entretenir la paix, soit pour nous par sagesse, soit pour les autres par charité. Sans paix, nous ne pouvons accomplir notre tâche, ni être utile aux autres. — Le moyen, c'est de ne pas blesser les autres, et de ne nous blesser de rien. Pour ne pas blesser, il faut étudier et ménager les opinions, deviner et ménager les passions d'autrui. Pour ne pas se blesser, il faut enlever de son cœur l'attache à tout ce qui nous fait dépendre des autres (désir de considération, d'autorité, de reconnaissance, d'affection), n'exiger et n'attendre rien, par humilité et détachement. » — Tel est le sommaire de ce traité de cent trente pages.

Un ou deux chapitres me concernaient directement, et l'ensemble aussi. Je blesse et je me blesse. J'ai de la raideur et de la fierté. J'entends faire plier l'erreur devant la vérité et les passions d'autrui devant le droit. Quand j'ai raison en droit, je résiste et maintiens debout mon drapeau. Je ne pense point assez à ne pas choquer, ni à plaire, ni à me faire écouter avec bienveillance. Ainsi, même dans le meilleur cas, c'est-à-dire quand je suis désintéressé, quand je ne cherche pas à faire triompher une opinion propre ou une volonté propre, j'ai encore deux torts, c'est de vouloir courber les autres comme moi-même devant les choses impersonnelles, devant les idées. — Je manque de ménagement, de patience et de support. — Je mets ma conscience à m'obstiner au lieu de céder, à vaincre de haute lutte au lieu de vaincre par adresse, à dompter au lieu de gagner. Je ne me soucie nullement des amours-propres, je traite sans façon les égoïsmes, j'agis avec les hommes comme s'ils n'étaient ni sots ni méchants ou comme s'ils ne pouvaient cesser d'être l'un ou l'autre. Je ne sais ni prendre ni accepter les hommes tels qu'ils sont ; je respecte l'homme et par conscience je blesse les hommes, m'interdisant le savoir-faire, l'adresse, la souplesse, pouvant taire ma pensée mais non la déguiser, bref me faisant porc-épic de principes. — Ce que m'apprend Nicole, c'est que par conscience on peut faire autrement ; qu'il vaut encore mieux sauver les âmes que les principes ; que je manque de charité, d'amour ardent du prochain, de patience à souffrir et de patience à supporter. Je le sais depuis longtemps, mais je l'oublie.

11 mai 1853. — Psychologie, poésie, philosophie de l'histoire morale, j'ai franchi rapidement, sur les ailes de l'hippogriffe invisible, toutes ces sphères de la pensée. Mais l'impression générale a été tumulte et angoisse, tentation et inquiétude.

J'aime à me plonger dans l'océan de la vie, mais ce n'est pas sans perdre quelquefois le sentiment de l'axe et du nord, sans me perdre moi-même et sentir vaciller la conscience de ma vocation. Le tourbillon du Juif errant m'enlève et me fait parcourir tous les empires des hommes en m'arrachant à mon petit enclos familier. Dans mon abandon volontaire à la généralité, à l'universalité, à l'infini, mon moi particulier, comme une goutte d'eau dans une fournaise, s'évapore ; il ne se condense de nouveau qu'au retour du froid, qu'après l'enthousiasme éteint, et le sentiment de la réalité revenu. Expansion et condensation, abandon et reprise de soi, conquête du monde et approfondissement de la conscience : tel est le jeu de la vie intérieure, la marche de l'esprit microcosmique, le mariage de l'âme individuelle avec l'âme universelle, l'étreinte féconde du fini et de l'infini, d'où naît le progrès intellectuel de l'homme ; une autre fiançaille unit l'âme à Dieu, la conscience religieuse avec le divin, celle-là est l'histoire de la volonté. Et ce qui précède la volonté, c'est le sentiment, précédé lui-même par l'instinct. L'homme n'est que ce qu'il devient, profonde vérité, mais il ne devient que ce qu'il est, vérité encore plus profonde. Qu'es-tu ? problème de la prédestination, de la naissance, de la liberté : l'abîme. Et pourtant il y faut plonger, et j'y ai plongé ; mais pas aujourd'hui, cela mènerait trop loin.

Le prélude de Bach (arrangé par Gounod pour violon, piano et orgue) m'y avait prédisposé : il peint l'âme tourmentée et appelant, puis saisissant Dieu et s'emparant de la paix et de l'infini avec une ferveur et une étreinte toutespuissantes.

14 mai 1853. — Le troisième concert a été le plus court : des variations pour piano et violon de Beethoven et deux quatuors, pas davantage. Les quatuors étaient parfaitement limpides et faciles à ramener à l'unité. L'un de Mozart (le 18e), était tout attique et socratique : I. Élégante conversation de salon, pleine de grâce et d'urbanité ; II. Conversation de boudoir, plus intime, aveu d'expériences douloureuses, confidences, mais toujours avec dignité ; III. Rentrée dans le monde, distraction ; IV. Gaieté, vivacité. — Celui de Beethoven était moins causant et plus dansant : I. Contredanse et entrain ; II. Résistance à la dissipation au nom du devoir ; on peut rester dans sa demeure ; mais les accents du plaisir entraînent et on finit par aller au bal ; III. Danse ; IV. Tourbillon, allégresse. — J'ai pu comparer les deux maîtres, leur individualité m'était lumineuse : Mozart, la grâce, la liberté, l'aisance, la forme sûre, déliée, nette, la beauté exquise et aristocratique, la sérénité d'âme, la santé et le talent au niveau du génie ; Beethoven, plus pathétique, plus passionné, plus déchiré, plus touffu, plus profond, moins parfait, plus esclave de son génie, plus emporté par sa fantaisie ou sa passion ; plus émouvant et plus sublime que Mozart, qui est la beauté. Mozart vous restaure comme les dialogues de Platon, il vous respecte, vous révèle votre force, vous donne la liberté et l'équilibre. Beethoven vous saisit, il est plus dramatique, tragique, oratoire, violent, tandis que Mozart est plus désintéressé et poétique. Mozart est plus grec et Beethoven plus chrétien. L'un est serein, l'autre est sérieux. Le premier est plus fort que la destinée, parce qu'il prend la vie moins profondément ; le second est moins fort, parce qu'il s'est mesuré à de plus grandes douleurs. Son talent n'est pas toujours égal à son génie et le pathétique est son trait dominant, comme la perfection celui de Mozart. En Mozart tout est en équilibre et l'art triomphe ; chez Beethoven le sentiment l'emporte et l'émotion vient troubler l'art en l'approfondissant.

26 juillet 1853. — Pourquoi fais-je mieux et plus aisément les vers courts que les grands vers, les choses difficiles que les faciles ? Toujours par une même cause ; je n'ose me mouvoir sans entraves, me montrer sans voiles, bref agir pour mon compte et sérieusement, croire en moi et m'affirmer, tandis qu'un badinage, en détournant l'attention de moi sur la chose, du sentiment sur le savoir-faire, me met à l'aise : en somme par timidité. — Il y en a aussi une autre cause : je crains d'être grand, je ne crains pas d'être ingénieux ; puis, peu sûr de mon talent et de mon instrument, j'aime à me rassurer en me laissant aller à la virtuosité. Aussi tous mes essais littéraires publiés ne sont guère que des études, des exercices, des jeux, pour m'éprouver moi-même. Je fais des gammes, je fais le tour de mon instrument, je me fais la main et m'assure de la possibilité d'exécuter, mais l'œuvre ne vient pas. Mon effort expire, satisfait du pouvoir, sans arriver jusqu'au vouloir. Je prépare toujours et je n'effectue jamais. Conclusion : curiosité. — Timidité et curiosité, voilà deux obstacles qui me barrent la carrière littéraire.

N'oublions pas enfin l'ajournement : je réserve toujours l'important, le grand, le grave, et veux liquider, en attendant, la bagatelle, le joli, le mignon. Sûr de mon attrait pour les choses vastes et profondes, je m'attarde dans leur contraire, pour ne pas lui faire tort. Mes goûts sont pour le génie, et mes productions pour l'ingénieux. Sérieux au fond, j'ai l'apparence frivole. Amant de la pensée, j'ai l'air de courtiser surtout l'expression ; pour moi je garde le fond, pour les autres, je réserve la forme. Ainsi ma timidité fait que je ne traite pas le public au sérieux et que je ne me montre à lui que par le côté amusant, énigmatique et capricieux ; ma curiosité fait que tout me tente, le coquillage comme la montagne, et que je ne puis finir mes études ; mon ajournement fait que j'en suis toujours aux préliminaires, aux antécédents, et que je ne puis commencer à produire.

Pour moi rien n'est conclu, je ne veux pas me lier, aussi je reste pour le public problème et forme, causerie, poésie, indétermination, liberté. Même en imprimant, je reste insaisissable. Personne ne peut m'enfermer dans un cercle, selon la méthode d'Emerson. Le *Deus absconditus* de Mme L*** n'était pas si mal trouvé, au moins pour l'épithète. Mais si c'est là le fait, le fait pourrait être mieux. Je me devine, mais je ne m'approuve pas...

29 juillet 1853 (onze heures et demie du soir). — Ce soir, fait une expérience qui se résume en ceci : dans un baiser peut-on voler une âme ? [1]

J'en ai dérobé un, et au reflux de mon sang au cœur, j'ai senti et pressenti comment une pareille bagatelle pouvait être une trahison ou décider une destinée. Le mouvement avait d'ailleurs été spontané et irrésistible. Sympathie, sentiment de pitié et d'attendrissement, attraction, et le coup était fait, la joue pressée contre mes lèvres, et la joue s'y est prêtée. Le baiser, presque fraternel au départ, était, chemin faisant, devenu presque passionné. — L'entraînement rapide,

---

1. Amiel a ajouté en marge, avec la date du 15 août 1852 : *Und ach ! dein Kuss !* (*Gretchen*).

la métamorphose d'un sentiment sous l'influence du sexe, la puissance d'un baiser et son enivrement, l'étonnante capacité de dissimulation de la femme, la promptitude du regret, tout cela m'a frappé avec la rapidité de la pensée, au contact de la peau satinée ou plutôt dans la seconde d'après. Et tout cela sans amertume, car j'ai le sentiment de n'avoir réellement pas fait de mal. J'ai plutôt senti comment, circonstances ou personnages changeant, on peut en faire.

Je garde un charmant souvenir, celui d'une émotion électrique et d'un baiser bien tendre et bien naïf. Il n'avait point l'ardeur de la fièvre mais le parfum de la rose. Innocent, amoureux, et vif, je ne me le reproche point, et je l'embaumerai dans ma mémoire, comme ces raretés que le pèlerin, au retour de ses voyages, range parmi ses objets précieux.

1er août 1853. — J'achève l'ouvrage de Pelletan *(Profession de foi du XIXe siècle)*. C'est un bel ouvrage. Il n'y manque qu'une chose : la notion du mal. C'est la théorie de Condorcet reprise en sous-œuvre : la perfectibilité indéfinie, l'homme essentiellement bon, la vie, notion physiologique, mise au sommet de la vertu, du devoir, de la sainteté; bref une conception peu éthique de l'histoire, la liberté identifiée à la nature, l'homme naturel pris pour tout l'homme. Belles, généreuses, poétiques aspirations, mais dangereuses car elles concluent à la confiance entière aux instincts, et ingénues, car elles rêvent l'homme et gazent la réalité présente et passée. Ce livre est la théodicée du progrès fatal, irrésistible, et l'hymne enthousiaste du triomphe de l'humanité. Il est sérieux, mais moralement superficiel ; lyrique, mais chimérique ; il confond le progrès de la race avec le progrès de l'individu, le progrès de la civilisation avec l'amélioration intérieure. Pourquoi ? parce que son critérium est quantitatif, c'est-à-dire purement extérieur (la richesse de la vie) et non qualitatif (la bonté de la vie). Toujours la tendance française à prendre l'apparence pour la chose, la forme pour la substance, la loi pour l'essence ; toujours cette absence de vrai sérieux, de personnalité morale, toujours le dehors pour le dedans ; cette obtusité de conscience qui n'a pas reconnu le péché dans la volonté, qui met le mal hors de l'homme et qui moralise par le dehors et métamorphose toute l'histoire : c'est la superficialité philosophique de la France, qu'elle doit à la fatale notion de la religion, due elle-même à sa vie façonnée par le catholicisme et la monarchie absolue. Pas de responsabilité, pas de liberté profondes.

La pensée catholique ne peut concevoir la personnalité, maîtresse et consciente d'elle-même. Son audace et sa faiblesse viennent d'une même cause : la non-responsabilité, le vasselage de la conscience, qui ne connaît que l'esclavage ou l'anarchie, qui proclame la loi mais ne lui obéit pas, parce qu'elle est hors d'elle-même, non en soi. Autre illusion (celle de Quinet, Michelet, etc.), sortir du catholicisme sans entrer dans une religion positive ; lutter contre le catholicisme avec la philosophie, et une philosophie au fond toute catholique, car elle est de réaction anticatholique. L'esprit et la conscience façonnés par le catholicisme sont impuissants à s'élever à une autre forme de religion. Du catholicisme comme de l'épicuréisme on ne revient pas, pas plus que de la mutilation virile.

Gênes, 6 octobre 1853. — Le ciel est gris et morne. La pluie est tombée toute la journée et cesse à peine pour un instant. Il est quatre heures du soir. Je ne suis pas encore sorti. Qu'ai-je fait ? J'ai écrit à Mme *** à Naples, puis, charmé d'être dispensé de vivre et de courir en touriste, j'ai, après avoir lu mon guide et fait mes plans pour demain, donné ma journée à la rêverie. J'ai vécu avec les poètes. Quel rafraîchissement intérieur que cette brise germanique, parlant de foi, d'idéal, de pureté, d'amour, de vie spirituelle ! C'est comme un souvenir d'un autre monde qui vient me visiter dans celui-ci ; j'en avais besoin, je me perds si vite, je me désaimante, je m'abdique, je me désindividualise si aisément ! Schiller et Julius Hammer m'ont ramené dans l'air natal ; si mon esprit est cosmopolite, mon cœur est de fond germanique, ou plutôt, si je puis m'oublier dans toutes les régions de l'âme, je ne trouve la paix que dans la conscience profonde. — Toutes ces vies avec lesquelles je suis entré en contact, hier par exemple, au jardin de la Concordia, (les dilettantes, les hommes de plaisir, etc.), m'ont attiré dans leur orbite, transformé comme les philtres de Circé. Pour redevenir moi-même, je dois me guérir de toutes les formes étrangères que le dehors m'impose ; pour retrouver ma nature, il me faut l'opération douloureuse de la mue quotidienne. Ce qui subsiste de moi à travers toutes ces déperditions, c'est le souvenir de mes métamorphoses, aucune réalité, mais la capacité de chacune ; nulle matière, mais la forme, le moule, la méthode, l'image des substances et des monades particulières; bref aucune originalité productive, hardie et spontanée, mais la reproductivité passive, l'impressionnabilité illimitée.

Les autres ne m'influencent ni par leurs volontés sur moi, car j'y résiste absolument, ni par leurs facultés, car je m'en affranchis et les domine en les comprenant, mais bien par leur nature et leurs instincts, justement parce que l'instinct ne s'impose pas à moi et parce qu'il me manque. Toute la partie des autres qui est déjà en moi n'agit que peu sur ma nature, mais c'est ce qui en eux m'est étranger qui m'envahit immédiatement. Ma nature a horreur de l'ignorance et honte de l'incomplet. Elle a besoin d'universalité et n'ose pas se résoudre à être quelque chose de fini. Elle aspire à se faire tout à tous, à l'omni-compétence, et à l'ubiquité. Ce qu'elle craint surtout, c'est d'être enfermée et dupe, dupe de soi ou d'autrui. Elle tend à l'omni-conscience, qui implique la possession de l'unité dans l'expérience de l'infinie diversité. C'est pourquoi l'inconnu est pour moi un ennemi, une menace, une humiliation, en même temps qu'une joie et une découverte. Il me diminue pour m'agrandir, c'est une île de glace à fondre, un sphinx à dompter.

La perception subtile, la réflexion tenace, la faculté de combinaison, de classification, de distinction et d'analyse à un assez haut degré, un grand besoin de construction et de totalité, le talent d'expression et de figuration paresseux et exigeant, l'imagination exercée seulement au profit de la pensée, le caractère timide, défiant, despotique, l'âme tendre jusqu'au mysticisme : c'est là mon inventaire. C'est là une nature d'écrivain plus sérieux qu'amusant, plus critique qu'inventif, plus philosophe que poète, surtout moraliste, psychologue et juge littéraire ; bref signalant à la fois ce qui est et ce qui doit être, la réalité et l'idéal, dans les choses de l'homme. Pourquoi ne pas m'accepter tel que je suis ? m'affirmer dans ma nature ? me faire reconnaître dans ma force et mes dons particuliers ? au lieu de toujours mesurer mon infériorité présente avec chacun, en me consolant par l'acquisition d'une aptitude et l'intuition d'un nouveau mode d'être ?

Turin, 11 octobre 1853. — Voici écoulée ma troisième journée à Turin... J'ai pénétré plus avant dans le génie particulier de cette ville et de ce peuple ; je l'ai senti vivre et se dégager peu à peu en intuition plus distincte. C'est ce qui me préoccupe surtout : saisir l'âme des choses, et l'âme nationale ; vivre de la vie objective, m'ouvrir une nouvelle patrie morale, m'affranchir de cette inconnue et m'enrichir de cette autre forme d'existence ; bref la sentir par le dedans, m'unir à elle et la reproduire sympathiquement, c'est le but et la récompense de mon effort.

Aujourd'hui, c'est depuis la terrasse des convalescents militaires, en vue des Alpes, par un temps frais et transparent et un ciel orageux, que s'est éclairci pour moi le problème. — Mais cette intuition n'est qu'une synthèse opérée par l'instinct, à laquelle tout, rues, maisons, paysages, accent, dialecte, physionomies, histoire, habitudes, etc., etc., apportent leur atome. — J'appellerai cela l'intégration idéale d'un peuple, sa réduction au point générateur, l'entrée dans sa conscience. — Ce point explique le reste, arts, religion, histoire, politique, mœurs, et sans lui rien ne s'explique. Les anciens réalisaient leur conscience dans le dieu national ; les nationalités modernes, plus compliquées et moins artistes, donnent plus de peine à déchiffrer. — C'est toujours le δαίμων, le don, le fatum, l'horoscope, le génie intérieur, la mission, la nature primitive — ce qu'on veut et ce qu'on peut ; la force et sa limite en qualité et quantité.

La fraîcheur tonique, salubre, chaste de la pensée et de la vie spirituelle m'a baigné avec le souffle qui descendait des Alpes ; j'ai respiré l'atmosphère de la liberté intérieure. J'ai salué avec émotion et ravissement les montagnes d'où me venait ce sentiment de force et de pureté. Il me semblait sortir du royaume lourd et sensuel de la passion et remonter dans une sphère plus éthérée de l'âme. Béatrice m'avait tendu la main. — Charme brisé, Renaud quittant Armide, la poésie septentrionale, la Maïa vaincue, le brahmine vainqueur des séductions, la chair et Satan et la nature pour le moyen âge, la liberté alpestre, mille sensations, analogies et pensées m'ont assailli. — L'histoire aussi des régions subalpines, depuis les Ligures à Annibal, d'Annibal à Charlemagne, de Charlemagne à Napoléon m'est apparue.

— Tous les points de vue, pittoresque, topographique, ethnographique, historique, psychologique, idéal se superposaient pour ainsi dire et s'entrevoyaient les uns à travers les autres concentriquement. Je vivais objectivement et subjectivement ; je jouissais et j'apprenais. — La vue passait à la vision sans trace d'hallucination, et le paysage était mon instituteur, mon Virgile.

J'ai aussi pu constater ma différence d'avec la majorité des voyageurs qui tous ont un but particulier et se contentent d'une ou de plusieurs choses, tandis que je veux tout ou rien et que je tends perpétuellement à l'intégrale totale, soit de tous les buts réunis, soit de tous les éléments de la chose réelle ; en d'autres termes, je désire la somme de tous les désirs et je veux connaître la somme des diverses connaissances. Toujours le complet, l'absolu, le *teres atque rotundum*, la sphéricité, la non-résignation. C'est-à-dire toujours l'aspiration au delà de la puissance, et pour résultat l'ébauche, le pressentiment, le provisoire. — Enfin, aujourd'hui au moins, je me suis accepté, et j'ai même éprouvé une sorte de satisfaction de ma nature et de fierté comparative.

27 octobre 1853. — Merci, mon Dieu, de l'heure que je viens de passer en ta présence, à genoux. J'ai reconnu ta volonté, j'ai mesuré mes fautes, compté mes misères, senti ta bonté envers moi. J'ai savouré mon néant. Tu m'as donné ta paix. Dans l'amertume est la douceur, dans l'affliction la joie, dans le brisement la force, dans le Dieu qui punit le Dieu qui aime ; le miel est dans la gueule du lion. Perdre sa vie pour la gagner, l'offrir pour la recevoir, ne rien posséder pour tout conquérir, renoncer à son moi pour que Dieu se donne à nous, quel problème impossible et quelle sublime réalité ! Sans la souffrance, on ne connaît pas réellement le bonheur ; le racheté est plus heureux que l'élu, et le pécheur converti éprouve une béatitude plus divine que la félicité de Jupiter.

L'apothéose de la douleur, la transfiguration du mal par le bien : c'est la merveille divine par excellence. Ramener par l'amour la créature libre à Dieu et le monde mauvais au bien : c'est la consommation de l'œuvre créatrice, c'est la volonté éternelle de la miséricorde infinie. Chaque âme qui se convertit est le symbole de l'histoire du monde. Être heureux, posséder la vie éternelle, être en Dieu, être sauvé, tout cela est identique : c'est la solution du problème, le but de l'existence. Et la félicité est croissante comme la misère peut l'être. L'éternelle croissance dans l'immuable paix, l'approfondissement toujours plus profond, la possession toujours plus intense, plus spirituelle, de la joie céleste, voilà le bonheur. Le bonheur n'a point de bornes, parce que Dieu n'a ni fond ni rives, et que le bonheur c'est la conquête de Dieu par l'amour.

Le centre de la vie n'est ni dans la pensée, ni dans le sentiment, ni dans la volonté, ni même dans la conscience en tant qu'elle pense, sent ou veut, car une vérité morale peut avoir été pénétrée et possédée de toutes ces manières et nous échapper encore. Plus profondément que la conscience, il y a l'être, notre substance même, notre nature. Il n'y a que les vérités entrées dans cette dernière région, devenues nous-mêmes, devenues spontanées et involontaires, instinctives et inconscientes, qui soient réellement notre vie, c'est-à-dire plus que notre propriété. Tant que nous distinguons un espace quelconque entre la vérité et nous, nous sommes en dehors d'elle. La pensée, le sentiment, le désir, la conscience de la vie ne sont pas encore tout à fait la vie. Or nous ne pouvons trouver notre paix et notre repos que dans la vie et dans la vie éternelle. Et la vie éternelle, c'est la vie divine, c'est Dieu. Être divin, voilà donc le but de la vie : à ce moment seulement, la vérité ne peut plus être perdue par nous, parce qu'elle n'est plus hors de nous, ni même en nous, mais

que nous la sommes et qu'elle est nous ; nous sommes alors
une vérité, une volonté, une œuvre de Dieu. La liberté est
maintenant nature, la créature est une avec son Créateur,
une par l'amour ; elle est ce qu'elle devait être. Son éducation
est accomplie et sa félicité définitive commence. Le soleil
du temps se couche, la lumière de la béatitude éternelle
paraît.

Nos cœurs charnels peuvent appeler cela du mysticisme,
mais c'est le mysticisme de Jésus : « Je suis un avec mon
Père, vous serez un avec moi, nous serons un avec vous. »

31 janvier 1854. — Promenade : incroyable pureté de l'air,
joie de l'œil, douceur tiède et caressante du soleil, joie de
tout l'être. Charme printanier. Senti jusqu'aux moelles cette
influence purifiante, émouvante, chargée de poésie et de
tendresse ; éprouvé fortement l'impression religieuse de la
reconnaissance et de l'admiration. Immobile, assis sur un
banc des Tranchées, au bord des fossés revêtus de mousse
et tapissés de gazon, je vivais d'une vie intense et délicieuse,
laissant bondir en moi les grandes ondes élastiques d'une
musique de cuivre qui m'arrivait de la terrasse de Saint-
Antoine, et rouvrant les yeux pour plonger dans le sentiment
de la vie universelle, des herbes et des coteaux. Joui en
lézard, en aveugle, en sourd, en peintre, en poète. Mais
dû jouir seul. — Retrouvé des impressions oubliées de
l'enfance, du collégien, et ces effets inexprimables que font
les couleurs, les ombres, les rayons, les haies, les chants
d'oiseau sur l'âme qui s'ouvre à la poésie. Je suis redevenu
jeune, étonné, simple comme la candeur et l'ignorance. Je
me suis abandonné à la vie et à la nature ; elles m'ont bercé
avec une douceur infinie ; j'étais touché par le doigt de la fée,
et je comprenais le langage des choses et des êtres.

S'ouvrir bien purement à cette nature toujours pure,
laisser entrer en soi cette vie immortelle, c'est aussi écouter
la voix de Dieu. La sensation peut être une prière, et en
s'abandonnant on peut se recueillir.

18 février 1854. — Substituer le verbe à l'adjectif en psychologie, c'est tuer la psychologie scolastique, car c'est

substituer des activités de l'âme à cette mosaïque de pièces et de morceaux qu'on appelle des facultés et des sous-facultés; c'est mettre l'organologie à la place de l'anatomie, la vie souple, riche, une, à la place des fibres du cadavre, la force créatrice et durable à la place de l'outil créé et précaire, bref l'esprit à la place de la matière. — Le substantif est la forme naturelle de la pensée française et c'est pour cela qu'elle est peu philosophique ; la philosophie est la conscience du mystère, et le mystère c'est la genèse, le devenir, l'apparition, en d'autres termes la sortie du néant, la génération et la naissance, bref le verbe. La philosophie allemande pense avec le verbe.

Tout se fige, se solidifie, se cristallise dans notre langue, qui cherche la forme et non la substance, le résultat et non sa formation, bref ce qui se voit plutôt que ce qui se pense, le dehors plutôt que le dedans. — Nous aimons le but atteint et non la poursuite du but, le terme et non le chemin, bref l'idée toute faite et le pain tout cuit : à l'inverse de Lessing. Nous voulons les conclusions. Cette clarté du tout fait, c'est la clarté superficielle, la clarté physique, extérieure, solaire pour ainsi dire, mais le sentiment de la genèse manquant, c'est la clarté de l'incompréhensible, la clarté de l'opaque, la clarté de l'obscur. Nous folâtrons toujours à la surface, notre esprit est formel, c'est-à-dire frivole et matériel, ou mieux artistique et non philosophique, car ce qu'il veut c'est la figure, la façon, la manière d'être des choses et non leur vie profonde, l'âme et leur secret.

De Vevey à Genève, 16 mars 1854. — Longuement rêvé en suivant les lignes des rives et les vagues du sillage. — Il y a une mélancolie poignante à sentir son déclin, et toute force qui nous quitte est un avant-goût de cette décadence qui est plus amère que la mort. Ce qui fait l'âcreté de cette douleur, c'est qu'on se croit atteint dans son âme même, et diminué dans son humanité. Redescendre dans l'échelle des êtres, n'est-ce pas ce qu'il y a de plus affreux ? — Oui, jusqu'à ce qu'on ait placé sa dignité et son bonheur sur ce qui ne peut périr, sur la conscience de soi, sur l'élément immortel de l'âme. Se détacher de tout ce qui est mortel en nous comme hors de nous, c'est le moyen de sauver notre paix.

Que m'a dit ce lac d'une tristesse sereine, uni, mat et tranquille, où les montagnes et les nuages reflétaient leur monotonie et leur froide pâleur ? que la vie désenchantée pouvait être traversée par le devoir, avec un souvenir du ciel. — J'ai eu l'intuition nette et profonde de la fuite de toutes choses, de la fatalité de toute vie, de la mélancolie qui est au-dessous de la surface de toute existence, mais aussi du fond qui est au-dessous de cette onde mobile.

Rends témoignage de la vérité que tu as reçue, aide les autres à vivre et à bien vivre, ne contriste aucun cœur ni aucune âme, ose plus souvent être sérieux, vrai, simple, aimant ; aie moins de circonspection, plus de bonhomie, plus d'ouverture et tu auras plus souvent occasion de faire du bien ; et faire du bien, c'est le plus doux contentement qu'on puisse éprouver. Être compris, apprécié et aimé ne vient même qu'après, car la satisfaction de la conscience est plus intense encore que celle du cœur.

29 mars 1854 (matin). — Hygiène de l'âme. — Mets-toi en accord avec l'extérieur ; ne te tends pas trop vite. Un grand ennemi de la liberté intérieure, c'est la rupture de communication avec la nature. Baigne-toi dans le calme de la lumière matinale, jusqu'à ce que tu sentes le rapport rétabli, jusqu'à ce que les formes et les couleurs, les distances et la plastique des choses se reproduisent nettement, paisiblement, vigoureusement en toi.

Senti ce matin (de sept heures à sept heures et demie) toutes les notes de la tonalité nerveuse se succéder en moi. — Eu bien de la peine à retrouver l'objectivité, c'est-à-dire à m'oublier, et me calmer. Le corps malade, irrité, s'interpose entre les choses et nous.

Entre la joie et moi toujours passe quelque ombre.

J'aborde des steppes qui m'étaient étrangères dans la vie psychique. Ce que j'avais de plus fort devient le plus faible. —

Les observer, sans y mettre mon cœur, sans m'irriter, sans me troubler.

L'éducation change de moyen sinon de but : au contentement par l'effort succède le contentement par la patience. Sois content malgré tout ; reste calme ; c'est la force la plus forte. S'affranchir de ses nerfs, de son âme visible et corporelle ; se retirer dans une région plus intérieure, c'est ce qu'il faut.

(Soir.) — Avec mon habitude de m'observer froidement et comme un non-moi, je sentais vivre les diverses régions de mon cerveau en dessous de mon crâne ; je sentais comme une sourde vibration maladive, semblable à celle que produit la chaleur sur une substance molle qu'elle pénètre, puis de légères contractions, superficielles ou profondes, affectant l'ensemble ou certaines parties (les tempes et l'arrière-tête), puis une tension pénible du centre même de l'encéphale. Un léger effort de composition que je dus faire de quatre à six heures, m'a pour ainsi dire meurtri et comprimé : ma fibre nerveuse sans élasticité ne pouvait reprendre son jeu et son état normal. — Une émotion pénible, une sensation un peu forte, une tension de la volonté, de la vue, de l'oreille, dépassent mes forces actuelles. Je marche, mange, dors bien, je ne me sens pas de lassitude musculaire, et néanmoins je suis sans force. Tous les actes de vitalité et de virilité me paraissent loin de moi et presque inaccessibles. L'enfant, le jeune homme, l'homme me font envie et je les regarde passer comme des images de ce que je ne suis plus. Tout superflu de vie m'est retiré, et même beaucoup du nécessaire. Cette impression d'appauvrissement, de caducité, d'impuissance est singulièrement mélancolique. Au moment de récolter, le moissonneur s'affaisse sur son sillon, la malaria l'a touché. J'ai trop aimé la vie de la pensée, j'en ai trop fait mon refuge, mon asile, mon lieu-fort ; c'était un peu mon idole secrète ; elle se brise : la main de Dieu est sur moi et m'éprouve. Dieu me laisse tout le reste, aisance, loisir, indépendance, entourage de famille, position ; il ne m'interdit qu'un arbre du jardin, l'arbre de la science ; heureusement, il reste l'arbre de vie. Renonce-toi, prends ta croix, détache ton cœur de tout ce qui se peut

perdre, apprends à te contenter de peu, à savourer les fruits
de l'arbre de vie, la seule chose nécessaire ; fais cela et tu re-
trouveras le calme. Acquiesce, incline-toi, soumets-toi ; pas
d'agitation, de résistance, de colère, d'amertume, d'abattement. Ce que Dieu fait est bien fait et sa volonté est ton bien.
— Tu ne savais pas simplifier ton cœur, borner tes désirs,
circonscrire tes projets, t'y voilà forcé ; tu voulais reconnaître tes limites véritables, en voilà qui ne se laissent pas
contester ; tu étais inquiet, turbulent, changeant, ambitieux,
voilà de quoi te rendre plus faciles l'humilité et la modération.

Du mal même on peut tirer le bien : on peut apprendre
d'abord à connaître, ensuite à supporter la peine ; on peut
s'instruire par elle et s'améliorer, discerner son vrai devoir,
sa vraie force et son point d'appui. — La religion de la maladie est-elle plus vraie que celle de la santé ? oui, si elle
soutient l'épreuve où cette dernière échoue ; la foi qui nous
conserve la paix dans la santé et dans la maladie est plus vraie
que celle qui se trouble avec la fuite de la santé, comme une
substance à l'épreuve de l'eau et du feu est plus solide que
celle qui n'est à l'épreuve que de l'eau.

27 juillet 1854 (cinq heures du soir). — J'achève l'*Histoire
hollandaise*[1] de Mme d'Arbouville, avec une émotion de saisissement aussi puissante qu'à la première fois que je la lus,
les yeux en larmes et le front baigné de sueur. Cette histoire
me transperce jusqu'aux moelles. Elle est effrayante de vérité. Je l'ai senti à l'enivrement de calme, à l'impassibilité
infinie qui m'ont pénétré. La poésie du cloître, avec sa tranquillité qui fait frémir, cette destruction lente de toutes les
fibres mortelles, de tous les amours de la terre, cette paix fu-
néraire et profonde m'ont envahi comme l'ombre gagne un
vallon à la chute du jour. La nostalgie céleste s'empara de
mon cœur. La soif de l'éternité que le temps irrite, le grand
silence du monde et de l'âme, où l'on entend Dieu, toute cette
vie de dépouillement, d'attente, d'immuabilité, ce drame de

---

1. Les œuvres de Mme Sophie d'Arbouville (1810-1850) ont été réunies en
trois volumes : *Poésies et Nouvelles*, Paris, 1855.

la solitude, cette langueur ineffable et ascétique, ce pathétique prodigieux du catholicisme me subjuguèrent jusqu'au frisson. Est-ce sublime ? est-ce monstrueux ? — C'est une des formes religieuses, un des états de la conscience que rien ne peut remplacer. C'est la forme abstraite et pure de l'amour de Dieu et de la sainteté. L'âme se concentre dans sa généralité divine, crainte de perdre Dieu dans les détails d'une vie dispersée et d'émousser le sens divin par le contact avec les âmes mondaines. Le cloître, c'est la vie simplifiée, le refuge pendant l'exil, le péristyle du paradis, le port des âmes faibles ou brisées, qui ont besoin de l'irrévocable, du repos, du silence pour pouvoir dormir en Dieu, et se guérir de la vie ou l'éviter. Qui n'a jamais eu ou n'a plus aucune foi à la vie et au bonheur, qui n'attend rien du temps, rien des affections, rien des hommes et des choses, c'est-à-dire qui a senti mourir en lui tout désir, celui-là peut demander à voir s'ouvrir pour lui les portes d'un monastère. Le monde ne peut plus rien pour lui.

(Sept heures et demie du soir.) — La rêverie m'a emporté successivement bien loin. J'ai entrevu ce qu'une passion sérieuse pourrait faire de moi, songé à des personnes et à des circonstances oubliées, et sondé mon cœur. J'ai reconnu avec tristesse ma vulnérabilité ; l'ironie, la moquerie, le ricanement, la froideur même d'autrui ont sur moi une puissance lamentable. Je n'ose ni agir, ni aimer, ni produire sans l'approbation générale. J'ai la volonté timide, craintive, pusillanime. Je n'ose affirmer que mes idées, que les choses désintéressées, et non ma personnalité. N'ayant pas de foi en moi, j'ai pour ainsi dire honte de mon individu et peur de tout ce qui l'affirme, le pose, le détermine. Les autres sont incapables de rien me faire faire, mais ils peuvent fort bien me paralyser complètement. En blessant en moi l'amour-propre ou le sentiment, qui sont furieusement susceptibles, ils me dégoûtent et me découragent de tout. — Au fond, je suis timoré et pétri de désirs, et j'ai la passion de l'indépendance sans en avoir la force ; défiant, craintif, sensible, avec une immense faculté de souffrir et de jouir, j'ai peur de l'amour, de la vie et des hommes, parce que j'en ai un violent besoin.

Je redoute tous mes instincts et ma vie est une contrainte, une réticence perpétuelles. Je cède à un seul instinct, celui de traiter toutes mes passions par la glace et l'effroi. J'ai la terreur de la destinée et tout entraînement m'épouvante. — Je reconnais toujours là l'effet de mon enfance orpheline et de l'atmosphère moqueuse de Genève. L'organe de la sensibilité n'est jamais devenu en moi assez robuste pour braver les intempéries du dehors, et pour n'être pas blessé dans sa délicatesse, il s'est habitué à ne vivre qu'en dedans. Je ne suis pas équipé pour frayer mon chemin à travers les circonstances, et je n'ai jamais joui de rien qu'en imagination. J'aurai rêvé toutes les vies, pour me consoler de n'en avoir pas vécu une. J'aurai regardé passer toutes les réalités, pour ne pas donner aux hommes prise sur mon bonheur. Je n'aurai rien osé, pour moins dépendre et moins souffrir. J'aurai vécu le moins possible, pour ne pas provoquer les coups de la destinée. C'est un oracle attristant. Mais à moins que la conscience et la voix de Dieu ne m'en fassent entendre un autre, il faudra bien m'y soumettre. — A ma nature, timide devant l'inconnu, découragée et défiante, ardente et passionnée, il faut Dieu pour allié, l'évidence pour compagne, le devoir pour soutien, — A la garde de Dieu ! ce mot est bien doux pour reposer des angoisses de la responsabilité.

5 novembre 1854. — Aujourd'hui, essentiellement exercé l'adresse de l'œil et de la main, pendant cinq heures, avec les enfants pour parterre ébloui et applaudissant (dominos, jouets, cartes, chaises, verres d'eau, carafes, couteaux, balais, casse-têtes, jeux divers). Lutiné comme un follet avec toutes les choses de la maison, mettant tout en branle et en équilibre, en danse et en culbute. C'est la mécanique amusante, le sens de la pesanteur et de l'espace, des combinaisons et de l'imprévu que j'ai mis en jeu, et cela n'est point inutile. Toutes ces folies enfantines développent l'initiative de l'imagination et la justesse des organes, tout en reposant l'esprit et en rajeunissant le caractère, et amusent en faisant plaisir. Vaincre une difficulté quelconque donne toujours une joie secrète, car c'est reculer une limite et augmenter sa liberté ; toute victoire grandit, même la plus imperceptible, même

celle sur un joujou. Pourquoi ? parce que toute victoire est
au fond une victoire sur soi-même, et par conséquent un
accroissement de soi-même. Quand je fais tenir une pyramide sur sa pointe, ce n'est pas tant la matière que je sou-
mets, c'est plutôt une incapacité de moi que je diminue.
Ainsi, toute limite que je recule est une puissance que j'ac-
quiers, et un esclavage que je brise, une augmentation de
connaissance et de force. Lutter, voilà la vie ; grandir, voilà
sa récompense. — Telle est la philosophie du badinage : tout
se tient.

19 novembre 1854. — Lu les deux derniers volumes de
Copperfield. . . . .
Agnès m'a remis sous le charme et mouillé les yeux : c'est,
je crois, mon héroïne favorite ou plutôt mon idéal féminin le
plus cher, le dévouement parfait, la pureté sereine et céleste, le calme profond et doux, la fidélité invincible, l'âme
belle, grande, simple, tendre, religieuse et sans tache, dont
l'influence apaise, fortifie, améliore et grandit. Ah ! je sens
bien que je pourrais aimer éperdument, quand je rencontre
ces personnages de la fiction, qui répondent à mes rêves. —
Si je suis resté froid, c'est que la réalité ne m'a rien offert de
complet, et que tout accroc à l'idéal déchire en moi l'amour.
Je n'ai encore, dans aucun ordre, su renoncer à rien, ni me
contenter au rabais ; l'idéal m'a empêché de vivre et mon
ambition n'a jamais pu trouver une satisfaction à la hauteur
de ses espérances secrètes. — Si je savais voir poétiquement
ma propre vie ! mais elle me paraît pure bagatelle et plaisan-
terie prosaïque ; ma poésie est hors de moi. C'est là mon mal.
La défiance et l'ironie de moi-même ont fait ma faiblesse ;
j'ai continué contre moi la guerre meurtrière que m'ont faite
les circonstances de ma jeunesse. Je ne sais me voir ni
historiquement, ni héroïquement ; aussi je ne me prends pas
au sérieux, je me reste insignifiant, et je joue avec ma nature comme avec un hochet enfantin. — Il en est de même
des affections et des caractères que je rencontre en chemin ; je ne crois jamais à une bonne fortune, à une faveur
providentielle, et je me dis : c'est peu de chose puisque cela
m'est donné ; le bienfait est à la mesure de l'obligé. En se mo-

quant de soi, on devient aisément ingrat et blessant envers
les autres. — C'était donc un juste instinct de *** qui m'inter-
disait de me railler moi-même ! elle avait bien raison. — Ne
pas te prendre au sérieux, c'est faire un affront à Dieu qui a
permis à son saint esprit de résider en toi, et qui attache à ton
âme le même prix qu'à la plus privilégiée de toutes ; cette
ironie est une irrévérence contre le don qui est en toi ; ce
manque de respect est une méconnaissance de la valeur de
l'individu ; en un mot, ce badinage est irréligieux autant que
nuisible, et si la crainte de Dieu est le commencement de la
sagesse, le sentiment de la dignité personnelle est le commencement de la force. — L'homme fort, l'homme de génie est
celui qui donne à ses expériences privées une valeur représen-
tative universelle, c'est-à-dire qui sait voir dans les choses
tout ce qu'elles contiennent et en dégage la signification
typique. Jean Paul et Emerson l'ont dit : les grands auteurs
sont des hommes qui ont osé s'affirmer. Or, pour oser s'affirmer, il faut se sentir organe légitime de la Providence ; par
conséquent, il faut penser noblement de soi-même et grande-
ment de sa tâche, il faut renouveler en son sein, par la contemplation, l'idéal de la majesté humaine et le sentiment du
prix infini de chaque âme.

Le sentiment très vif de la caricature, du contraste avec
l'idéal, t'a rendu ironique ; creuse davantage la réalité et sa
richesse te la fera considérer moins légèrement. — Dieu seul
ne peut tomber sous le ridicule, tout ce qui n'est pas Dieu ou
de Dieu est risible ; mais comme Dieu est partout, tout peut
redevenir grave. *(Minuit.)*

17 décembre 1854. — Quand nous ne faisons rien de particulier, c'est alors que nous vivons par tout l'être, et nous ne
cessons de nous accroître que pour nous posséder et mûrir. La
volonté est suspendue, mais la nature et le temps agissent toujours ; et parce que notre vie n'est plus notre œuvre, l'œuvre
n'en continue pas moins. Avec nous, sans nous ou malgré
nous, notre existence parcourt ses phases, notre Psyché invisible tisse la soie de sa chrysalide, notre destin s'accomplit
et toutes les heures de notre vie travaillent à cette éclosion,
que nous appelons la mort. Cette activité est donc fatale ; le

sommeil et l'oisiveté ne l'interrompent pas, mais elle peut devenir libre et morale, une joie au lieu d'une terreur.

2 février 1855. — Bulle d'air qui clapote un instant à la surface d'un océan agité, notre vie erre, insouciante ou inquiète, au-dessus du tombeau qui l'attire. Ballottés de la vie à la mort, de Vichnou à Siva, nous ne sommes que des éphémères dont les ans sont des secondes, dans les semaines de la nature. Jamais je n'ai mieux senti l'inanité de notre existence, en face de l'éternel et de l'infini. Notre grandeur consiste à réduire cette vie à un point pour l'offrir à l'Être, à nous arracher au temps, au fini, au changeant pour devenir citoyen de l'éternel, de l'infini et du permanent, à passer de l'espace à l'esprit, de l'égoïsme à l'amour, du mal au bien, du monde à Dieu. Cette vie infirme et fugitive suffit pour nous emparer d'une vie éternelle : elle est donc assez grande. Rien n'est petit, quand l'infini y est en germe ; or Dieu est en nous et ne demande qu'à y vivre... S'ouvrir à Dieu pour ne plus mourir, échapper à ce qui passe en se réfugiant au centre de l'âme, se sentir immortel et plus grand que Sirius ou qu'Aldébaran, revenir à sa dignité avec reconnaissance, glorifier la vie humaine, berceau de la vie suprême, reconnaître en soi la part du néant et celle de l'être : c'est là le grand art de vivre, nulle part mieux abrégé que dans la religion, ni mieux réalisé que dans le christianisme. La vie mortelle est l'apprentissage de la vie éternelle, et la vie éternelle commence dès que ce n'est plus le moi égoïste mais Dieu qui vit en nous.

28 mars 1855. — Pas un brin d'herbe qui n'ait une histoire à raconter, pas un cœur qui n'ait son roman, pas un visage sous lequel le sourire ne masque une tristesse, pas une vie qui ne cache un secret, son aiguillon ou son épine. Partout chagrin, espoir, comédie, tragédie ; et sous la pétrification de l'âge même, comme dans les formes tourmentées de certains fossiles, on peut retrouver les agitations et les tortures de la jeunesse. Cette pensée est la baguette magique des Andersen et des Balzac, des poètes et des prédicateurs ; elle fait tomber les écailles des yeux de la chair et fait voir clair dans la vie humaine ; elle ouvre à l'oreille un monde de mélodies inconnues et fait comprendre les mille langages de la nature. L'amour affligé rend polyglotte ; le chagrin rend devin et sorcier.

16ᵉ avril 1855. — Éprouvé ce matin la prodigieuse influence du climat sur l'état de l'âme. J'ai été italien et espagnol, par cette atmosphère limpide et bleue et ce soleil du midi. Les murs mêmes vous sourient. Et j'aimais toute la nature. Tous les marronniers étaient en fête ; avec leurs bourgeons lustrés, brillant comme de petites flammes aux extrémités recourbées de tous les rameaux, ils représentaient dans le bal de l'éternelle nature les candélabres du printemps. Comme la fraîcheur humide des touffes d'herbe, l'ombre transparente des cours, la vigueur des tours rousses de Saint-Pierre, les bornes blanches des routes, comme tout était jeune, gracieux, bienveillant ! Je me sentais enfant, la sève de la vie remontait dans mes veines comme dans les plantes. J'ai retrouvé l'allégresse des sensations ; il me semblait avoir secoué toute une vieille chrysalide ridée de soucis, d'ennuis, et renaître papillon. Oh ! qu'un peu de bonheur naïf, de joie purement enfantine est une douce chose ! — Et maintenant, une musique de cuivre arrêtée dans la rue me fait bondir le cœur comme à dix-huit ans. C'est l'enivrement perpétuel, le pétillement de l'espérance dans l'Aï rosé du présent ; l'état de la jeune fille qui entre dans le jardin enchanté de la vie ; l'état amoureux. Oh ! je suis encore jeune. Merci, mon Dieu ; il y a eu tant de semaines et de mois où je me suis cru un vieillard. Venez, poésie, nature, jeunesse, amour, repétrissez ma vie de vos mains de fée, recommencez en moi vos rondes immortelles, chantez vos mélodies de sirène, faites-moi boire à la coupe de l'immortalité, ramenez-moi dans l'olympe de l'âme. Ou plutôt point de paganisme ! Dieu de la joie et de la douleur, fais de moi ce que tu voudras ; la tristesse est bonne et l'allégresse est bonne aussi. Tu me fais passer par l'allégresse. Je l'accepte de toi et je t'en rends grâce.

17ᵉ avril 1855. — Le temps se maintient incroyablement pur, éclatant et chaud. A dix heures du soir, j'écris en manches, à côté de ma fenêtre ouverte. C'est juillet qui suit février... La journée est remplie de chants d'oiseaux et la nuit d'étoiles. La nature s'est fait bénigne et sa bonté se revêt de splendeur.

Je viens de contempler, pendant près de deux heures, ce magnifique spectacle, et je me suis senti dans le temple de l'infini, en présence des mondes, dans l'immense nature, hôte de Dieu. Combien tous ces astres errants dans le pâle éther m'attiraient loin de la terre ; et quelle inexprimable paix, quelle rosée de vie éternelle ils laissent tomber sur l'âme en extase ! Je sentais flotter la terre comme un esquif dans cet océan bleu. Il est bon de se nourrir de cette volupté profonde et tranquille, elle épure et grandit tout l'homme. Je me suis laissé faire avec gratitude et docilité.

21 avril 1855. — Beaucoup lu. J'avais la tête forte, ce qui depuis deux ans, depuis mes grandes hémorragies est une rareté. — Analyse exacte des synonymies morales, érudition, ethnographie, anatomie comparée, système cosmique : voilà ce qui a rempli ma journée. Prichard, Hollard, Carus (*Erdenleben*), Liebig (*Chimie animale*), ont été mes lectures. — J'ai parcouru l'univers, du plus profond de l'empyrée jusqu'aux mouvements péristaltiques des atomes dans la cellule élémentaire, je me suis dilaté dans l'infini, affranchi en esprit du temps et de l'espace, en ramenant la création sans bornes au point sans dimension et en voyant la multitude des soleils, voies lactées, étoiles et nébuleuses, dans le point.

J'ai essayé de tracer la courbe qu'un point de mon doigt levé décrivait dans l'espace, relativement au point fixe absolu, et j'ai reconnu une intégrale dépassant toute capacité mathématique par ses deux extrémités. Pulsation des vaisseaux capillaires, l'action plastique moléculaire, la lutte entre le muscle et la pesanteur terrestre (facteurs inconscients), le mouvement volontaire (facteurs humains), puis la courbe circulaire autour de l'axe du globe, avec une vitesse fonction de la latitude, et du rayon du petit cercle pratiqué par cette parallèle, puis la cycloïde due au déplacement de la terre, s'élevant au second degré parce qu'elle tourne autour du soleil, et au troisième parce que cette orbite est une ellipse ; puis le mouvement de notre soleil, qui est peut-être un soleil double et conjugué ; et ce système lui-même en mouvement dans notre lentille stellaire, laquelle se meut à son tour sans doute dans les profondeurs démesurées de l'abîme des cieux ; telle est cette intégrale d'intégrale.

Et de tous les côtés, mystères, merveilles, prodiges s'étendaient sans limites, sans nombre et sans fond. J'ai senti vivre en moi cette insondable pensée, j'ai touché, éprouvé, savouré, embrassé mon néant et mon immensité, j'ai baisé le bord des vêtements de Dieu et je lui ai rendu grâce d'être esprit et d'être vie. Ces moments sont les entrevues divines, où l'on prend conscience de son immortalité, où l'on reconnaît que l'éternité n'est pas trop pour étudier les pensées de l'Éternel et ses œuvres, et où l'on adore dans la stupeur de l'extase et l'humilité ardente de l'amour.

23 mai 1855. — Irrésolution, paresse, inconstance, abattement, pusillanimité, tous mes vieux ennemis m'ont assailli ce matin... Tu livres ton foie au sombre vautour de la tristesse, et par une stupidité frénétique tu passes ton temps à manger ton cœur. C'est le suicide lent d'un bourreau de soi-même. T'appuyant sur toutes les pointes des idées pénibles, quand elles ont fait le trou, tu tournes et retournes pour les convertir en tarières, et ne prends de repos que transpercé en tous sens. Cette volupté âpre et insensée devient une manie... Toute passion nuisible attire, comme les gouffres par le vertige. La faiblesse de volonté amène la faiblesse de tête, et l'abîme, malgré son horreur, fascine alors comme un asile. Effroyable danger ! Cet abîme est en nous ; ce gouffre ouvert comme la vaste gueule du serpent infernal qui veut nous dévorer, c'est le fond de notre être ; notre liberté nage sur ce vide qui aspire toujours à l'engloutir. Notre seul talisman, c'est la force morale rassemblée sur son centre, la conscience, petite flamme inextinguible dont la lumière s'appelle Devoir et dont la chaleur se nomme Amour. Cette petite flamme doit être l'étoile de notre vie, elle seule peut guider notre arche tremblante à travers le tumulte des grandes eaux, nous faire échapper aux tentations de la mer, aux monstres et aux tempêtes vomis par la nuit et le déluge. La foi en Dieu, en un Dieu saint, miséricordieux, paternel, est le rayon divin qui allume cette flamme. Oh ! comme je sens la profonde et terrible poésie des terreurs primitives, desquelles sont sorties les théogonies ; comme l'histoire des forces déchaînées, du chaos sauvage et du monde naissant devient bien ma vie et ma substance, comme tout s'éclaire et devient symbole de la grande pensée immuable, de la pensée de Dieu sur l'univers ! Comme l'unité de toute chose m'est présente, sensible, intérieure ! Il me semble percevoir le motif sublime que, dans les sphères infinies de l'existence, sous tous les modes de l'espace et du temps, toutes les formes créées reproduisent et chantent au sein de l'éternelle harmonie. Des limbes infernaux je me sens comme le Dante remonter vers les régions de la lumière, et, comme le Satan de Milton, mon vol à travers le chaos vient aboutir au paradis. Béatrice ou Raphaël, messagers de l'éternel amour, m'ont indiqué la route. Le ciel, l'enfer, le mondes ont en nous. L'homme est le grand abîme.

27 juillet 1855. — ... C'est ainsi que s'en va la vie, ballottée comme un canot par les vagues, de droite à gauche, de haut en bas, mouillée par l'onde amère, puis salie d'écume, puis jetée au rivage, puis reprise par le caprice des flots. C'est du moins la vie du cœur et des passions, celle que réprouvent Spinoza et les stoïciens, le contraire de cette vie sereine et contemplative, toujours égale comme la lumière des étoiles, où l'homme vit en paix et voit tout sous le regard de l'éternité ; le contraire aussi de la vie de conscience, où Dieu seul parle et où toute volonté propre abdique devant sa volonté manifeste.

Je vais de l'une à l'autre de ces trois existences qui me sont également connues ; mais cette mobilité même me fait perdre les avantages de chacune d'elles. Le cœur chez moi se ronge de scrupules, l'âme ne peut supprimer les besoins du cœur, et la conscience se trouble et ne sait plus bien distinguer dans le chaos des inclinations contradictoires la voix du devoir ni la volonté suprême. Le manque de foi simple, l'indécision par versatilité et défiance de moi, remettent presque toujours tout en question dans ce qui ne concerne que ma vie personnelle. J'ai peur de la vie subjective et recule devant toute entreprise, volonté, demande ou promesse qui m'engage ou me réalise ; j'ai la terreur de l'action et ne me sens à l'aise que dans la vie impersonnelle, désintéressée, objective de la pensée. Pourquoi cela ? par timidité. D'où vient cette timidité ? du développement excessif de la réflexion, qui a réduit presque à rien la spontanéité, l'élan, l'instinct, et par là même l'audace et la confiance. Quand il faut agir, je ne vois partout que pièges et embûches, causes d'erreur et de repentir, menaces cachées et chagrins masqués, et naturellement je n'ose bouger. L'ironie a de bonne heure atteint mon enfance, et, pour n'être pas vaincue par la destinée, ma nature s'est, je crois, armée d'une circonspection de force à n'être surprise par aucune câlinerie. Cette force fait ma faiblesse. J'ai horreur d'être dupe, surtout dupe de moi-même, et je me prive de tout pour ne pas me tromper et être trompé ; donc l'humiliation est le chagrin que je redoute encore le plus, et par conséquent l'orgueil serait le plus profond de mes vices. Ceci est logique, mais ce n'est pas vrai ; il me semble que c'est la défiance, l'incurable doute de l'avenir, le sentiment de la justice mais non de la bonté de Dieu, bref l'incrédulité qui est mon malheur et mon péché. Toute action est un otage remis à la destinée vengeresse : voilà la croyance instinctive qui glace ; toute action est un gage confié à la paternelle Providence : voilà la croyance qui calme.

La douleur me paraît une punition et non une miséricorde ; c'est pourquoi j'en ai secrètement horreur. Et comme je me sens vulnérable sur tous les points, partout accessible à la douleur, je reste immobile, semblable à l'enfant craintif qui, laissé dans le laboratoire de son père, n'ose toucher à rien, crainte des ressorts, explosions et catastrophes qui peuvent sortir et jaillir de tous les coins au moindre mouvement de son inexpérience. J'ai confiance en Dieu, directement, et dans la nature, mais je me méfie de tous les agents libres et mauvais, de l'homme et des hommes, des inconstances, et des faits de la société ; je sens ou pressens le mal, moral et physique, au bout de chaque erreur, faute ou péché, et j'ai honte de la douleur.

Au fond ne serait-ce pas l'amour-propre infini, le purisme de la perfection, l'inacceptation de la condition humaine, la protestation tacite contre l'ordre du monde, qui ferait le centre de ta pusillanimité ? C'est le tout ou rien, l'ambition titanique et oisive par dégoût, la nostalgie de l'idéal rentré et la retraite d'Achille sous la tente, la dignité offensée et l'orgueil blessé qui se refusent à ce qui leur paraît au-dessous d'eux ; c'est l'ironie qui ne prend ni soi ni la réalité au sérieux, par la comparaison avec l'infini entrevu et rêvé ; c'est la restriction mentale qui se prête aux circonstances par complaisance, mais ne les reconnaît point en son cœur, parce qu'elle n'y voit pas l'ordre divin, la nécessité ; c'est peut-être le désintéressement par indifférence, qui ne murmure point contre ce qui est, mais qui ne peut se déclarer satisfait ; c'est le légitimisme philosophique campé dans la société de fait qui n'est pas celle de droit ; c'est la faiblesse qui ne sait pas conquérir et qui ne veut pas être conquise ; c'est la rancune qui se détache de ce qui se passe de son concours ; c'est l'isolement de l'âme déçue qui abdique jusqu'à l'espérance.

Ceci même est une épreuve imposée. Son but providentiel est sans doute d'amener au vrai renoncement, dont le signe est la charité. C'est quand on n'attend plus rien pour soi-même qu'on peut aimer. Faire du bien aux hommes par amour pour eux-mêmes, faire valoir son talent pour plaire au Père dont nous le tenons pour son service : voilà le signe et le moyen de la guérison de ce mécontentement intime qui se dissimule sous l'indifférence.

4 septembre 1855. — Dans le gouvernement intérieur de soi-même la forme parlementaire succède à la forme monarchique. Le bon sens, la conscience, le désir, la raison, le présent et le souvenir, le vieil homme et l'homme nouveau, la prudence et la générosité prennent tour à tour la parole, le règne des avocats commence, le chaos remplace l'ordre et le crépuscule la lumière. La volonté simple, c'est le régime autocratique, la discussion interminable, c'est le régime délibératif de l'âme. Le premier est net, clair, expéditif et fort ; le second est embrouillé, indécis, lent et faible ; en revanche celui-ci épuise les questions que l'autre se contente de trancher ; l'un est préférable au point de vue théorétique, l'autre au point de vue pratique. Connaître et agir sont leurs deux avantages respectifs.

Mais il y aurait mieux à faire, il faudrait réaliser dans l'âme les trois pouvoirs, au législatif superposer l'exécutif et coordonner le judiciaire. Outre l'homme de conseil, il faudrait l'homme d'action et l'homme de justice. La réflexion chez toi ne conclut pas parce qu'elle se retourne sur elle-même pour se quereller et se discuter ; il te manque le général qui ordonne et le juge qui décide. La volonté du caractère et la décision de l'esprit sont indispensables pour limiter la réflexion critique. Mère prolifique des chicanes, des scrupules et objections de tout genre, la critique comme un prisme réfracteur brise les rayons lumineux en un spectre aux sept couleurs ; comme la parole magique de l'apprenti sorcier elle suscite vingt farfadets qu'elle ne peut plus dompter ni annuler ; elle met l'anatomie à la place du vivant et à force de regarder les arbres, elle n'aperçoit plus la forêt.

L'analyse est dangereuse, si elle domine la force synthétique. — La réflexion est redoutable, si elle détruit la faculté d'intuition. — L'examen est fatal, s'il supplante la foi. — La décomposition est meurtrière, quand elle dépasse l'énergie combinatrice de la vie. L'action séparée de toutes les sphères intérieures devient un jeu destructeur quand elles cessent de pouvoir revenir à l'action une. — Dès que le souverain abdique, l'anarchie commence. Dès qu'un corps cesse de vivre, les vers s'y mettent.

Or, c'est là le danger qui te menace. Tu perds l'unité de vie, de force, d'action, l'unité du moi ; tu es légion, parlement, anarchie ; tu es division, analyse, réflexion ; tu es synonymie, oui et non, dialectique ; de là ta faiblesse. La passion du complet, l'abus de la critique, la manie anatomique, la défiance du premier mouvement, du premier mot, de la première idée, expliquent le point où tu en es venu. L'unité et la simplicité de l'être, la confiance et la spontanéité de la vie sont en chemin de disparaître. C'est pour cela que tu ne peux agir, que tu n'as point de caractère.

Il faut renoncer à tout savoir, à tout vouloir, à tout embrasser ; il faut s'enfermer quelque part, se contenter de quelque chose, se plaire à quelque œuvre, oser être ce qu'on est, résigner de bonne grâce tout ce qu'on n'a pas, s'attacher à sa peau, croire en son individualité.

Ne pas se plaire seulement aux plus belles choses du monde,
Mais trouver la plus belle du monde la chose qui vous plaît.

(Rückert.)

La défiance de toi te ronge ; confie-toi, abandonne-toi, livre-toi, crois et tu seras en voie de guérison. La preuve que cette tendance est mauvaise, c'est qu'elle te rend malheureux et t'empêche d'agir. L'incrédulité, c'est la mort ; et l'ironie de soi-même, comme l'abattement, sont de l'incrédulité. Il est plus facile de se condamner que de se sanctifier, et le dégoût de soi vient plus de l'orgueil que de l'humilité... La vraie humilité c'est le contentement.

12 novembre 1855. — Une patrie changée d'habitants, de mœurs et d'esprit, est-ce encore la patrie ? Nos partis m'ont dégoûté de la vie politique ; je ne puis donner mon cœur à aucun, car je n'éprouve ni estime ni enthousiasme pour aucun d'eux, et les luttes d'intérêt ont toujours été nauséabondes pour moi. D'où vient donc ce détachement complet ? Hélas ! tout m'y amène : mon antipathie pour notre caractère national, et pour notre climat ; l'isolement où l'on m'a laissé parmi mes pairs ; la privation de tout point d'attache civique. J'aime mes parents, mes amis, notre église et nos écoles, mais je n'aime ni notre vie politique, ni notre vie sociale. Genève ne me donne pas de joie, et je n'ai pas consenti à ce qu'elle pût me faire de la peine. Je n'ai pas trouvé en elle une mère et le sentiment filial s'est tout doucement éteint dans mon âme. En un mot, je suis encore électeur, mais je ne suis plus citoyen.

Voilà le fait, mais c'est un mal, c'est-à-dire une faute et un malheur. C'est une diminution de vie, c'est une diminution du devoir. Pauvre est la vie qui ne s'étend pas juqu'à l'amour du pays ; mutilée est la conscience qui retranche du nombre de ses devoirs le patriotisme. Il faut donner son cœur ; l'habitude de détachement critique t'a séparé de Genève ; lutte contre cette habitude, ranime le sentiment civique par l'étude de l'histoire de ton pays et par la participation à la vie commune. L'existence aérostatique que tu mènes d'ordinaire contribue à cette indifférence ; en cherchant à être utile, en t'associant aux œuvres que tu approuves, tu te créeras des liens, tu t'intéresseras ; entre l'égoïsme et la sympathie humaine tu replaceras un cercle essentiel, celui de la vie civique.

Mais peut-on tenir à qui ne tient pas à vous ? Oui. C'est l'amour désintéressé, le plus beau des amours, qui aime, donne, offre, sans se lasser et sans attendre de retour, et qui n'est point ridicule même à ses propres yeux, car il ne fait point de marché et n'est par conséquent point dupe.

21 janvier 1856. — La journée de la veille est pour moi aussi éloignée que l'année dernière ; le passé n'a pour ma mémoire qu'un plan, comme pour mon œil le ciel étoilé. Je ne retrouve pas mieux une de mes journées dans mon souvenir qu'un verre d'eau versé dans un lac ; ce n'est pas chose perdue, mais chose fondue ; l'individuel est rentré dans la masse ; les divisions du temps sont des catégories qui ne peuvent mouler ma vie, pas plus que les compartiments tracés par une baguette dans l'onde n'y laissent d'empreinte durable. Je suis fluide, il faut m'y résigner.

Combien il est vrai que nos destinées sont décidées par des riens, et qu'une légère imprudence tombée sur un hasard insignifiant, comme une goutte de pluie tombée sur un gland, fait lever l'arbre où nous et d'autres serons peut-être suppliciés ! Ce qui arrive est tout différent de ce que nous avons voulu. Nous voulons un bien et il en résulte un malheur. Le serpent de la fatalité, ou pour mieux dire la loi de la vie, la force des choses, s'étant entrelacé à un ou deux faits très simples, n'a pu être coupé par aucun effort, et la logique des situations et des caractères a conduit invinciblement à un dénouement redouté. C'est la fascination de la destinée, qui nous oblige à nourrir notre malheur de notre main, à prolonger l'existence de notre vautour, à jeter dans l'holocauste de notre châtiment successivement nos forces, nos qualités, nos vertus même, en expiation d'une négligence, en un mot qui nous fait reconnaître notre néant, notre dépendance, et la majesté implacable de la Loi. Le sentiment de la Providence adoucit la punition, mais ne la supprime pas. Les roues du char divin nous écrasent d'abord, pour satisfaire la justice et donner exemple aux hommes, puis une main nous est tendue, pour nous relever ou au moins nous réconcilier avec l'amour caché sous la justice. Le pardon ne peut précéder le repentir, et le repentir ne commence qu'avec l'humilité. Et tant qu'une faute quelconque paraît une bagatelle, tant que l'imprudence ou la négligence apparaît non pas dans son énormité, dans sa culpabilité, mais dans son excuse, en un mot tant que Job murmure, tant que la Providence est trouvée trop sévère, tant qu'il y a protestation intérieure contre la destinée, et doute sur la parfaite justice de Dieu, il n'y a pas encore l'entière humilité, ni le vrai repentir. C'est quand on accepte l'expiation, qu'elle peut être épargnée ; c'est quand on se soumet sincèrement, que la grâce peut être accordée. C'est quand la douleur trouve son œuvre faite, que Dieu peut nous en faire la remise. L'épreuve ne s'arrête donc que lorsqu'elle est inutile : c'est pourquoi elle ne s'arrête presque jamais. — La foi en la justice et en l'amour du Père, qui nous laisse vivre pour nous apprendre à vivre saintement, est donc le meilleur et le seul point d'appui contre les souffrances de cette vie. Le fond de toutes nos douleurs est une incrédulité ; nous doutons que ce qui nous arrive dût nous arriver ; nous nous croyons plus sages que la Providence, parce qu'au fond nous croyons au hasard, pour éviter le fatalisme. La liberté soumise, quel problème ! Il faut pourtant toujours en revenir là.

26 janvier 1856. — Philosophie, causerie, émotions, volupté optique, amitié, quelques faits nouveaux appris, beaucoup d'échange : c'est là ma journée. Elle est encore assez épicurienne, c'est-à-dire douce mais inféconde. — Puis le murmure du cœur s'est fait entendre dans les lointains de la vie intérieure ; voix de regret et de censure. Que de temps perdu pour aimer ! quelle fausse honte de ses vrais besoins ! que d'inquiétude dans cette insouciance ! et quel sentiment de vide dans cette existence dépourvue de centre, de substance, de point fixe ! Tu aurais besoin du mariage, d'un attachement, de quelque chose qui te pose, t'enracine, te détermine et t'alimente. Et tu rougis de cette dépendance, et tu te cuirasses de fierté ou de badinage contre toi-même et contre les autres, et tu as peur de te tromper, tu te défies du monde et de la vie et ne veux pas donner prise à leur malignité, ni rechercher ce qui peut se refuser. Tu es tendre, aimant, avide de sympathie, mais par timidité tu prends le

masque de l'indifférence ; tu es un faux stoïque, un faux
égoïste, un faux muet. Tu te fais de pierre, comme le peau-
rouge se montre insensible, pour ne pas réjouir l'ennemi ;
ton instinct cherche à maintenir, faute de mieux, ta dignité
solitaire et ton impassible sérénité. Tu n'oses pas souffrir
et devant les hommes tu supprimes toute larme, toute
plainte et tout désir. Tu te fais léger par une insurmontable
timidité. C'est le suicide moral par pudeur. — Tu veux être
deviné comme une femme, et demander pour toi ou t'offrir
te révolte comme un acte de courtisane, comme une bassesse
et presque une impudicité de l'âme. — Ton malheur, pauvre
garçon, est d'avoir pour défauts les qualités d'un autre sexe ;
car ce qui est grâce dans la femme est une niaiserie fatale
chez l'homme.

7 mai 1856. — Continué, pendant toute la journée,
l'*Histoire de la poésie* par Rosenkranz [1] et rien fait d'autre.
Tous les grands noms de l'Espagne, du Portugal et de la
France jusqu'à Louis XV y ont passé. Cette revue rapide est
bonne à faire ; le point de vue renouvelle le sujet et change les
idées reçues, ce qui est toujours agréable et libérateur. Pour
ma tendance naturelle, cette manière philosophique et génétique d'embrasser et d'exposer l'histoire littéraire a un vif
attrait. Mais c'est l'antipode du procédé français, qui ne
prend guère que les cimes du sujet, les enchaîne par une
triangulation et des profils théoriques, et donne ensuite ces
lignes pour le relief réel du pays. La formation réelle de
l'opinion générale, du goût public, d'un genre établi, ne peut
se découvrir par cette méthode abstraite qui supprime la
croissance au profit du fruit dernier, la plénitude au profit
de la ligne, la préparation au profit du résultat, la foule au
profit du type choisi. Ainsi l'on obtient la clarté apparente,
la clarté du fait, mais l'obscurité réelle, l'obscurité de la
cause [subsiste]. Cette méthode est caractéristique ; elle se
lie par des faits invisibles au respect de l'usage et de la mode,

1. *Geschichte der Poesie*, par Rosenkranz, disciple et biographe de
Hegel.

à l'instinct catholique et dualiste, qui accepte deux vérités, deux mondes contradictoires et aussi solides l'un que l'autre, et trouve tout simple la magie, le miracle, l'incompréhensible, l'arbitraire dans Dieu, le roi, le langage, etc. C'est la philosophie du Hasard, devenue habitude, instinct, croyance et nature. C'est la religion du caprice.

Par un de ces contrastes éternels qui ramènent l'équilibre, les peuples romans qui ont la pratique de la vie historique n'en ont pas la philosophie, et les peuples germains qui ne savent pas pratiquer la vie, ont la philosophie de la vie. L'Allemand, abstrait dans sa vie, est concret dans sa pensée, à l'inverse du Français. — Par instinct, chaque être cherche à se compléter extérieurement et intérieurement : et c'est la même loi secrète qui fait que l'homme cherche la femme, que les terroristes aimaient la pastorale, que les femmes aiment les émotions, que l'homme de cabinet admire l'homme d'action, que le peuple le plus vivant a la théorie la plus mathématique, que chaque défaut a la clairvoyance la plus aiguë du défaut semblable dans le prochain, etc., etc. — Le fond et la forme se font aussi contraste, et les intelligences mathématiques sont attirées souvent par les faits de la vie, comme les esprits vivants vers l'étude des lois abstraites. — Ainsi, chose bizarre, c'est ce que nous croyons être que nous ne sommes pas ; ce que nous voudrions être qui nous convient parfois le moins ; c'est notre théorie qui nous condamne, et notre pratique qui dément notre théorie. Et cette contradiction est un avantage puisqu'elle est origine d'un conflit, d'un mouvement, et condition du progrès. Toute vie est une lutte intérieure, toute lutte suppose deux forces contraires ; rien de réel n'est simple, et ce qui pense être simple est ce qui en est le plus éloigné. — Conséquence : tout état est un moment dans une série, tout être est une transaction entre des contraires, un plexus de contrastes ; la dialectique concrète, voilà la clef qui ouvre l'intelligence des êtres dans la série des êtres, des états dans la série des moments ; la dynamique. voilà l'explication de l'équilibre. Toute situation est un équilibre de forces ; toute vie est une lutte de forces contraires renfermées dans les limites d'un certain équilibre.

Ces deux principes que j'ai mille fois reconnus, je ne les ai jamais assez appliqués.

Et appliquer, c'est féconder ; et on ne possède que ce qu'on féconde (une idée, un domaine, une femme, etc.). Féconder, c'est insuffler la vie, c'est donner le mouvement intérieur, la métamorphose, la croissance. Une religion vraie, c'est celle qui transforme la vie, une pensée vraie est celle qui renouvelle les vues et les choses mêmes ; la vérité se prouve par ses effets, une vérité qui ne change rien est stérile, et la stérilité c'est la mort. Le signe de la vie, c'est la métamorphose ; et la preuve de la vie vraie, c'est la procréation. Ce qui n'enfante rien, n'est rien.

9 mai 1856. — Toute étude historique isolée ne mène à rien. L'histoire complète et concrète de l'esprit humain et des génies nationaux dans l'intégralité de leur énergie, s'épanouissant dans leur religion, leur littérature, leur destinée entière : voilà la question, voilà la chose, voilà ce qu'il faut. La totalité naturelle, la croissance organique, la vie en un mot, des individus, des sociétés, des nations, de l'espèce, voilà ce qui me satisfait et ce qui m'attire. Toute abstraction est factice, et n'est qu'un moyen, une méthode, un artifice de l'étude ; en fait, il faut revenir à l'évolution d'ensemble, car rien dans la nature et dans l'histoire n'existe à part. La solidarité est la formule de chaque existence réelle. L'histoire philosophique, quel beau sujet !

Pressy [1], *8 juin 1856*. — Journée de bonheur. Donné mon cœur à toute chose, à la nature qui a été merveilleusement belle aujourd'hui, à la famille que j'ai vue tout entière, aux amis que j'ai rencontrés, aux églantines des haies, aux grillons du fossé, au ciel bleu dans lequel a passé en dansant toute la féerie des heures du jour et de la nuit, comme une ronde de génies aux grâces immortelles, à la bonne Providence que j'ai bénie pour la joie dont je me sentais inondé et pour la poésie qui a baigné et pénétré mes sens et mon âme en s'accroissant presque d'heure en heure. Au moment

1. Village près de Genève.

où j'ai fermé enfin les volets de la chambrette bleue aux rayons rêveurs de la lune qui filtraient mystérieusement à travers les arbres du verger sur lequel ouvre ma fenêtre, et comme un enfant qui s'endort sur le sein de sa mère, fermé les yeux au bercement de notre globe dans son voyage circulaire à travers l'océan des cieux, l'émotion intérieure avait atteint sa plus palpitante intensité. La lumière blonde et chaude dans laquelle le Salève verdissant plongeait ses crêtes arrondies m'a rappelé des sensations siciliennes ; la pureté des lointains, les contours mordants des édifices et des feuillages, la splendeur et la gaieté du paysage en fête, la limpidité de l'air ont éveillé en moi mille souvenirs des temps heureux ; que d'allusions ravissantes à des journées pareilles et à des impressions semblables sous toutes les latitudes ! C'est surtout le soir, au murmure des flots du lac, blan-chissants sous la brise du nord, tandis qu'un large couchant effaçait graduellement ses teintes sur les cimes accidentées du bleuâtre Jura, que la Méditerranée, l'Océan, la Baltique, la Grèce, la Bretagne, la Norvège, le connu et l'inconnu, et tous les plans et arrière-plans de la vie errante se dessinèrent dans une perspective infinie. Cadre magnifique à une rêverie bien douce !

La tête découverte, la mappe pendue à l'épaule par un cordon, je remontai ainsi, m'imprégnant de toute cette peinture et de toute cette musique enivrante, de Genève à Pressy, de la ville au village.

1ᵉʳ juillet 1856. — La nationalité perce toujours dans l'homme et surtout dans la femme, et les femmes de la Russie, comme les lacs et les fleuves de leur pays, paraissent sujettes à des rigidités subites et même prolongées. Dans leur mobilité ondoyante et caressante comme l'onde, il y a toujours la menace du glaçon inattendu. Leur humeur se glace ou dégèle au gré d'un souffle qui passe le matin, une pensée les hérisse de cristaux anguleux ou déplisse leur front qui se prenait déjà. Leur manière de souffrir ou de punir est de se faire pierre. La nature du Nord, la mobilité raide, un centre toujours sur le point de durcir, l'hiver, les frimas, se retrouvent, sous l'hermine et le sourire, au fond de l'âme russe. Les hautes latitudes, la vie difficile, l'inflexibilité autocratique, le ciel morne et sévère, le climat inexorable, toutes ces rudes fatalités ont marqué leur empreinte sur la race moscovite. Une certaine opiniâtreté sombre, une sorte de férocité primitive, un arrière-fond d'âpreté sauvage, qui, sous l'empire de certaines circonstances, pourrait devenir implacable et même impitoyable ; une force, une volonté, une résolution froidement indomptables et qui feraient sauter le monde plutôt que de céder ; l'instinct indestructible de la horde barbare dans la nation à demi civilisée, sont reconnaissables pour l'œil attentif, jusque dans les bizarreries inoffensives et les caprices superficiels d'une jeune femme de cette race puissante. Même dans le badinage se trahit encore le génie fixe et farouche qui incendie ses propres villes et maintient debout les bataillons de soldats morts.

Quels maîtres redoutables que les Russes, si jamais ils épaississent la nuit de leur domination sur les pays du Midi ! Le despotisme polaire, une tyrannie telle que le monde n'en a pas encore connu, muette comme les ténèbres, tranchante comme la glace, insensible comme le bronze, avec des dehors aimables et l'éclat froid de la neige, l'esclavage sans compensation ni adoucissement : voilà ce qu'ils nous apporteraient. Mais vraisemblablement, ils perdront graduellement les vertus et les défauts de leur demi-barbarie.

Le soleil et les siècles mûriront ces sirènes du septentrion ; et ils entreront dans le concert des peuples autrement que comme une menace ou une dissonance. — S'ils peuvent convertir leur dureté en fermeté, leur ruse en grâce, leur moscovitisme en humanité, ils cesseront d'inspirer l'aversion ou la crainte et se feront aimer ; car sauf leur naturel héréditaire, les Russes ont beaucoup de fortes et attrayantes qualités.

3 juillet 1856. — L'Allemand conçoit et poursuit l'idéal, mais il n'est jamais artiste spontanément, de lui-même ; il n'est pas de race noble, il a l'admiration et non le génie de la forme ; il est l'inverse de l'Hellène, il a la critique, l'aspiration et le désir, non la puissance sereine de la beauté. Il ne peut donc pas ce qu'il veut, mais il peut jouir de sa volonté.

Le Midi, plus artiste, plus satisfait de lui-même, plus capable d'exécution, se repose paresseusement dans le sentiment de son équilibre. D'un côté est l'idée, de l'autre le talent. L'empire de l'Allemagne est au-dessus des nuages, celui des Méridionaux est sur cette terre. La race germanique médite et sent ; les Méridionaux sentent et expriment ; les Anglo-Saxons veulent et font. Savoir, sentir, agir, c'est le trio de l'Allemagne, l'Italie, l'Angleterre. La France formule, parle, décide et rit. Pensée, talent, volonté, parole, ou autrement science, art, action, prosélytisme, c'est la répartition des rôles du quatuor plus étendu.

21 juillet 1856. — *Mit Sack und Pack* me voici de retour dans mon logis de ville. J'ai pris congé de mes amis et de mes joies champêtres, de la verdure, des fleurs et du bien-être. — Pourquoi m'en suis-je allé ? Le prétexte, c'est le souci de mon pauvre oncle, c'est la raison que je me suis donnée et que j'ai donnée. Mais au fond, n'y en a-t-il pas d'autres ? Je crois bien que oui. Il y a la crainte d'être indiscret en accumulant trop d'obligations envers les deux ou trois familles amies qui m'entourent de prévenances et auxquelles je ne puis rien rendre. Il y a mes livres qui me rappellent sans doute. Il y a le désir peut-être de me tenir parole. Mais tout cela ne serait rien, je crois, sans un autre instinct, l'instinct du Juif errant, qui m'arrache la coupe où j'ai trempé mes lèvres, qui m'interdit la jouissance prolongée et me crie : Marche ! marche ! ne t'endors pas, ne t'attache pas, ne t'arrête pas ! Ce sentiment inquiet n'est pas le besoin de changement, c'est plutôt la peur de ce que j'aime, la défiance de ce qui me charme, le malaise du bonheur. Quelle singulière nature et quel penchant bizarre ! ne pas oser jouir naïvement, simplement, sans scrupule, et se retirer de table crainte que le repas ne finisse. Contradiction et mystère ! ne pas user, crainte d'abuser ; se croire obligé de partir, non pas parce qu'on est rassasié, mais parce qu'on a séjourné ; se jouer à soi-même le rôle du médecin de Sancho. Je suis bien toujours le même, l'être errant sans nécessité, l'exilé volontaire, l'éternel voyageur, l'homme sans repos, le vagabond bohème, qui, chassé par une voix intérieure, ne construit, n'achète

et ne laboure nulle part, mais passe, regarde, campe, et s'en
va. — La cause de cette agitation nomade n'est-ce pas aussi
un certain vide ? la poursuite incessante de quelque chose
qui me manque ? l'aspiration vers une paix plus vraie et une
satisfaction plus entière ? Voisins, amis, parents, je les aime
tous, et ces affections ne me laissent, quand elles agissent,
nul sentiment de lacune. Mais pourtant elles ne remplissent
pas mon cœur : c'est pourquoi elles ne le fixent pas. J'attends
toujours la femme et l'œuvre, capables de s'emparer de mon
âme et de devenir mon but.

> Promenant par tout séjour
> Le deuil que tu cèles,
> Psyché-papillon, un jour
> Puisses-tu trouver l'amour
> Et perdre tes ailes !

Je n'ai pas donné mon cœur, de là mon inquiétude d'esprit.
Je ne veux pas le laisser prendre à ce qui ne peut le remplir.
de là mon instinct de détachement impitoyable de tout ce
qui m'enchante sans me lier définitivement. Ma mobilité,
en apparence inconstante, n'est donc au fond qu'une recherche, une espérance, un désir et un souci : c'est la maladie
de l'idéal, qui fait goûter puis juger toute chose, et tenter
l'inconnu sans attrait, mais par une sorte de devoir. —
Ainsi ma vie est un jeu qui essaie de se prendre à curiosité,
sinon au sérieux ; je badine par nécessité, par habitude et
par prudence, pour ne pas m'attendrir et désespérer ; je me
fais léger, insouciant, dégagé pour ne pas souffrir ni me briser
à propos de bagatelles. En d'autres termes je me réserve.

> Jeu, pudeur ou dédain, on peut prendre le masque
> Et pour de meilleurs jours se réserver le casque,
> Plus fort, plus sûr.

La question est donc toujours entre l'idéal et le bon sens,
l'un ne rabattant rien de ses exigences, l'autre s'accommodant
du convenable et du réel. — Mais le mariage et l'amour par
bon sens, au rabais, ne sont-ils pas une profanation ? une
absurdité ? D'autre part, un idéal qui empêche la vie de se
compléter, qui détruit en germe la famille, n'est-il pas

vicieux ? n'entre-t-il pas dans le mien beaucoup d'orgueil, la non-acceptation de ma destinée ? la protestation intérieure contre les supériorités artificielles et arbitraires ? l'horreur d'humiliations imméritées ? être humilié dans mon amour me ferait grimper les murailles. Et je me prive pour ne pas courir ce risque. Tout cela ne mène à rien, conclut au *statu quo*, et c'est pourquoi je pense à autre chose et ne m'occupe point de ce qui ne peut me procurer que des ennuis.

(Midi.) — Rêvassé, la tête dans les mains, jusqu'à m'endormir — à quoi ? au bonheur ; j'ai fait comme un sommeil sur le sein paternel de Dieu. Que sa volonté soit faite !

3 août 1856. — Délicieuse après-midi de dimanche, passée à Pressy. Monté sur le siège avec V. G***, vieux camarade aujourd'hui médecin. Reçu à bras ouverts par tout le monde, couvert de baisers par les enfants (les trois triades G***, M*** et C***), retenu à dîner et au thé par ces bons amis qui ont fait ménage commun pour me garder à la fois. Folâtré avec cette nichée d'enfants, qui ne me quittent pas plus que la reine abeille, et que j'aime comme des bienfaiteurs. Loulou était plus séduisante que jamais et veut absolument être ma petite femme, quand elle sera grande comme sa mère. Colin-maillart, jeux de course, ascension dans les sapins, visite aux plates-bandes, cueillette d'abricots. Le nouveau Berquin. Causerie sous le grand chêne. Les mioches sur les pommiers. Le soir, au piano, morceaux de chant des *Quatre Saisons* de Haydn. Retour tardif sous un grand ciel magnifiquement constellé, avec un foyer d'éclairs muets derrière le Jura. Enivré de poésie et accablé de sensations, je reviens au petit pas, bénissant le Dieu de vie et plongé dans la béatitude de l'infini. Il ne me manquait qu'une chose, une âme avec qui partager, car l'émotion et l'enthousiasme me débordaient comme une coupe trop pleine. La voie lactée, les grands peupliers noirs, le clapotis des vagues, les étoiles filantes, les chants lointains, la ville illuminée, tout me parlait dans la langue idéale, je me sentais poétique et presque poète. Les rides de la science s'effaçaient au souffle magique de l'admiration, une élasticité d'esprit confiante, libre et vivante revenait dans mon être, je me retrouvais jeune, capable d'abandon et d'amour. Toute mon aridité avait disparu ; la rosée céleste avait fécondé le bâton noueux et mort, il commençait à reverdir et à refleurir. Sans la beauté, mon Dieu, que nous serions misérables ! Avec elle, tout renaît en nous ; les sens, l'imagination, le cœur, la raison, la volonté se rapprochent comme les ossements à la parole du prophète et s'unissent dans une seule et même énergie. Qu'est-ce que le bonheur, sinon cette plénitude d'existence, cet intime accord avec la vie universelle et divine ? J'ai été heureux toute une demi-journée et je me suis recueilli dans cette joie, m'en pénétrant jusqu'aux profondeurs de la conscience.

J'ai bien reconnu aussi par contraste ce qui me fait du mal à Genève ; c'est le caractère général des habitants, qui me polarise ou me contracte. Dès que je retrouve un milieu de sympathie, d'art, de poésie, de bonhomie, de bienveillance, je suis tout autre. La laideur, l'aigreur, la méchanceté, la moquerie, la vulgarité, la platitude, la saleté des imaginations, du langage, du regard ou de la pensée, me fait mal et me rend mauvais.

Dès que nous aimons moins, nous cessons d'être en Dieu.

Or, je retombe ici à tout coup dans la froideur, l'indifférence ou l'aversion.

7 août 1856. — Publications... De tous les côtés mes amis se plaignent de moi et me répètent : concentre-toi, écris, produis, fais quelque chose, livre-toi, songe à une œuvre, apporte ta pierre... Malheureusement, unanimes à réclamer quelque chose, ils ne s'accordent plus sur ce qu'ils voudraient de moi. Un dictionnaire, de la critique, de la psychologie, un cours public, des vers, de l'histoire, des voyages, etc., ils me conseillent tous ceci et cela, avec la recommandation de renoncer au reste. Scherer me disait hier : « Quadruplez vos *Grains de mil* et faites-en un volume. Ceci vous sera très agréable et à nous aussi. Là vous pouvez être divers et mobile à votre aise. C'était une bonne veine, suivez-la. »

— Mariez-vous et faites votre volume : tout tourne autour de ces deux réclamations et je me les fais depuis longtemps. Mais choisir, je ne l'ai pas su, et ces deux choses sont un choix.

31 août 1856 (dimanche, onze heures du matin). — Je ne trouve aucune voix pour ce que j'éprouve. La rue est silencieuse, un rayon de soleil tombe dans ma chambre, un recueillement profond se fait en moi ; j'entends battre mon cœur et passer ma vie. Je ne sais quoi de solennel, la paix des tombes sur lesquelles chantent les oiseaux, l'immensité tranquille, le calme infini du repos, m'envahit, me pénètre, me subjugue. Il me semble que je suis devenu une statue sur les bords du fleuve du temps, que j'assiste à quelque mystère, d'où je vais sortir vieux et sans âge. Je ne sens ni désir, ni crainte, ni mouvement, ni élan particulier ; je me sens anonyme, impersonnel, l'œil fixe comme un mort, l'esprit vague et universel comme le néant ou l'absolu ; je suis en suspens, je suis comme n'étant pas. — Dans ces moments, il me semble que ma conscience se retire dans son éternité ; elle regarde circuler en dedans d'elle ses astres et sa nature avec ses saisons et ses myriades de choses individuelles, elle s'aperçoit dans sa substance même, supérieure à toute forme, contenant son passé, son présent et son avenir, vide qui renferme tout, milieu invisible et fécond, virtualité d'un monde, qui se dégage de sa propre existence pour se ressaisir dans son intimité pure. En ces instants sublimes, le corps a disparu, l'esprit s'est simplifié, unifié ; passion, souffrances, volontés, idées, se sont résorbées dans l'être, comme les gouttes de pluie dans l'océan qui les a engendrées. L'âme est rentrée en soi, retournée à l'indétermination, elle s'est *réimpliquée* au delà de sa propre vie ; elle remonte dans le sein de sa mère, redevient embryon divin. Jours vécus, habitudes formées, plis marqués, individualité façonnée, tout s'efface, se détend, se dissout, reprend l'état primitif, se replonge dans la fluidité originelle, sans figure, sans angle, sans dessin arrêté. C'est l'état sphéroïdal, l'indivise et homogène unité, l'état de l'œuf où la vie va germer. Ce retour à la semence est un phénomène connu des druides et des brahmanes, des néoplatoniciens et des hiérophantes. Il est contemplation et non stupeur ; il n'est ni douloureux, ni joyeux, ni triste ; il est en dehors de tout sentiment spécial, comme de toute pensée finie. Il est la conscience de l'être, et la conscience de l'omni-possibilité latente au fond de cet être.C'est la sensation de l'infini spirituel. C'est le fond de la liberté. — A quoi sert-il ? à dominer tout le fini, à se dessiner soi-même, à donner la clé de toutes les métamorphoses, à guérir de toutes les courbatures morales, à maîtriser le temps et l'espace, à reconquérir sa propre totalité en se dépouillant de tout ce qui en nous est adventice, artificiel, meurtri, altéré. Ce retour à la semence est un rajeunissement momentané, et de plus, il est un moyen de mesurer le chemin parcouru par la vie, puisqu'il ramène jusqu'au point de départ.

22 octobre 1856. — La vie est l'apprentissage du renoncement progressif, de la réduction continuelle de nos prétentions, de nos espérances, de nos possessions, de nos forces, de notre liberté. Le cercle se rétrécit de plus en plus ; on voulait tout apprendre, tout voir, tout atteindre, tout conquérir, et dans toutes les directions on arrive à sa limite : *Non plus ultra.* Fortune, gloire, puissance, santé, bonheur, longue vie, joie du cœur, tous les biens qu'ont possédés d'autres hommes, semblent d'abord promis et accessibles, et puis il faut souffler sur ce rêve, diminuer successivement son personnage, se faire petit, humble, se sentir borné, faible, dépendant, ignorant, chétif, pauvre, dépouillé ; et s'en remettre à Dieu de tout, car on n'avait droit à rien, et l'on est mauvais. C'est dans ce néant qu'on retrouve quelque vie, parce que l'étincelle divine est là tout au fond. On se résigne. Et dans l'amour croyant, on reconquiert la vraie grandeur.

27 octobre 1856. — Pour les choses capitales de la vie nous sommes toujours seuls, et notre véritable histoire n'est à peu près jamais déchiffrée par les autres. La meilleure partie de ce drame est un monologue ou plutôt un débat intime entre Dieu, notre conscience et nous.Larmes, chagrins, déceptions, froissements, mauvaises et bonnes pensées, décisions, incertitudes, délibérations, tout cela est notre secret ; presque tout en est incommunicable, intransmissible, même quand nous en voulons parler, même quand nous l'écrivons. Le plus précieux de nous-même ne se montre jamais, ne trouve pas une issue même dans l'intimité n'arrive certainement qu'en partie à notre conscience, n'entre guère en action que dans la prière et n'est peut-être recueilli que de Dieu, car notre passé nous devient perpétuellement étranger. — Notre monade peut être prodigieusement influencée par les autres, mais elle ne leur en demeure pas moins impénétrable dans son centre, et nous-mêmes restons après tout à l'extérieur de notre propre mystère. Le milieu de notre conscience est inconscient, comme le noyau du soleil est obscur. Tout ce que nous sommes, voulons, faisons, savons, est plus ou moins superficiel, et les ténèbres de la substance insondable demeurent au-dessous de tous les rayons, éclairs et révélations de notre périphérie.

J'ai donc bien fait, dans ma théorie de l'homme intérieur, de mettre au fond du Moi, même après le dégagement successif des sept sphères qu'il contient, un fond ténébreux, l'abîme de l'irrévélé, du virtuel, le gage d'un avenir infini, le moi obscur, la subjectivité pure incapable de s'objectiver en esprit, conscience, raison, âme, cœur, imagination ou vie des sens, et qui fait de toutes ces formes d'elle-même des attributs et des moments.

Mais l'obscur n'est que pour cesser d'être, c'est l'occasion de toute victoire, de tout progrès. Qu'il s'appelle fatalité, mort, nuit ou matière, il est le piédestal de la vie, de la lumière, de la liberté, de l'esprit, car il est la résistance, c'est-à-dire le point d'appui de l'activité, l'occasion de son déploiement et de son triomphe.

Dieu veut être vaincu en quelque sorte, parce qu'il veut la dignité de sa créature, son courage et son perfectionnement.

17 décembre 1856. — Ce soir, deuxième séance de quatuors. Elle m'a esthétiquement beaucoup plus remué que la première ; les œuvres choisies étaient cette fois plus hautes et plus fortes, et entraient dans des régions plus intérieures de l'âme. C'étaient le quatuor en *ré mineur* de Mozart et le

quatuor en *ut majeur* de Beethoven, séparés par un concerto
de Spohr, intitulé quatuor en *mi*.

Ce dernier était brillant et vif dans son ensemble, avec de
la fougue dans l'allegro, de la sensibilité dans l'adagio et de
l'élégance dans le finale, mais il ne révèle qu'un beau talent
dans une âme moyenne. Les deux autres mettent en contact
avec le génie et révèlent deux grandes âmes. Mozart c'est
la liberté intérieure, Beethoven c'est l'enthousiasme puissant. Aussi l'un nous affranchit, l'autre nous ravit à nous-
mêmes. Je ne crois pas avoir ressenti plus distinctement
qu'aujourd'hui et avec plus d'intensité la différence de ces
deux maîtres. Leurs deux existences morales s'ouvraient
transparentes devant mon regard et il me semblait lire en
elles jusqu'au fond comme au jugement dernier.

L'œuvre de Mozart, toute pénétrée d'esprit et de pensée,
exprime un problème résolu, l'équilibre trouvé entre l'aspiration et la force, entre le pouvoir, le devoir et le vouloir, la
souveraineté de la grâce maîtresse d'elle-même et où le
réel ne se sépare plus de l'idéal, l'harmonie merveilleuse et
l'unité parfaite.

Le quatuor raconte une journée d'une de ces âmes attiques
qui anticipent sur la sérénité de l'Élysée. La première scène
est une conversation aimable, comme celle de Socrate au
bord de l'Ilissus, son caractère est l'urbanité exquise au fin
sourire et à la parole enjouée. La seconde scène est d'un pathétique saisissant. Un nuage a glissé sur l'azur de ce ciel
grec. Un orage, comme la vie en amène inévitablement,
même entre les grands cœurs qui s'estiment et qui s'aiment,
est venu troubler cette harmonie. Quelle est sa cause ? Un
malentendu, un manque d'égard, une négligence ? on l'ignore,
mais il éclate. L'andante est une scène de reproche et de
plainte, mais telle qu'elle peut être entre des immortels.
Que d'élévation dans la plainte, quelle émotion contenue et
quelle noblesse douce dans le reproche ! La voix tremble et
devient plus grave, mais reste affectueuse avec dignité. —
Le nuage a passé, le soleil est revenu ; l'explication a eu lieu,
la concorde est rétablie. La troisième scène peint l'allégresse
du raccommodement qui, sûr de lui-même à cette heure, et
comme pour se mettre malignement à l'épreuve, se laisse

aller jusqu'à la raillerie légère et au badinage amical. Le finale ramène la gaieté tempérée, la sérénité heureuse, la liberté suprême, fleur de la vie intérieure qui fait le thème fondamental de l'œuvre.

L'œuvre de Beethoven c'est l'ironie tragique qui fait danser le tourbillon de la vie sur le gouffre toujours menaçant de l'infini. Ici, plus trace d'unité, de satisfaction, de sérénité. Nous assistons au duel éternel entre les deux grandes forces, celle du gouffre qui absorbe toute chose finie et de la vie qui se défend, s'affirme, se dilate et s'enivre. Les premières mesures rompent les sceaux et ouvrent les cavernes du grand abîme. La lutte commence. Elle est longue. La vie naît, s'ébat et folâtre, insoucieuse comme le papillon qui voltige au-dessus d'un précipice. Puis elle agrandit ses conquêtes et chante ses succès. Elle fonde un règne, elle construit une nature. Mais du gouffre béant le typhon se relève ; les titans ébranlent les portes du nouveau royaume. Une bataille gigantesque s'engage. On entend les efforts tumultueux de la puissance chaotique, semblables aux contorsions d'un monstre ténébreux. La vie l'emporte enfin, mais la victoire n'est pas définitive, et dans l'enivrement de la victoire il y a un certain fond de terreur et d'étourdissement. L'âme de Beethoven était tourmentée. La passion et l'effroi de l'infini paraissent la ballotter du ciel à l'enfer ; de là son immensité.

Lequel est le plus grand, de Mozart ou Beethoven ? Question oiseuse ! l'un est plus accompli, l'autre plus colossal. Le premier c'est la paix de l'art parfait, l'immédiate beauté ; le second c'est le sublime, la terreur et la pitié, la beauté par retour. L'un donne ce que l'autre fait désirer. Mozart a la pureté classique de la lumière et de l'océan bleu, Beethoven la grandeur romantique des tempêtes de l'air et des mers, et tandis que l'âme de Mozart semble habiter les cimes éthérées d'un Olympe, celle de Beethoven gravit en frissonnant les flancs orageux d'un Sinaï. Bénissons l'un et l'autre. Chacun montre un moment de la vie idéale. Chacun nous fait du bien. Aimons-les tous les deux !

Vandœuvres [1], *28 mai 1857*. — Nous descendons à Genève

---

1. Village près de Genève.

pour entendre le *Tannhäuser* de Richard Wagner, exécuté au théâtre par la troupe allemande (de Zurich) actuellement en passage. — Wagner est un homme fort et qui a le sentiment de la haute poésie. Aussi son œuvre est plus poétique que musicale. La suppression de l'élément lyrique et par conséquent de la mélodie, des duos, trios, etc., est chez Wagner un parti pris qui est systématique plutôt que naturel ; le monologue et le grand air disparaissent également. Il ne reste plus que la déclamation, l'*arioso*, le récitatif et les chœurs. Pour éviter le conventionnel dans le chant, il retombe dans une autre convention, celle de ne pas chanter. Il subordonne la voix à la parole articulée, et de crainte que la muse ne prenne le vol, il lui coupe les ailes. Ces œuvres ne sont plus proprement des opéras, mais des drames symphoniques. La voix est ramenée au rang d'instrument, mise de niveau avec les violons, les timbales et les hautbois et traitée instrumentalement. L'homme est déchu de sa position supérieure et le centre de gravité de l'œuvre passe dans le bâton du chef d'orchestre. L'intérêt, le sens, l'âme de ces productions est dans l'idée poétique et dans le retour continuel vers l'ensemble ; à peu près comme le système des soleils doubles dont le centre de gravité tombe dans l'espace vide entre les divers corps du système. C'est la musique dépersonnalisée, la musique néo-hégélienne, objective, contemplative, la musique-foule, au lieu de la musique-individu. En ce cas, elle est bien la musique de l'avenir, la musique de la démocratie socialiste remplaçant l'art aristocratique, héroïque ou subjectif. En tout cas, elle ne correspond encore qu'au sentiment germanique, et les autres pays de l'Europe ne peuvent pas encore s'abstraire jusqu'au point de se passer de centralisation visible, de héros et de mélodie.

L'ouverture, énorme et tendue, m'a encore moins plu qu'à la première audition : l'homme n'y est pas encore né, c'est la musique élémentaire des vagues, des forêts et du monde animal où l'esprit n'est pas incarné dans une âme qui résume et ressente son expression. Elle correspond à la nature avant l'homme ; tout y est énorme, sauvage, élémentaire, comme le murmure des forêts et les rugissements des populations animales. C'est formidable et obscur, parce que l'homme, c'est-à-dire l'esprit, la clef de l'énigme, la personnalité, le contemplateur, y manque.

L'idée de la pièce est grande, c'est la lutte de la volupté et de l'amour pur, de la passion terrestre et sensuelle avec la flamme divine, en un mot de la chair et de l'esprit, de la bête et de l'ange dans l'homme... La musique est continuellement expressive, et les chœurs fort beaux, surtout au second acte. Mais l'ensemble est fatigant et excessif, trop plein, trop laborieux, trop à outrance toujours. Intellectuellement et poétiquement on se sent saisi, mais la jouissance musicale est hésitante, souvent douteuse, et on ne se rappelle bien que l'impression. L'orchestration est savante, consciencieuse, touffue, variée ; mais il y manque après tout de la gaieté, de l'aisance, du naturel et de la vivacité, c'est-à-dire les ailes et le sourire. Dans Wagner, comme dans les Allemands en général, la pensée l'emporte sur l'art, et l'intention sur la puissance. Il veut plus qu'il ne peut mettre en dehors ; il y a encore étouffement, prodigalité, formule préétablie, c'est-à-dire obscurité et raideur. En revanche nous sommes en pleine poésie.

Vandœuvres, 17 juin 1857. — Je viens de suivre Maine de Biran, de sa vingt-huitième à sa quarante-huitième année, par le moyen de son Journal intime, et une foule de pensées directes, personnelles, comparatives ou scientifiques, m'ont assailli successivement. Dégageons celles qui me concernent. Dans cet éternel observateur de soi-même, je me retrouve avec tous mes défauts : inconstance, indécision, découragement, besoin de sympathie, inachèvement ; avec mon plaisir à me voir passer, sentir et vivre ; avec mon incapacité croissante à l'action pratique, à l'observation extérieure ; avec mon aptitude psychologique. Mais je découvre de fortes différences qui me raniment et me restaurent : cette nature n'est qu'un des hommes qui sont en moi ; c'est un de mes départements, ce n'est pas tout mon territoire et mon royaume intérieur. Intellectuellement, je suis plus objectif et plus constructif ; mon horizon historique, géographique, scientifique, est beaucoup plus vaste ; j'ai beaucoup plus vu ; hommes, choses, objets d'art, pays et peuples, livres et

sciences, j'ai une beaucoup plus grande masse d'expérience ;
je suis plus capable de production ; ma culture philologique,
esthétique, littéraire, philosophique, est plus complète et
plus variée ; mes aptitudes pédagogique, critique et poétique,
lui manquent. En un mot, je me sens notablement plus de
culture, de richesse, d'étendue et de liberté en tout genre,
malgré mes lacunes, mes limites et mes faiblesses.

Pourquoi Biran fait-il de la volonté le tout de l'homme ?
parce qu'il avait trop peu de volonté. L'homme estime surtout
ce qui lui manque et grandit tout ce qu'il désire. Un autre
homme incapable de pensée et de recueillement aurait fait
de la conscience de soi la chose suprême. — Il n'y a que la
totalité qui ait une valeur objective ; dès qu'on isole du tout
une partie, dès qu'on choisit, le choix est involontairement
et instinctivement dicté par des inclinations subjectives,
qui obéissent à l'une des deux lois opposées, l'attraction des
semblables, ou l'affinité des contraires.

(Midi.) — Les plus pénétrantes intuitions, les aperceptions intimes les plus délicates, en un mot les pensées les plus
fugitives et les plus précieuses sont justement celles que je
n'enregistre jamais. Pourquoi ? d'abord parce que j'ajourne
toujours l'essentiel ; ensuite parce qu'il me semble que je ne
peux plus les oublier ; puis, parce qu'elles font partie d'un
ensemble infini et que toutes ces brides partielles n'ont pour
moi ni valeur ni intérêt et m'inspirent presque du dédain ;
c'est aussi parce que je ne songe jamais au public, à l'utilité,
à l'exploitation, et que j'éprouve une joie suffisante d'avoir
participé à un mystère, d'avoir deviné une chose profonde,
touché une réalité sacrée ; connaître me suffit trop ; exprimer
me semble parfois profaner ; faire connaître ressemble à divul-
guer, et pour ne pas avilir, je laisse enfoui. C'est tout à fait
l'instinct féminin, la protection du sentiment, l'ensevelisse-
ment des expériences individuelles, le silence sur les meilleurs
secrets. Ce n'est pas le point de vue viril de la science, du
grand jour, de la propagande, de la publicité. J'incline à
l'ésotérisme, à la discrétion pythagoricienne, par aversion
de la jactance grossière. J'appartiens par instinct à l'aristocratie de culture, à l'hiérophanie esthétique et morale. Par

délicatesse, distinction de nature, et aussi timidité d'âme et méfiance de cœur, j'ai en dégoût la populace des intelligences. Plus fort, je conquerrais l'autorité spirituelle ; plus aimant, je me dévouerais aux foules ; c'est par mes défauts que je reste ermite et par mes facultés que j'anime la solitude de mon ermitage moral. Ce n'est point assez. Il faudrait conclure et donner. L'épicuréisme de l'esprit devrait faire place à l'énergique sentiment de la redevance, à la foi qu'on peut être utile aux autres et qu'on doit l'être. Agir, produire, publier t'a paru dans ton intérêt à toi, c'est-à-dire dégoûtant et facultatif. Vois-y un devoir positif, une obligation stricte, une œuvre commandée, et alors, comme effort et sacrifice, ils reprendront de la saveur et de l'attrait. — *Væ soli !* Seul on n'a point de but que soi-même et ce but ne vaut pas la peine d'un mouvement. On se laisse voguer à la dérive, quand on n'est attendu nulle part. A quoi bon intervenir ? Le courage est dans un amour.

(Cinq heures). — La matinée a passé comme un rêve. J'ai poussé la lecture du Journal de Biran jusqu'à la fin de 1817 (51e année). Après dîner, vécu avec les oiseaux, en plein air, errant dans les allées ombragées qui passent sous Pressy. Le soleil était brillant et l'air limpide. L'orchestre du.milieu du jour était au grand complet ; sur le fond bourdonnant de mille insectes invisibles se dessinaient pour l'oreille les caprices et les improvisations du rossignol sur les frênes, des fauvettes et pinsons dans leurs nids. Les églantines se balançaient aux haies, les senteurs de l'acacia parfumaient encore les sentiers, les duvets légers de la baie du peuplier flottaient dans l'air comme la neige tiède des beaux jours. Je me sentais joyeux comme un papillon.

En rentrant, lu les trois premiers livres de *Corinne*, ce poème que je n'avais pas revu depuis mon adolescence ; je le revois à travers mes souvenirs. L'intérêt romanesque m'en semble évanoui, mais non l'intérêt pathétique, poétique ou moral. J'aurais du plaisir à étudier Mme de Staël, comme femme, à la juger au moyen de mon expérience actuelle.

18 juin 1857. — Je viens de passer trois heures au verger, à l'ombre de la charmille, mêlant à ma lecture le spectacle d'une belle matinée et faisant un tour entre chaque chapitre. Le ciel a repris maintenant son voile blanchâtre et je remonte avec Biran dont je viens d'achever les *Pensées*, et *Corinne* que j'ai suivie avec Oswald dans ses excursions à travers les monuments de la ville éternelle.

Rien n'est mélancolique et lassant comme ce Journal de Maine de Biran. C'est la marche de l'écureuil en cage. Cette invariable monotonie de la réflexion qui se recommence sans fin énerve et décourage, comme la pirouette interminable des derviches. Voilà donc la vie d'un homme distingué, vue dans sa dernière intimité ! C'est une longue redite, avec un insensible déplacement de centre dans la manière de se voir soi-même. Il faut trente ans à ce penseur pour se mouvoir de la quiétude épicurienne au quiétisme fénelonien, et encore spéculativement, car la vie pratique reste la même, et toute sa découverte anthropologique consiste à reprendre la théorie des trois vies (inférieure, humaine et supérieure) qui est dans Pascal et dans Aristote. Voilà ce qu'on appelle un philosophe en France. A côté des grands philosophes, que cette vie intellectuelle paraît chétive, maigre, pauvre ! C'est le voyage d'une fourmi, qui se consomme dans les limites d'un champ, ou d'une taupe qui use ses jours dans la construction d'un modeste terrier. Que l'hirondelle qui traverse tout l'Ancien Monde et dont la sphère de vie embrasse l'Afrique et l'Europe, trouverait étouffant le cercle où se confinent la taupe et la fourmi ! J'éprouve pareillement une sorte d'asthme et d'asphyxie avec le volume de Biran ; et aussi comme toujours la paralysie par assimilation et la fascination par sympathie. J'ai compassion et j'ai peur de ma pitié ; car je sens combien je suis près des mêmes maux et des mêmes fautes.

Mais il faut prendre le cas comme un échantillon utile et comme une leçon avantageuse. Biran est un exemplaire du psychologue pur, finissant par tourner au moraliste, avec peu de volonté et encore moins de santé, et dépendant de tout, sauf par la partie curieuse et observatrice de son moi. La leçon à tirer de sa vie, c'est : 1. qu'il faut attentivement soigner sa santé dans l'intérêt de sa pensée ; — 2. qu'il faut se créer de bonne heure une occupation fixe, un but ferme, et ne pas se laisser aller au courant de tous ses caprices intellectuels ; — 3. qu'il ne faut pas éviter le monde, l'action, la lutte, le devoir, et tout ce qui développe la volonté ; et cela de bonne heure ; — 4. qu'il faut conclure, aboutir, formuler, achever ; car l'indétermination, le recommencement, l'hésitation disséminent les forces, ôtent le courage, augmentent l'inquiétude et l'incapacité ; — 5. qu'il ne faut pas isoler en soi la théorie de la pratique, et l'homme intérieur de l'homme extérieur : l'harmonie est la santé morale.

L'étude de Naville est pleine d'intérêt, d'un style noble et digne, d'un ton grave et soutenu ; mais elle respire presque autant de tristesse qu'elle annonce de maturité. Ce qui m'y déplaît un peu, c'est l'exagération du mérite de Biran. Cette apothéose est devenue comme un héritage de famille. Du reste, la petite impatience critique que me donne ce volume sera dissipée demain. Biran est un anneau important de la tradition française ; c'est à lui que se rattachent nos Suisses, Naville père et fils, Secrétan ; c'est de lui que sort la bonne psychologie contemporaine, car Stapfer, Royer-Collard, Cousin, l'ont nommé leur maître, et Ampère, son cadet de neuf ans, a été son ami.

Vandœuvres, 26 juillet 1857. — A dix heures et demie du soir, sous le ciel étoilé, une troupe de campagnards, embossés près des fenêtres des M***, hurlaient des chansonnettes désagréables. Pourquoi ce croassement goguenard de notes volontairement fausses et de paroles dérisoires égaie-t-il ces gens ? Pourquoi cette ostentation effrontée du laid, pourquoi cette grimace grinçante de l'antipoésie est-elle leur manière de se dilater et de s'épanouir dans la grande nuit solitaire et tranquille ?

Pourquoi ? Par un secret et triste instinct. Par le besoin de se sentir dans toute sa spécialité d'individu, de s'affirmer, de se posséder exclusivement, égoïstement, idolâtriquement, en opposant son moi à tout le reste, en le mettant rudement en contraste avec la nature qui nous enveloppe, avec la poésie qui nous ravit à nous-mêmes, avec l'harmonie qui nous unit aux autres, avec l'adoration qui nous emporte vers Dieu. Non,

non, non ! moi seul et c'est assez ; moi par la négation, par la laideur, par la contorsion et l'ironie ; moi dans mon caprice, dans mon indépendance et dans ma souveraineté irresponsable ; moi affranchi par le rire libre comme un démon, exultant de spontanéité, moi maître de moi, moi pour moi, monade invincible, être suffisant à moi, vivant enfin une fois par soi-même et pour soi-même : — voilà ce qui est au fond de cette joie ; un écho de Satan, la tentation de se faire centre, d'être comme un Élohim, la grande révolte. Mais c'est aussi la vision rapide du côté absolu de l'âme personnelle, l'exaltation grossière du sujet constatant par l'abus le droit de sa subjectivité, c'est la caricature de notre plus précieux privilège, c'est la parodie de notre apothéose, et l'encanaillement de notre suprême grandeur. Beuglez donc, ivrognes ! votre ignoble concert dans ses titubations charivariques révèle encore sans le savoir la majesté de la vie et la puissance de l'âme ; dans sa repoussante vulgarité, il n'appartient encore qu'à l'être supérieur, lequel même en s'avilissant, ne s'abuse pas tout entier, et qui même en multipliant sur ses membres les chaînes de la matière et l'entrechoquement des anneaux de cette chaîne, fait encore résonner le bruit divin de la liberté.

15 septembre 1857. — J'achève la *Correspondance* et le *Journal* de Sismondi. Sismondi, c'est essentiellement l'honnête homme, consciencieux, probe et respectable, l'ami du bien public et le serviteur dévoué d'une grande cause, celle de l'amélioration du sort de la majorité des hommes. C'est le caractère et le cœur qui dominent dans son individualité, et c'est la cordialité qui est le trait saillant de sa nature. Sismondi est un bel exemple aussi. Avec des facultés moyennes, peu d'imagination, peu de goût, peu de talent, médiocrement doué, sans distinction, sans finesse, sans grande élévation, ni étendue ni profondeur d'esprit, il a pourtant fourni une carrière presque illustre, et laissé une soixantaine de volumes avec un beau nom. Comment cela ? Son amour des hommes d'une part et son énergie au travail d'autre part sont les deux facteurs de sa gloire. En économie politique, dans l'histoire littéraire ou politique, dans l'action personnelle, Sismondi n'est ni le génie, ni le talent, mais la solidité, la loyauté, le bon sens, l'intégrité. Le sens poétique, artistique et philosphique lui manque un peu ; mais il intéresse et attache par son sens moral. C'est l'auteur sincère, le cœur excellent, le bon citoyen, l'ami chaud, le brave et digne homme dans toute l'étendue du terme, sans éclat ni brillant, mais inspirant la sécurité par son mérite, ses principes et ses vertus. De plus il est le meilleur type du bon libéralisme genevois, républicain et non démocrate, protestant et non calviniste, humain et non socialiste, progressif sans turbulence, conservateur sans égoïsme ni hypocrisie, patriote sans étroitesse, le théoricien d'expérience et d'observation, le praticien généralisateur, le philanthrope laborieux pour lequel le passé et le présent n'étaient qu'un champ d'études à glaner des leçons utiles, l'homme positif et raisonnable aspirant à la bonne moyenne pour tout le monde et à la formation de la science sociale capable de l'assurer à chacun.

Aix-les-Bains, 23 septembre 1857. — Lu quarante pages des *Affaires de Rome*, de Lamennais, soit tout le voyage d'Italie en 1832 ; et *Atala*, de Chateaubriand. — *Atala* m'a laissé assez froid. Sauf les parties descriptives qui sont fort belles, l'ensemble a quelque chose d'apprêté, d'emphatique et de précieux, qui m'a rappelé le faux goût de l'Empire. — Lamennais procède de Chateaubriand, mais avec un certain fond de passion politique et d'âpreté de caractère, qui donne aux descriptions une couleur sombre très particulière.

24 septembre 1857. — Aujourd'hui lu. En réfléchissant à ces deux épisodes de Chateaubriand, l'homme lui-même m'est devenu clair. Grand artiste et non pas grand homme, immense talent mais plus immense orgueil, dévoré d'ambition, mais n'ayant trouvé à aimer et à admirer dans le monde que sa personne, infatigable au travail, capable de tout, sauf de dévouement réel, d'abnégation et de foi. Jaloux de tout succès, il a toujours été de l'opposition, pour renier tout service reçu ou toute gloire autre que la sienne. Légitimiste sous l'Empire, parlementaire sous la légitimité, républicain sous la monarchie constitutionnelle, défendant le christianisme quand la France était philosophe, se dégoûtant de la religion dès qu'elle redevint une force sérieuse, le secret de ces contradictions sans terme, c'est le besoin d'être seul comme le soleil, la soif dévorante de l'apothéose, l'incurable et insatiable vanité qui joint à la férocité de la tyrannie le suprême dégoût de tout partage. — Imagination magnifique, mais mauvais caractère ; puissance incontestable, mais égoïsme antipathique, cœur sec, ne pouvant souffrir autour de soi que des adorateurs et des esclaves. Ame tourmentée et triste vie, à tout prendre, sous son auréole de gloire et sa couronne de lauriers : triste, faute de sincérité et d'amour.

Essentiellement jaloux et colérique, Chateaubriand dès le début est inspiré par le défi, par le besoin de contredire, d'écraser et de vaincre, et ce mobile restera toujours le sien. Rousseau me paraît son point de départ, l'homme auquel il demandera, par contraste et résistance, toutes ses répliques et ses incursions. Rousseau est révolutionnaire ; Chateaubriand écrira son *Essai contre les révolutions*. Rousseau est républicain et protestant ; Chateaubriand se fera royaliste et catholique. Rousseau est bourgeois ; Chateaubriand ne glorifiera que la noblesse, l'honneur, la chevalerie, les preux, etc. Rousseau a conquis aux lettres françaises la nature, surtout celle des montagnes, des lacs de la Savoie et de la Suisse, il a plaidé pour elle contre la civilisation. Chateaubriand s'emparera d'une nature nouvelle et colossale, de l'Océan, de l'Amérique, mais il fera parler à ses sauvages la langue de Louis XIV, il courbera Atala devant un missionnaire catholique et sanctifiera par la messe les passions nées au bord du Mississipi. Rousseau a fait l'apologie de la rêverie ; Chateaubriand en fera le monument pour le briser dans *René*. Rousseau prêche éloquemment le déisme dans le *Vicaire savoyard* ; Chateaubriand entourera de toutes les guirlandes de sa poésie le symbole romain dans le *Génie du Christianisme*. Rousseau réclame le droit naturel, plaide pour l'avenir des peuples ; Chateaubriand ne chantera que les magnificences du passé, les cendres de l'histoire et les nobles ruines des empires. — Toujours le rôle, l'habileté, le parti pris, le besoin de renommée, le thème d'imagination, la foi de commande ; rarement la sincérité, la loyauté, la candeur. Toujours l'indifférence réelle simulant la passion pour la vé-

rité ; toujours l'impérieuse recherche de la gloire au lieu du
dévouement au bien ; toujours l'artiste ambitieux ; jamais le
citoyen, le croyant, l'homme. Chateaubriand a *posé* toute sa
vie le colosse ennuyé, souriant de pitié devant un monde nain
et affectant de ne rien vouloir de lui par dédain, tout en pouvant tout lui prendre par génie. Il est le type d'une race funeste et le père d'une lignée désagréable. — Mais j'en reviens
aux deux épisodes.

René me paraît très supérieur à *Atala*. Les deux nouvelles
sont d'un talent de premier ordre, mais *Atala* est d'un genre
de beauté plus transitoire. La donnée de rendre en style de
Versailles les amours d'un Natchez et d'une Séminole, et
dans le ton catholique les mœurs des adorateurs des Manitous,
était une donnée trop violente. Mais l'œuvre est un tour de
force de style, et ce n'est que par les artifices du classicisme
accompli dans la forme, que le fond romantique des sentiments et des couleurs pouvait être importé dans la fade littérature de l'Empire. *Atala* est déjà suranné, théâtral, passé,
dans toutes les parties non descriptives ou non européennes,
c'est-à-dire pour toute la sauvagerie sentimentale.

René est infiniment plus durable. Sa donnée, qui est la maladie de toute une génération (le dégoût de la vie par rêverie oisive et les ravages de l'ambition vague et démesurée),
est une donnée vraie. Le style est admirable et à peu près
parfait. Sans le savoir et le vouloir, Chateaubriand a été sincère, car René c'est lui-même. Ce petit récit est de tout point
un chef-d'œuvre, car il n'est pas, comme *Atala*, gâté artisti-
quement par l'intention accessoire et la tendance préoccu-
pante. Au lieu de s'enthousiasmer pour *René*, d'autres générations le montreront du doigt : au lieu d'un héros, on y verra
un cas pathologique ; mais l'œuvre, comme le phénix, subsis-
tera en elle-même. Une œuvre d'art supporte toutes les in-
terprétations, parce qu'elle leur suffit et leur survit, riche et
complexe comme une idée qu'elle est. Un portrait prouve tout
ce qu'on veut. Jusque dans la forme du style, caractérisée par
la généralité dédaigneuse du récit, par la brièveté des sentences, la série des images et des tableaux tracés avec une
pureté classique et une vigueur exemplaire, il y a quelque
chose de monumental. Taillé à l'antique dans un sujet de ce

siècle, *René* est le camée immortel de Chateaubriand.

14 juin 1858. — Dans les moments de loisir de cette dernière semaine, j'ai été dévoré par une double souffrance intérieure : le besoin de bonheur inassouvi, le souci pour ma vue. Les mouches volantes toujours plus fortes, mon cœur toujours plus vide ne me laissent pas de paix. Comme le bétail dans l'étable en flammes je m'attache à ce qui me consume, à la vie solitaire qui me fait tant de mal. Je ne vois plus d'amis, je n'ai plus ni conversation, ni échange, ni épanchement. Comme Prométhée, je livre mon foie à mon vautour. Hier pourtant, j'ai lutté contre cette fatale tendance, je suis monté à Pressy et les caresses des enfants M*** ont rétabli un peu l'équilibre dans mon âme... Après le dîner sous la feuillée, tous trois ont chanté plusieurs chansonnettes et hymnes d'école. C'était charmant à entendre. La fée du printemps avait versé sur la campagne les fleurs à pleine corbeille. On m'avait mis des roses à toutes les boutonnières. Bref, c'était une petite apparition du paradis. Il est vrai que le serpent rôdait aussi par là. On a volé hier à côté de la maison ; le deuil avait visité un autre enclos voisin. Une parole aigre s'échangea devant moi, etc. La mort et le mal rampent autour de chaque Éden et quelquefois dans son enceinte. De là la beauté tragique, la poésie douloureuse de la destinée humaine. Des fleurs, des ombrages, une vue admirable, un soleil couchant, verdeur, joie, grâce, émotion, abondance et sérénité, tendresse et chansons : voilà la beauté ; puis les dangers du présent et les trahisons de l'avenir : voilà l'élément pathétique. La figure de ce monde passe. Sans la possession de l'éternité, sans la vue religieuse de la vie, ces journées fugitives ne sont qu'un sujet d'effroi. Le bonheur doit être une prière, et le malheur aussi. La foi à l'ordre moral, à la paternité protectrice de la Divinité m'apparut dans sa douceur sérieuse,

> Pense, aime, agis et souffre en Dieu :
> C'est la grande science.

19 juillet 1858. — Aujourd'hui j'ai été remué jusqu'au fond par la nostalgie du bonheur et par les appels du souvenir. Mon ancien moi, mes rêves d'Allemagne, les élans du cœur, les aspirations de l'âme se sont réveillés avec une force inattendue. Épiménide sortait de la grotte. Tous les désirs d'amour, de voyage, d'extase, de jeunesse, d'aventure, de gloire, ont tressailli dans mon sein, qu'ils ont traversé en tumulte. La crainte d'avoir manqué ma destinée, étouffé ma vraie nature, de m'être enseveli vivant a passé aussi comme un frisson. La soif de l'inconnu, la passion de la vie, l'emportement vers les voûtes bleues de l'infini et vers les mondes étranges de l'ineffable, l'ivresse douloureuse de l'idéal m'ont entraîné dans une sorte de tourbillon intérieur que je ne puis rendre, mélange de cuisante angoisse et de mortelle volupté. Est-ce un avertissement ? est-ce une punition ? est-ce une tentation ? N'est-ce pas là une de ces bourrasques de passion qui assaillent les femmes, quand l'âge vient sans que l'amour soit venu ; protestation secrète, rébellion véhémente du cœur inassouvi, revendication furieuse d'un droit non satisfait, réveil horrible au bord du gouffre qui nous engloutit, agonie du bonheur qui se débat contre le destin implacable, affres de l'espérance qui ne se résigne pas à mourir ?

Et qu'est-ce qui a soulevé cette tempête ? qu'est-ce qui a frappé mon roc aride et en a fait jaillir des larmes de jeunesse ? une simple lecture : le premier numéro de la *Revue germanique*, et entre autres la petite nouvelle de Hartmann intitulée : *Les cheveux d'or*. — Ce que *Sarah Mortimer* et le *Roman d'un jeune homme pauvre*, que j'ai lus entre hier et aujourd'hui n'avaient pas fait, cette bagatelle l'a produit : étrange effet de la vraie poésie.

J'ai eu l'intuition de ma pétrification graduelle et continue, de ma mort intérieure par dégoût, détachement, indifférence, désillusion, et lassitude immense ; de mon amoindrissement par abandon des grandes idées, et par découragement de tout.

Les articles de Dollfus, Renan, Littré, Montégut, Taillandier, en me ramenant dans quelques vieux sujets favoris, m'ont fait oublier dix années perdues et rappelé ma vie universitaire. — J'ai été tenté de jeter là ma défroque genevoise, ma position et toutes ces chaînes, et de partir, bâton en main, pour un pays quelconque, nu mais vivant, jeune, enthousiaste, plein d'ardeur et de foi...

Rêvé seul après dix heures du soir, dans l'obscurité, accoudé à la fenêtre du salon, tandis que les étoiles se rallumaient entre les nuages et que les lumières des voisins s'éteignaient une à une dans les maisons d'alentour. Rêvé à quoi ? au mot de cette tragi-comédie que nous faisons tous. Hélas ! hélas ! j'étais aussi mélancolique que l'Ecclésiaste. Cent ans me paraissaient un songe, une vie, un souffle et toute chose un néant. Que de tourments d'esprit, et tout cela pour mourir dans quelques minutes ! A quoi s'intéresser et à quoi bon ?

> Le temps n'est rien pour l'âme ; enfant, ta vie est pleine,
> Et ce jour vaut cent ans s'il te fait trouver Dieu.

24 juillet 1858. — ..... A quoi bon vivre ? me demandais-je avant-hier ; et je ne savais trop que répondre, sinon parce que c'est la volonté de Dieu. J'ai fait des bulles de savon, la moitié de la journée. N'est-ce pas ce que je fais aussi toute ma vie ? et ma vie elle-même est-elle autre chose qu'une bulle colorée, flottante et vide, un rêve, une apparence, dont l'éclat éphémère et le volume chimérique se résolvent en une simple larme, en un vain souffle ?

25 juillet 1858. — Relu les *Grains de Mil*[1] : que d'enfantillages ! et aussi que de passages qui me condamnent ! — Si je mourais demain, à quoi aurait servi ma vie ? à peu de chose en vérité ; ni à autrui, ni à moi-même. Est-ce bien ? non. De là le mécontentement secret qui m'agite et me consume, quand l'inertie cesse de m'assoupir. Mon péché, c'est la peur ; peur de souffrir, peur d'être trompé, peur de me tromper, peur de la destinée, peur de la peine, peur du plaisir, peur de la vie, peur de la mort. Et la cause de la peur ? c'est la défiance. Et l'origine de cette défiance ? le sentiment de ma faiblesse. Incapable de vaincre, de forcer, d'arranger les circonstances, je me refuse à elles, quand elles ne sont pas telles que je les désire. Absence de courage et de volonté ; nulle force morale ; voilà mon mal, toujours le même et toujours

---

1. Recueil de « poésies et pensées », publié par Amiel en 1854.

croissant — Me faire un but, espérer, lutter, me paraît toujours plus impossible et prodigieux. Je ne suis plus même critique ou contemplatif. Je suis positivement nul, c'est-à-dire somnolent et flasque, apathique et indifférent, passif et mou. « Pour celui qui n'a pas, on lui ôtera même le peu qu'il a. » Le cycle est donc parcouru. A vingt ans, j'étais la curiosité, l'élasticité, l'ubiquité spirituelle ; à trente-sept, je n'ai plus une volonté, un désir ni un talent ; le feu d'artifice de ma jeunesse n'est plus qu'une pincée de cendres. Tout m'attirait, rien ne m'attire plus. Tout s'ouvrait, tout se ferme. Je n'ai pas su, pu, ni voulu choisir, me borner, m'enraciner : je suis resté feu follet et voilà le résultat : vanité, stérilité, inquiétude, et néant ! ennui et tristesse par-dessus le marché. *Alles rächt sich auf Erde*, comme le disait Hartmann.

13 décembre 1858. — Il n'y a en toi qu'obstacles, mauvais antécédents, défaites répétées. Considère-toi comme un élève noueux et rétif, mais dont tu es responsable en qualité de mentor et de tuteur. Sanctifier la nature pécheresse, en l'assujettissant graduellement à l'ange intérieur, par l'aide du Dieu saint, c'est au fond toute la pédagogie chrétienne et la morale religieuse. Apprivoiser, dompter, évangéliser et angéliser le mauvais moi, en rétablissant l'harmonie avec le bon moi, voilà notre œuvre, ton œuvre. Le salut, c'est d'abandonner en principe le mauvais moi, de se réfugier dans l'autre, le moi divin, en acceptant avec courage et prière la tâche de vivre avec son propre démon, et d'en faire l'organe de moins en moins rebelle du bien ; l'Abel en nous doit travailler à sauver Caïn. L'entreprendre c'est être converti, et il faut se convertir tous les jours, car la torsion naturelle tend à nous ramener toujours à l'état ancien. Et Abel ne rachète et ne touche Caïn qu'en l'habituant, en l'exerçant aux bonnes œuvres. Faire le bien, c'est d'un côté une violence, un supplice, une expiation, une croix, car c'est se vaincre soi-même et se faire serviteur ; de l'autre, c'est l'apprentissage du ciel, la douceur secrète, le contentement, la paix, la joie. La sanctification, c'est le martyre perpétuel ; mais ce martyre est la glorification. La couronne d'épines est l'éternel et douloureux symbole de la vie des saints. La notion du mal et de sa guérison est la meilleure mesure de la profondeur d'une doctrine religieuse.

14 juillet 1859. — Je viens de relire le *Faust* (traduit en vers par le prince de Polignac). Hélas ! toutes les années, je suis ressaisi par cette vie inquiète et par ce personnage sombre. C'est le type d'angoisse vers lequel je gravite, et je rencontre toujours plus, dans ce poème, de mots qui me frappent droit au cœur. Type immortel, malfaisant et maudit ! Spectre de ma conscience, fantôme de mon tourment, symbole de la passion inassouvie, image des combats incessants de l'âme qui n'a pas trouvé son aliment, sa paix, sa foi, son équilibre, n'es-tu pas l'exemple d'une vie qui se dévore elle-même, parce qu'elle n'a pas rencontré son Dieu, et qui, dans sa course errante à travers les mondes, emporte en soi comme une comète l'incendie inextinguible du désir et le supplice de l'incurable désabusement ? — Moi aussi, je suis réduit au néant, et je frissonne au bord des grands abîmes vides de mon être intérieur, étreint par la nostalgie de l'inconnu, altéré par la soif de l'infini, abattu devant l'ineffable. Moi aussi, j'éprouve parfois ces rages sourdes de vie, ces emportements désespérés vers le bonheur, mais bien plus souvent l'affaissement complet et la taciturne désespérance. Et d'où vient tout cela ? du doute absolu de la pensée, de soi-même, des hommes et de la vie, du doute qui énerve le vouloir et qui ôte le pouvoir, qui sépare du prochain, qui fait oublier Dieu, qui fait négliger la prière, le devoir et l'effort ; du doute inquiet et corrosif qui rend l'existence impossible et ricane devant tout espoir.

17 juillet 1859. — « Pourquoi ne parlez-vous jamais de vous qu'au passé ? me demande L. H***. Il semble que vous êtes défunt. — En effet, répondis-je, je n'ai ni présent, ni avenir. »

C'est en effet une preuve de ma faiblesse et de ma ruine morale, que cette tendance de vieillard à ne vivre que de souvenirs rétrospectifs, à n'avoir point de volontés, et à me passer de projets. Tu n'es qu'une lâche élégie, et ce désintéressement pusillanime n'est qu'un sybaritisme coupable et la couardise d'une démission interdite. Pourquoi toujours du bavardage et de la phrase, des regrets ou des bâillements, et jamais une action ? Pourquoi ces flagellations hypocrites, que ne suit aucun amendement ? Pourquoi ces admonitions vaines, ces simagrées de repentir, cette gesticulation dans le vide, sinon pour t'abuser toi-même, pour te donner l'illusion du mouvement, et le décorum de la vie morale ? Au fait, tu ne paies ta conscience que de grimaces, ton bon sens que d'apparences, tu t'agites sans bouger, tu essaies toujours de tromper ta douleur ou tes besoins, et tu dissipes à tout prix le sérieux qui t'obsède. En réalité, tu as peur de vivre, vouloir est pour toi un supplice, agir une agonie, et tu t'efforces à tout prix de dormir.

Et pourtant, suivant la loi fatale, c'est justement la volonté qui seule t'apaise, et l'action qui seule te satisfait. Tu as l'horreur de ce qui t'est indispensable, et tu exècres ce qui serait ta guérison. Ainsi toujours et partout le salut est une torture, la délivrance est une mort, l'apaisement est dans l'immolation ; il faut, pour recevoir sa grâce, baiser le crucifix de fer rouge ; bref, la vie est une série d'angoisses, un calvaire qu'on ne monte qu'en se meurtrissant les genoux. On se distrait, on se disperse, on s'abêtit pour être dispensé de l'épreuve, on détourne les yeux de la *via dolorosa*. Et il faut toujours y revenir. Il faut reconnaître que chacun de nous porte en soi son bourreau, son démon, son enfer, dans son péché, et que son péché c'est son idole, et que cette idole qui séduit les volontés de son cœur est sa malédiction.

Mourir au péché ! ce prodigieux mot du christianisme demeure bien la plus haute solution théorique de la vie intérieure. C'est là seulement qu'est la paix de la conscience, et sans cette paix, il n'y a point de paix... Je viens de lire sept chapitres de l'Évangile. Cette lecture est un calmant. Faire son devoir par amour et obéissance, faire du bien, telles sont les idées qui surnagent. Vivre en Dieu et faire ses œuvres, voilà la religion, le salut, la vie éternelle. Voilà l'effet et la marque du saint amour et du saint esprit. C'est le nouvel homme, annoncé par Jésus, et la nouvelle vie où l'on entre par la seconde naissance. Renaître, c'est renoncer à l'ancien moi, à l'homme naturel, au péché et s'approprier un autre principe de vie, c'est **exister** pour Dieu avec un autre moi, une autre volonté, un autre amour.

9 août 1859. — La nature est oublieuse, le monde l'est presque plus encore ; pour peu donc que l'individu s'y prête lui-même, l'oubli l'enveloppe bientôt comme un linceul. Cette rapide et inexorable expansion de la vie universelle qui recouvre, déborde, engloutit les êtres particuliers, qui efface notre existence et annule notre souvenir, est d'une mélancolie accablante. Naître, s'agiter, disparaître, c'est là tout le drame éphémère de la vie humaine. Sauf dans quelques cœurs, et encore pas toujours dans un seul, notre mémoire passe comme une vague sur l'eau, comme une brise dans l'air. Si rien n'est immortel en nous, que cette vie est peu de chose ! Comme un rêve qui tremble et s'évapore aux naissantes lueurs de l'aube, tout mon passé, tout mon présent se dissolvent en moi et se détachent de ma conscience quand elle se replie sur elle-même. Je me sens, à cette heure, vide, dépouillé comme un convalescent qui ne se rappelle plus rien. Mes voyages, mes lectures, mes études, mes projets, mes espérances se sont évanouis de ma pensée. C'est un état singulier. Toutes mes facultés s'en vont comme un manteau qu'on pose, comme la coque d'une larve ; je me sens muer, ou plutôt rentrer dans une forme plus élémentaire ; j'assiste à mon dévêtement. J'oublie encore plus que je ne suis oublié. J'entre doucement dans le cercueil, de mon vivant, comme Charles-Quint. J'éprouve comme la paix indéfinissable de l'anéantissement et la quiétude vague du Nirvâna ; je sens devant moi et en moi passer le fleuve rapide du temps, glisser les ombres impalpables de la vie, et je le sens avec la tranquillité cataleptique de la Belle au bois dormant.

Je comprends la volupté bouddhique des Soufis, le kief des Turcs, l'extase des Orientaux. Et pourtant, je sens aussi que cette volupté est léthifère, qu'elle est, comme l'usage de l'opium et du haschisch, un suicide lent ; qu'elle est inférieure d'ailleurs à la joie de l'énergie, à la douceur de l'amour, à la beauté de l'enthousiasme, à la saveur sacrée du devoir accompli. Car cette molle béatitude est encore une recherche de soi-même, un déni d'obéissance, une ruse de l'égoïsme et de la paresse, une manière de ne pas travailler et de se passer du prochain.

28 novembre 1859. — Ce soir, entendu Ernest Naville (première séance publique pour hommes sur la *Vie éternelle* [1]). C'était admirable de sûreté, de loyauté, de clarté et de noblesse. Il a prouvé que la question de l'autre vie devait être posée, malgré tout. Beauté de caractère, grande puissance de parole, grand sérieux de la pensée, voilà ce qui éclate dans cette improvisation qui est aussi serrée qu'une lecture et qui ne se détache presque pas des citations (Bossuet et Jouffroy) dont elle est entremêlée. C'est plus ferme et plus calme que Pressensé, moins oratoire, mais peut-être plus fort, car il n'y a rien du tout de théâtral. La grande salle du Casino était comble jusque dans l'escalier et l'on voyait pas mal de têtes blanches.

13 décembre 1859. — Cinquième leçon sur la *Vie éternelle* (La preuve de l'Évangile par le surnaturel). Foule énorme, même talent, grande éloquence ; mais démonstration nulle, et captation (involontaire) par le sentiment. Il s'imagine enfoncer la critique historique et n'en devine pas le premier mot ; il ne veut pas comprendre que le surnaturel doit se prouver historiquement, sinon renoncer à sortir du domaine de la foi, et à rentrer dans l'histoire et dans la science. Il cite Strauss et Renan, et Scherer, mais il n'en prend que la lettre, non l'esprit. Toujours le dualisme cartésien, la métaphysique française, l'absence de sens génétique, historique, spéculatif et critique ; il reste étranger à la science moderne, et son apologétique est vieillie.

L'idée de l'évolution vivante n'a pas encore pénétré dans sa conscience. En un mot, il n'est point du tout objectif, avec la meilleure intention de l'être, et il demeure, contre son gré, subjectif, oratoire, sans force démonstrative pour l'auditeur vraiment scrupuleux. C'est l'inconvénient irré-

1. *La Vie éternelle*, sept discours prononcés à Genève et à Lausanne, en 1859 et 1860, et publiés en 1861.

médiable d'avoir son siège fait, et de polémiser au lieu de
chercher. La moralité chez Naville l'emporte sur le discerne-
ment et l'empêche de voir ce qu'il ne peut pas voir ; dans sa
métaphysique, la volonté prime l'intelligence, et dans sa
personne, le caractère est supérieur à l'esprit : tout cela est
logique. La conséquence est qu'il peut retenir ce qui s'ébranle,
mais non faire des conquêtes, qu'il est conservateur de vérités ou de croyances, mais dépourvu d'initiative, d'invention, de rajeunissement. Il moralise, mais ne suggère pas,
n'éveille pas, n'instruit point. Popularisateur, vulgarisateur,
apologète, orateur du plus grand mérite, il stérilise la science,
comme un scolastique. Et au fond, c'est un scolastique : il
argumente exactement comme au XIIe siècle, et défend le
protestantisme comme on a défendu le catholicisme. La
meilleure manière de montrer l'insuffisance de ce point de
vue est de faire ressortir par l'histoire combien il est suranné.
Cette chimère de la vérité simple et absolue est tout à fait
catholique, antihistorique. L'esprit de Naville est purement
mathématique et son objet est la morale ; mathématiser
la morale, voilà son affaire. Dès qu'il s'agit de ce qui se
développe, se métamorphose, s'organise, mue et vit, en
d'autres termes, dans le monde mobile de la vie et surtout
de la vie spirituelle, il n'y est plus. Le langage est pour lui
un système de signes fixes ; un homme, un peuple, un livre
sont des figures géométriques arrêtées, dont il s'agit de
découvrir les propriétés. — Encore l'application de ma
vieille loi des contradictions intimes : Naville aime la vie par
le cœur, et ne la comprend pas théoriquement. Scherer la
comprend par la pensée et ne l'aime guère par le cœur.
Naville se défend de la science sans entrailles, et sa science
est purement formelle, c'est-à-dire sans entrailles. Scherer
réclame une critique vivifiante, et sa critique est mortelle.

15 décembre 1859. — Sixième leçon de Naville : celle-ci
admirable, parce qu'elle ne faisait qu'exposer la doctrine
chrétienne sur la vie éternelle. Improvisation merveilleuse
de sécurité, de lucidité, d'élégance et d'élévation, de précise
et forte éloquence. Avec la première séance, c'est la seule
que j'aime, parce que je n'ai pas de réserve à faire ici, au

nom de la critique, de l'histoire ou de la philosophie. C'était beau, loyal, noble et pur. Je trouve, du reste, que Naville a grandi dans l'art de la parole ces dernières années : il a toujours eu la beauté didactique et digne, maintenant il a de plus la cordialité communicative et la chaleur émue qui achèvent l'orateur ; il ébranle tout l'homme, en commençant par la pensée, mais en finissant aussi par le *pectus*. Il touche maintenant à la véritable éloquence virile, et la possède, pour un genre donné, à peu près dans sa perfection. Il est arrivé à la virtuosité complète de sa nature propre, à l'expression adéquate et magistrale de lui-même. C'est la joie et la gloire de l'artiste-orateur comme de tout autre artiste. Naville passe au rang de modèle, dans le genre de l'éloquence méditée et maîtresse de soi. Il y a une autre éloquence, celle qui semble inspirée, qui trouve, découvre, s'illumine par élans et éclairs, celle qui naît devant l'auditoire et le transporte. Ce n'est pas celle de Naville. Vaut-elle mieux ? je ne sais ; mais elle peut faire palpiter davantage...

Que ne donnerais-je pas pour avoir cette puissance ? ou plutôt (car je n'ai jamais consacré une heure ni un effort à l'acquérir, et je me défie trop pour être jamais le moins du monde orateur), comme j'admire ceux qui possèdent cette force ! Toute maestria est une augmentation de liberté. — Mais je n'y arriverai jamais. Pour faire un discours pareil, il faut porter en soi tout un immense réseau d'idées, combinées oratoirement ; ceci est un grand effort, et pour le faire, il faut beaucoup aimer le public, et je ne l'aime pas ; il faut énormément de mémoire et de présence d'esprit, et ceci me manque presque entièrement ; il faut être à l'aise devant un auditoire qui vous regarde, et je suis embarrassé ; il faut voir les physionomies, et je n'y vois goutte ; il faut avoir confiance, conviction, ardeur, et je n'ai rien de tout cela. — Conclusion : personnellement, je ne puis prétendre à l'éloquence pathétique et persuasive ; en travaillant, je pourrais arriver à être discret et piquant en littérature et en esthétique ; fin, délicat, peut-être profond en philosophie psychologique ; mais je suis et demeure désintéressé, objectif et réfléchi, je ne puis croire à la sympathie d'une foule pour moi, et ne puis me faire son organe et son représentant. — Impersonnel et sympathique par la pensée, je me sens purement individuel et détaché dans l'action. — Ainsi se réalise ma contradiction dialectique. Théoriquement, je puis facilement dégager l'esprit général d'un livre, d'une vie, d'une nation ; pratiquement, je suis surtout frappé des différences spiri-tuelles des individus, et je ne fais nullement la synthèse ins-tinctive de la foule où je suis plongé. Je me donne aux choses, au passé, au futur, aux objets ; mais aux individus, au pré-sent, au milieu qui m'enveloppent, je me refuse. Toujours par instinct de liberté. Tout ce qui me sollicite directement m'inspire une secrète défiance, et je n'aime à coup sûr que là où il n'y a pas d'espérance de retour. J'ai l'intelligence presbyte, l'enthousiasme retardataire ; je déteste l'opportu-nité, et je ne m'intéresse qu'à l'inutile. Bref, j'ai horreur du succès, précisément parce qu'il me flatterait ; je suis trop fier pour vouloir ce que je désire, et même pour m'avouer ce que j'aime. Est-ce pudeur timorée ? orgueil farouche ? dé-sillusion parfaite ? protestation muette ? paresse invincible ? C'est tout simplement défiance absolue de la vie et du sort, timidité tournée en renoncement, monachisme systématique et abdication totale. Je n'ose espérer ni vivre : voilà tout. Vieille histoire ! mais qui a mille variantes. Je n'ose écrire, parler, agir, risquer, tenter, me marier, m'expatrier, spéculer, commencer, conclure, aimer, haïr, affirmer, nier, faire une carrière. Je ne demande à peu près rien à personne, et je ne demande à Dieu que de m'épargner les souffrances du corps et de l'âme. De là aussi l'objectivité de mon intelligence, je considère tout et ne prétends à rien. Je retombe toujours dans la contemplation molle qui est la forme de mon égoïsme et la conséquence de ma peur. Or, c'est une manière d'oublier le devoir et de supprimer la responsabilité.

27 janvier 1860. — Aujourd'hui, éprouvé un grand besoin d'ordre ; fait mes comptes, rétabli mes livres de notes ; repris un peu le timon de mes affaires proprement dites. L'incurie est une souffrance analogue à la malpropreté. Le désordre m'oppresse, et j'y roule cependant d'ordinaire par apathie et ajournement. Puis j'oublie la place des choses, je perds du temps à les chercher, le dégoût s'en mêle et je laisse courir.

Ainsi j'ai retrouvé aujourd'hui une poésie de M. Petit-Senn égarée (ce qui m'a procuré des ennuis l'autre jour), et je n'ai pu retrouver un carnet psychologique (celui de mes deux neveux), lequel m'aurait été nécessaire, ou du moins utile. — Oh ! l'ordre ! l'ordre matériel, l'ordre intellectuel, l'ordre moral ! quel soulagement, et quelle force, et quelle économie ! Savoir où l'on va et ce que l'on veut : c'est de l'ordre. Tenir parole, arriver à point, à temps : encore de l'ordre. Avoir tout sous la main, faire manœuvrer toute son armée, travailler avec toutes ses ressources : toujours de l'ordre. Discipliner ses habitudes, ses efforts, ses volontés, organiser sa vie, distribuer son temps, mesurer ses devoirs, faire valoir ses droits, mettre à profit ses capitaux et ses ressources, ses talents et ses chances : encore et toujours de l'ordre. L'ordre, c'est la lumière, la paix, la liberté intérieure, la disponibilité de soi-même ; c'est la puissance. Concevoir l'ordre, rentrer dans l'ordre, réaliser l'ordre en soi, autour de soi, au moyen de soi, c'est la beauté esthétique et morale, c'est le bien-être, c'est ce qu'il faut.

17 avril 1860. — Les oiseaux de nuit se sont envolés ; je suis mieux. Il ne me reste que l'impression d'une large ondée de coups de bâton dans le dos, qui est comme meurtri et douloureux. Levé à l'heure ordinaire, j'ai fait sur la Treille ma promenade habituelle. Tous les bourgeons étaient ouverts et les jeunes pousses verdoyaient sur toutes les branches. L'effet que produisent sur un malade le gazouillement des eaux claires, l'allégresse des oiseaux, la fraîcheur naissante des plantes, les jeux bruyants de l'enfance, est singulier ; ou plutôt, il m'était singulier de regarder avec les yeux de l'infirme et du mourant et d'entrer dans cette forme d'existence. Ce regard est bien mélancolique. On se sent à l'interdit de la nature, en dehors de sa communion, car elle est la force, la joie, la santé éternelles. « Place aux vivants ! nous crie-t-elle. Ne venez pas obscurcir mon azur de vos misères. Chacun son tour ; retirez-vous. » — Pour se faire courage il faut se dire : Non, la souffrance et le déclin sont bons à laisser voir au monde, ils donnent de la saveur à la joie des insouciants et un avertissement à ceux qui songent. La vie nous a été prêtée et nous devons à nos compagnons de route le spectacle de l'emploi que nous en faisons jusqu'à la fin. Il nous faut montrer à nos frères comment on doit vivre et comment on doit mourir. — Ces premières sommations ont d'ailleurs une valeur divine. Elles nous font entrevoir les coulisses de la vie, ses réalités redoutables et sa clôture obligée. Elles nous apprennent la sympathie. Elles nous conseillent de racheter le temps, pendant qu'il fait encore jour. Elles nous enseignent la gratitude pour les biens qui nous restent et l'humilité pour les dons qui sont en nous. Ces maux sont donc un bien, ils sont un appel d'en haut, un coup de fouet paternel.

Que la santé est donc une chose fragile, et quelle mince enveloppe défend notre vie contre l'engloutissement du dehors ou la désorganisation du dedans ! Un souffle ! et la nacelle se fissure ou sombre ; un rien ! et tout est compromis ; un nuage ! et tout est ténèbres. La vie est bien la fleur de l'herbe qu'un matin fane et qu'un coup d'aile fauche ; c'est bien la lampe de veuve qu'un filet d'air éteint. Pour sentir vivement la poésie des roses d'un matin, il faut sortir des griffes de ce vautour qu'on appelle maladie. Le fond et le rehaut de tout, c'est le cimetière. La seule certitude, en ce monde d'agitations vaines et d'inquiétudes infinies, c'est la mort, et ce qui est l'avant-goût et la petite monnaie de la mort, la douleur.

Tant qu'on détourne les yeux de cette implacable réalité, le tragique de la vie se dissimule ; sitôt qu'on la regarde en face, les vraies proportions de toute chose se retrouvent, et la solennité rentre dans l'existence. On s'aperçoit clairement qu'on avait joué, boudé, regimbé, oublié, et qu'on avait eu tort.

Il faut mourir et rendre compte de sa vie, voilà dans toute sa simplicité le grand enseignement de la maladie. Fais au plus tôt ce que tu as à faire ; rentre dans l'ordre ; mets-toi en règle ; songe à ton devoir ; prépare-toi au départ : voilà ce que crient la conscience et la raison. La vie est courte et grande ; elle nous a été prêtée pour le compte de Dieu, pour le service du bien et pour le bonheur des autres. Sois sérieux, sauve ton âme, fais-toi l'oreiller d'une bonne conscience pour ton lit de mort.

3 mai 1860. — ... Edgar Quinet a touché à tout, il n'a visé qu'aux plus grandes choses, il est riche d'idées, splendïde d'images, sérieux, enthousiaste, courageux, noble écrivain. Pourquoi n'a-t-il pas plus de réputation ? n'est-il pas de l'Académie ? etc. Parce qu'il est trop pur. Parce qu'il est trop uniformément idéal, pythonisant, fantastique, inspiré, ce qui ennuie en France. Parce qu'il est trop candide, théorique, spéculatif, confiant dans la parole, dans les idées, se livrant trop, dépourvu de malice, d'ironie, de ruse, de finesse, ce qui fait rire les habiles... Il est trop protestant d'inclination et trop oriental de forme pour le monde français. C'est au fond un étranger, tandis que Proudhon, Michelet, Renan sont des nationaux. La naïveté tue dans la patrie de Voltaire. Le sublime fatigue dans le pays des calembours. L'esprit de chimère discrédite dans le siècle des faits accomplis.

5 mai 1860. — Le soir, promenade avec L***. Entendu les premiers rossignols de l'année, cueilli la première aubépine, assisté depuis le « Bout du Monde » au lever de la lune. Paysage austère et d'une majesté triste ; puis au retour, lumière gaie, musique et vie à Plainpalais. Le contraste était frappant. Au ciel, Vénus étincelait dans l'azur. Elle avait été malade les jours derniers et était bien faible. La lassitude de la vie la poursuit, et des défaillances profondes l'abattent quelquefois. Pauvrette, elle souffre de mon mal, avec aggravation ; et je ne puis lui faire plaisir sans lui faire de mal, ni m'abstenir sans la désoler plus encore. Impasse. Et puis, soucis pour sa mère ; soucis pour le présent et l'avenir ; incertitude pour une offre importante d'occupations à entreprendre. Rien qui repose. Désir de voir s'achever la journée, l'épreuve et la vie. C'est cruel. Et moi, ne sachant que faire, je donne ce qu'on désire, je cherche à soulager au jour le jour, attendant sans attendre une amélioration, un changement.

Vieillir est plus difficile que mourir, par la raison que renoncer une fois et en bloc à un bien coûte moins que d'en renouveler le sacrifice tous les jours et en détail. Supporter son déclin, accepter son amoindrissement est une vertu plus amère et plus rare que braver le trépas. Il y a une auréole dans la mort tragique et prématurée ; il n'y a qu'une longue tristesse dans la caducité croissante. Mais regardons-y mieux : la vieillesse résignée et religieuse paraît alors plus émouvante que l'ardeur héroïque des jeunes années. La maturation de l'âme vaut mieux que l'éclat des facultés et que l'abondance des forces, et l'éternel en nous doit profiter de tous les ravages que fait le temps. Cette pensée console.

> Vouloir ce que Dieu veut est la seule science
> Qui nous mette en repos.

22 mai 1860. — Il y a en moi une raideur secrète à laisser paraître mon émotion vraie, à dire ce qui peut plaire, à m'abandonner au moment présent, sotte retenue que j'ai toujours observée avec chagrin. Mon cœur n'ose jamais parler sérieusement, par honte de l'adulation et par crainte de ne pas trouver la nuance convenable. Je badine toujours avec le moment qui passe, et j'ai l'émotion rétrospective. Il répugne à ma nature réfractaire de reconnaître la solennité de l'heure où je suis ; un instinct ironique, qui provient de ma timidité, me fait toujours glisser légèrement sur ce que je tiens, sous prétexte d'autre chose et d'un autre moment. La peur de l'entraînement et la défiance de moi-même me poursuivent jusque dans l'attendrissement, et par une sorte de fierté invincible je ne puis me résoudre à dire à un instant quelconque : Demeure ! décide de moi ! sois un instant suprême ! sors du fond monotone de l'éternité et marque un point unique de la vie !

27 mai 1860 (dimanche). — Entendu ce matin un discours de J°. C*** sur le Saint-Esprit, beau, mais insuffisant. Démontre que la vie est vide tant qu'elle n'a pas un grand intérêt qui la remplisse tout entière, et que le sacrifice journalier seul apaise la soif de l'âme. Or l'esprit saint est l'esprit de sacrifice. *Ergo*, célébrons son avènement dans la société humaine. — Pourquoi ne suis-je pas édifié ? faute d'onction. Pourquoi pas d'onction ? parce que c'est le christianisme de la dignité, non celui de l'humilité ; la pénitence, la lutte impuissante, l'austérité y manquent ; la Loi s'efface, la sainteté et le mysticisme s'évaporent dans ce point de vue rationaliste. L'accent spécifiquement chrétien fait défaut. Mon impression est toujours la même. N'affadissez point la foi, en la dissolvant en pure psychologie morale. J'éprouve un sentiment d'inconvenance et un vrai malaise à voir la philosophie en chaire. « On a ôté mon Sauveur et je ne sais où on l'a mis », ont le droit de dire les simples, et je le répète avec eux. — L'orthodoxie est plus propre à la prédication, et beaucoup plus dramatique et pathétique. Enlever le surnaturel, c'est rabaisser d'un coup tout l'ensemble de la foi et de la vie religieuses. — Ainsi, F. C*** me choque par son dogmatisme sacerdotal, J. C*** par son laïcisme rationaliste. Il me semble que la bonne prédication devrait unir, comme Schleiermacher, la parfaite humilité morale à l'énergique indépendance de la pensée, le sentiment profond du péché au respect de la critique et à la passion du vrai.

3 juin 1860. — Traduit (en vers) la page de Gœthe, tirée du *Faust*, qui contient la profession de foi panthéiste. Je l'ai lue à B*** et à L*** ; puis retouchée avant d'éteindre ma lampe. Elle ne va pas trop mal, ce me semble. Mais quelle différence entre les deux langues quant à la netteté : c'est l'estompe et le burin, l'une peignant l'effort même, l'autre notant le résultat de l'action ; l'une faisant sentir le rêve, le vague, le vide, l'informe, l'autre déterminant, fixant, dessinant même l'indéfini ; l'une représentant la cause, la force, les limbes d'où sortent les choses, l'autre les choses elles-mêmes ; l'allemand a la profondeur obscure de l'infini, le français la clarté joyeuse du fini.

4 juin 1860. — En rentrant, je me mets à limer en maniaque quelques vers de ma traduction (page de *Faust*), m'obstinant, m'entêtant à ressasser, rabâcher, retaconner une douzaine d'hémistiches. C'est un drôle de travers, suite de mon absolue défiance de moi-même. Je biffe, rature et refais, ne pouvant croire que mon premier mouvement ne soit pas mauvais. Mon petit talent est un acide qui s'attaque lui-même, un sui-rongeant. Et comme le disait L***, nul critique n'est aussi dur pour moi-même. Cette anxiété est ce qui m'ôte le naturel ; nul élan, nul abandon, nulle effusion, nulle gaieté ne sont possibles avec elle. A force de retouches, de repentirs, de regrattages, je réussis toujours à détruire ce qui pouvait ressembler à l'inspiration. La censure coupe toujours en moi les ailerons du génie, dès qu'ils poussent un peu. L'observation assidue et critique de moi-même veut absolument aboutir à l'impuissance, à la non-production. Car la production a un élément somnambulique, inconscient, aveugle que la réflexion ne peut souffrir. L'analyse intérieure est l'eau régale dans laquelle je dissous ma vie. Mon instinct est conséquent.

14 juin 1860. — Les livres et les femmes, ai-je eu d'autres ressources ? et encore j'ai dû rechercher les livres tandis que les affections féminines m'ont recherché. Qu'est-ce qui électrise, vivifie, console, bénit, inspire, conseille, encourage comme une femme ? qu'est-ce qui soigne, relève, supporte, guérit, apaise le corps souffrant ou le cœur malade, ou l'esprit troublé, comme la main, la voix, le souffle ou le regard d'une femme aimante ? — Quand je pense à tout ce que nous devons à ce sexe, je suis ému ; quand je pense à tout ce que nous pouvons le faire souffrir, je suis troublé ; quand je pense à tout ce qui sommeille en lui et peut fleurir sous l'influence virile, j'éprouve une sorte d'enthousiasme, je sens qu'un monde nouveau dort caché dans le sein de la femme, et qu'une humanité plus belle, plus grande, plus héroïque que la nôtre pourra naître, quand l'homme sera digne de l'engendrer. C'est la femme, l'éternelle mère et nourrice des générations, qui enfante à l'homme sa récompense et son châtiment, son affliction et sa couronne. Heureux qui a trouvé la femme forte et pure, enthousiaste et courageuse, fidèle et sainte, la compagne de ses jours et de ses nuits, l'appui de sa jeunesse et de ses vieux ans, l'écho de sa conscience, l'auxiliaire de ses travaux, le baume de ses peines, sa prière, son conseil, son repos, son auréole ; en elle il a la nature entière, il incarne sa poésie, il fixe son inquiétude, il réalise son rêve. Le vrai mariage est une prière, c'est un culte, c'est la vie devenue religion, car il est à la fois nature et esprit, contemplation et action, et il participe visiblement à l'œuvre infinie par le travail, la fécondité et l'éducation, ces triples semailles de l'esprit et de la vie.

4 juillet 1860 (dix heures du matin). — On a besoin d'aimer et d'être aimé tous les jours ; je le sentais ce matin en lisant dans mon « parc ». Il n'est pas bon et pas heureux de vivre seul ; même quand on jouit de la santé du corps et de l'esprit. Mon cœur soupirait après l'affection, non pas telle ou telle, mais en général ; mon bonheur n'est pas encore individualisé, mais il tend à se personnaliser davantage. Les choses ne me rassasient plus, les gens non plus ; aucune femme non plus, mais la femme incarne encore l'aspiration secrète de ce qui rêve et soupire en moi... Ne suis-je plus fait que pour l'amitié ?

Ai-je passé le temps d'aimer ?

D'aimer follement, complètement, avec ivresse ? *Dio lo sa.* Le mérité-je encore ? suis-je un aveugle ? suis-je un rebelle ? suis-je un ingrat ? suis-je un impie ? suis-je un fou ? En vérité, je ne sais trop. Pour les choses de cet ordre, il me répugne de prendre le bon sens pour directeur et pour juge. Je suis mystique en amour ; l'infini seul me tente. Au-dessous, je n'ai qu'indulgence, indifférence et pitié. Avec ma terreur de l'action, je suis toujours empressé à saisir les motifs de m'abstenir, de renoncer, d'abandonner. Or ces motifs sont toujours les limites, les lacunes, les imperfections de la chose qui se présentait comme but à poursuivre, comme objet à désirer, comme dessein à réaliser. Je ne consens à me livrer qu'à l'idéal qui ne laisse au cœur ni regret, ni inquiétude, ni souci, ni désir, parce qu'il apaise toutes les aspirations. — Or, rien ni personne ne peut être l'idéal ; c'est ainsi que mon instinct a trouvé et trouve le moyen de se dégager, de se dégoûter, de se débarrasser de tout mobile impérieux, de tout ascendant vainqueur, de tout entraînement irrésistible ; et de me laisser libre, dénué, vide comme un sectateur du grand Lama.

Car le néant peut seul simuler l'infini.

N'est-ce pas le *schlecht Unendliche* de Hegel ? Au fond cette tendance est bien en moi, de mon consentement, mais contre mon gré ; je la souffre mais j'en souffre ; mon consentement n'est pas du contentement. C'est ma nature, mais c'est aussi mon malheur. Peut-être cette aspiration tend-elle à mettre Dieu dans la vie, au lieu de soumettre la vie à Dieu, à chercher le ciel sur la terre au lieu d'accepter la terre comme séjour. de l'imperfection, du désir, de la souffrance. Tu admettais les épreuves, le chagrin, la maladie, la mort, mais avec une béatitude immortelle au cœur ; peut-être cette béatitude doit-elle changer de nom, et au lieu de l'harmonie parfaite doit-elle avoir la saveur d'un sacrifice. Il faudrait avoir à faire grâce en quelque chose, à pardonner, à excuser, pour pouvoir demander la pareille. Si la conscience approuve, l'amour-propre, la satisfaction personnelle, l'orgueil doivent apprendre à pâtir et à se taire. L'amour (possible pour toi) serait joyeux par le dévouement, autant que par l'allégresse directe. L'amour serait un renoncement, non pas simple seulement, mais double : renoncement à la vie solitaire, à soi-même, en tout cas ; puis renoncement à la satisfaction complète de son nouveau moi dans.la vie à deux. En d'autres termes, dans le saint amour, la charité serait un élément essentiel et un moment toujours renouvelé. En général, je déconseillerais l'amour ainsi réfléchi, où la pensée doit créer l'élan ; mais pour un individu de ta sorte, il est possible que la spontanéité absente se remplace quelque peu par ce procédé. Tu veux toujours comprendre avant de vouloir, et pour t'approuver. Ton mal doit fournir son remède, et le poison son antidote.

20 août 1860 (soir). — Mon péché c'est le découragement ; mon malheur c'est l'indétermination ; mon effroi, c'est d'être dupe, et dupe de moi-même ; mon idole, c'est la liberté ; ma croix, c'est de vouloir ; mon entrave, c'est le doute ; ma faute éternelle, c'est l'ajournement ; mon idole, c'est la contemplation stérile substituée à la régénération ; mon goût le plus constant c'est la psychologie ; mon tort ordinaire est de méconnaître l'occasion ; ma passion est l'inutile ; mon faible, d'être aimé et conseillé ; ma sottise, de vivre sans but...

Tu n'as pas dégagé ton individualité, découvert ta mission,

ou du moins tu es toujours retombé dans le vague à ce sujet. Détestant choisir, te résigner, te borner, tu n'as avancé qu'en un point, la connaissance de toi-même et (en gros) la connaissance de l'homme. Pour tout le reste, tu as reculé, décliné, perdu. — Tu peux donner des conseils, éclairer, faire comprendre. Est-ce rien ? mieux vaudrait prêcher d'exemple, sur l'éducation de soi-même.

21 août 1860. — Serait-ce là la réponse ? Est-ce peut-être la psychologie qui est ton affaire, ce que tu peux faire de mieux, et où tu peux être utile ? ici du moins, tu as vérifié, expérimenté, étudié directement ; tu as exercé ta sagacité, discipliné ton aptitude ; et ces 3.749 pages sont un apprentissage qui ne serait pas perdu. Ici tu n'as pas le sentiment d'une infériorité trop marquée sur les gens du métier, sur les pédagogues, moralistes, pasteurs, philosophes. Ici, tu peux passer du rang d'amateur à celui de spécialité. Ici, tu as moins besoin de mémoire que pour toute autre étude, et pourtant toutes tes études spéciales et fortuites peuvent être mises à profit. Sans rien jeter à vau-l'eau, tu pourrais ici te concentrer, ceindre tes reins et rassembler tes acquisitions. Tu te raccommoderais avec ton passé et avec la Providence. La clarté et la paix se feraient à la fois dans ta vie. Tu pourrais avoir un but, sans renier ta nature, et sans bafouer tes instincts. Ton individualité serait de comprendre les individualités et de les accoucher, comme Socrate, de faire éclore tous les éléments de la nature humaine, et de multiplier la richesse psychologique.

Toi qui as si longtemps regimbé contre l'aiguillon, détourné les yeux, évité la vie, tu trouverais là l'intérêt, le sérieux, la substance et l'attrait dont tu as besoin. Tu fournirais ta pierre à l'édifice universel, tout en restant fidèle à toi-même. Tu servirais à ta patrie tout en étant plus homme. Et cette étude centrale est celle qui prépare le mieux l'avenir dans le présent, parce qu'elle prend la chose éternelle, la vie. Un poids énorme serait enlevé de dessus ta poitrine, quand enfin tu travaillerais à ton œuvre, et tu serais dans ta voie, quand ton devoir et ton goût seraient d'accord, quand ta conscience oserait s'ouvrir à Dieu et demanderait sa bénédiction paternelle sur le travail de tes mains. — Peut-être pourrais-tu aussi mieux résoudre le problème angoissant du mariage, toujours écarté et qui revient toujours. La femme qu'il te faut serait celle qui s'associerait le mieux à cette œuvre sacrée, à l'approfondissement de la vie humaine par la recherche de la perfection. Une fois que tu aurais un mobile et une mesure impersonnels, tu pourrais te décider avec plus de maturité et surtout de tranquillité. — Oh ! suis cette ligne et maintiens-toi dans ce sentiment, ils doivent être bons, et le ciel te les envoie.

14 novembre 1860. — Ma spécialité involontaire, c'est donc de soumettre les natures altières, de donner le goût de l'esclavage aux âmes qui secouaient le joug de toute obéissance ; voilà du moins la quatrième fois que cela m'arrive... C'est une magnétisation spéciale qu'exerce ma nature sur les femmes fortes et volontaires, que je dompte sans me le proposer, et qui se donnent à moi comme la lionne à Androclès par un instinct irrésistible. Car enfin c'est toujours moi qui reçois les déclarations. Quelle est donc la raison de ce fait bizarre, qui m'étonne encore quoique répété ? Est-ce parce que je suis un peu poète, un peu devin, bienveillant, discret, célibataire ? est-ce parce que je donne l'illusion du talent accompagné de désintéressement et de douceur ? est-ce parce que j'ai l'air d'un homme assez équilibré, cultivé, délicat, propre à beaucoup de choses, et sur le chemin de beaucoup de perfections qu'on m'attribuerait bénévolement ? Est-ce la récompense de mes anciens efforts pour dégager l'idéal de l'homme, en sorte que je paraîtrais par erreur aux yeux féminins comme un homme plus près de l'idéal qu'un autre ? Toujours est-il que je vois mon intimité désirée avec ferveur, avec passion, et mon influence produire des résultats surprenants. Il y a donc en moi quelque chose qui satisfait, flatte ou apaise un besoin profond de la femme : n'est-ce pas le besoin d'être comprises et de recevoir l'étincelle ? d'être initiées à la vie idéale par la pensée aimante, par l'amour intellectuel ? d'être pénétrées dans leur mystère pour s'ouvrir à de plus hauts mystères ? de se sentir transfigurées et de développer toutes les puissances de vie et de poésie qu'elles pressentent vaguement dans leur sein ? L'âme féminine se donne à qui la féconde ; elle appartient à qui lui ouvre le monde divin, à qui lui fait entrevoir la vie possible sous l'aspect de l'idéale beauté.

5 décembre 1860. —..... Je ne suis qu'un œuf sans germe, une noix creuse, un crâne sans cervelle, un être infécond, l'apparence d'un mâle, mais en fait un neutre. Les individus bien accentués et déterminés, qui savent ce qu'ils veulent, qui ont une foi, un caractère, un but, réussissent, engendrent, créent ; moi, je flotte comme un élément, je suis fluide, négatif, indécis, infixable, et par conséquent je ne suis rien. Ce que j'ai su ou voulu s'efface en moi, comme une vue dissolvante se dissipe aux yeux. Mon être se résout en brouillard informe ; mon existence n'est qu'une fantasmagorie intérieure. Si, pour les autres, je semble quelqu'un, pour moi-même je ne suis qu'une ombre sans substance, un rêve insaisissable, un simple bruit de vie. *(Onze heures et quart du soir).*

18 décembre 1860 (six heures et demie du matin). — Voici deux heures que l'inquiétude me tient éveillé. Je médite entre les draps, tout en sentant avec anxiété sonner les quarts, les demies et les heures, emportées comme par un tourbillon. Enfin, je me lève ; un fouet claque dans la rue noire encore, et j'aperçois les toits, tout blancs d'une neige tombée dans la nuit. Dans la maison tout dort. En d'autres temps, ces heures de paix, où la lampe matinale éclaire le pupitre de travail, m'ont paru d'une douceur pénétrante et d'un recueillement intime. Mais alors, je dilatais mon être, je me sentais progressif, joyeux, conquérant. Aujourd'hui, je lirais encore avec volupté ; mais harcelé par le mécontentement morose, inférieur à ma tâche, cette veille avant l'aurore n'est que la reprise de ma croix. C'est au fond le besoin d'ordonnance et de liaison qui me rend l'improvisation (comme la composition) un supplice. Je ne puis porter un grand ensemble à la fois dans mon attention et ma mémoire, et d'autre part mon esprit en a l'impérieux besoin. Cette contradiction entre mon désir et ma force, entre ce que je voudrais et ce que je peux, me casse toujours les bras, m'enlève le goût et l'entrain.

9 janvier 1861. — Je sors de la leçon d'ouverture de Victor Cherbuliez, abasourdi d'admiration. Je me suis convaincu en même temps de mon incapacité radicale à jamais rien faire de semblable pour l'habileté, la grâce, la netteté, la fécondité, la mesure, la solidité et la finesse. Si c'est une lecture, c'est exquis ; si c'est une récitation, c'est admirable ; si c'est une improvisation, c'est prodigieux, étourdissant, écrasant pour les autres. Contre la supériorité et la perfection, dit Schiller, nous n'avons qu'une ressource, c'est de l'aimer. C'est ce que j'ai fait. J'ai eu le plaisir, mêlé d'un peu de surprise, de ne me sentir aucune jalousie et de me mettre immédiatement à ma place, en rendant justice à ce jeune vainqueur...

23 janvier 1861 (onze heures du soir). — Ce soir, lu presque en entier le premier volume de *Merlin*. L'impression est mélangée et plutôt défavorable. Merlin est moins la légende de l'âme humaine que la légende de l'auteur, l'apothéose fantastique de son histoire intérieure, une autobiographie colossale. J'y trouve une combinaison bizarre de Faust, Dante, Don Juan, Soumet, Victor Hugo, un certain manque d'esprit, de gaieté, de bon sens, de force plastique ; en revanche c'est toujours le poète d'Ahasvérus, de Prométhée et de Napoléon, le traducteur de Herder qu'on entend, une muse visionnaire emphatique, enthousiaste, qui fatigue par son éternelle allégorie, son éloquence tendue, sa majesté d'oracle. Quinet pythonise constamment, dithyrambise sans trêve et sans merci, et dès qu'il veut devenir simple il tombe dans le trivial. C'est un idéaliste faisant orgie de couleurs, un platonicien brandissant le thyrse des Ménades. Au fond, c'est un esprit dépaysé : il a beau railler l'Allemagne et maudire Albion, il n'en devient pas plus français pour cela. C'est une pensée septentrionale associée à une imagination du Midi ; mais le mariage n'est pas réussi. Il a la maladie de l'exaltation chronique, du sublime invétéré ; les abstractions pour lui se personnifient en êtres colossaux qui agissent ou parlent d'une façon démesurée ; il est ivre d'infini. Mais on sent très bien que ses créations ne sont que des monologues individuels ; il ne peut sortir du lyrisme subjectif. Idées, passions, colères, espérances, plaintes, c'est toujours lui qu'on retrouve partout. On n'a jamais la joie de sortir de son cercle magique, de voir la vérité vraie, d'entrer en rapport avec les phénomènes et les êtres dont il parle, avec la réalité des choses. Cet emprisonnement de l'auteur dans sa personnalité ressemble à de l'infatuation. Mais c'est au contraire parce que le cœur est généreux que l'esprit est égoïste ; c'est parce que Quinet se croit bien français qu'il l'est si peu. Cette compensation ironique du destin m'est chose très familière ; je l'observe toujours. L'homme n'est que contradiction, et moins il le sait, plus il est dupe. — Pouvant peu voir les choses telles qu'elles sont, Quinet n'a pas l'esprit très juste, ni proportionné. — Il a des analogies avec Victor Hugo, avec beaucoup moins de puissance artistique, mais plus de sens historique. — Sa faculté maîtresse, c'est l'imagination symbolique ; il me paraît un Gœrres [1] franc-comtois ; une sorte de prophète surnuméraire, dont sa nation ne sait que faire, vu qu'elle n'aime ni les énigmes, ni l'extase, ni le langage boursouflé et que l'ivresse du trépied l'ennuie. — La supériorité réelle de Quinet me paraît être dans ses travaux historiques (*Marnix, l'Italie, les Roumains*), spécialement dans ses études sur les nationalités. Il est fait pour comprendre ces âmes plus vastes et plus sublimes que les âmes individuelles.

27 janvier 1861 (minuit). — ... Le souvenir de ma jolie blonde hier soir (au spectacle) m'est revenu aussi... Mais le fond de mon sentiment est pourtant une vague mélancolie et le regret des pertes irréparables. Si les jours retranchés à l'amour ne comptent pas dans la vie, je n'ai eu guère que des jours inutiles. L'élan, l'enthousiasme, le génie, le dévouement sont taris dans mon âme... La noble raison ne m'est plus connue que comme velléité fugitive. Mon cœur est indi-

---

1. Joseph Gœrres (1776-1848), philosophe allemand mystique, disciple de Schelling.

gent, mon esprit stérile, ma vie fade, ma flamme éteinte...
L'isolement m'a desséché ; le ver rougeur est la à racine de
mon arbre, et je me flétris sur pied, en pleine verdure, sans
avoir donné de fruits ni de fleurs.

4 février 1861. — ..... Décidément, il y a entrele public et
moi une paroi froide et à peine translucide. A peine si nous
nous joignons par l'intelligence, mais les sympathies rencontrent la glace isolante et se congèlent. Du reste, je le sens
bien. Je demande toujours à me cacher, et on m'accorde ma
requête, car je décourage l'espérance et je trompe l'attente.
— Incapable de me satisfaire, je le suis plus encore de captiver, d'enjôler, de charmer, d'influencer un auditoire. Pour
cela, il faut être à la fois maître de son sujet, de sa parole,
adroit, ambitieux, aimant, et toutes ces conditions me font
défaut à la fois. Un homme en transe, sur les épines ou sur la
braise, ne peut songer à la bonne grâce. D'ailleurs, une raideur secrète me le défend.

25 février 1861. — La sexualité aura été ma Némésis, mon
supplice depuis l'enfance. Ma timidité extraordinaire, ma gêne
avec les femmes, mes violents désirs, les ardeurs d'imagination, les mauvaises lectures dans la première adolescence,
puis l'éternelle disproportion entre la vie rêvée et la vie réelle,
ma funeste pente à me séparer des goûts, des passions, des
habitudes de ceux de mon âge et de mon sexe ; l'attrait
fatal que j'ai exercé plus tard sur des cœurs délicats et tendres... tout cela dérive de la honte primitive, de l'idéalisa-
tion du fruit défendu, bref d'une notion fausse de la sexualité. Cette erreur a empoisonné ma vie... Elle m'a empêché
d'être un homme, et, indirectement, elle m'a fait manquer ma
carrière. — Après cela, laissez au hasard le soin de créer dans
l'esprit de l'enfant la notion du sexe, de la pudeur et de la
volupté !... Innocentons la nature ; faisons-la aimer et respecter ; mettons la notion de décence sous le couvert de celle
de propreté et non sous celle de mystère ; ôtons par le simple
dégoût son aiguillon à la curiosité ; et ne masquons pas trop
le plan de la Providence, pour ne pas irriter le besoin de savoir ou le besoin de sentir, pour ne pas faire naître le soupçon,

la tentation, ou la honte exagérée dans les jeunes cœurs qui nous sont confiés.

Le trouble des fonctions sexuelles est, je crois du reste, une des plaies de notre génération si nerveuse et si énervée. Toute la vie physique de la femme tourne autour de ce centre ; et celle de l'homme aussi, quoique avec moins d'évidence. Quoi d'étonnant ? la vie n'est-elle pas le mot de l'univers, et la génération le foyer de la vie, et le sexe la clé de la génération ? Nous sommes donc dans la question des questions. Qui ne peut ni se reproduire, ni produire, n'est plus vivant. La volonté, la pensée, l'œuvre, l'action, la parole, s'engendrent en nous par la même loi que l'être organisé dans la mère. Quand nous avons perdu toute force communicative, tout stimulus, toute spontanéité excitante, nous ne sommes plus des mâles ; quand nous cessons de réagir, d'assimiler, d'attirer, que nous sommes purement passifs, en fait nous sommes morts...

17 mars 1861. — Cet après-midi, une langueur homicide m'a ressaisi : dégoût et lassitude de la vie, tristesse mortelle. J'ai été errer au cimetière ; j'espérais m'y recueillir, m'y réconcilier avec le devoir. Chimère ! Le champ du repos lui-même était devenu inhospitalier. Des ouvriers grattaient et enlevaient les gazons ; les arbres étaient secs, le vent froid, le ciel gris ; une aridité prosaïque et profane déshonorait l'asile des morts. J'ai été frappé de cette grande lacune de notre sentiment : le respect des trépassés, la poésie des tombeaux, la piété du souvenir. Nos temples sont trop fermés et nos cimetières trop ouverts. Le résultat est le même. L'âme agitée, tourmentée qui voudrait, hors de la maison et des misères quotidiennes, trouver un lieu où prier en paix, où répandre devant Dieu ses angoisses, où se recueillir en présence des choses éternelles, ne sait chez nous où aller. Notre Eglise ignore ces souffrances du cœur, elle ne les devine pas, elle a peu de prévenance compatissante, peu d'égards discrets pour les peines délicates, nulle intuition des mystères de la tendresse, aucune suavité religieuse. Sous prétexte de spiritualité, nous froissons des aspirations légitimes. Nous avons perdu le sens mystique, et qu'est-ce qu'une religion sans mysticité ? une rose sans parfum.

Nous disons toujours : repentance, sanctification ! mais adoration et consolation sont aussi deux éléments religieux essentiels, et peut-être devrions-nous leur faire plus de place.

28 avril 1861. — Ce matin, à cinq heures, de violents coups de tonnerre me réveillèrent. Ainsi, l'angoisse d'hier soir était en partie celle de la nature. La décharge électrique et la pluie qui l'accompagnait ont soulagé l'atmosphère, rafraîchi la végétation, et allégé la vie de tous les êtres. La Treille est ravissante, le ciel est redevenu bleu, et on porte gaiement l'existence. Les désespérés ont toujours tort de se pendre ; le lendemain a souvent de l'inconnu. Plusieurs personnes de connaissance, rencontrées après déjeuner, ont traversé les mêmes impressions que moi, hier et ce matin. — Mon abattement était donc en partie physique. Mais de même que le rêve métamorphose, selon sa nature, les incidents du sommeil, l'âme convertit en phénomènes psychiques les impresssions mal définies de l'organisme. Une mauvaise attitude devient cauchemar ; un air chargé d'orage devient tourment moral. Non par un effet mécanique et par une causalité directe, mais l'imagination et la conscience engendrent selon leur propre nature des effets analogues, elles traduisent dans leur langue et moulent dans leur forme ce qui leur arrive du dehors. C'est ainsi que le rêve peut servir à la médecine et à la divination. C'est ainsi que la météorologie fait sortir de l'âme les maux qu'elle recélait confusément dans son intérieur.— La vie n'est que sollicitée du dehors et ne produit jamais qu'elle-même : base de la monadologie. L'originalité consiste à produire rapidement et nettement la réaction contre l'influence du dehors et à lui donner notre formule individuelle. Penser, c'est se recueillir dans son impression, la dégager en soi et la projeter dans un jugement personnel.C'est là aussi se délivrer, s'affranchir, se conquérir. Tout ce qui vient du dehors est une question à laquelle nous devons réponse, une pression à laquelle nous devons contre-pression, tant que nous sommes vivants et que nous voulons demeurer libres. — La docilité humble avec laquelle tu t'ouvres en esprit sans réagir, sans juger, sans formuler, est pure duperie. Tu te laisses opprimer, étouffer, annuler par les choses et les gens, lesquels ne demandent pas mieux. Tout ce qui se laisse manger est mangé sans reconnaissance. On le gobe, et par-dessus le marché on le raille.

4 août 1861. — ... Vu sortir de l'église bien des jolies personnes, et ce délicieux soleil sur ces fraîches toilettes m'a remué amoureusement le cœur. Grimpé seul à Pressy par l'heure la plus chaude du jour (deux heures). Temps magnifique ; le Mont-Blanc avait l'air tout neuf. La campagne était d'une majesté splendide. Montagnes et feuillage jouaient dans l'air bleu et s'enivraient de ciel et de joie... Ce qui m'a dilaté doucement, après le bon accueil des parents, ce sont surtout les caresses des petites filles. J'avais soif de tendresse et de baisers. Et comme si Loulou s'en était doutée instinctivement, elle revenait toujours sur mes genoux. Ces cajoleries enfantines me charment plus que je n'ose dire, et lorsqu'elle m'a accompagné au départ jusqu'à la haie d'en bas, je l'ai embrassée presque avec effusion, quoique en toute innocence. — Il y a pourtant quelque chose de mystérieux dans l'attrait du baiser ; je connais deux ou trois jeunes filles au cœur passionné, sur lesquelles j'ai de la puissance et qui ne m'inspirent pas l'ombre du désir, tandis que telle petite fillette me donnerait envie de la couvrir de baisers de la tête aux pieds. — Avec les années, les philosophes deviennent toujours plus sensibles au charme de la grâce et toujours plus fous de la beauté, cet abrégé symbolique de toute excellence, ce sommaire intuitif de toute perfection. A quarante ans, je finirai par sentir comme les jouvenceaux, c'est-à-dire par être amoureux de toutes les femmes, et par être esclave de tous les yeux aimants. Cela m'effraie un peu. En fait, malgré tout, mon cœur s'élance au-devant de toutes les émotions tendres, comme s'il était impatient de consommer sa destinée et redemander sa part de jeunesse et de bonheur.

4 septembre 1861. — A quoi suis-je bon maintenant ? à rien. La seule chose qui m'intéresse, ce sont les affections, ce sont les femmes. Je ne travaille plus, je n'étudie plus, je n'ambitionne qu'une femme selon mon cœur, et toutes les jeunes filles qui passent me semblent une invitation ou une raillerie du bonheur. J'aime un peu toutes les femmes, comme

si toutes me tenaient en gage une parcelle de mon idéal,
ou mon idéal lui-même. Je les enveloppe de ma sympathie
comme l'asile, le sanctuaire, le refuge des douleurs, des joies
et des affections, comme la provision céleste de mansuétude
et de bonté sur la terre. Je ne me sens tout à fait bien qu'au
milieu d'elles ; et quand j'obéis tout à fait à ma nature, elles
se sentent si bien aimées et comprises qu'elles me rendent ma
bienveillance. Je le vois bien à la campagne, à la montagne,
quand il n'y a aucun de ces yeux moqueurs et de ces langues
ironiques que fournit surabondamment la cité de Calvin.
Ma nature est d'être caressant, enfantin, prévenant, compa-
tissant, sympathique, de m'abandonner à la vie collective,
de chercher à rendre heureux bêtes et gens, bref d'être bon
pour tous les êtres, secourable pour toutes les vies, aimant
pour tous les cœurs. Ce sont pourtant les qualités paternelles
et conjugales. Je ne suis donc pas indigne d'être époux et
père. Qu'est-ce qui m'arrête donc dans cette vocation ? Une
incurable défiance de la destinée, puis le raffinement de mon
idéal. Je n'ose pas jouer la dernière et unique carte de mon
bonheur, et je n'ai pas rencontré ou su reconnaître ma compagne. J'ai été aimé assez souvent pour être très délicat en
fait d'affection ; et pour savoir de combien de manières on
peut souffrir dans la vie à deux. — Je redoute d'ailleurs la
Némésis qui me fera peut-être dédaigner quand je serai épris.
Et pourtant, je n'ai qu'une aspiration, qu'un désir.

12 septembre 1861. — Ce matin, temps gris et frais. En des-
cendant mon escalier, éprouvé pour la première fois depuis
bien longtemps (deux ans peut-être) la volupté de l'étude,
l'appétit du travail intellectuel, l'entrain de la pensée pure.
Cette éclaircie intellectuelle n'a duré qu'un instant, mais m'a
rouvert une échappée sur mon passé, comme un caprice du
vent qui déchire le brouillard de novembre et laisse voir au
voyageur les vallées qu'il a laissées derrière lui. — Combien
j'ai changé ! Ce vieux *moi* ne serait donc pas mort, mais seulement endormi ! je pourrais donc encore m'élancer dans les
régions éthérées et sublimes de la vie générale ! — Que fau-
drait-il pour cela ? la paix du cœur, le contentement. Mme S***
à Villars, en travaillant, se plante la pointe de ses ciseaux

sous sa bague d'alliance ; je vois le sang et lui dis : « Mais vous êtes blessée ! — Qu'importe, répond-elle, pourvu que le cœur soit content ! » Comme c'est bien la femme, et la femme aimante ! elle ne connaît qu'un bonheur et qu'une douleur, le cœur plein ou le cœur vide. J'en suis, par sympathie et métamorphose, presque arrivé là. Toute la période laborieuse, studieuse de ma vie, n'a fait qu'ajourner quinze ans le moment de sentir, de rêver, d'aimer et de souffrir ! L'immense distraction est finie. Le sentiment se venge. La grande contradiction de mon être, c'est une pensée qui veut s'oublier dans les choses et un cœur qui veut vivre dans les gens. L'unité du contraste est dans le besoin de s'abandonner, de ne plus vouloir et de ne plus exister pour soi-même, de *s'impersonnaliser*, de se volatiliser dans l'amour et la contemplation. Ce qui me manque, c'est le caractère, le vouloir, l'individualité. Mais comme toujours, l'apparence est juste le contraire de la réalité, ma vie ostensible est le rebours de mon aspiration fondamentale. Moi dont tout l'être, pensée et cœur, a soif de s'absorber dans la réalité vivante, dans le prochain, dans la nature et en Dieu, moi que la solitude dévore et détruit, je m'enferme dans la solitude et j'ai l'air de ne me plaire qu'avec moi-même, de me suffire à moi-même... La fierté et la pudeur de l'âme, la timidité du cœur m'ont fait violenter tous mes instincts, intervertir absolument ma vie. En fait, j'ai toujours évité ce qui m'attirait, fui ce qui me faisait le plus plaisir. Je ne m'étonne pas d'être impénétrable ; l'instinct de suicide s'est identifié chez moi à l'instinct de conservation, et toujours j'ai tourné le dos au point où j'aurais secrètement voulu aller. La mauvaise honte a été le fléau, la malédiction de mon existence. Elle ne m'a pas rendu faux, mais elle m'a rendu eunuque. J'ai toujours eu peur de laisser voir ce que je désirais et même de me l'avouer à moi-même ; j'ai en horreur de rechercher mon utilité ; horreur d'employer la ruse ou les détours pour arriver à mon but ; — et finalement j'ai réussi à n'avoir plus de but, plus de désir net, plus même de soubresauts de la volonté. La mauvaise honte, ce composé de pudeur, d'orgueil, de défiance, de faiblesse, d'anxiété, en devenant chronique est devenue habitude, tempérament, seconde nature, et je ne suis plus qu'un pauvre honteux

qui rougit de demander, de mentir, de s'abaisser, de souffrir
même, et de lutter pour sortir de sa misère. — L'humiliation
est donc mon affre, la dépendance est l'essence de l'humiliation. Je ne sais et ne puis dépendre que de ce que j'aime. La
sympathie est le principe de ma vie. — Or dès que je ne me
sens plus de sympathie, dès que je n'aime plus, je me flétris
 comme un ballon percé.

Avoir passé sa vie à se forger une cuirasse, à se blinder
d'indifférence, pour aboutir à cette vulnérabilité ! Avoir prévu
que tout trompe, manque, lasse, afin de s'habituer à aimer
sans demander de retour, et pour tout résultat se reconnaître
impuissant à pétrifier son cœur ! avoir tout mis sur une carte,
et sentir arriver la vieillesse, sans avoir vécu !... Hélas !

Quel est donc le démon, qui, à l'heure de cueillir une joie,
te dit toujours : marche ! et à l'heure d'agir et de marcher,
te dit : reste ! C'est encore la mauvaise honte. Et pourtant
tes vraies joies sont d'une nature enfantine, d'un caractère
naïf. Sous ta nature compliquée, se retrouve l'individu simple, débonnaire, insouciant, ingénu, le bon homme, en un
mot. Il y a en toi du vieillard, de la femme, de l'enfant aussi ;
il n'y manque que de l'homme. Tu ne te développes pas suivant un plan à toi, ou suivant une loi de croissance plus
forte que les circonstances, mais tu es le jouet des influences,
du milieu, du hasard, dans ce sens au moins qu'ils te font
épanouir par sollicitation externe, car ta liberté se retrouve
toujours dans la conscience de toi. Tu es donc entraîné, pourtant tu n'es pas dominé. Tu ne veux rien, pourtant tu n'es
pas esclave. Tu es intelligent, mais faible, te contentant de
comprendre et d'observer les courants et contre-courants de
ta vie, sans intervenir dans leur direction.

Je crois que l'Absolu t'a rendu pour jamais incapable de
t'éprendre des choses relatives, il t'a dégoûté de l'individualité, de ton individualité du moins. Tu n'as vécu dès lors que
par complaisance, ne pouvant prendre au grand sérieux une
manière de voir ou d'agir ou d'être, qui n'est qu'un point de
la série, qu'une forme de l'infini. C'est Hegel à qui tu dois
cette indifférence fondamentale, cette objectivité fatale à
la vie pratique, cette impossibilité de vouloir fermement ce
que tu ne peux croire qu'à demi vrai, bon, utile. Le besoin de

totalité t'a fait prendre en pitié le rôle de partie infinitésimale. Le sentiment de l'idéal, du parfait, de l'éternel, en un
mot de l'absolu, t'a découragé pour jamais. — Le devoir reste;
mais l'illusion enthousiaste a disparu. — Or le dévouement
sans un peu de retour, le travail sans un peu d'illusion sont
deux choses héroïques, et pour rester constamment héroïque,
il faut une foi ardente, une religion ferme, et foi et religion
vacillent perpétuellement chez toi. — *O du armer !*

Heidelberg, 10 octobre 1861 (dix heures et demie du soir). —
Après onze jours de voyage, me voici de nouveau, comme il y
a deux ans, sous le toit de mes amis W***, dans la maison
hospitalière assise au bord du Neckar, et dont le jardin monte
sur le flanc du Heiligenberg.

Heidelberg, 11 octobre 1861 (dix heures du matin). — Grand
soleil ; ma chambre est inondée de lumière et de chaleur.
Assis sur un charmant canapé de laine damassée, avec la vue
du Geisberg à ma droite, voilé d'ambre blanche, et la ville
à mes pieds, j'écris au murmure du Neckar, qui roule ses
ondes vertes, pailletées d'argent, droit au bas du balcon qui
tourne autour de tout l'étage où je suis logé. Une grande
barque, venant de Heilbronn, passe silencieusement sous
mes yeux, tandis que les roues d'une charrette que je n'aperçois pas se font entendre sur la route qui longe la rivière. Des
voix lointaines d'enfants, de coqs, de moineaux qui jouent,
la cloche de l'église du Saint-Esprit qui sonne l'heure, suffisent à mesurer, sans la troubler, la tranquillité générale de
cette nature. On sent doucement glisser les heures, et le temps
semble ici planer dans son vol plutôt que battre des ailes. Je
ne sais quelle paix monte au cœur. C'est depuis mon départ
le premier moment de rêverie et de recueillement proprement dit. Impression de grâce matinale et de fraîche poésie,
qui ressemble à l'adolescence et qui donne l'intuition du
bonheur germanique... Deux barques pontées, avec drapeau
rouge, chacune avec une suite de bateaux plats, remplis de
charbon de pierre, remontent le courant, manœuvrant pour
traverser l'arche du grand pont de pierre ; les chevaux de
halage ont de l'eau jusqu'au ventre, et un batelet se détache

pour leur porter le bout du câble. Je mets le nez à la fenêtre et je vois toute une perspective de bateaux qui voguent dans les deux sens ; le Neckar est animé comme un Corso, et déjà sur la pente de la montagne boisée que raient les fumées ondoyantes de la ville, le château étend son ombre comme une vaste draperie et dessine la silhouette de ses tours et de ses pignons. Plus haut, en face, la Molkenkur se profile en sombre, et sur la droite la carrière de grès rouge creuse dans la verdure son angle vif dont un côté est éclairé des rayons du soleil. Plus haut encore se détachent sur l'orient éblouissant les formes vaporeuses des deux tours-belvédères du Kaiserstuhl et du Trutz-Heinrich, séparées par un vallon sinueux.

Mais laissons le paysage. A l'intérieur que se passe-t-il ?... Le professeur W*** m'apprend que son *Handbuch* est déjà traduit en polonais, hollandais, espagnol, italien et français, et s'est tiré neuf fois en trois mille exemplaires. Sa grande *Histoire universelle* a déjà trois volumes publiés. Et pour faire tout cela, il n'a que quatre heures par jour, plus les jours de fête et les vacances. Cette capacité de travail est vraiment étonnante, et cette ténacité prodigieuse ! *O deutscher Fleiss !...*

Cette vie de savant piocheur et de compilateur érudit me trouble un peu. Je me sens si distrait, si partagé, si oublieux, que je n'éprouve qu'un sentiment d'ignorance et d'incompétence quand je me compare à ces fabuleux travailleurs, qui lisent, extraient, combinent tout et ne s'arrêtent jamais. Et à quoi bon tout ce labeur ? me demandé-je. A populariser les connaissances. Mon hôte a-t-il le temps de penser et de sentir ? Il ne semble pas. Son esprit est en quelque sorte un mécanisme à moudre les livres et à faire d'autres ouvrages avec la mouture. Son œuvre principale à mon gré est d'avoir élevé une belle famille par son travail, et rendu service à l'enseignement général de l'histoire. Son mérite est la *Gründlichkeit*, son talent l'ordonnance pratique et la clarté, son attrait personnel la cordiale honnêteté. Mais on ne peut récolter auprès de lui l'ombre d'une idée originale : voilà le revers de la médaille.

9 novembre 1861. — Temps chaud, bonne pluie molle, air

velouté. Éprouvé le bonheur de ne pas sentir mon corps, c'est-à-dire d'être en santé complète. Mon tempérament change-rait-il insensiblement ? Moi qui préférais l'air sec et le vent du nord à tous les autres temps, finirais-je par m'accommo-der mieux du temps humide et tiède, et des brises méridio-nales ? Observé le contraire pour mon régime. A la passion des douceurs, du laitage, des mets peu épicés, a succédé le goût des choses plus fortes et des condiments relevés. Ainsi mon estomac se virilise et mes nerfs se féminisent. Toujours compensation, balancement, récurrence. Nos divers systèmes organiques parcourraient donc chacun l'orbite des dispo-sitions différentes et en sens contraire les uns des autres. Ainsi l'homme qui a vécu soixante ans a parcouru, à son insu, le cycle des tempéraments et desgoûts ; sa révolution générale autour du centre de la vie se compose d'une foule de révolu-tions et d'épicycles subordonnés. — Je me rappelle aussi la série de mes préférences acoustiques : d'abord la voix de soprano, puis celle de basse, puis le ténor, puis l'alto. Mainte-nant c'est le baryton, ou plutôt l'absence de préférence, et l'objectivité qui l'emporte. — Conséquence : le développe-ment de notre nature inconsciente suit les lois astronomiques de Ptolémée. Tout est changement, cycle, épicycle, et mé-tamorphose, dans le microcosme et dans le macrocosme.

Chacun possède donc en soi les analogies et les rudiments de tout, de tous les êtres et de toutes les formes de la vie. Qui sait donc surprendre les petits commencements, les ger-mes et les symptômes, peut retrouver en soi le mécanisme universel, et deviner par intuition les séries qu'il n'achèvera pas lui-même : ainsi les existences végétales, animales, les passions et les crises humaines, les maladies de l'âme et celles du corps. L'esprit subtil et puissant peut traverser toutes les virtualités à l'état ponctuel, et de chaque point faire sor-tir en éclair la monade, c'est-à-dire le monde qu'il renferme. C'est là prendre conscience et possession de la vie générale et rentrer dans le sanctuaire divin de la contemplation.

12 novembre 1861. — Bilac, dit Mustapha, dit caporal Trim, dit Suçon, autrement dit notre petit chat zébré, vient de sauter sur ma plume qui traçait la date, et m'a fait faire toutes les taches possibles dans cette page. Actuellement il est en arrêt et cherche à comprendre cet art maudit inventé par Cadmus. Dans sa colère d'y perdre sa peine, il griffe encore, mais ô douleur ! il glisse sur le bord du pupitre, entraîne l'*Anthropologie* de Fichte et tombe avec le philosophe en faisant une mine de naufragé. Sa honte me délivre de lui, et il va sur mon sofa faire d'énormes cabrioles à la poursuite impossible de sa queue. C'est un vrai tourbillon.

Mais je suis mécontent de moi. Hier, couché à dix heures, parce que les yeux me cuisaient, j'espérais être levé à six heures ce matin, et je ne me suis éveillé qu'à sept heures et demie. Ainsi, dormi comme un enfant, comme un loir, comme une marmotte... Quelle vie mal employée que la mienne, par sottise, par mollesse et par timidité ! Beaucoup lu et travaillé jadis, beaucoup dormi et flâné maintenant : à quoi le tout a-t-il servi ?... Décidément Bilac est fou de gaieté. Il met tout sens dessus dessous parmi les livres, les papiers entreposés sur ma table ronde au tapis rouge. Il a précipité l'*Amour* de Michelet, et jongle les quatre fers en l'air, avec une enveloppe bleue.

> Bilac est de ces chats qui, les livres rongeant,
> Se font savants jusques aux dents.

La chasse continue et recommence, avec mille ruses, bonds, dos ronds, entrechats et pirouettes. C'est vraiment risible. A peine si les écoliers s'amusent plus à cœur joie ; mais cet écolier-ci est muet. Il manque à ses ébats le rire, le rire vivant, joyeux , sonore, et, à tout prendre, ces jeux muets ont encore l'air plus fou qu'autre chose. Le mutisme est sinistre.

25 novembre 1861. —Comprendre un drame, c'est la même opération mentale que comprendre une existence, une biographie, un homme : c'est faire rentrer l'oiseau dans son œuf, la plante dans sa graine, et reconstituer toute la genèse de l'être en question. L'art n'est que la mise en relief de la pensée obscurcie de la nature ; c'est la simplification des lignes et le dégagement des groupes invisibles. Le feu de l'inspiration fait ressortir les dessins tracés à l'encre sympathique. Le mystérieux devient évident, le confus devient

clair, le compliqué devient simple, le fortuit devient nécessaire. Bref l'art révèle la nature en traduisant ses intentions
et formulant ses volontés (l'idéal). Chaque idéal est le mot
d'une longue énigme. Le grand artiste est un simplificateur.

13 janvier 1862. — J'ai reconquis cette année deux personnes qui s'étaient depuis longtemps brouillées avec moi...
La douceur patiente et la constante bonne volonté finissent
par dissoudre la glace et la pierre de l'indifférence ou du
préjugé. Heureux de ne détester et de n'envier personne, je
suis encore plus heureux de vaincre la malveillance et de
regagner les cœurs vindicatifs ou injustement détournés de
moi. C'est un peu la joie que donne la brebis perdue et re-
trouvée. Chacun n'est-il pas le berger des affections qui sont
venues à lui, ou qu'il a lui-même conquises par l'amitié,
la parenté, la publicité, le voyage, par le hasard ou le choix ?
et la consolation de la vie n'est-elle pas d'arriver au soir de
ses jours avec son troupeau agrandi et complet ? Faites-vous
un trésor invisible, dit l'Évangile. Après les bonnes œuvres,
qu'est-ce qui compose ce trésor, sinon les attachements,
les amitiés, les tendresses, les gratitudes, bref, les affections
que nous avons su faire et conserver ? Pour moi, si je n'ai
dressé aucun monument qui éternise ma mémoire, si je n'ai
rien fait pour le monde et la postérité, j'aurai peut-être
laissé, dans un certain nombre de cœurs, trace de mon passage ici-bas. Ma seule statue sera dans le souvenir de quelques âmes fidèles ; ma seule oraison funèbre dans quelques
larmes secrètes de ceux qui m'auront aimé. C'est encore une
belle part ; et je songe, avec une émotion de douce reconnaissance, à la précieuse guirlande d'amitiés sérieuses et
même passionnées qui entourent déjà mon nom obscur et
fleurissent dans mon souvenir. Malgré ma timidité, ma réserve, ma défiance, j'ai été richement favorisé de sympathie, et j'ai vu s'ouvrir à moi bien des consciences et des
caractères différents. — Je me rappelle à ce propos que des
personnes que j'ai à peine connues se sont parfois attachées
intimement à moi... tellement que j'ai cessé de m'étonner
et de douter. On fait pour moi exception aux règles, et le
sanctuaire des pensées féminines cachées s'est dévoilé spon-

spontanément et bien souvent pour mes regards. Cette apocalypse volontaire m'a fait un rôle de confident assez étrange, mais d'une délicatesse ravissante. J'ai déjà lu des journaux intimes, et dirigé plusieurs néophytes et quelques jeunes pénitentes. On se sent avec moi compris, deviné, abrité, et la confiance (que je ne trahis jamais) est souvent devenue sans bornes, jusqu'à m'embarrasser fort. Que d'enfants aussi de tous les âges m'aiment et se donnent à moi ! Je n'aurai garde de les oublier dans le dénombrement de mes affections et de mes bienfaiteurs. Au fond, la bonté a les promesses de la vie présente comme de la vie éternelle. Elle délivre l'âme des chagrins causés par les mauvaises passions ; elle donne le contentement et par-dessus le compte elle procure souvent la reconnaissance et l'amour du prochain. Il est si doux d'être bon que ce n'est plus méritoire du tout. Le plus touchant et peut-être le plus grand attribut de Dieu n'est-ce pas la Bonté ? Vivre en paix avec le bon Dieu c'est la joie de la joie, c'est la base même du bonheur, c'est la religion de l'enfant et du vieillard, et le sommaire du credo et des vœux du penseur.

3 février 1862. — Rien fait de consistant ; et je me sens la tête cassée. Je suis, je crois, devenu incapable de composer. Relisant douze fois chaque ligne, je tue la verve et ne puis avancer. Hors de mon journal et de ma correspondance, où ma plume court la bride sur le cou, je ne puis écrire ; l'anxiété m'étouffe et chaque mot s'arrête comme une épine au gosier. Loin de porter un ensemble, un chapitre dans ma pensée, je n'aperçois pas même une période ; concentré dans le bec de ma plume et dans le mot qu'elle trace, je ne vois qu'au bout de mon nez, et le souffle et le coup d'aile et l'inspiration et la faconde s'en vont, comme la gaieté et la sincérité. Ce tic abominable de m'emprisonner l'esprit par les yeux dans les caractères que ma main griffonne m'ôte le peu de mémoire et d'élan qui me restaient encore. A chaque seconde, je reperds la vitesse acquise, la chaleur rassemblée, le mouvement d'idées commencé, en sorte que je suis toujours vide, dénué, immobile. Je ne puis retenir ni accumuler rien en moi. Ce *fluxus perpetuus* est la raison de ma stérilité. Ma vitalité s'évapore fatalement, sans pouvoir se recueillir assez pour féconder une idée ou une volonté. Mon cerveau est trop débile pour s'imprégner fortement ; aussi n'est-il pas capable de concevoir ni d'enfanter une œuvre, il est en prurit de curiosité, mais en avortement de production.

Comme je l'ai reconnu depuis bien des années, la critique de moi-même est devenue le corrosif de toute spontanéité oratoire ou littéraire. J'ai manqué à mon principe de *faire la part du mystère*, et mon châtiment est l'impuissance d'engendrer. Le besoin de connaître retourné sur le moi est puni, comme la curiosité de Psyché, par la fuite de la chose aimée. La force doit rester mystérieuse à elle-même ; dès qu'elle pénètre dans son propre mystère, elle s'évanouit. La poule aux œufs d'or devient inféconde dès qu'elle veut savoir pourquoi ses œufs sont d'or. — La conscience de la conscience est le terme de l'analyse, disais-je dans les *Grains de mil*, mais l'analyse poussée jusqu'au bout se dévore elle-même comme le serpent égyptien. Il faut lui donner une matière extérieure à moudre et à dissoudre, si l'on veut empêcher sa destruction par son action sur elle-même. Nous sommes et devons être obscurs pour nous-mêmes, disait Gœthe, tournés vers le dehors et travaillant sur le monde qui nous entoure. Le rayonnement extérieur fait la santé ; l'*intériorisation* trop continue nous ramène au point, au néant, état malsain car il nous supprime, et les autres en profitent pour nous supprimer. Mieux vaut dilater sa vie, l'étendre en cercles grandissants, que de la diminuer et de la restreindre obstinément par la contraction solitaire. La chaleur tend à faire d'un point un globe, le froid à réduire un globe à la dimension d'un atome. Par l'analyse je me suis annulé.

Il serait temps de me refaire un corps, un volume, une masse, une existence réelle, au sortir du monde vague, ténébreux et froid que se fait la pensée isolée. Il serait bon de remonter la spirale qui m'a enroulé jusqu'à mon centre. Il conviendrait de retourner mes réflecteurs, qui se réfléchissent l'un dans l'autre indéfiniment, vers les hommes et les choses. Les hibernants arrivés à l'extrême maigreur pour n'avoir, pendant leur long sommeil, léché que leurs pattes, doivent aller aux provisions quand ils se réveillent. Rêveur, sors de la caverne, va aussi à la provende. Assez longtemps tu t'es caché, retiré, refusé. Songe à vivre.

Mornex-sous-Salève, 22 avril 1862. — Éveillé par le ramage des oiseaux à quatre heures trois quarts, je vois au ciel, en ouvrant mes volets, le croissant orangé de la lune qui regardait ma fenêtre tandis que l'orient blanchissait à peine. Une heure plus tard, je m'habille. Promenade délicieuse. Anémones encore fermées, pommiers en fleurs :

> Ces beaux pommiers couverts de leurs fleurs étoilées,
> Neige odorante du printemps.

Vue ravissante. Sentiment de fraîcheur et de joie. Nature en fête. Il n'a manqué que ces senteurs d'une amertume suave (probablement de cyclamens invisibles) qui hier, quand je remontais le petit Salève, ont caressé plus d'une fois ma narine. En revanche, un rameau de lilas, placé dans un verre d'eau fraîche, embaume la table à écrire que j'ai adossée au mur pour la convertir en pupitre incliné. — J'ai déjeuné, lu deux numéros de la *Presse*, une pièce de vers d'Aubryet (Au Printemps), sentiment juste, style-pétrone, et me voici. Paix aux morts ; mais il est doux aujourd'hui de vivre, et la reconnaissance a ses hymnes comme la foi. Il va sans dire que nos dames sont encore sous l'horizon, et que je les plains de perdre deux ou trois belles heures.

(Onze heures.) — Préludes, gammes, études, tapotements entrecoupés du piano sous mes pieds. Voix d'enfants au jardin. — Je viens de parcourir quatre numéros de la *Revue des Deux Mondes*, de cette année. Articles Saisset (Spinoza et les juifs) ; Taillandier (Sismondi — la philosophie suisse) ; Mazade (les Femmes en littérature, à propos de Mme de Sévigné et Mme Svetchine) ; Laugel (Analyse chimique du soleil) ; Rémusat (La critique théologique et sa crise en France). — Tous ces messieurs me rappellent le mot de Scherer : « Je me sens ici comme un borgne dans le pays des aveugles ». — Ce que par modestie j'ai habituellement pris

pour la réticence de la supériorité, n'est chez les grands me-
neurs de la pensée moyenne en France qu'inculture frivole et superficialité positive. Leur développement moral,
psychologique, esthétique, religieux, philosophique a peu
de profondeur. Leur jugement n'a pas grande portée ni en
avant, ni en arrière, ni comparativement. — Scherer est un
critique supérieur en culture à MM. Taillandier, Montégut,
Rémusat, Saisset, etc. Il a la vue plus juste que Taine. Mais
il a moins d'idées que Renan et moins de flexibilité que
Sainte-Beuve. La théologie et la philologie sont les grandes
écoles de perspicacité. — Je comprends pourquoi Scherer
voudrait me lancer dans son monde. Au fond, il se sent
médiocrement compris, et nous nous entendrions bien. —
« L'essentiel, c'est d'avoir l'esprit bien fait », dit Mme de Sévigné. La borne de l'esprit français, c'est l'insuffisance de
son alphabet spirituel qui ne lui permet pas de traduire
l'âme grecque, germanique, espagnole, etc., sans en dénaturer
l'accent. L'hospitalité des mœurs de la France ne se complète
pas par l'hospitalité réelle de la pensée. Sa pensée est, comme
son idiome, séparée de la sève vivante et naturelle et enfermée
dans le monde conventionnel de la civilisation apprise.
Versailles s'expie toujours. Ce tour d'esprit détaché, où le
mot, l'idée et le sentiment de l'auteur et du lecteur restent
en dehors des choses, ce cartésianisme indélébile, où la
pensée ne s'identifie jamais à la nature, et pour lequel
l'unité du regard paraît strabisme, fait la compensation de
l'esprit de sociabilité. On n'ose penser par soi-même ;
fusion de l'individu avec la masse humaine ; en revanche,
on se sent toujours extérieur aux choses qu'on examine :
dualisme de l'objet et du sujet. — Je suis, tout au contraire,
individuel en face des hommes, objectif en présence des
choses. Je m'attache à l'objet dont je me pénètre ; je me
détache des sujets dont je me défends. Je me sens différent
des foules et semblable à la nature dans son ensemble. Je
m'affirme dans mon unité sympathique avec la vie que j'aime
à comprendre et dans ma négation de la banalité tyrannique
du vulgaire. Les cohues imitatrices m'inspirent autant de
répulsion secrète que la moindre existence spontanée et
vraie (l'animal, la plante, l'enfant) m'inspire d'attrait. Je

me sens en communauté d'esprit avec les Gœthe, les Hegel, les Schleiermacher, les Leibniz, bien opposés pourtant entre eux, tandis que les philosophes français, rhéteurs ou géomètres, malgré leurs hautes qualités, me laissent froid, parce qu'ils ne portent pas en eux la somme de la vie universelle, qu'ils ne dominent pas la réalité complète, qu'ils ne süggèrent rien, qu'ils n'agrandissent pas l'existence, qu'ils m'emprisonnent, me dessèchent ou me mettent en défiance. — Ce qui manque toujours aux Français, c'est le sens de l'infini, l'intuition de l'unité vivante, c'est la perception du sacré, l'initiation aux mystères de l'être. Ils sont habiles et profanes, parce qu'ils sont superficiels et calculateurs. — Du point de vue français restent inexplicables toutes les choses profondes, la vraie poésie, la vraie philosophie, la vraie religion ; et quand le panthéisme devient français, il est ridicule et dépaysé, et par conséquent vicieux parce qu'il n'a pas de contrepoids. — Ce qu'il faut demander aux Français, c'est la construction des sciences spéciales, l'art d'écrire un livre, le style, la politesse, la grâce, les modèles littéraires, l'urbanité exquise, l'esprit d'ordre, l'art didactique, la discipline, l'élégance, la vérité de détail, la mise en scène, le besoin et le talent du prosélytisme, la vigueur des conclusions pratiques. Mais pour voyager dans l'*Inferno* ou le *Paradiso*, il faut d'autres guides ; eux restent sur la terre, dans la région du fini, du changeant, de l'historique et du divers. La catégorie du mécanisme et la métaphysique du dualisme sont les deux sommets de leur pensée. Pour en sortir, ils se font violence et manient gauchement des locutions qui ne correspondent à aucun besoin réel de leur nature.

Mornex, 23 avril 1862. — Relu avec enchantement un grand nombre de pièces des *Contemplations* : quelle richesse inépuisable et quelle intarissable fontaine d'images et de sensations et de sentiments que les œuvres de ce poète ! L'auteur est bien la lyre éolienne que font vibrer, chanter, palpiter tous les souffles de la nature et de la passion. Tous les trésors de Golconde sont misère auprès de ses monceaux de pierreries et de ses myriades de médailles étincelantes.

Mornex, 24 avril 1862 (onze heures et demie). — Paix profonde, silence des montagnes en dépit d'une maison pleine et d'un village proche. On n'entend que le bruit de la mouche qui bourdonne. Ce calme est saisissant. Il pénètre jusqu'aux moelles. Le milieu du jour ressemble au milieu de la nuit. La vie semble suspendue alors qu'elle est le plus intense. C'est comme les silences dans le culte ; ces moments sont ceux où l'on entend l'infini, où l'on perçoit l'ineffable. Gratitude, émotion, besoin de partager mon bonheur. Hugo vient encore de me faire parcourir des mondes, puis ses contradictions me font songer à L. T*** dans la maison voisine, le chrétien ardent, convaincu. Le même soleil inonde et le livre et la nature, et le poète douteur et le prédicateur croyant, et le rêveur mobile, qui au milieu de toutes ces existences se laisse bercer à tous les souffles, et jouit, étendu dans la nacelle de son ballon, de flotter à la dérive dans tous les mouillages de l'éther et de sentir passer en lui tous les accords et dissonances de l'âme, du sentiment et de la pensée. — Paresse et contemplation ! sommeil du vouloir, vacances de l'énergie, indolence de l'être, comme je vous connais ! Aimer, rêver, sentir, apprendre, comprendre, je puis tout, pourvu qu'on me dispense de vouloir, qu'on m'affranchisse de l'ennui et de l'effort d'agir. C'est ma pente, mon instinct, mon défaut, mon péché. J'ai une sorte d'horreur primitive pour l'ambition, pour la lutte, pour la haine, pour tout ce qui disperse l'âme en la faisant dépendre des choses et des buts extérieurs. Je suis plus méditatif et contemplatif qu'autre chose, et la joie de reprendre conscience et possession de moi-même, de savourer ma liberté, d'entendre bruire le temps et couler le torrent de la vie universelle, suffit parfois pour me faire oublier tout autre désir. Cette apathie sensitive a fini par éteindre en moi le besoin de production et la force d'exécution. L'épicuréisme intellectuel menace continuellement de m'envahir. Je ne puis le combattre que par l'idée du devoir.

> Ceux qui vivent, ce sont ceux qui luttent ; ce sont
> Ceux dont un destin ferme emplit l'âme et le front,
> Ceux qui d'un haut destin gravissent l'âpre cime,
> Ceux qui marchent pensifs, épris d'un but sublime,

> Ayant devant les yeux sans cesse, nuit et jour,
> Où quelque saint labeur ou quelque grand amour [1].

Mornex, 25 avril 1862 (cinq heures). — Après midi causé longtemps avec Mme M. C***. Je lui fais ôter son voile bleu, et mettre mes lunettes fumées pour ses yeux malades, ce dont elle se trouve déjà mieux au bout d'une demi-heure. Un peu de cordialité familière s'introduit enfin dans nos relations à tous. Mes aptitudes de garde-malade se réveillent.

Relu quelques chants de *Jocelyn*. Ils m'ont mis tout en larmes (le chien, la mort de la mère, séparation d'avec Laurence, la rencontre à Paris, la mort de Laurence). C'est admirable !

> Ah ! malheur à qui voit devant ses yeux passer
> Une apparition qui ne peut s'effacer !
> Le reste de ses jours est bruni par une ombre ;
> Après un jour divin, mon père, tout est sombre.

Ces pages m'ont retransporté à Villars, à Glion, et plongé dans les rêveries nostalgiques.

> Dirai-je mon bonheur, ou mon malheur, hélas ?
> Fit descendre du ciel un ami sur mes pas...
> ....
> Météore qui donne à l'âme un jour céleste,
> Et de la vie après décolore le reste.

(IXe époque.)

Et ailleurs :

> Il se fit de la vie une plus mâle idée :
> Sa douleur d'un seul trait ne l'avait pas vidée ;
> Mais, adorant de Dieu le sévère dessein,
> Il sut la porter pleine et pure dans son sein,
> Et, ne se hâtant pas de la répandre toute,
> Sa résignation l'épancha goutte à goutte,
> Selon la circonstance et le besoin d'autrui,
> Pour tout vivifier sur terre autour de lui [2].

C'est la vraie poésie, que celle qui vous élève vers le cie et vous pénètre de l'émotion divine ; que celle qui chante l'amour et la mort, l'espérance et le sacrifice, et fait sentir

---

1. VICTOR HUGO, *Les Châtiments.*
2. Épilogue de *Jocelyn.*

l'infini. *Jocelyn* me donne toujours des tressaillements de tendresse, qu'il me serait odieux de voir profaner par l'ironie. Cette tragédie du cœur n'a d'analogue en français, pour la pureté, que *Paul et Virginie*, et je ne sais pas si je ne préfère point *Jocelyn*. Pour être juste, il faudrait les relire en même temps.

Mornex, 28 avril 1862 (six heures). —... Encore un jour qui baisse. Sauf le Mont-Blanc, toutes les montagnes sont déjà ternies et décolorées. Le frais du soir succède aux ardeurs de l'après-midi. Le sentiment de l'implacable fuite des choses, de l'emportement irrésistible des jours me saisit de nouveau

> Nature au front changeant, comme vous oubliez !

et m'oppresse. En vain nous crions avec le poète : O temps, suspends ton vol !... Et quelles journées voudrions-nous retenir des deux mains ? Non pas seulement les journées de bonheur, mais les journées perdues. Les unes laissent au moins un souvenir, les autres laissent un regret, presque un **remords**.

(Onze heures.) — Coup de vent. Quelques nuages au firmament. Le rossignol se tait. En revanche la rivière et le grillon chantent encore.

18 mai 1862 (dix heures du soir). — Rentré depuis une heure, le cœur léger et hilare, je viens de chanter méli-mélo tous les airs du monde à gorge déployée dans ma chambre solitaire. D'où cette gaieté ? D'une après-midi salubre, en société débonnaire, et d'un ensemble d'impressions douces. J'aimais tout autour de moi et ma sympathie me revenait en affection. Tout mis en train chez les G***, dans leur nouvelle campagnette du Petit-Lancy, les parents, les enfants et les hôtes ; chanté, ri, joué au ballon, aux plaques, aux quatre coins, folâtré. Bref rentré dans la simplicité enfantine, dans la joie naïve et élémentaire que j'aime tant, qui fait tant de bien. Je sentais l'influence irrésistible et conquérante de la bonté. Elle multiplie la vie, comme la rosée multiplie les fleurs. — A souper, la société s'est amusée à me caractériser. On a déclaré que si mes écrits étaient sérieux, graves, difficiles, c'est-à-dire allemands (*sic*), mon caractère était gentil, aimable et tout à tous. Ces deux messieurs m'admirent même positivement, pour ma manière d'être avec les enfants, et prétendent que je ferais un délicieux mari...

Je me sens encore des trésors de candeur, d'honnêteté, de pureté, de dévouement, pour l'époque où la vie à deux et la paternité viendraient à les réclamer. Je n'ai aucune ambition mondaine ; la vie de famille et la vie de l'intelligence sont les seules qui me sourient. Aimer et penser sont mes seuls besoins exigeants et indestructibles. — Avec l'esprit subtil, retors, complexe et caméléon, j'ai le cœur enfant ; je n'aime que la perfection ou le badinage, les deux extrêmes opposés. Les vrais artistes, les vrais philosophes, les vrais religieux ne s'arrangent guère qu'avec la simplicité des tout petits enfants ou la sublimité des chefs-d'œuvre, c'est-à-dire avec la nature pure ou le pur idéal. Dans ma pauvreté je sens pourtant de même. Tout l'entre-deux me fait sourire, et je m'en accommode par bonté, mais mon goût est ailleurs. — Demi-science, demi-talent, demi-délicatesse, demi-élégance, demi-mérite, voilà le monde, et qu'en faire de ce monde sinon une école de patience et de douceur ? Pour l'admiration, il n'y a pas place. — Mais pour la bonté, je n'ai plus ni critique, ni résistance, ni réserve ; je lui pardonne tout parce qu'elle passe avant tout. J'ai faim et soif de simple bonté, parce que la moquerie, le soupçon, la malveillance, la jalousie, l'amertume, les jugements téméraires, la malice corrosive usurpent aujourd'hui une place grandissante et font dans la société la guerre de tous contre presque tous, et dans la vie privée l'aridité du désert.

9 août 1862. — On vient d'observer au microscope les infusoires de la noix vomique et ceux du nitrate d'argent ; ainsi la destruction est peuplée, le poison est animé, ce qui tue fait vivre : pourquoi pas ? Le sépulcre fourmille, l'ordure d'un être est l'ambroisie d'un autre, la mort est la fécondité même. La fable de la salamandre immortalise cette vue de la nature. On doit imaginer un monde qui ferait l'inversion de celui-ci ; et ce monde s'aperçoit déjà dans les interstices du nôtre. Le néant seul n'est point.

L'appétit se reforme en dépit des horreurs de la nausée,
l'illusion aussi malgré les désenchantements, l'attrait voluptueux aussi malgré les secrets dégoûts de la possession, et
la passion aussi malgré les lumières de la passion à jeun.
C'est la *vis medicatrix* de la nature qui opère. La vie qui veut
s'affirmer en nous tend à se restaurer sans nous ; elle répare
elle-même ses brèches, elle raccommode ses toiles d'araignée
après leur déchirure, elle rétablit les conditions de notre
bien-être ; elle retisse le bandeau sur nos yeux, ramène
l'espérance dans nos cœurs, réinfuse la santé dans nos organes, redore la chimère dans nos imaginations. — Sans cela
l'expérience nous aurait éraillés, usés, blasés, flétris sans
remède, longtemps avant l'heure, et l'adolescent eût été
plus vieux qu'un centenaire. — Notre partie la plus sage
serait donc celle qui s'ignore ; ce qui est le plus raisonnable
dans l'homme c'est ce qui ne raisonne pas ; l'instinct, la
nature, l'activité divine et impersonnelle nous guérissent
de nos folies personnelles ; le *genius* invisible de notre vie
ne se lasse pas de fournir l'étoffe aux prodigalités de notre
moi. La base essentielle, maternelle de notre vie consciente,
c'est notre vie inconsciente que nous n'apercevons pas plus
que l'hémisphère extérieur de la lune n'aperçoit la terre,
tout en lui étant invinciblement et éternellement lié. C'est
notre ἀντίχθων, pour parler avec Pythagore.

Paris, 17 octobre 1862. — J'ai vu combien j'ai changé
depuis une dizaine d'années, et comme la volupté ou la
curiosité des sens a augmenté de prise sur moi. Scrupules
et répugnances s'en sont envolés, et la sensualité de l'imagination a remplacé la pruderie puritaine. Bref, je comprends
mieux le culte du plaisir, la religion de Vénus et de Bacchus,
le paganisme naïf et joyeux. Je sympathise mieux avec le
Tannhäuser et Hélios, depuis que je sens la force sophistique
et décevante de la tentation, et que je résiste moins à la
Bonne Nature de Montaigne. Dans ma pauvre petite sphère,
je suis assis comme Renaud dans les jardins d'Armide. Je
fuis la peine, la lutte, l'héroïsme, et je file en efféminé la
quenouille d'Omphale. —La victoire sur la chair, sur le
monde, sur le péché, c'est-à-dire le triomphe de la croix, le

couronnement du martyre, la glorification de la douleur,
ce mot d'ordre du christianisme ne m'est plus guère présent
à la conscience. Je vais suivant le regard de mes yeux et
l'instinct de mon cœur, à l'aventure, à l'abandon, sans principe ferme, sans conviction, en sceptique indolent. Ma punition, c'est la faiblesse et l'impuissance. — Me voici revenu
à l'épicuréisme de l'époque impériale, à la mollesse de la
décadence. La crise de la foi nouvelle, la passion de la mort
et de la sainteté, qui sauva et enthousiasma le monde il y a
dix-huit siècles, doit être recommencée dans chaque existence
paganisée, c'est-à-dire retombée sous la puissance terrestre
et naturelle. Le dévouement à l'immortel, à l'invisible, à
l'idéal, au divin, le sacrifice noble de la chair en faveur de
l'âme, est le signe de la rédemption spirituelle. La prière est
son moyen. *(Une heure et quart du matin, au retour de
l'Opéra.)*

7 novembre 1862. — Combien l'éternel sourire de la critique
indifférente, combien cette moquerie sans entrailles qui
corrode, persifle et démolit tout, qui se désintéresse de tout
devoir personnel, de toute affection vulnérable et qui ne tient
qu'à comprendre sans agir, combien cette contemplation
ironique est malfaisante, contagieuse et malsaine ! Au fond,
je la trouve immorale, comme le pharisaïsme, car elle ne
prêche pas d'exemple et impose aux autres les fardeaux qu'elle
repousse pour elle-même. Elle est insolente, car elle feint la
science, tandis qu'elle n'est que le doute. Elle est funeste,
car son rire voltairien ôte le courage, la foi, l'ardeur à ceux
qui en ont encore,

> Rire de singe assis sur la destruction.

> (ALFRED DE MUSSET.)

Le criticisme devenu habitude, tic et système, c'est l'abolition de l'énergie morale, de la foi et de toute force. Un de
mes penchants m'y conduit ; mais je recule devant les
résultats quand j'en rencontre des types bien plus nets que
moi-même. Et au moins, je n'ai pas à me reprocher d'avoir
jamais essayé de ruiner la force morale chez les autres. Mon

respect de la vie me l'a interdit, et ma défiance de moi-même m'en a même ôté la tentation.

Ce genre d'esprit est bien dangereux chez nous, car il caresse tous les mauvais instincts, l'indiscipline, l'irrévérence, l'individualisme égoïste, et il aboutit à l'atomisme social... Les négatifs ne sont inoffensifs que dans de grands organismes politiques qui vont sans eux et malgré eux. En se multipliant parmi nous, ils feront crouler toutes nos petites patries, car les petits États ne vivent que de foi et de volonté. Malheur si la négation domine, car la vie est une affirmation ; et une société, une patrie, une nation est un tout vivant qui peut mourir. —Point de peuple possible sans préjugés, car l'esprit public, la tradition, sont autant de réseaux de croyances acquises, admises, continuées, sans démonstration évidente, sans discussion. Pour agir, il faut croire ; pour croire, il faut se décider, trancher, affirmer, et au fond préjuger les questions. Est impropre à la vie pratique, celui qui ne veut agir qu'en pleine certitude scientifique. Or, nous sommes faits pour agir, car nous ne pouvons décliner le devoir ; donc il ne faut pas condamner le préjugé tant qu'on n'a que du doute à mettre à sa place, et il ne faut pas rire de ceux qu'on serait incapable de consoler. Voilà mon point de vue.

8 janvier 1863. — Ce soir, j'ai relu le *Cid* et *Rodogune.* Mon impression est encore mixte et confuse. Il y a beaucoup de désenchantement dans mon admiration et de réserve dans mon entraînement. Ce qui me déplaît dans ce théâtre, c'est l'abstraction toute mécanique des caractères, et le ton de matamore et de virago des interlocuteurs. Je pensais vaguement à des marionnettes gigantesques, pérorant par truchement avec l'emphase espagnole. C'est puissant, mais on a devant soi des idoles héroïques plutôt que des êtres humains. Le je ne sais quoi d'artificiel, de pompeux, de tendu, de guindé, qui est la misère de la tragédie française, y apparaît décidément, crie et grince comme les poulies et les cordes de ces colosses majestueux. Il est curieux de voir la greffe des défauts de la décadence (Sénèque et Lucain) sur une nature candide et jeune. — En un mot, le bon et le mauvais se retrouvent mélangés dans ces chefs-d'œuvre, et je préfère

beaucoup, à première vue, Racine et Shakespeare, l'un pour
la sensation esthétique, l'autre pour la sensation psychologique. Le théâtre méridional ne peut se dégager des masques.
Or je m'arrange des masques comiques ; mais pour les héros
sérieux, le type abstrait, le masque est impatientant. On rit
avec les personnages de carton ou de fer-blanc ; je ne sais
pleurer qu'avec les vivants ou ce qui leur ressemble. L'abstraction tourne aisément à la caricature ; elle engendre
l'ombre chinoise et le pantin, le fantoche et le masque. C'est
la psychologie du premier degré, comme les images coloriées
d'Allemagne sont de la peinture élémentaire. — Et avec
cela, un raffinement parfois sophistique ou alambiqué : les
sauvages ne sont nullement simples. — Le beau côté, c'est
la vigueur mâle, la franchise intrépide des idées, des mots
et des sentiments. Pourquoi faut-il que pas mal de grandeur factice se mêle à la grandeur vraie, dans ce théâtre de
1640 d'où devait sortir tout le développement théâtral de la
France monarchique ? Le génie est là, mais une civilisation
conventionnelle l'enveloppe, et on a beau faire, on ne porte
pas la perruque impunément ; l'idéal français est plutôt un
placage de la nature que son éclosion dernière. Le naturel
gaulois n'arrive au beau que par emprunt, j'allais dire que
par singerie. La tragédie n'est pas l'expression du génie
national. C'est une importation pédante, une imitation de
l'antique. — Le formalisme est le vice originel des littératures de bonne façon.

10 janvier 1863. — Le bonheur le plus direct et le plus sûr
pour moi, c'est la société des femmes. Dans ce milieu, je me
dilate immédiatement comme un poisson dans l'eau, comme
un oiseau dans l'air. Bref, c'est mon élément naturel et nous
nous entendons à merveille réciproquement. Est-ce la récompense de ma longue intimidation devant le sexe ? Est-ce
une variété de l'électricité par induction ? toujours est-il
que la théorie chevaleresque se réalise pour moi et que
l'attrait féminin électrise, exalte en moi toutes les facultés
désintéressées. Je ne désire nullement conquérir et m'approprier, mais je me sens épanouir et rayonner par amour
général, par pure sympathie, et la verve afflue alors en moi.

Das Ewig-weibliche zieht uns hinan. — Quel dommage que les occasions en soient si rares, et qu'elles manquent à celui qui est le moins blasé là-dessus !

13 janvier 1863. — Lu *Polyeucte* et la *Mort de Pompée.* Malgré qu'on en ait, le grandiose de Corneille vous réconcilie avec son emphatique roideur et sa trop ingénieuse rhétorique. Mais c'est ce genre dramatique qui est faux, et le goût français, qui est oratoire et théâtral, apparaît dès les premiers chefs-d'œuvre de sa période classique. La majesté a toujours, ici, quelque chose de factice, d'outré, de conventionnel. La France paie en littérature la rançon de son royalisme. Ses héros sont des rôles plutôt que des hommes : ils posent la magnanimité, la vertu, la gloire, bien plus qu'ils ne la réalisent ; ils sont toujours en scène, regardés par les autres ou par eux-mêmes. Chez eux, la *gloire*, c'est-à-dire la vie solennelle et l'opinion du public, remplace le naturel, devient le naturel. Ils ne parlent que *ore rotundo*, en cothurne et parfois en échasses. Et quels avocats consommés ! Le drame français c'est un tournoi oratoire, un plaidoyer continuel, dans une journée où quelqu'un va mourir et où tous les personnages se dépêchent de profiter de la parole avant que l'heure fatale du silence ne sonne. Ailleurs la parole sert à faire comprendre l'action ; dans la tragédie française, l'action n'est qu'un motif honnête à parler, c'est le procédé destiné à extraire les plus beaux discours des gens engagés dans l'action, et qui l'aperçoivent à ses divers moments ou sous ses diverses faces. Ce qui est vraiment curieux et amusant, c'est que le peuple le plus vif, le plus gai et le plus spirituel ait toujours entendu le genre noble de la façon la plus gourmée et la plus pompeuse. Mais c'était inévitable. Faute de la dignité personnelle, je veux dire intérieure, il lui faut de l'apparence fastueuse. La façon lui a toujours tenu lieu de la substance, et le plaqué du solide. Nation sociable, elle vit au dehors et par le dehors. Sa psychologie est faite de pièces mobiles comme la structure des pantins, et représente l'âme et les nuances de la vie à peu près avec autant de vérité que les fantoches représentent les mouvements du corps. — L'amour et la nature, le devoir et le

penchant, et une dizaine d'autres antithèses morales sont
les membres que fait gesticuler le fil du dramaturge et qui
dessinent toutes les attitudes tragiques. Théâtre à ficelles,
qui rappelle vaguement les paysages chinois à compartiments manufacturés d'avance et que l'amateur combine à
son goût.

8 avril 1863. — Refeuilleté les trois mille cinq cents pages
des *Misérables* et cherché l'unité de cette vaste composition...

Les *Misérables* ont pour idée fondamentale ceci : la société
engendre de tristes et affreuses misères (la prostitution, le
vagabondage, la classe des gens sans aveu, les scélérats,
les voleurs, les galériens, la guerre aussi, les clubs révolutionnaires et les barricades). Elle doit se le dire et ne pas
traiter comme de simples monstres tous ceux que frappe
la loi. Humaniser la loi et l'opinion, relever les tombés comme
les vaincus, créer une rédemption sociale, voilà la tâche. Et
comment ? diminuer les rébellions et les vices par la lumière,
et convertir les coupables par le pardon : voilà le moyen. —
Au fond, n'est-ce pas christianiser la société, en étendant la
charité du pécheur au condamné, en appliquant à cette vie
aussi ce que l'Église applique plus volontiers à l'autre ? Ramener à l'ordre et au bien par l'amour infatigable, au lieu
d'écraser par la vindicte inflexible et par la justice farouche :
telle est la tendance du livre. Elle est noble et grande. Mais
elle est un peu optimiste et rappelle Rousseau. Il semble
que l'individu est toujours innocent et la société toujours
responsable. — En somme, l'idéal c'est (pour le XXe siècle)
une sorte d'âge d'or démocratique, république universelle,
où la guerre, la peine de mort et le paupérisme auront disparu : la Religion et la Cité du Progrès, l'utopie du XVIIIe siècle
reprise en grand. Beaucoup de générosité, mais pas mal de
chimère. Et la chimère consiste dans une notion trop extérieure du mal. L'auteur ignore ou feint d'oublier l'instinct
de perversité, l'amour du mal pour le mal, que contient le
cœur humain. C'est toujours là le bout de l'oreille française.
Les nations protestantes tombent plus rarement dans cette
illusion. — La grande et salutaire idée de l'ouvrage, c'est
que l'honnêteté légale est une sanguinaire hypocrisie quand

elle croit pouvoir séparer la société en élus et en réprouvés, et
confond le relatif avec l'absolu. Le passage capital, c'est
Javert déraillé qui renverse tout le système moral du rigide
Javert, cet espion prêtre, ce policier rectiligne. Ce chapitre
fait transparaître et transluire la charité sociale au travers
de la stricte et inique justice. La suppression de l'enfer social,
c'est-à-dire des flétrissures irréparables, des mépris sans
terme et sans remède : cette idée est vraiment religieuse.

Et quant à l'érudition, au talent, au relief de l'exécution,
l'ouvrage est étourdissant, stupéfiant presque. Son défaut
est l'immensité des digressions et dissertations épisodiques,
l'outrance dans toutes les combinaisons et dans toutes les
thèses, je ne sais quoi de tendu, de spasmodique et de violent
dans le style, qui est bien différent de l'éloquence naturelle
et de la vérité vraie. L'*effet* est le malheur de Victor Hugo,
parce qu'il est le centre de son esthétique ; de là exagération,
emphase, tic théâtral, tension de volonté. Puissant artiste,
mais qui ne peut faire oublier l'artiste ; modèle dangereux,
car le maître rase déjà tous les écueils du grotesque, et va du
sublime au repoussant, plutôt qu'il ne peut donner l'impression harmonieuse du beau. Aussi déteste-t-il Racine.

Quelle puissance philologique et littéraire que celle de
Victor Hugo ! Il possède toutes les langues contenues dans
notre idiome, langues du palais, de la bourse, de la vénerie,
de la marine et de la guerre, de la philosophie et du bagne,
langues des métiers et de l'archéologie, du bouquiniste et
du puisatier. Tous les bric-à-brac de l'histoire et des mœurs,
toutes les curiosités du sol et du sous-sol lui sont connus et
familiers. Il semble avoir retourné son Paris et le savoir
corps et âme comme on connaît sa poche. Mémoire prodigieuse, imagination fulgurante. C'est un visionnaire maître
de ses rêves, qui manie à volonté les hallucinations de l'opium
et du haschisch sans en être dupe ; qui a fait de la folie un
de ses animaux domestiques, et chevauche de sang-froid
le cauchemar, Pégase, l'Hippogriffe et la Chimère. Ce phénomène psychologique est du plus vif intérêt. — Victor Hugo
dessine à l'acide sulfurique, il éclaire à la lumière électrique ;
il assourdit, aveugle et entourbillonne son lecteur plutôt
qu'il ne le charme ou le persuade. La force, à ce degré, est

une fascination ; sans captiver elle emprisonne ; sans enchanter elle ensorcelle. Son idéal, c'est l'extraordinaire, le gigantesque, le renversant, l'incommensurable ; ses mots caractéristiques, c'est *immense, colossal, énorme, géant, monstrueux*. Il trouve moyen d'outrer même l'enfantin et le naïf ; la seule chose qui lui paraisse inaccessible, c'est le naturel. Bref, sa passion c'est la grandeur ; son tort c'est l'excès ; son cachet c'est le titanique, avec la dissonance bizarre de la puérilité dans la magnificence ; sa partie faible c'est la mesure, le goût, le sentiment du ridicule, et l'esprit dans le sens fin du mot. — C'est un Espagnol francisé ; ou plutôt, il a tous les extrêmes du Sud et du Nord, du Scandinave et de l'Africain ; ce qu'il est le moins, c'est gaulois. Et par un caprice de la destinée, il est un des génies littéraires de la France du XIXe siècle ! Ses ressources sont inépuisables et l'âge ne semble pouvoir rien sur lui. Quel bagage infini de mots, d'idées, de formes ne traîne-t-il pas avec lui ; et quelle montagne d'œuvres il laisse derrière lui pour marquer son passage ! Ses éruptions tiennent du volcan, et ce fabuleux travailleur continue à soulever, à disloquer, à broyer, à construire un monde de sa création, un monde hindou plutôt qu'hellénique. — Il m'émerveille ; pourtant, je préfère les génies qui donnent le sentiment du vrai et qui augmentent la liberté intérieure. Chez Hugo on sent le cyclope et l'effort ; je préfère encore l'arc sonore d'Apollon et le sourcil tranquille de Jupiter Olympien. Son type, c'est le Satyre de la *Légende des siècles*, qui étouffe l'Olympe entre la laideur lascive du faune et la sublimité foudroyante du grand Pan.

23 mai 1863 (neuf heures du matin). — Temps épais, couvert, vaporeux ; il a plu cette nuit et l'air est cependant appesantissant. C'est le symbole de la gestation, lourde mais féconde. La nature aujourd'hui est en gravidité, et rumine en contemplant son sein comme le dieu Ganésa de l'Inde, ou comme les omphalopsyques de l'Athos. Cette rêverie obscure est sacrée comme celle de la femme enceinte, mais elle est torpéfiante pour le spectateur, et le plonge dans un vague ennui qui mène au sommeil. La lumière fait vivre ; les ténèbres peuvent faire penser ; mais le jour bas, la lueur ambiguë et le ciel de plomb font plutôt que l'on

Soupire, étend les bras, ferme les yeux et bâille.

Ces états indécis et chaotiques de la nature sont laids comme toutes les choses amorphes, comme les couleurs brouillées, comme les chauves-souris de l'ombre et les poulpes visqueux de la mer. L'attrait commence avec le caractère, avec la netteté, avec l'individualisation. Ce qui est confus, mêlé, indistinct, sans forme, sans sexe, sans accent est antiesthétique. — Le brouillis, le chaos, le méli-mélo primitif, pas plus que le farrago, le gâchis, l'olla-podrida, la *ripoquâ*, la ratatouille, le micmac et le salmigondis, qui sont des mélanges ultérieurs et indus, ne sont agréables à l'œil ou au goût. L'esprit veut la lumière ; la lumière c'est l'ordre ; l'ordre c'est d'abord la distinction des parties, puis leur agencement régulier. La beauté a pour base la raison. — Ainsi, l'informe, le grisâtre et le bredouillé sont les trois horreurs de l'art, et même les antipathies de l'esprit clair.

7 août 1863. — Promenade après souper ; ciel étincelant d'étoiles ; voie lactée magnifique. Hélas ! j'ai néanmoins le cœur pesant, et je comprends la hâte à vivre des vieillards, qui se cramponnent à chaque journée, à mesure que la fin approche. L'avenir me paraît toujours tout contre moi, et il n'y a d'espoir que du côté du passé. Je m'avance donc à reculons, sans prévision ni prudence ; et il en a toujours été de même pour moi. Je n'ai jamais su escompter le futur et m'en emparer par la fantaisie ou l'audace de la pensée. J'ai toujours cru mourir jeune, et n'ai jamais calculé un an à l'avance, à peine à trois mois. N'est-ce pas singulier ? conclure du prochain à moi-même et me supposer les mêmes chances, cette idée ne m'a pas même abordé l'esprit. Toute ma force morale a été tournée du côté de l'abnégation, non du côté de la conquête. — Résultat : l'atrophie de la volonté, c'est la non-opérance à l'état chronique, l'insouciance envers mes plus profonds instincts, le narcotisme paralysant toutes mes facultés.

9 août 1863. — Au fond de tout, je retrouve toujours l'incurable défiance de moi-même et de la vie, qui s'est convertie en indulgence et même en bienveillance pour le prochain, mais en abstention absolue pour ton compte. Tout ou rien ! Ceci serait mon naturel, mon fond primitif, mon vieil homme. Et pourtant, pourvu qu'on m'aime un peu, qu'on pénètre un peu dans mon sentiment intime, je me sens heureux et ne demande presque rien d'autre. Les caresses d'un enfant, la causerie d'un ami, la proximité d'une jeunesse suffisent à me dilater joyeusement. Ainsi j'aspire à l'infini et peu me contente déjà ; tout m'inquiète et la moindre chose me calme. Je me suis surpris souvent à désirer mourir, et pourtant mon ambition de bonheur ne dépasse guère celle de l'oiseau : des ailes ! du soleil ! un nid ! Je passe mes jours et mes nuits dans la solitude, par goût, semble-t-il ; eh non, c'est par dégoût, par obstination, par honte d'avoir besoin d'autrui, par honte de l'avouer et par peur de river mon esclavage en le reconnaissant. — Je me défie un peu de la malignité humaine, mais bien davantage des désillusions, mieux, des déceptions.

2 septembre 1863 (huit heures et demie du matin). — Colin-maillard dans le vide, cache-cache du destin malicieux, comment nommer l'insaisissable sensation qui m'a persécuté ce matin dans le crépuscule du réveil ? C'était une réminiscence charmante, mais vague, sans nom, sans contour, comme une figure de femme entrevue par un malade dans l'obscurité de sa chambre et dans l'incertitude du délire. J'avais le sentiment distinct que c'était une figure sympathique rencontrée quelque part et qui m'avait ému un jour, puis retombée avec le temps dans les catacombes de l'oubli. Mais tout le reste était confus, le lieu, l'occasion, la personne même, car je ne voyais pas son visage ni son expression. Le tout était comme un voile voltigeant sous lequel serait cachée l'énigme du bonheur. Et j'étais assez éveillé pour être sûr que ce n'était point un rêve.

Voilà donc la dernière trace des choses qui s'engloutissent en nous, des souvenirs qui meurent : un feu follet impalpable éclairant une impression indécise, dont on ne sait si c'est une douleur ou un plaisir : une lueur sur un sépulcre. Que c'est bizarre ! — Je pourrais presque appeler cela les revenants de l'âme, les ressentiments du bonheur, les mânes de mes émotions mortes, la liste de mes infanticides antérieurs. Combien n'en ai-je pas dévoré de ces larmes qui eussent pu être fécondes ? combien n'ai-je pas étouffé de ces inclinations naissantes, et supprimé de ces sympathies qui ne demandaient qu'à vivre et à grandir en moi ? Si par supposition (et le Talmud l'affirme peut-être), chaque élan d'amour engendre involontairement un génie invisible qui aspire à l'existence complète, combien de ces embryons divins nés de l'échange de deux regards n'ai-je pas fait avorter dans mon sein ? et si ces lueurs qui ne sont pas devenues des êtres errent dans les limbes de notre âme, comment s'étonner dès lors de ces apparitions étranges qui viennent visiter notre chevet ? Le fait est que je n'ai pu forcer le fantôme à me dire son nom, ni cette réminiscence à reprendre de la netteté.

Sous quel mélancolique aspect peut se présenter la vie, quand on suit le courant de ces pensées rêveuses ! C'est comme un vaste naufrage nocturne où cinquante voix aimantes appellent au secours, mais où l'implacable vague montante éteint successivement tous les cris, sans qu'on ait pu serrer une main ni donner un baiser d'adieu dans ces ténèbres de mort. — De ce point de vue, la destinée paraît âpre, sauvage, cruelle, et le tragique de la vie se dresse comme un roc au milieu des eaux plates de la trivialité quotidienne. Impossible de n'être pas sérieux devant l'indéfinissable inquiétude que produit en nous ce spectacle. La surface des choses est riante ou banale, mais la profondeur est austère et formidable. Dès qu'on touche aux choses éternelles, aux destinées de l'âme, à la vérité, au devoir, aux secrets de la vie et de la mort, on devient grave, en dépit qu'on en ait.

L'amour sublime, unique, invincible, mène tout droit au bord du grand abîme, car il parle immédiatement d'infini et d'éternité. Il est éminemment religieux. Il peut même devenir religion. Quand tout autour de l'homme chancelle, vacille, tremble et s'obscurcit dans les lointaines obscurités de l'inconnu, quand le monde n'est plus que fiction ou féerie, et l'univers que chimère, quand tout l'édifice des idées s'évanouit en fumée et que toutes les réalités se convertissent en doute, quel point fixe peut encore rester à l'homme ? C'est le cœur fidèle d'une femme. C'est là qu'on peut appuyer sa tête pour reprendre du courage à la vie, de la foi en la Providence, et, s'il le faut, mourir en paix avec la bénédiction sur les lèvres. Qui sait si l'amour et sa béatitude, cette évidente manifestation d'une harmonie universelle des choses, n'est pas la meilleure démonstration d'un Dieu souverainement intelligent et paternel, comme elle est le plus court chemin pour aller à lui ? L'amour est une foi, et une foi appelle l'autre. Cette foi est une félicité, une lumière et une force. — On n'entre que par là dans la chaîne des vivants, des réveillés, des heureux, des rachetés, des vrais hommes qui savent ce que vaut l'existence et qui travaillent à la gloire de Dieu et de la vérité. Jusque-là on ne fait que babiller, bredouiller, perdre ses jours, ses facultés et ses dons, sans but, sans joie réelle, comme un être infirme, invalide, inutile et qui ne compte pas.

C'est peut-être par l'amour que je reviendrai à la foi, à la religion, à l'énergie, à la concentration. Il me semble du moins que, si je trouvais ma pareille et ma compagne unique, tout le reste me viendrait par surcroît, comme pour confondre mon incrédulité et pour faire rougir ma désespérance. Crois donc à la paternelle Providence et ose aimer !

25 novembre 1863. — La prière est l'arme essentielle des religions. Celui qui ne peut plus prier parce qu'il doute s'il y a un être à qui monte la prière et d'où retombent les bénédictions, celui-là est cruellement solitaire et prodigieusement appauvri. Pour toi, que crois-tu là-dessus ? En vérité, à ce moment cela serait difficile à dire. Toutes tes croyances positives sont à l'étude, prêtes à toute métamorphose. La vérité avant tout, même quand elle nous dérange et nous bouleverse ! Mais ce que je crois, c'est que la plus haute idée que nous pourrons nous faire du principe des choses sera la plus vraie et que la plus vraie vérité sera celle qui rendra l'homme le plus harmonieusement bon, le plus sage, le plus grand et le plus heureux.

> Dépasse tous les cieux dans ton vol, ô pensée ;
> Grandis sept fois sept fois l'infiniment parfait ;
> Ne crains rien : par l'effet tu seras dépassée.
> Dieu, la cause, est toujours plus grand que son effet.
>
> *(Penseroso.)*

En attendant, mon credo proprement dit est à la refonte Je crois cependant encore en Dieu et à l'immortalité de l'âme. Je crois à la sainteté, à la vérité, à la beauté ; je crois à la rédemption de l'âme par la foi au pardon. Je crois à l'amour, au dévouement, à l'honneur. Je crois au devoir, et à la conscience morale. Je crois même à la prière. Je crois aux intuitions fondamentales du genre humain, et aux grandes affirmations des inspirés de tout temps. Je crois que notre nature supérieure est notre vraie nature.

Peut-il sortir de là une théologie et une théodicée ? probablement, mais à cette heure même je ne le vois pas distinctement ; car cet interrogatoire m'est nouveau. Il y a si longtemps que je n'ai point regardé du côté de *ma* métaphysique, et que je vis dans la pensée d'autrui. J'en suis même à me demander si la cristallisation de mes dogmes est nécessaire. Oui, pour prêcher et agir ; moins pour étudier, contempler et s'instruire.

4 décembre 1863. — Rencontre singulière : une brune svelte, élégante, sévère, teint pâle, dans laquelle je crois vaguement reconnaître certaine apparition entrevue une fois dans une église, et disparue dès lors de mon horizon. Cédant à une curiosité de jeune homme, je suis revenu sur mes pas et l'ai suivie jusque dans la rue voisine, où je l'ai vue entrer dans une maison. Était-ce chez elle ? Je l'ignore. Cet incident est-il un clin d'œil de la Providence ? Qui sait ? La personne serait-elle H. V*** dont quelqu'un m'a tant parlé ? Dans ce cas, la coïncidence serait trois fois curieuse et pourrait être prise comme une indication positive de la destinée bienveillante. Pourquoi cette occurrence, insignifiante en elle-même, m'a-t-elle presque ému ? Parce que je suis à l'état inquiet et poétique, et que mon cœur, avant son enterrement, se dépêche de palpiter et de romancer à son gré et à sa guise. Je lui pardonne cela, et je regarde s'agiter ses instincts, avec la débonnaireté indulgente qu'on a pour les premiers désirs d'un enfant ou les derniers caprices d'un condamné. Ne l'ayant ni satisfait ni étouffé, comment lui refuser à ce cœur la grâce qu'obtient tout ce qui va mourir ? C'est une sorte de piété qui me pousse, car c'est une petite expiation volontaire de mes duretés antérieures pour chaque inclination nouveau-née en mon sein. Sans avoir l'illusion que ces quêtes doivent aboutir, je me prête à ces innocentes battues des lévriers du sentiment. Le besoin déçu et trompé de l'attachement entier et parfait prend sa revanche comme il lui semble, et l'on reconnaîtra, à quarante ans, les battements d'artères et les frémissements sourds de la vingtième année. Tout paraît promesse. L'instinct romanesque se venge. En fait, ce qui est si gracieux dans une œuvre littéraire, les rajeunissements intérieurs par la tendresse et l'espérance, peuvent l'être dans la réalité.

Loin de rougir d'aimer, il faudrait plutôt en être joyeux et reconnaissant. Où est le mérite d'être cendres ? J'aime mieux la manière de Gœthe, adoré encore à soixante ans, et reverdissant lui-même sous les hommages purs de l'enthousiasme. La capacité d'aimer, dans le sens spécial du mot, ne s'éteint qu'avec la capacité d'admirer et de s'exalter. Les âmes ardentes et les cœurs passionnés aiment jusqu'au bout, jusqu'à la mort, et peuvent suffire à toutes les repousses printanières des affections qui viennent au-devant d'eux. L'ivresse s'en va, mais l'effusion reste, et la puissance sympathique ne meurt point.

Tout le secret pour rester jeune en dépit des années et même des cheveux blancs, c'est de protéger en soi l'enthousiasme, par la poésie, la contemplation et la charité, c'est-à-dire plus brièvement par le maintien de l'harmonie dans l'âme. Quand chaque chose est à sa place en nous, nous pouvons rester en équilibre avec l'œuvre de Dieu. L'enthousiasme grave pour l'éternelle beauté et pour l'ordre éternel, la raison émue et la bonté sereine, tel est peut-être le fond de la sagesse.

La sagesse ! quel thème inépuisable ! Une sorte d'auréole paisible entoure et illumine cette pensée qui résume tous les trésors de l'expérience morale, et qui est le fruit le plus mûr d'une vie bien employée. La sagesse ne vieillit pas, car elle est l'expression de l'ordre même, c'est-à-dire de l'éternel. Le sage seul tire de la vie et de chaque âge toute leur saveur, parce qu'il en sent la beauté, la dignité et le prix. Les fleurs de la jeunesse se fanent ; mais l'été, l'automne et même l'hiver de l'existence humaine ont leur majestueuse grandeur que le sage reconnaît et glorifie. Voir toutes choses en Dieu, faire de sa propre vie la traversée de l'idéal, vivre avec gratitude, recueillement, douceur et courage : c'est le magnifique point de vue de Marc-Aurèle ; y ajouter l'humilité qui s'agenouille et la charité qui se dévoue, c'est la sagesse des enfants de Dieu, c'est la joie immortelle des vrais chrétiens. — Mais quel mauvais christianisme que celui qui médit de la sagesse et qui s'en passe ! — Dans ce cas j'aime mieux la sagesse, qui est une justice rendue à Dieu, même dans cette vie. Le signe d'une fausse conception religieuse, c'est de faire ajourner la vie et de faire distinguer le saint homme de l'homme vertueux. Cette erreur est bien un peu celle de tout le moyen âge et peut-être du catholicisme dans son essence. Mais le christianisme vrai doit être purgé de cette erreur funeste. La vie éternelle n'est point la vie future, c'est la vie dans l'ordre, la vie en Dieu, et le temps doit apprendre à se voir comme un mouvement de l'éternité, comme une ondulation de l'océan de l'être. L'être qui s'aperçoit sous la catégorie du temps, peut prendre conscience de la substance de ce temps, laquelle est l'éternité. Et vivre, en maintenant sa conscience *sub specie aeterni*, c'est être sage ; en personnifiant l'éternel, c'est être religieux.

Par quel bizarre méandre de réflexions le voile d'une jeune femme m'a-t-il fait arriver jusqu'à Spinoza ? — Bah ! tout se lie et tout s'appelle dans le monde, tous les rayons mènent au centre. N'est-ce pas d'ailleurs de bonheur qu'il s'agissait, et le véritable amour n'est-il pas le frère de la sagesse ?

2 avril 1864. — Giboulées et caprices d'avril, ondées de soleil suivies de rayons de pluie, accès de pleurs et de rires du ciel quinteux, coups de vent, bourrasques. Le temps ressemble à une petite fille mutine qui change d'aspect et

de volonté vingt fois dans la même heure. C'est un bienfait
pour les plantes, et c'est l'afflux de la vie dans les veines du
printemps... Le cirque des montagnes de notre vallée est
tendu de blanc jusqu'au pied, mais d'une simple mousseline
que deux heures de soleil feraient disparaître. Nouveau
caprice, simple décoration prête à se rouler au sifflet du ma-
chiniste.

Comme on sent bien l'infixable mobilité de toute chose !
Apparaître et s'évanouir, c'est là toute la comédie de l'univers,
c'est la biographie de tous les individus, ciron et planète,
quelle que soit la durée du cycle d'existences qu'ils décrivent.
Toute vie individuelle est l'ombre d'une fumée, un geste
dans le vide, un éclair plus ou moins paresseux, un hiéro-
glyphe tracé un moment sur le sable et qu'un souffle efface
le moment d'ensuite, la bulle d'air qui vient s'ouvrir et
crépiter à la surface du grand fleuve de l'être, une apparence,
une vanité, un néant. Mais ce néant est pourtant le symbole
de l'être universel, et cette bulle éphémère est le raccourci
de l'histoire du monde.

L'homme qui a aidé imperceptiblement à l'œuvre du
monde a vécu ; l'homme qui en a pris quelque peu conscience
a vécu aussi. L'homme simple sert par son action et comme
rouage ; le penseur sert par la pensée et comme lumière.
Le méditatif qui relève et console et soutient ses compagnons
de route, mortels et fugitifs comme lui, fait mieux encore :
il réunit les deux autres utilités. L'action, la pensée, la
parole (la parole veut dire toute communication, expansion,
révélation), ce sont trois modes égaux de la vie humaine.
L'artisan, le savant, l'orateur, sont tous les trois ouvriers
de Dieu. Faire, trouver, enseigner : les trois choses sont du
travail, les trois sont bonnes, les trois sont nécessaires. —
Feux follets, nous pouvons néanmoins laisser une trace ;
météores, nous pouvons prolonger notre inanité périssable
dans le souvenir des hommes ou du moins dans la contex-
ture des événements ultérieurs. Tout disparaît, mais rien ne se
perd, et la civilisation ou cité de l'homme n'est que l'immense
pyramide spirituelle construite avec les œuvres de tout ce
qui a vécu sous la forme d'être moral, comme nos montagnes
calcaires sont formées par des débris de myriades de milliards

d'êtres anonymes qui ont vécu sous la forme d'animaux microscopiques.

5 avril 1864. — Lu pour la seconde fois le *Prince Vitale*, avec admiration et presque éblouissement. Quelle richesse d'idées, de faits, de couleurs, quelle érudition, que de malice, d'esprit, de science et de talent, et quel irréprochable fini dans le style ! quelle limpidité dans la profondeur ! Sauf l'abandon et la cordialité, l'auteur réunit tous les genres de mérite, de culture et d'habileté. On ne saurait être plus pénétrant, plus nuancé et plus libre d'esprit que ce fascinateur ironique et caméléonien. Victor Cherbuliez, comme le sphinx, peut jouer de toutes les lyres et se joue de tout, avec une sérénité *gœthesque*. Il semble que la passion, la douleur et l'erreur n'aient pas de prise sur cette âme impassible. La clef de cette pensée est la Phénoménologie de l'esprit de Hegel, retravaillée par la Grèce et la France. Sa foi, s'il en a une, c'est celle de Strauss : l'Humanisme. Mais il est parfaitement maître de lui et de sa parole et se gardera bien de jamais rien prêcher prématurément.

Tout au fond de cette source profonde, y aurait-il un crocodile ? en tout cas, il y a l'esprit le plus déniaisé et le plus dépréoccupé qui se puisse voir, et vaste à tout contenir. On dirait même qu'il sait tout ce qu'il veut, sans avoir la peine de l'apprendre. C'est un Méphistophélès calme, d'une politesse accomplie, d'une grâce souriante et d'une exquise urbanité. Et Méphisto est un galant joaillier ; et ce joaillier est un subtil musicien ; et ce beau diseur, fin comme l'ambre, se moque de nous. Sa malice consiste à tout deviner sans se laisser deviner lui-même, et à faire pressentir qu'il tient dans sa main le secret universel, mais qu'il n'ouvrira cette main qu'à son heure, et s'il lui plaît... Victor Cherbuliez ressemble un peu à Proudhon et jongle avec les antinomies pour ébouriffer le bourgeois. Ainsi il s'amuse à persifler Luther et la Réforme en faveur de la Renaissance. Les angoisses de la conscience ne semblent pas son fait. Son tribunal suprême, c'est la raison. Il est bien hégélien et intellectualiste par son fond. Mais c'est une magnifique organisation. Seulement, il doit être antipathique aux hommes de devoir qui font du renoncement, du sacrifice et de l'humilité, la mesure de la valeur individuelle.

19 septembre 1864. — Vécu deux heures avec une belle âme, celle d'Eugénie de Guérin, la pieuse héroïne de l'amour fraternel. Que de pensées, de sentiments et de douleurs dans ce *Journal* de six années (1834-1840) arrivé en trente mois à sa douzième édition ! Comme il fait rêver, réfléchir et vivre ! Il me produit une impression nostalgique, à peu près comme certaines mélodies oubliées dont l'accent remue on ne sait pourquoi le cœur. J'ai revu comme des sentiers lointains, des échappées de jeunesse, entendu des voix confuses, des échos de mon passé. Pureté, mélancolie, piété, mille ressouvenirs d'une ancienne existence, d'un jeune *moi*, des formes insaisissables et fantastiques comme les ombres fugitives d'un songe au réveil ont commencé leur ronde devant le lecteur étonné.

20 septembre 1864. — J'ai déjeuné seul, avec Ali (le chat), bien entendu, qui plante encore ses griffes dans mon paletot pour demander du pain, un peu comme les enfants font avec leur mère et les hommes avec la Providence. Le bienfait semble lier le bienfaiteur et non l'obligé. Celui qui a donné 1 doit donner 2, et si la munificence s'arrête, le plaignant, l'offensé, c'est celui qui a tout reçu et qui attend toujours davantage. Nous sommes tous ainsi, et il est bon que les animaux nous rappellent à nous-mêmes par leur insolente ingratitude.

De même dans l'État, ceux qui ne paient rien trouvent naturel que les paysans paient encore le double ; les battants s'indignent que les battus réclament une fois, et que leurs égaux ou leurs supérieurs trouvent fatigant d'être perpétuellement leurs baudets. Après la tyrannie de la faiblesse, notons les prétentions abusives de l'ignorance et de l'incapacité. Les enfants, les sots, les voyous se font un titre de leur infériorité pour gouverner le monde, comme mon chat de sa dépendance pour égratigner la main qui le nourrit. Le despotisme de la force est une injustice, mais le despotisme de l'impuissance est presque une absurdité.

La générosité chevaleresque, comme toutes les belles choses, devient, faute de mesure, cause d'un mal, aujourd'hui universel, l'oubli de la justice. Est-il juste que l'enfant traite son père en camarade ? que la société traite le voleur mieux que le pauvre ? que le fripon vaille l'honnête homme, et que l'incapable ait, je ne dis pas les mêmes droits, mais les mêmes fonctions que le capable ? L'égalitarisme, en tuant le respect et le sentiment de l'inégalité des mérites acquis, tend à faire une société grossière, où l'âge, le sexe, l'expérience, la vertu, n'obtiennent plus d'égards ni de considérations, et où le moutard de la maison, le gamin de la rue, le morveux du collège prennent le ton cavalier avec leurs parents, leurs maîtres, leur pasteur, avec tout le monde et, au besoin, avec le bon Dieu.

> Avec quelle irrévérence
> Parle des Dieux ce maraud !

Le respect et la justice se tiennent de près. Qui ne respecte rien, se met lui-même au-dessus de tout comme le roi absolu au-dessus des lois. Tous ces petits égalitaires sont donc une fourmilière de petits tyrans. Et la démocratie, ainsi entendue, n'est que la curée des égoïsmes vaniteux, qui n'ont plus d'autre mesure que l'arithmétique et parfois que la poudre à canon. — Disons mieux. Chaque régime a sa menace intérieure et son danger propre. La démocratie, à tout prendre, est l'héritière légitime de la monarchie et de l'aristocratie. Mais sa maladie latente, son vice congénital, c'est le délaissement du devoir, son remplacement par l'envie, l'orgueil et l'indépendance, en un mot c'est la disparition de l'obéissance, amenée par une fausse notion de l'égalité.

Si la démocratie n'est que le rabaissement systématique des supériorités légitimes et acquises, la décapitation jalouse des mérites véritables, elle s'identifie avec la démagogie. — Mais rien ne dure que ce qui est juste, et la démocratie, devenue injuste, périra nécessairement.

Protection de tous les êtres faibles, maintien de tous les droits, honneur à tous les mérites, emploi de toutes les capacités, ces maximes de l'État juste respectent à la fois l'égalité de droit et l'inégalité de fait parce que c'est l'activité individuelle, l'énergie spontanée et libre, l'homme réel qu'elles considèrent et non une formule abstraite.

Les principes abstraits (comme celui d'égalité) donnent le résultat inverse de celui auquel ils aspirent. Ainsi la fraternité aboutit à la Terreur et à la guillotine. Le respect de l'homme par l'homme ou l'égalité aboutit au mépris de l'homme par l'homme et à l'irrévérence universelle. — Améliorez l'homme, rendez-le plus juste, plus moral, plus humble, plus pur, c'est la seule réforme qui n'ait aucun inconvénient corrélatif. Les institutions ne valent que ce que vaut l'homme qui les applique. Le nom, le parti, l'habit, l'opinion, le système sont choses presque insignifiantes et frivoles à côté de la valeur intrinsèque des individus. Orthodoxe ou libéral, conservateur ou radical, blanc ou noir, riche ou pauvre, royaliste ou républicain, je dirai même catholique ou protestant, chrétien ou juif sont des distinctions encore superficielles en regard de celle que j'entends. — Dis-moi ce que tu aimes et je te dirai ce que tu es, et tu ne vaux que ce que tu es.

(Six heures du soir). — Relu de droite à gauche le volume d'Eugénie de Guérin avec un attrait grandissant. Tout est cœur, verve, élan dans ces pages intimes, frappantes de sincérité et brillantes de secrète poésie. Ame grande et forte, esprit net, distinction, élévation, vivacité d'un talent qui s'ignore, vie cachée et profonde, rien ne manque à cette sainte Thérèse de la fraternité, à cette Sévigné des champs, qui doit se retenir des deux mains pour ne pas écrire en vers, tant le don de rendre était inné en elle.

16 octobre 1864 (minuit).— Je viens de relire une partie du journal d'Eugénie de Guérin. Il m'a un peu moins charmé que la première fois. L'âme me paraît aussi belle, mais l'existence d'Eugénie est par trop vide et le cercle d'idées qui l'occupe est par trop restreint. Quel dommage que cette riche organisation n'ait pas été mise en contact avec un peu plus de livres et d'hommes divers ! Un jardinet, quelques pauvres, quelques volumes dévots, c'est assez sans doute pour faire son salut ; mais si l'on peut vivre avec un croûton de pain et une cruche d'eau par jour, une diète moins sévère donne pourtant un clavier de sensations moins réduit. Une âme est une pierre de touche, et on voudrait qu'une âme d'élite eût à estimer la plus grande somme possible de choses humaines.

Il est merveilleux et touchant de voir combien peu d'espace suffit à une pensée pour déployer ses ailes, mais ce tournoiement dans une cellule finit néanmoins par lasser les esprits qui ont l'habitude d'embrasser plus d'objets dans le champ de leur vision. Au lieu d'un jardin, le monde ; au lieu d'un bréviaire, tous les livres ; au lieu de trois ou quatre têtes, tout un peuple ou toute l'histoire, — voilà ce que notre nature virile et philosophique réclame. Nous voulons plus d'air, plus d'espace, plus d'horizon, plus de connaissances positives ; et nous finissons par étouffer dans cette petite cage où se meut Eugénie, quoique la brise du ciel y souffle et que le rayon des étoiles y arrive.

27 octobre 1864 (Promenade de la Treille, huit heures et demie du matin). — Aspect du paysage ce matin : lucidité parfaite ; on eût distingué une guérite sur le Vuache [1]. Ce clair soleil rasant avait mis le feu à tout l'écrin des couleurs automnales : l'ambre, le safran, l'or, le soufre, l'ocre, le citron, l'orange, le roux, le cuivré, l'aigue-marine, l'amarante, resplendissaient sur les derniers feuillages encore pendus aux rameaux ou déjà tombés au pied des arbres. C'était délicieux. Le scintillement des fusils, le chant des clairons, le pas martial de nos deux bataillons en guêtres se rendant à la plaine des exercices, la netteté mordante des façades encore humides, la transparente fraîcheur de toutes les ombres, respiraient une gaieté salubre et intellectuelle.

Il y a deux formes de l'automne : le type vaporeux et rêveur, le type coloré et vif ; presque la différence des deux sexes. Le mot d'automne n'est-il pas des deux genres ? Ou bien chaque saison serait-elle bisexuelle à sa façon ? Chacune aurait-elle sa gamme mineure et sa gamme majeure, ses

---

1. Colline qui ferme l'horizon de Genève au sud-ouest.

deux côtés de lumière et d'ombre, de douceur et de force ?
C'est possible. Tout ce qui est complet est double : chaque
visage a deux profils, chaque bâton deux bouts, chaque médailles deux faces. — L'automne vermeil, c'est l'activité vigoureuse ; l'automne cendré, c'est le sentiment méditatif ;
l'un s'épanche au dehors, l'autre rentre en soi-même. Hier on
pensait aux morts ; aujourd'hui on fera vendange. — Je me
sens, pour mon compte, allègre, hilare et dispos, en rentrant
de la promenade et en regardant le ciel bleu par la fenêtre
de ma mansarde.

16 novembre 1864. — Appris la mort de ***. La volonté
et l'intelligence ont duré jusqu'à l'épanchement dans les
méninges qui a tout suspendu.

Une bulle d'air dans le sang, une goutte d'eau dans le
cerveau, et l'homme se détraque, sa machine s'écroule, sa
pensée s'évanouit, le monde disparaît comme un rêve au
matin. A quel fil d'araignée est suspendue notre existence
individuelle ! Fragilité, apparence, néant. N'était notre distraction et notre puissance d'oubli, toute la féerie qui nous
entraîne et nous entoure ne nous paraîtrait qu'un spectre
solaire dans les ténèbres, une vision vaine, une hallucination
fugitive. Apparu, disparu,— c'est toute l'histoire d'un homme
comme celle d'un monde ou d'un infusoire.

Le temps est l'illusion suprême. Il n'est que le prisme
intérieur par lequel nous décomposons l'être et la vie, le
mode sous lequel nous apercevons successivement ce qui est
simultané dans l'idée. L'œil ne voit pas une sphère tout à
la fois, quoique la sphère existe tout à la fois ; il faut ou bien
que la sphère tourne devant l'œil qui la regarde ou que l'œil
fasse le tour de la sphère contemplée. Dans le premier cas,
c'est le monde se déroulant ou semblant se dérouler dans le
temps ; dans le second cas, c'est notre pensée qui analyse et
recompose successivement. Pour l'intelligence suprême, il n'y
a point de temps ; ce qui sera est. Le temps et l'espace sont
l'émiettement de l'infini à l'usage des êtres finis. Dieu les
permet pour n'être pas seul. C'est le mode sous lequel les
créatures sont possibles et concevables. Ajoutons que c'est
aussi cette échelle de Jacob, aux échelons innombrables,

par lesquels la création remonte au créateur, participe à l'être, goûte à la vie, entrevoit l'absolu, et peut adorer le mystère insondable de l'infinie divinité. C'est là l'autre côté de la question. Notre vie n'est rien, il est vrai, mais notre vie est divine. Un souffle de la nature nous anéantit, mais nous dépassons la nature en pénétrant, au delà de sa fantasmagorie prodigieuse, jusqu'à l'immuable et à l'éternel. Échapper par l'extase intérieure au tourbillon du temps, s'apercevoir *sub specie aeterni*, c'est le mot d'ordre de toutes les grandes religions des races supérieures ; et cette possibilité psychologique est le fondement de toutes les grandes espérances. L'âme peut être immortelle parce qu'elle est apte à s'élever jusqu'à ce qui ne naît point et ne meurt point, jusqu'à ce qui existe substantiellement, nécessairement, invariablement, c'est-à-dire jusqu'à Dieu.

> Homme, enveloppe ainsi ta vie, ombre qui passe,
> Du calme firmament de ton éternité.

(Penseroso.)

17 janvier 1865. — Il est doux de sentir noblement, c'est-à-dire d'habiter une montagne au-dessus des marécages de la vulgarité. L'américanisme manufacturier, la démagogie césarienne conduisent également à la multiplication de la populace, c'est-à-dire des foules dominées par l'appétit, applaudissant au charlatanisme, vouées au culte de Mammon et du plaisir et n'adorant que la force. Mesquin échantillon de l'homme que cette majorité croissante ! Restons fidèles aux autels de l'idéal. — Il serait possible que les spiritualistes devinssent les stoïciens d'une nouvelle ère de domination des Césars. Qui sait si le christianisme ne redeviendra pas en Europe l'hôte des catacombes ? Le naturalisme matérialiste a le vent dans la voile, et un universel abaissement moral se prépare. N'importe, pourvu que le sel ne perde pas sa saveur, et que les amis de la vie supérieure conservent le feu de Vesta. Le bois lui-même peut étouffer la flamme, mais si la flamme persiste, le bûcher n'en sera que plus splendide à son tour. — Le prodigieux déluge démocratique ne fera pas le mal que l'invasion des Barbares n'a pas pu faire, il ne noiera pas immédiatement les résultats de la haute culture ; mais il faut se résigner à ce qu'il commence par tout enlaidir et par tout vulgariser, de même que l'intrusion soudaine de la rue dans le salon submerge la bonne société, et réduit au silence les gens comme il faut. Il est clair que la délicatesse esthétique, l'élégance, la distinction, la noblesse ; il est évident que l'atticisme, l'urbanité, le suave et l'exquis, le fin et le nuancé, tout ce qui fait le charme d'une littérature choisie et d'une culture aristocratique s'évanouit à la fois avec la société qui lui correspond. Ce n'est pas la Béotie qui s'étale, mais c'est la multitude qui règne ; et de même que la dernière femme d'ouvrier copie la mode de l'impératrice, chacun entend participer à toutes les élégances et s'imagine presque sérieusement que le mot officiel d'égalité égalise réellement les choses et les individus. — Si, comme le dit, je crois, Pascal [1], à mesure qu'on est plus développé on trouve plus de différences entre les hommes, on ne peut dire que l'instinct démocratique développe beaucoup l'esprit, puisqu'il fait croire à l'égalité des mérites en vertu de la similitude des prétentions.

19 janvier 1865.— Lu les cent premières pages des lettres d'Eugénie de Guérin, qui m'ont charmé. Cœur sensible, belle âme, noble caractère, esprit vif et un style coloré, net, bref, bondissant de naturel, animant tout autour d'elle, une verve charmante et beaucoup de vie intérieure.

21 janvier 1865. — J'achève la correspondance d'Eugénie (1831-1847), cent cinquante lettres... Quelle impression m'a faite définitivement cette lecture ? J'aime et j'admire la Sévigné du Cayla. Mais la grâce ailée de son style, la vivacité charmante de son esprit et la tendresse de son âme ne m'empêchent pas de regretter une certaine uniformité trop sensible dans cette correspondance. Et en comparant cette belle âme avec ce livre, on ne peut s'empêcher de soupirer. Eugénie se débat en vain contre une triple influence, qui

---

1. Pascal dit : « A mesure qu'on a plus d'esprit, on trouve qu'il y a plus d'hommes originaux. Les gens du commun ne trouvent pas de différence entre les hommes .»

pèse sur son génie, sans qu'elle s'en doute ; un catholicisme
fervent et dévot jusqu'à la superstition, le célibat, la privation de ressources intellectuelles suffisantes. Mieux servie par
la destinée, elle aurait donné une personnalité tout autrement
grande et remarquable. — Ce qui est le plus intéressant dans
cette physionomie sympathique, c'est sa passion pour son
frère. Ce qui est le plus instructif dans le volume, c'est la
piété catholique prise sur le fait, et franchement le résultat
n'est pas enviable. Quand on voit ce qu'une belle âme religieuse devient sous cette discipline, et le peu de véritable
paix qu'elle achète au prix de son abdication de conscience
entre les mains du prêtre, les superstitions qu'elle continue
d'admettre et le continuel besoin de tutelle et d'absolution
qui la persécute, on se sent le cœur saisi d'une véritable pitié
pour ces captifs d'un christianisme enfantin, et on reconnaît
que le confessionnal est la citadelle de cette religion-là.

Comment la France aura-t-elle la liberté, tant que la
religion des femmes et celle des hommes ne pourra pas être
la même, et que la jeunesse sera tiraillée entre ces deux
cultes ennemis, le papisme d'une part, niant le droit moderne
et la science indépendante, et la philosophie d'autre part,
niant toutes les simagrées d'une religion dissoute en obser-
vances et d'un dogme qui interpose un magicien entre le
fidèle et Dieu ?

20 mars 1865. — Appris que la classe supérieure du Gym-
nase était fermée pour cause d'indiscipline. Notre jeunesse
est détestable et devient de plus en plus indocile et insolente.
Sa devise est à la française : « Notre ennemi, c'est notre
maître ». Le bambin veut avoir les privilèges du jeune homme
et le jeune homme entend conserver ceux du gamin. Au fond,
ceci est la conséquence régulière de notre système de démocratie égalitaire. Dès que la différence de qualité est officielle-
ment égale à zéro en politique, il est clair que l'autorité de
l'âge, de la science et de la fonction disparaît et que le polisson
traite de niveau avec ses maîtres dans la vie scolaire.

Le seul contrepoids de l'égalitarisme, c'est la discipline
militaire. Aux galons, à la salle de police, au cachot ou au
passer par les armes, il n'y a pas de réplique. Mais n'est-il

pas curieux que le régime du droit individuel aboutisse simplement au respect de la force ? Jacobinisme amène césarisme, avocasserie se termine en artillerie, et le régime de la langue conduit au régime du sabre. Démocratie et liberté sont deux. La république suppose des mœurs, point de mœurs sans l'habitude du respect, point de respect sans humilité. Or la prétention que tout homme a les qualités du citoyen, par le seul fait qu'il est né il y a vingt ans, équivaut à dire que le travail, le mérite, la vertu, le caractère, l'expérience ne sont rien ; et dire que chacun devient l'égal de tous les autres machinalement et végétativement, c'est naturellement détruire l'humilité. Cette prétention anéantit jusqu'au respect de l'âge : car l'électeur de vingt et un ans valant celui de cinquante, l'individu de dix-neuf ans n'a aucune raison sérieuse de se croire en rien l'inférieur de son aîné d'une ou deux années. C'est ainsi que la fiction légale de l'ordre politique finit par aller à fin contraire de son but. Le but est d'augmenter la somme de la liberté, et le résultat est de la diminuer pour tous.

L'État moderne est calqué sur la philosophie de l'atomisme. L'âme nationale, l'esprit public, la tradition, les mœurs disparaissant comme des entités creuses, il ne reste plus que les forces moléculaires et l'action des masses pour créer le mouvement. La théorie identifie alors la liberté avec le caprice. La raison collective et la tradition séculaire ne sont plus que des bulles de savon que le moindre grimaud disperse d'une chiquenaude. Chacun est seul, et toute extravagance qui a cent adhérents peut passer de l'état d'utopie à celui de chose décrétée.

Est-ce que je m'insurge contre la démocratie ? Nullement. Fiction pour fiction, c'est la moins mauvaise. Mais il est bon qu'on ne confonde point ses promesses avec des réalités. La fiction est celle-ci : le gouvernement démocratique postule que la presque totalité des électeurs soient éclairés, libres, honnêtes et patriotes. Or cela est une chimère. La majorité se compose nécessairement des plus ignorants, des plus pauvres et des moins capables ; donc l'État est à la merci du hasard et des passions, et il finit toujours par succomber une fois ou l'autre aux conditions téméraires qui sont faites

à son existence. Celui qui se condamnerait à vivre debout
sur la corde tendue doit inévitablement tomber ; il n'est pas
besoin d'être prophète pour prédire ce résultat. Ἀριστόν μὲν
ὕδωρ, disait Pindare. Ma foi, ce qu'il y a de meilleur actuellement, c'est la sagesse, et à son défaut la science. Les
États, les églises, la société se détraquent et se disloquent.
La science seule n'a rien à perdre, au moins jusqu'à la barbarie sociale. Malheureusement, la barbarie n'est point impossible. Le triomphe de l'utopie socialiste ou la guerre religieuse nous réservent peut-être cette épreuve lamentable.

3 avril 1865. — Quel médecin vaut pour la puissance une
étincelle de bonheur et un seul rayon d'espoir ? Le grand
ressort de la vie est dans le cœur. La joie est l'air vital de
notre âme. La tristesse est un asthme compliqué d'atonie.
Notre dépendance des circonstances ambiantes va croissant
avec notre affaiblissement, et notre rayonnement fait au
contraire notre liberté. La santé est la première des libertés,
et le bonheur donne la force qui est la base de la santé. Rendre
heureux quelqu'un, c'est donc rigoureusement augmenter
son être, doubler l'intensité de sa vie, le révéler à lui-même,
le grandir et parfois le transfigurer. Le bonheur efface la
laideur et même fait la beauté de la beauté. Il faut, pour en
douter, n'avoir jamais vu poindre les roses de l'amour sur les
joues d'une jeune fille, ou s'éveiller dans un regard limpide la
lueur des premières tendresses. L'aurore même est inférieure
à cette merveille.

Donc au paradis tout le monde sera beau. En effet l'âme
bonne étant naturellement belle, et le corps spirituel n'étant
que la visibilité de l'âme, sa forme impondérable et angélique,
et le bonheur embellissant tout ce qu'il pénètre ou même
touche, la laideur ne sera plus, et disparaîtra avec le deuil,
le mal et la mort.

Pour la philosophie matérialiste le beau n'est qu'une rencontre fortuite, par conséquent rare ; pour la philosophie spiri-
tualiste le beau est la règle, la loi, l'universel, à quoi revient
toute forme sitôt que l'accident se retire.

C'est toujours la question de l'idéal : existe-t-il ? N'est-il
qu'une fiction ? Lequel a raison de Platon ou de Démocrite,

des réalistes ou des nominaux ? L'âme est-elle un produit ou la production du corps ? Le type, l'idée gouvernent-ils la vie, préexistent-ils virtuellement au développement de l'être individuel, ou sont-ils un mirage rétrospectif de l'être adulte et abusé ? La fin de l'individu est-elle inventée après coup ? Sommes-nous des fils du Hasard qui engendrent le but et qui s'imaginent sottement que l'aïeul est de la race du petit-fils ? Ces deux grandes conceptions du monde se heurtent de nos jours plus violemment que jamais...

Pourquoi sommes-nous laids ? parce que nous ne sommes pas dans l'état angélique, parce que nous sommes mauvais, moroses, malheureux.

L'héroïsme, l'extase, la prière, l'amour, l'enthousiasme tracent l'auréole autour d'un front, parce qu'ils dégagent l'âme qui rend transparente son enveloppe et rayonne ensuite autour d'elle. La beauté est donc un phénomène de spiritualisation de la matière ; elle est un *emparadisement* momentané de l'objet ou de l'être privilégié, et comme une faveur tombée du ciel sur la terre pour rappeler le monde idéal. L'étudier, c'est donc platoniser presque inévitablement. Comme un puissant courant électrique peut rendre les métaux lumineux et révèle leur essence par la couleur de leur flamme, de même la vie intense et la joie suprême embellissent jusqu'à l'éblouissement un simple mortel. Ainsi l'homme n'est jamais plus vraiment homme que dans l'état divin.

L'idéal est plus vrai que le réel, en somme ; car l'idéal est le moment éternel des choses périssables : il est leur type, leur chiffre, leur raison d'être, leur formule dans le livre du Créateur, par conséquent leur expression la plus juste en même temps que la plus sommaire.

11 avril 1863. — Mesuré, soupesé, essayé le plaid gris de perle par lequel on désirait remplacer mon châle montagnard. Le vieux serviteur, qui m'a accompagné depuis dix ans dans toutes mes excursions et qui me rappelle tant de souvenirs charmants et même tant d'aventures poétiques, me plaît mieux que son brillant successeur, bien que celui-ci me soit offert par une main amie. Mais rien peut-il tenir lieu du passé ? et les témoins de notre vie, quoique inanimés, n'ont-ils pas un langage pour nous ? Glion, Bougy, Villars, Albisbrunnen, le Righi, le Chamossaire, Rochemousse, Pipelune et tant d'autres endroits ont laissé quelque chose d'eux-mêmes dans les mailles de ce tissu... qui fait partie de ma biographie intime.

Le plaid est d'ailleurs le seul vêtement chevaleresque du voyageur actuel, le seul qui puisse être utile à d'autres qu'à lui, et rendre aux dames les services les plus variés. Que de fois le mien leur a servi de coussin, d'écharpe, de manteau, d'abri sur les humides gazons de l'alpage, ou sur les sièges du roc dur, ou contre la fraîcheur de l'ombre des sapins, lors des haltes, des marches, des lectures ou des causeries de la vie de montagne ! Que d'aimables sourires il m'a valus ! Jusqu'à ses accrocs, tout m'en est cher, car la blessure et sa guérison sont des anecdotes ; ses cicatrices sont des chevrons.

C'est un noisetier sous Jaman, c'est une courroie à la Frohnalp, c'est une ronce à Charnex qui ont fait les meurtrissures ; ce sont chaque fois des aiguilles de fées qui ont réparé ces menues avaries.

> Mon vieux manteau, que je vous remercie,
> Car c'est à vous que je dois ces plaisirs !

Et n'a-t-il pas été pour moi un ami dans la souffrance, un défenseur dans les fenils, un compagnon de la bonne et de la mauvaise fortune ? Il me fait penser à cette tunique du centaure que l'on n'arrachait pas sans enlever la chair et le sang de son maître. Je n'en ferai pas volontiers le sacrifice, par piété envers ma jeunesse évanouie et par gratitude envers la destinée. Cette loque a pour chaîne des impressions alpestres et pour trame des affections. — Elle chante aussi à sa manière :

> Pauvre bouquet, fleurs aujourd'hui fanées !

Et cette chanson mélancolique est de celles qui remuent le cœur, tandis que les oreilles profanes ne la comprennent ni ne l'entendent.

Quel coup de stylet que ce mot-là : Tu as été ! quand le sens nous en devient absolument clair. On se sent dès lors enfoncer graduellement dans sa fosse. Ce parfait défini sonne le glas de nos illusions sur nous-mêmes. Ce qui est passé est passé. Les cheveux gris ne redeviendront plus des boucles noires ; les forces, les facultés, les attraits de la jeunesse sont partis avec les beaux jours :

> Plus d'amour, partant plus de joie.

Qu'il est dur de vieillir, quand on a manqué la vie, qu'on n'a ni la couronne virile ni la couronne paternelle ! Qu'il est triste de sentir son intelligence baisser avant d'avoir fait son œuvre, et le corps décliner avant de s'être vu naître dans ceux qui doivent nous fermer les yeux et honorer notre nom ! — Comme la tragique solennité de l'existence nous frappe quand nous entendons un matin à notre réveil ce mot lugubre : Trop tard ! Le sablier est tourné, le terme est échu. Tu n'as pas moissonné, tant pis ! Tu as rêvassé, dormi, oublié, tant pis ! Sot et méchant serviteur, tu as négligé le bonheur et le devoir, tu n'as pas fait valoir le talent et les chances qui t'avaient été accordés. Cela te regarde. Chacun se récompense ou se punit lui-même. A qui et de qui te plaindrais-tu ? — Hélas !

Mornex, 21 avril 1865 (sept heures du matin). — Matinée enivrante de beauté, fraîche comme un cœur de seize ans et couronnée de fleurs comme une fiancée. La poésie de la jeunesse, de l'innocence et de l'amour m'a inondé l'âme. Jusqu'à ces vapeurs légères qui erraient dans le fond des plaines, image de la pudeur qui voile les attraits et enveloppe de mystère les plus douces pensées de la vierge, tout caressait mes yeux et parlait à mon imagination. Journée nuptiale et religieuse. Aussi les matines qui sonnaient à quelque village éloigné s'harmonisaient merveilleusement avec l'hymne de la nature.

Priez, disaient-elles, adorez, aimez le Dieu paternel et bienfaisant ! C'était l'accent de Haydn, l'allégresse enfantine, la gratitude naïve, la joie rayonnante et paradisiaque où n'apparaissent pas encore le mal et la douleur ; le ravissement ingénu et sacré d'Ève au premier jour de son réveil dans le monde naissant. — Que l'émotion et l'admiration sont une bonne chose ! C'est le pain des anges, l'aliment éternel des chérubins et des séraphins. Et la santé, et le loisir et l'aisance, tout ce qui m'est donné !... O merci, bonne Providence ! que mon cœur publie tes louanges et n'oublie aucun de tes bienfaits.

(Huit heures). — Je n'ai pas encore senti l'air aussi pur, aussi vivifiant, aussi éthéré, depuis cinq jours bientôt que je suis ici. C'est déjà une béatitude que de respirer. On comprend les délices de l'existence d'oiseau, l'émancipation de la pesanteur, la vie lumineuse et empyréenne qui flotte dans l'espace bleu et joint d'un coup d'aile tous les horizons.Il faut avoir beaucoup d'air au-dessous de soi pour connaître cet affranchissement intérieur et cette légèreté de l'être. Chaque élément a sa poésie, mais la poésie de l'air, c'est la liberté. — Voyons, rêveur, à l'ouvrage !

30 mai 1865. — Un des avantages de la méchanceté, c'est d'attirer ses victimes sur son terrain, où la lutte est très inégale.

Et gonflé de poisons, il attend les morsures.

Tout serpent fascine sa proie. Et la méchanceté pure hérite de cette puissance de vertige accordée au serpent. Elle stupéfie le cœur candide qui la voit sans la comprendre, qui la touche sans pouvoir y croire, et qui s'engloutit dans ce problème comme Empédocle dans l'Etna. *Non possum capere te, cape me*, dit la légende aristotélicienne. Chaque diminutif de Belzébuth est un abîme. Chaque acte démoniaque est un gouffre de ténèbres. La cruauté native, la perfidie et la fausseté originelles, même dans l'animal, jettent comme des lueurs dans le puits insondable de la perversité satanique, qui est une réalité morale.

Et néanmoins une arrière-pensée me dit que le sophisme est au fond de la méchanceté humaine, que la plupart des monstres aiment à se justifier à leurs yeux, et que le premier attribut du Malin c'est d'être le père du mensonge. — Avant tout crime, il s'agit de corrompre sa conscience ; et tout méchant bien réussi commence par là. La haine a beau être un meurtre, le haineux n'y veut voir qu'une hygiène. C'est pour se faire du bien qu'il se fait du mal, comme un chien enragé mord pour s'ôter la soif.

Nuire, même en se nuisant sciemment à soi-même, est un degré de plus, cela devient une frénésie, qui s'aiguise à son tour en devenant férocité froide. Quand l'homme suit, avec l'emportement de la volupté, ses instincts de bête fauve ou venimeuse, il doit paraître à l'ange un délirant, un aliéné, qui allume sa propre géhenne pour y consumer le monde ou ce qu'en peuvent atteindre ses convoitises de démon. L'atrocité recommence une spirale nouvelle qui s'enfonce plus avant encore dans les profondeurs de l'abomination, car les circuits de l'enfer ont cette propriété de n'avoir point de terme ; et le progrès dans l'horrible est encore plus certain que le progrès dans le bon.

Il semble que la perfection divine soit un infini du premier degré, mais que la perfection diabolique soit un infini de puissance inconnue. Mais non, car le vrai Dieu serait le mal, et l'enfer engloutirait la création. Dans la foi persane et chrétienne, le bien doit vaincre le mal, peut-être même Satan être racheté, rentrer en grâce, c'est-à-dire l'ordre divin être rétabli partout. L'autre point de vue serait la désolation irrémédiable, au prix de laquelle le néant paraîtrait le salut. Le créateur devrait être universellement et invariablement maudit, et la création ne serait qu'un cancer hideux condamné au rongement croissant pendant l'épouvantable durée de l'éternité. Cette idée fait dresser les cheveux sur la tête.

Donc le mal ne peut être sans fond ; l'amour sera plus puissant que la haine. Dieu sauvera sa gloire et sa gloire est dans sa bonté. — Mais il est bien vrai que la méchanceté gratuite trouble l'âme, parce qu'elle fait trembler en nous les grandes lignes de l'ordre moral, en tirant subitement le rideau qui nous cache l'action des forces ténébreuses et corrosives, acharnées contre le plan divin. Notre vue en est obscurcie et notre foi scandalisée. — Encore un des inconvénients de la solitude : elle exagère tout, elle nous livre aux papillons bleus. *Vae soli !* Il faut s'aller fortifier avec les gens de cœur, avec les hommes du devoir, avec les êtres exemplaires, avec les belles âmes.

25 juin 1865. — Pourquoi S*** a-t-elle pleuré hier sur mon épaule ? Je l'ai deviné sans peine, mais c'est trop délicat à rendre, c'est surtout trop compliqué dans sa cause. Une larme peut être le résumé poétique de tant d'impressions simultanées, la quintessence combinée de tant de pensées contraires ! C'est comme une goutte de ces élixirs précieux de l'Orient qui contiennent l'esprit de vingt plantes, confondu en un seul arome. Parfois même, c'est le trop-plein de l'âme, qui déborde de la coupe de la rêverie. Ce qu'on ne peut, ce qu'on ne sait, ce qu'on ne veut pas dire, ce qu'on refuse de s'avouer à soi-même ; les désirs confus, les peines secrètes, les chagrins étouffés, les résistances sourdes, les regrets ineffables, les émotions combattues, les troubles cachés, les craintes superstitieuses, les souffrances vagues, les pressentiments inquiets, les chimères contrariées, les meurtrissures faites à notre idéal, les langueurs inapaisées, les espérances vaines, la multitude des petits maux indiscernables qui s'accumulent lentement dans un recoin du cœur, comme l'eau qui perle sans bruit à la voûte d'une caverne obscure : toutes ces agitations mystérieuses de la vie intérieure aboutissent à un attendrissement, et l'attendrissement se concentre en un diamant liquide sur le bord des paupières. Si un baiser de tendresse est déjà tout un discours condensé en un seul souffle, une larme d'attendrissement contient la valeur de beaucoup de baisers, et par là même son éloquence en est d'une plus pénétrante énergie. — Et c'est pourquoi l'amour, quand il est intense, passionné, douloureux, n'a souvent plus d'autre langage que les baisers, et les larmes, et parfois les morsures.

Les larmes expriment du reste aussi bien la joie que la tristesse. Elles sont le symbole de l'impuissance de l'âme à contenir son émotion et à rester maîtresse d'elle-même. La parole est une analyse ; quand nous sommes bouleversés par la sensation ou par le sentiment, l'analyse cesse, et avec elle la parole et la liberté. Notre unique ressource, après le silence et la stupeur, c'est le langage d'action, la mimique. L'oppression de la pensée nous ramène au degré antérieur à l'humanité, au geste, au cri, au sanglot, et enfin à la défaillance, à l'évanouissement. C'est-à-dire qu'incapables de supporter l'excès de nos sensations comme hommes, nous retombons successivement à l'étage de l'être animé, puis de l'être végétal. Dante s'évanouit à tout instant dans son voyage infernal. Et rien ne peint mieux la violence de ses émotions et l'ardeur de sa pitié.

Et il est peu de femmes qui ne souffrent quelquefois de ce trop-plein de l'âme. Mais par pudeur, par prudence, par fierté, c'est dans la solitude qu'elles soulagent leur cœur de ses soupirs. — Il faut tant de circonstances réunies pour oser le faire dans le sein de l'amitié, que cela arrive rarement. Et pourtant, comme la consolation est plus rapide, plus efficace et plus douce, quand on s'accorde cette faiblesse ! S*** était toute changée et toute heureuse après cette confession muette. Son cœur était dégonflé de sa peine, déchargé de son poids, quasi comme celui de la pénitente absoute par son directeur.

Sans être femme, on peut avoir éprouvé des besoins analogues et ressenti le même désir. Ce mal-là, c'est la nostalgie confuse du bonheur. Cette guérison-là, c'est le bienfait de l'aveu, et de l'aveu débarrassé de la fatigue de parler.

Gryon-sur-Bex, 8 août 1865. — Splendide clair de lune sans un nuage. La nuit est grave et majestueuse. Le troupeau des colosses dort sous la garde des étoiles. Dans les vastes ombres de la vallée scintillent quelques toits épars, tandis que l'orgue du torrent enfle sa note éternelle au fond de cette cathédrale de montagnes dont le firmament fait la voûte...

Dernier coup d'œil sur cette nuit bleue, sur le paysage immense, et sur ces cimes et ces croupes connues, que tapissent les rayons d'argent et les ombres vertes de la reine des rêveries. Jupiter est près de se coucher sur les contreforts

de la Dent du Midi, et la voix de l'Avençon monte par
bouffées inégales malgré la paix apparente de cette heure
nocturne. Du dôme étoilé neigent les flocons invisibles des
songes qui invitent au sommeil chaste. Rien dans cette
nature de voluptueux et d'énervant, tout est fort, sévère et
pur. — Bonne nuit à tous les êtres, aux infortunés et aux
heureux, aux couches nuptiales comme aux couches solitaires. Repos et rajeunissement, renouvellement et espérance. — Un jour est mort, vive le lendemain ! — Minuit
sonne. Encore un pas fait vers le tombeau.

7 janvier 1866. — Notre vie n'est qu'une bulle de savon
suspendue à un roseau : elle naît, s'étend, se revêt des plus
belles couleurs du prisme, elle échappe même par instants à
la loi de la pesanteur ; mais bientôt le point noir s'y montre,
et le globe d'or et d'émeraude s'évanouit dans l'espace et se
résout en une simple gouttelette d'un liquide impur. Tous les
poètes ont fait cette comparaison ; elle est frappante de vérité. Apparaître, luire, disparaître, naître, souffrir, mourir ;
n'est-ce pas toujours le résumé de la vie pour l'éphémère,
pour une nation, pour un corps céleste ?

Le temps n'est que la mesure de la difficulté d'une conception ; la pensée pure n'a presque plus besoin de temps, parce
qu'elle aperçoit les deux bouts d'une idée presque à la fois.
La nature n'achève que laborieusement la pensée d'une planète, mais l'intelligence suprême la résume en un point. Le
temps est donc la dispersion successive de l'être, comme la
parole est l'analyse successive d'une intuition ou d'une volonté. En soi, il est relatif et négatif, et s'évanouit dans
l'être absolu. Dieu est en dehors du temps, parce qu'il pense
à la fois toute pensée ; la nature est dans le temps, parce
qu'elle n'est que la parole, le déroulement discursif de chaque
pensée contenue dans la pensée infinie. Mais la nature
s'épuise à cette tâche impossible, car l'analyse de l'infini est
une contradiction. Avec la durée sans limites, l'espace sans
bornes et le nombre sans terme, la nature fait du moins ce
qu'elle peut pour traduire la richesse de la formule créatrice.
Aux abîmes qu'elle ouvre pour contenir la pensée sans y
réussir, on peut mesurer la grandeur de l'esprit divin. Dès

que celui-ci sort de lui-même et veut s'expliquer, la harangue entasse les univers sur les univers pendant des milliards de siècles et ne peut arriver à bien exprimer son sujet, de sorte que le discours doit continuer sans fin.

L'Orient préfère l'immobilité pour forme de l'infini, l'Occident préfère le mouvement. C'est que celui-ci a la passion du détail et la vanité de la valeur individuelle. Comme un enfant à qui l'on donnerait cent mille francs, il croit multiplier sa fortune en la comptant par pièces de vingt sous ou de cinq centimes. Possédant deux lieues carrées de domaine, il se croit plus grand propriétaire parce qu'il dénombre cette surface en pouces plutôt qu'en toises. Sa passion du progrès tient en grande partie à une infatuation, qui consiste à oublier le but et à s'absorber dans la gloriole des petits pas faits les uns devant les autres ; au besoin même, cet enfant confond changement avec amélioration, recommencement avec perfectionnement.

Au fond, l'homme moderne a un immense besoin de s'étourdir, il a une secrète horreur pour tout ce qui le diminue ; c'est pourquoi l'éternel, l'infini, la perfection lui sont un épouvantail. Il veut s'approuver, s'admirer, se féliciter, et par conséquent détourne ses yeux de tous les abîmes qui lui rappelleraient son néant. C'est là ce qui fait la petitesse réelle de tant de nos puissants esprits, le manque de dignité personnelle de nos étourneaux civilisés comparés avec l'Arabe du désert, la frivolité croissante de nos multitudes toujours plus instruites, il est vrai, mais toujours plus superficielles dans leur notion du bonheur.

C'est aussi le service que nous rend le christianisme, cet élément oriental de notre culture. Il fait contrepoids à nos tendances vers le fini, vers le passager, vers le changeant, en rassemblant l'esprit par la contemplation des choses éternelles ; en platonisant un peu nos affections, constamment détournées du monde idéal ; en nous ramenant de la dispersion à la concentration, de la mondanité au recueillement ; en remettant du calme, de la gravité, de la noblesse dans nos âmes enfiévrées de mille mesquins désirs. De même que le sommeil est le bain de rajeunissement pour notre vie d'action, la religion est le bain rafraîchissant de notre être immortel. Le sacré a une vertu purifiante. L'émotion religieuse entoure le front d'une auréole et fait connaître au cœur un épanouissement de joie ineffable.

Je crois donc que les adversaires de la religion en elle-même se trompent sur les besoins de l'homme occidental, et que le monde moderne perdrait son équilibre dès qu'il appartiendrait purement à la doctrine mal mûrie du progrès. Nous avons toujours besoin d'infini, d'éternel, d'absolu, et puisque la science se contente du relatif, elle laisse un vide qu'il est bon de remplir par la contemplation, par le culte et l'adoration. « La religion est l'aromate, disait Bacon, qui doit empêcher la vie de se corrompre », et spécialement aujourd'hui la religion dans le sens platonicien et oriental. Le recueillement profond est, en effet, la condition de la belle activité.

Le retour au sérieux, au divin, au sacré, est de plus en plus difficile, avec l'inquiétude critique introduite dans l'Église elle-même, avec la mondanité de la prédication, avec l'agitation universelle, mais ce retour est de plus en plus nécessaire. Sans lui, point de vie intérieure. Et la vie intérieure est le moyen de résister utilement à son milieu. Si le marin ne portait pas en lui sa température, il ne pourrait pas aller du pôle à l'équateur et rester malgré tout lui-même ; l'homme qui n'a pas d'asile en soi, qui vit, pour ainsi dire, dans sa devanture, dans le tourbillon extérieur des choses, des affaires, des opinions, n'est pas proprement une personnalité distincte, libre, originale, une cause, en un mot, quelqu'un. C'est l'aliquote d'une foule, un contribuable, un électeur, un anonyme, ce n'est pas un homme. Il fait masse, nombre parmi les consommateurs ou les producteurs à forme humaine, mais il n'intéresse que l'économiste et le statisticien, qui prennent les tas de sable sans s'occuper des grains, chose uniforme et indifférente. Ces Πολλοί, tourbe, cohue, multitude, ne comptent pas comme force massive et élémentaire. Pourquoi ? parce que les parties constitutives en sont insignifiantes isolément, parce qu'elles se ressemblent toutes, et qu'on les additionne comme les molécules d'eau d'un fleuve, en les jaugeant à la toise et non en les appréciant comme individus. Ces hommes-là sont donc estimés et pesés à la manière des corps, parce qu'ils ne sont pas individualisés par la conscience, à la manière des âmes.

Qui flotte avec le courant, qui ne se dirige pas d'après des principes supérieurs, qui n'a pas d'idéal, pas de conviction, celui-là n'est qu'une parcelle du mobilier terrestre, un objet mû, non un sujet moteur, un pantin non une créature raisonnable, un écho non une voix. Qui n'a pas de vie intérieure est l'esclave de son milieu, comme le baromètre est l'obéissant valet de l'air immobile, et la girouette l'humble servante de l'air agité.

12 janvier 1866. — Passé quelques heures dans la compagnie de Maurice de Guérin ; lu son Journal intime (trois ans, de 1832 à 1835), ses vers, les notices de G. Sand, Sainte-Beuve, Trébutien, du Breil et Eugénie de Guérin sur ce talent enlevé dans sa fleur, en sa vingt-neuvième année, et les deux fragments étranges intitulés le *Centaure* et la *Bacchante*. Que faut-il penser de l'écrivain et de l'homme ? Je suspendrai mon jugement jusqu'après la lecture de la correspondance. Quant au *Journal*, il contient des paysages délicieux, mais, ceci mis à part, il ne donne nulle idée précise de la culture, des études, des idées et de la portée de l'homme qui l'a écrit. Ne parlant qu'en termes très généraux des mouvements de la vie intérieure, il ne dessine pas une individualité distincte et n'en marque surtout pas les vraies porportions, la vraie nature. J'avais déjà le même reproche à faire au *Journal* de Lavater. Le Journal ainsi entendu n'est qu'un confessionnal presque impersonnel, ne caractérisant pas plus un pécheur qu'un autre, sans précision biographique ou historique, trompeur par conséquent, puisqu'il ne sert pas à reconstruire un homme dans sa différence spécifique des hommes de son genre. Impossible, par exemple, de voir dans ce Journal ce que faisait Maurice, qui il voyait, quelles étaient ses occupations, etc. On n'y pourrait deviner qu'il pratiquait quatre ou cinq littératures, on ne peut même conjecturer la formation de son talent. Tel est mon premier grief. — Quant au talent proprement dit, en rapprochant la *Bacchante* du *Centaure*, on se demande si une effrayante monotonie n'eût pas été la limite de cette originalité ? et si

la perception visionnaire de la vie de la nature, qui est la
force de Maurice comme poète, peut alimenter plus d'une
œuvre, sans ennui pour le lecteur, surtout pour le lecteur
français. L'intérêt de cette étude me paraît plutôt psychologique qu'artistique. Il est curieux de trouver le sens hindou
et brahmanique dans un jeune écrivain français. Mais c'est
pourtant exagérer la valeur de la nouveauté, que de lui
faire un piédestal pareil à celui qu'on a taillé pour ce jeune
homme. Je trouve qu'entre ses trois amis, Du Breil, Trébutien
et Kertonguy, ce dernier a mieux conservé les nuances, les
proportions et le bon sens, et pour m'exprimer un peu crû-
ment, qu'on a notablement surfait le frère d'Eugénie. —
Cette réserve faite, j'éprouve beaucoup de sympathie pour
Maurice, organisation exquise, sensitive littéraire, intelligence
intuitive et rêveuse, caractère effarouché par la vie réelle,
timide, irrésolu, bref, individualité où je retrouve plus d'une
parenté avec la mienne, du moins par les côtés faibles, tels
qu'incertitude sur sa propre vocation, la difficulté et la peur
de vouloir, l'esprit de défiance excessive et cette espèce de
passion (relevée par un ami) qui pousse perpétuellement à
dénigrer et torturer ses propres facultés en les soumettant
au supplice sans fin d'une sorte d'autopsie morale. *Me, me
adsum qui feci.* — Pour être juste, je dois aussi avouer que si
j'admire la finesse et la multitude des impressions de Maurice,
impressions poétiques, esthétiques, morales qui ont leur
prix, je souffre aussi d'un certain manque d'idées proprement
dites, de vues, de vérités, qui après tout constituent la vraie
richesse d'un esprit. L'auteur me paraît plutôt un sensitif, un
rêveur, un musicien, qu'un penseur. Ce qu'il apporte, c'est
un mode particulier du sentiment de la nature, l'intimité avec
la force mystérieuse d'Isis, l'enthousiasme panthéistique.
Qu'à sa mort, il ait été chrétien et catholique, et que sa
famille ait tenu à le dire et à le redire, son talent a eu une
inspiration tout autre, et aucun des bons juges ne s'y est
trompé.

21 janvier 1866. — Ce soir, après souper, je ne savais où
promener ma solitude ; j'avais soif de conversation, d'échange,
de société. L'idée m'est venue de monter chez les R***, la

famille modèle. On était à souper. Puis on est passé au salon, la mère et la fille se sont mises au piano et ont chanté un duo de Boïeldieu. Les touches d'ivoire de ce vieux piano à queue, où la mère jouait déjà avant son mariage, et qui pendant vingt-cinq années a suivi et traduit en musique les destinées de la famille, ces touches clappaient et fauchaient un peu ; mais la poésie du passé chantait dans ce fidèle serviteur, confident des peines, compagnon des veillées, écho de toute une vie de devoir, d'affection, de piété, de vertu. J'étais plus ému que je ne puis dire. Il me semblait lire un roman de Dickens. Dans cet attendrissement esthétique il y avait à peine un retour sur moi-même, quoique ces vingt-cinq ans aient aussi passé sur ma tête, et que j'aie assisté au mariage de A. R***. C'était un attendrissement pur, sans égoïsme et sans mélancolie.

Tout cela me semble un rêve pour ce qui me concerne, et je n'en crois pas mes yeux à ce témoignage des lustres écoulés. Quelle chose étrange que d'avoir vécu et de se sentir si loin d'un temps qui vous est si présent ! On ne sait si l'on veille ou si l'on dort. Le temps n'est que l'espace entre nos souvenirs. Dès que nous cessons d'apercevoir cet espace, le temps est disparu. Toute la vie d'un vieillard peut lui paraître longue d'une heure, de moins encore. Or, dès que le temps se réduit pour nous à un point, nous sommes entrés en éternité. La vie n'est que le rêve d'une ombre : je l'ai senti de nouveau ce soir avec intensité. Je ne m'aperçois moi-même que comme une apparence fugitive, comme l'impalpable arc-en-ciel qui flotte un instant sur la bruine, dans cette formidable cascade de l'être qui tombe sans relâche dans l'abîme des jours. Tout me paraît donc chimère, vapeur, fantôme et néant, y compris mon propre individu. Je me retrouve en pleine phénoménologie. Bizarre ! bizarre !...

Il n'est pas besoin de me répéter que la figure de ce monde passe, tout me paraît fuir avec les ailes de l'aigle, et ma propre existence n'être qu'un tourbillon qui va se disperser. — Est-ce que je vais mourir ? Est-ce que je suis vieux ? Est-ce que je deviens philosophe ? Toujours est-il que le gouffre des choses éternelles me paraît proche, si proche, que l'amour des choses temporelles et passagères me paraît ridicule. A quoi bon s'attacher à ce qui va finir ? Je sens déjà le souffle de l'éternité qui passe dans mes cheveux et il me semble que je regarde d'outre-tombe le monde des vivants. *(Minuit.)*

23 janvier 1866. — Je trouve toujours curieuses les organisations purement critiques, qui n'ont aucun sentiment de responsabilité, qui ne sont aucunement gênées par le sort des masses humaines, des femmes, des enfants, des infortunés, et qui rient de tout. Si leur influence domine jamais, la société se dissoudra, parce qu'elles représentent seulement l'élément négatif, corrosif, destructeur de la pensée, et qu'elles poussent à l'égoïsme aristocratique de l'esprit. Pour eux, l'enthousiasme, la charité, la patrie, l'Église, sont des phénomènes qui ne les concernent point ; ils se détachent et se désintéressent de tout. Tous les devoirs sont l'affaire d'autrui. Le cœur qui nous enchaîne à autrui, et la conscience morale qui nous enchaîne à un devoir semblent deux choses étrangères à cette catégorie d'hommes. Leur erreur est de surfaire la valeur de la critique. L'être prime encore la conscience de l'être ; la substance vaut au moins son moule, la réalité est sans doute préférable à son image ; l'affirmation est supérieure à la négation ; l'invention, la création, l'action, sont plus que l'analyse d'elles-mêmes ; car la critique laissée seule s'anéantit et son objet subsiste sans elle. On a beau faire, un aliment est encore plus nécessaire que la description de cet aliment, et un grand homme est mieux que son ombre. Méphistophélès est un fin critique ; mais sans la création et le créateur que serait-il ? Rien. Qu'est-ce que démolir, au prix de fonder ?

Je conclus. Un peu de critique nous affranchit ; trop de critique nous dessèche. Un être purement critique n'est qu'un demi-homme, et encore n'est-il pas la meilleure moitié. Il fait plus de mal que de bien, car il favorise toutes les désagrégations, morales et sociales.

29 janvier 1866 (neuf heures du matin). — Un joli lumbago intercostal m'a pincé hier et me tient encore aujourd'hui ;

c'est une sorte de torticolis à la ceinture, que je ressens pour la première fois... Le rideau grisâtre du brouillard s'est de nouveau étendu sur la ville ; il fait terne et triste. Les cloches sonnent au loin pour je ne sais quelle fête. Du reste, calme et silence ; sauf le pétillement de mon feu, aucun bruit ne trouble ma solitude, l'asile de mes rêveries et de mon travail. Penché sur mon vieux pupitre noir, une écharpe de laine autour des reins, comme un Arabe au repos, vêtu de ma chaude redingote brune, je griffonne ces lignes entre ma fenêtre haute et ma petite cheminée, les pieds dans un renard fourré. Sur ma tête s'incline la paroi bleue de ma mansarde. Quelques dictionnaires et autres livres étalés sur deux pliants à ma portée, sur une table rustique et sur un dressoir vieillot, sont, avec quelques chaises dépareillées, tout le mobilier de ce grenier modeste où l'homme mûr continue sans verve sa vie d'étudiant, et le professeur sédentaire ses habitudes de voyageur.

Qu'est-ce qui fait le charme de cette existence en apparence si dénudée et si vide ? La liberté. Que m'importent toutes ces laideurs à demi indigentes, cette absence de confort et tout ce manque dans mon logis ? Ces choses sont pour moi indifférentes. Je trouve sous cette toiture lumière, tranquillité, abri. Je suis à proximité d'une sœur et de ses enfants que j'aime. Ma vie matérielle est assurée. C'est assez pour un célibataire. D'ailleurs, quelques bons cœurs ont visité ma mansarde. Des enfants y ont joué. J'y ai des souvenirs. Elle n'est donc point inhabitable, et peut-être la quitterai-je moins froidement qu'il ne me semble. Ne suis-je pas d'ailleurs un animal d'habitude plus attaché aux ennuis connus qu'amoureux des douceurs inconnues ? — Je suis donc libre sans être mal. Donc je suis bien ici, et je serais un ingrat de me plaindre. Aussi ne le fais-je pas, et je souhaite à quatre-vingt-quinze personnes sur cent d'être aussi bien partagées que ne l'est ma paresse. — C'est plutôt mon cœur qui soupire et qui voudrait plus et mieux. Mais le cœur est un glouton insatiable, on le sait, et d'ailleurs, qui ne soupire pas ? C'est notre destinée ici-bas. Seulement, les uns se tourmentent pour se satisfaire, sans y réussir ; les autres anticipent sur le résultat et se résignent en faisant l'économie d'efforts stériles et infructueux. Puisqu'on ne peut être heureux, pourquoi se donner tant de peine ? Il faut se borner au strict nécessaire, vivre de régime et d'abstinence, se contenter de peu et ne mettre de prix qu'à la paix de la conscience, au sentiment du devoir acccompli.

Il est vrai que ce n'est pas là une mince ambition et qu'on retombe dans une autre impossibilité. Non, le plus simple est de se soumettre purement et simplement à Dieu.

> Vouloir ce que Dieu veut est la seule science
> Qui nous mette en repos.

Tout le reste, comme le dit l'Ecclésiaste, n'est que vanité et que rongement d'esprit.

Voici bien longtemps que je sais cela, que je sens ainsi, et que ce renoncement religieux m'est doux et familier. Ce sont les agitations extérieures, les exemples du monde et l'entraînement inévitable par le courant des choses qui me font oublier la sagesse acquise et les principes adoptés. C'est pourquoi il est si fatigant de vivre. Cet éternel recommencement est fastidieux jusqu'au dégoût. Il serait·si bon de s'endormir quand on a cueilli le fruit de l'expérience, quand on ne résiste plus à la volonté suprême, quand on s'est détaché de son moi, qu'on est en paix avec tous les hommes ! Tandis qu'il faut recommencer le circuit des tentations, des disputes, des ennuis, des oublis, retomber dans la prose, dans le terre-à-terre, dans la vulgarité ! Que c'est triste et que c'est humiliant ! Aussi les poètes retirent plus vite leurs héros de la lutte et ne les traînent pas, après la victoire, dans l'ornière de jours ingrats. Ceux qu'aiment les dieux meurent jeunes, disait la sentence antique.

Oui, mais cette faveur flatte notre instinct secret ; c'est là notre désir et non la volonté de Dieu. Nous devons être abaissés,. exercés, harcelés, tentés jusqu'à la fin. C'est notre patience qui est la pierre de touche de notre vertu. Supporter la vie, même sans illusions et sans espérance, accepter ce train de guerre perpétuel même en n'aimant que la paix, ne pas sortir du monde même quand il nous répugne comme une mauvaise compagnie et comme l'arène des vilaines passions, **rester fidèle** à son culte sans rompre avec les sectateurs des faux dieux, ne pas s'évader de l'hôpital humain, malgré l'aversion de notre odorat et notre horreur des cohues malsaines, patienter comme Job sur son fumier, c'est le devoir. Quand la vie cesse d'être une promesse, elle ne cesse pas d'être une tâche ; et même son vrai nom est épreuve.

(Onze heures du matin.) — Une interruption détruit le sortilège de la pensée, et brise aussi le charme d'une émotion : ainsi je suis descendu quelques minutes, j'ai causé avec deux ou trois personnes, et me voici dans une toute autre région d'idées. Il semble qu'un rêve soit dissipé, qu'une captivité magique arrive à son terme, que le chant du coq fasse évaporer les fantômes dont nous entouraient la solitude et le crépuscule. Le milieu du jour nous plonge dans la réalité et nous arrache à la contemplation. Cela est bon aussi à son heure. « Travaille pendant qu'il fait jour. »

5 mars 1866. — Tout le ciel pleut, aussi loin que s'étend la vue de mon haut observatoire. Un couvercle de plomb recouvre la vallée. Aspect d'une tristesse silencieuse. Il fait gris, du Salève au Jura et du pavé jusqu'aux nuages. Les yeux, la bouche, tout l'être, ne voit, ne boit, ne touche que du gris. La couleur, la gaieté, la vie sont mortes. Chacun se blottit dans sa coquille. — Que font donc les oiseaux en pareilles circonstances ? Nous qui avons le vivre et le couvert, feu au foyer, livres autour de nous, casiers de gravures dans l'armoire, nichée de rêves dans le cœur et tourbillon de pensées au fond de l'encrier, nous trouvons la nature enlaidie et détournons les yeux ; mais vous, pauvres moineaux, que pouvez-vous faire ? patienter, espérer, apprendre. En somme et après tout, n'est-ce pas là notre rôle à tous ?

Tu patientes, ou pour mieux dire, tu ajournes, tu diffères, tu retardes, quoi ? la grande décision. Tu espères, quoi ? je n'en sais rien. Tu attends, quoi ? d'être plus jeune, plus vaillant, plus entreprenant ? Folie !

Mornex, 2 avril 1866. — La neige redevient fondante et le brouillard humide revêt toute la contrée. *Jupiter pluvius* caresse de près Cybèle ; il n'y a plus même d'espace entre leurs amours qu'abrite le discret manteau des nuées, dont les plis traînent sur le sol. La galerie asphaltée qui borde le salon n'est plus qu'une nappe d'eau frémissante qu'étoilent sans relâche les gouttes pressées qui tombent du ciel. Un tronçon grisâtre de l'Arve remue seul comme un serpent au fond de la vapeur. L'horizon se touche à la main, et les trois lieues cubes de pluie qui se voyaient hier se sont converties en un rideau opaque, ou mieux en une caverne flottante, dont mon observatoire occupe le centre, mais dont le regard ne peut percer ni la voûte ni les murs grisâtres.

Cette captivité me transporte aux Shetland, au Spitzberg, en Norvège, dans les pays ossianiques du brouillard, où l'homme, refoulé sur lui-même, sent davantage battre son cœur et méditer sa pensée, quand le froid ne les congèle pas. Le brouillard a certainement sa poésie, sa grâce intime, son charme rêveur. Il fait pour le jour ce que la lampe fait pour la nuit ; il pousse l'esprit au recueillement, il replie l'âme sur elle-même. Le soleil nous répand dans la nature, nous disperse et nous dissipe ; la brume nous rassemble et nous concentre, elle est donc cordiale, domestique, attendrissante. La poésie du soleil tient de l'épopée ; celle du brouillard tient de l'hymne élégiaque ou du chant religieux. Le panthéisme est fils de la lumière ; le brouillard engendre la foi aux protecteurs prochains. Quand le monde universel se ferme, la maison devient le petit univers. Dans l'éternelle vapeur on s'aime mieux, car la seule réalité alors c'est la famille, et dans la famille, le cœur. — L'action du brouillard est donc analogue à l'effet de la cécité, et l'action du soleil à l'effet de la surdité ; car l'homme de l'oreille est plus tendre et plus sympathique ; l'homme de l'œil est plus sec et plus dur. Pourquoi ? parce que l'un vit surtout de la vie humaine et intérieure, l'autre surtout de la vie naturelle et extérieure. Or, les plus grandes pensées viennent du cœur, dit le moraliste.

Mornex, 3 avril 1866 (huit heures du matin). — *Juchhe ! gloria !* La neige et l'arc-en-ciel d'hier ont tenu leur promesse, et les oiseaux avaient raison. Ce matin, le soleil n'a pas trouvé un nuage au ciel, et ses rayons inondaient ma fenêtre et la vallée blanchie quand j'ai ouvert les yeux. — Fraîcheur matinale, limpidité de l'air, netteté mordante des horizons, clarté des détails infinis d'un vaste paysage, dessiné, coloré, caressé par une lumière délicieuse, allégresse de l'être en nous et hors de nous, telle est la compensation de deux mauvais jours... J'ai aussi multiplié ma jouissance par l'emploi des jumelles d'opéra. C'est une délectation du regard que d'apercevoir clairement les lointains. Les myopes seuls connaissent le contraste prodigieux qu'il y a entre la vision confuse et la vision nette. Les vues excellentes se doutent à peine du bonheur que donne aux premiers une lunette, et du battement de cœur qu'on ressent à découvrir les détails de l'immensité. C'est comme une révélation. Une seconde nature plus vivante, plus riche, plus jeune surgit sous la première. On renaît soi-même, et l'on voit avec l'ivresse des yeux de quinze ans.

6 avril 1866. — Lu le premier volume de *Gentleman*[1], par Miss Mulock, livre plus hardi qu'il ne semble, car il reprend à la manière anglaise le problème social de l'égalité. Et la solution est que chacun peut devenir gentleman quoique né dans le ruisseau. A sa façon, ce récit proteste contre les supériorités conventionnelles et montre que la vraie noblesse est dans le caractère, dans le mérite personnel, dans la distinction morale, dans l'élévation des sentiments et du langage, dans la dignité de la vie et le respect de soi-même. Ceci est mieux que du jacobinisme et l'inverse de l'égalitarisme brutal. Au lieu de rabaisser tout le monde, c'est le droit à monter que proclame l'auteur. On naît riche, noble, mais on ne naît pas gentleman. Ce mot-là est le schibboleth de l'Angleterre. Il divise l'univers en deux moitiés, la société civilisée en deux castes. Entre *gentlemen*, courtoisie, égalité, convenance ; au-dessous, mépris, dédain, froideur, indifférence. C'est toujours la séparation antique entre les *ingenui* et les autres, entre les ἐλεύθεροι et les βάναυσοι. C'est la continuation féodale de la gentilhommerie et de la roture.

Qu'est-ce donc qu'un gentleman ? c'est un homme libre

---

1. *John Halifax, gentleman*, qui a paru en 1841.

et bien élevé, existant par lui-même et sachant se faire respecter. C'est autre chose que l'homme de bonne compagnie, l'homme comme il faut, même l'homme d'honneur : les manières, le langage, l'honnêteté ne suffisent pas. Il y faut de plus l'indépendance et la dignité. Tout vasselage, toute servilité, toute familiarité même, à plus forte raison un acte déshonorant, un mensonge, une improbité, font perdre le titre de gentleman. — Bref le gentleman est le type anglais de l'homme accompli, et on peut dire du roi lui-même qu'il est plus ou moins gentleman... La domesticité, sous toutes ses formes, supprime de deux manières le sentiment de l'égalité : parce que la dépendance et la vulgarité ne peuvent se confondre avec l'indépendance et l'éducation. — L'égalité reste une possibilité et un droit ; mais l'inégalité est un fait. La France insiste sur le premier point, l'Angleterre sur le second. La conciliation, c'est de dire avec Miss Mulock : Devient qui veut gentleman ; la distinction personnelle est la fleur de la vertu, et comme celle-ci, elle est une récompense et une conquête.

Le gentleman rappelle le sage des stoïciens, le type de ce qu'il faut être. Il vaut mieux qu'il soit rentier et bien né, mais ce n'est pas à toute rigueur indispensable : il est difficile mais non impossible qu'il soit commerçant ou industriel. S'il doit gagner sa vie, il faut qu'il se maintienne fier, réservé, supérieur à la fortune et aux circonstances et ne présente ses notes que comme un artiste ou un médecin, avec une sorte de pudeur altière, qui compte sur la délicatesse du prochain et n'avoue ni ses souffrances, ni ses besoins, ni ses inquiétudes, ni rien qui la constitue inférieure à ceux dont elle réclame l'estime et repousse la commisération. Le vrai gentleman est ou doit paraître au-dessus de toute contrainte ; il n'a point de maître et n'agit que par condescendance ou par devoir. Aucun homme n'a rien à lui commander, et quand il obéit, c'est à la loi impersonnelle, ou à une parole donnée, ou à un contrat accepté, bref à lui-même qu'il obéit, à ce qu'il reconnaît juste, équitable, et non à un despotisme quelconque. — « Dieu et mon droit », voilà sa devise. Le gentleman, c'est décidément l'homme libre, l'homme plus fort que les choses, et sentant que la personnalité prime tous les attributs accessoires de fortune, de santé, de rang, de pouvoir, etc., et fait l'essentiel, la valeur intrinsèque et réelle de l'individu. Dis-moi ce que tu es, et je te dirai ce que tu vaux. Cet idéal-là lutte heureusement contre le grossier idéal, également anglais, du capital, dont la formule est : combien cet homme vaut-il ? — Dans le pays où la pauvreté est un crime, il est bon qu'on puisse dire qu'un nabab n'est pas de soi-même un gentleman. — L'idéal mercantile et l'idéal chevaleresque se contrebalancent, et si l'un fait la laideur de la société anglaise et son côté brutal, l'autre lui sert de compensation.

7 avril 1866. — En m'éveillant, l'idée du gentleman me revenait encore. — Le gentleman est l'homme maître de lui-même, qui se respecte et se fait respecter. Son essence est donc la souveraineté intérieure. C'est un caractère qui se possède, une force qui se gouverne, une liberté qui s'affirme et se montre et se règle sur le type de la dignité. Cet idéal est donc très voisin du type romain de l'*ingenuus consciens et compos sui*, et de la *dignitas cum auctoritate*. Cet idéal est plus moral qu'intellectuel. Il convient à l'Angleterre, qui est surtout une volonté. Mais du respect de soi-même dérivent mille choses, comme le soin de sa personne, de son langage, de ses manières, la vigilance sur son corps et sur son âme, la domination de ses instincts et de ses passions, le besoin de se suffire à soi-même, la fierté qui n'implore et ne veut aucune faveur, le soin de ne s'exposer à aucune humiliation, à aucune mortification, en ne se mettant sous la dépendance d'aucun caprice humain, la préservation constante de son honneur et de son amour-propre : tout à fait le type du sage à l'anglaise. Cette souveraineté, n'étant facile qu'à l'homme bien né, bien élevé et riche, a d'abord été identifiée avec la naissance, le rang et surtout la propriété. L'idée du gentleman dérive donc de la féodalité ; c'est l'adoucissement de la seigneurie.

Pour ne pas subir de reproche, il se maintiendra irréprochable ; pour être traité avec considération, il sera toujours attentif à conserver les distances, à nuancer les égards, observer toutes les gradations de la politesse conventionnelle, suivant le rang, l'âge, la situation des personnes. Et par là même, il sera imperturbablement boutonné et circonspect en présence d'un inconnu, dont il ne sait pas le nom et la valeur, et auquel il serait exposé à témoigner trop ou trop peu de courtoisie. Il l'ignore et l'évite ; s'il est abordé, il se détourne ; si on lui adresse la parole, il coupe court avec hauteur. Sa politesse est donc non pas humaine et générale, mais tout individuelle et appropriée aux personnes. C'est pourquoi chaque Anglais en contient deux : celui qui est tourné vers le monde, et l'autre. Le premier, l'homme extérieur, est un hérisson, une citadelle, un mur anguleux et froid ; l'autre, l'homme intérieur, est un être sensible, affectueux, cordial, aimant. Ce type s'est formé dans un climat moral plein de glaçons : le monde ennemi, le foyer seul hospitalier ; la cuirasse impénétrable sur un cœur tendre ; la peau de chagrin tournée au dehors, et le velours rentré en dedans.

L'analyse du type national de l'homme accompli peut donc nous faire découvrir la nature et l'histoire d'une nation, comme le fruit nous révèle l'arbre. — L'inverse est encore plus commode : avec l'histoire et le climat, on construit le type. Mais la première recherche est une découverte, la seconde n'est qu'une observation. — La psychologie doit employer les deux méthodes, et contrôler l'une par l'autre ; commençant tantôt par la graine pour connaître la plante, tantôt par la plante pour connaître la graine.

(Plus tard.) — Si la philosophie est l'art de comprendre, il est clair qu'elle doit commencer par se saturer de faits et de réalités, et que l'abstraction préserve la vue, comme l'abus du jeûne tue le corps à l'âge de la croissance. On ne comprend d'ailleurs que ce qu'on trouve en soi. Et comprendre, c'est posséder par la sympathie, puis par l'intelligence, la chose comprise. Loin donc de démembrer et de désarticuler immédiatement l'objet à concevoir, il faut avant tout le saisir dans son ensemble, puis dans sa formation, et seulement après dans ses parties. Le procédé est le même pour l'étude d'une montre ou d'une plante, d'une œuvre d'art ou d'un caractère. Il faut contempler, respecter, interroger et non massacrer ce qu'on veut connaître. Il faut s'assimiler aux choses, se donner à elles, s'ouvrir docilement à leur in-

fluence, s'imprégner de leur originalité et de leur forme distinctive, avant de les brutaliser en les anatomisant.

14 avril 1866. — Panique, débâcle, sauve-qui-peut de la Bourse de Paris. Mes pauvres fonds restants baissent, baissent ! Cette solidarité des intérêts contre-balance l'atomisme des affections, pensais-je. A notre époque d'individualisme et du « chacun pour soi, Dieu pour tous », les trépidations des fonds publics représentent les palpitations du cœur. C'est la sympathie obligatoire rappelant un peu le patriotisme de l'impôt forcé ; on est contraint de s'occuper des sottises prussiennes ou américaines, on se sent engagé, compromis dans toutes les affaires du monde, et il faut bien s'intéresser malgré soi à la terrible machine dont les rouages peuvent à chaque instant nous broyer. Le crédit enfante une société inquiète, que sa base tremblante et de construction artificielle menace perpétuellement dans sa sécurité. Elle oublie parfois qu'elle danse sur un volcan. Mais le moindre bruit de guerre le lui rappelle sans pitié. La ruine est facile pour les châteaux de cartes. — Ce souci est insupportable pour les humbles petits rentiers comme moi, qui, en renonçant à poursuivre la richesse, auraient au moins voulu pouvoir vaquer en paix à leurs modestes travaux. Mais non ; le monde est là, et, en vrai tyran brutal, il nous crie : Paix, paix, il n'y a point de paix, je veux que vous souffriez, riiez, et sautiez avec moi ! Et quand on pense que cinq ou six marauds couronnés, ou seulement galonnés, tiennent dans leurs mains la tranquillité universelle, et peuvent martyriser à leur caprice la destinée de plusieurs millions de leurs semblables, cela donne une certaine irritation. — Accepter l'humanité comme la nature, et se résigner devant l'arbitraire individuel comme devant le destin, n'est pas chose facile. On admet la domination de Dieu, mais on exècre le despote, si on ne peut le fusiller. Nul n'aime à partager le naufrage d'un navire où il a été embarqué par violence, et qui a navigué contre son vœu et son opinion. — Et pourtant, c'est continuellement le cas dans la vie. Nous payons tous pour la faute de quelques-uns. Même, selon l'orthodoxie, une faute unique d'un seul homme est expiée par l'humanité jusqu'à la fin des temps. La disproportion de la coulpe et de la punition est entrée dans nos habitudes d'esprit, bien qu'elle révolte l'instinct de justice.

La solidarité humaine est un fait plus évident et plus certain que la responsabilité personnelle et même que la liberté individuelle. Notre dépendance l'emporte sur notre indépendance, car nous ne sommes indépendants que dans notre désir, tandis que nous dépendons de notre santé, de la nature, de la société, bref de tout en nous et hors de nous. Le cercle de notre liberté n'est qu'un point. Ce point est celui où nous protestons contre toutes ces puissances oppressives et fatales, où nous disons : Écrasez-moi, vous n'obtiendrez pas mon consentement ! Nous pouvons, par la volonté, nous mettre en travers de la nécessité et lui refuser l'hommage et l'obéissance ; c'est la liberté morale. Mais sauf cela nous appartenons corps et biens au monde, nous sommes ses jouets, comme la poussière l'est du vent, comme la feuille morte l'est des flots. Dieu respecte au moins notre dignité ; mais le monde nous roule avec mépris et fureur dans ses vagues, pour constater que nous sommes sa chose.

Les théories de la nullité de l'individu, les conceptions panthéistes et matérialistes, enfoncent maintenant une porte ouverte et abattent un homme abattu. Dès qu'on cesse de glorifier ce point imperceptible de la conscience et d'en célébrer la valeur, l'individu redevient naturellement un atome de la masse humaine, laquelle n'est qu'un atome de la masse planétaire, qui n'est rien dans le ciel ; l'individu n'est donc qu'un néant à la troisième puissance, avec la capacité de mesurer ce néant. La pensée aboutit à la résignation. Le doute de soi conduit à la passivité et la passivité à la servitude.

Pour sortir de là, il faut la soumission volontaire, la dépendance religieusement consentie, c'est-à-dire la revendication de nous-mêmes comme êtres libres, ne nous inclinant que devant le devoir. Le devoir devient principe d'action, source d'énergie, certitude de notre indépendance partielle du monde, condition de notre dignité, signe de notre noblesse. Le monde ne peut ni me faire vouloir, ni me faire vouloir mon devoir ; ici, je suis mon maître et mon seul maître, je traite avec lui de souverain à souverain. Il tient mon corps

dans ses griffes, mais mon âme lui échappe et le brave. Ma
pensée et mon amour, ma foi et mon espérance sont hors de
ses prises. Mon être véritable, l'essence de ma personne,
mon moi demeurent inviolés et inaccessibles à ses outrages et
à ses colères. En ceci, nous sommes plus grands que l'univers,
qui a la masse et non la volonté ; nous redevenons indépendants, même devant la masse humaine qui, elle aussi, ne
peut qu'anéantir notre bonheur, comme la première masse ne
peut anéantir que notre corps. — La soumission n'est donc
pas de l'abattement ; au contraire, elle est une force.

28 avril 1866. — Lu le procès-verbal des *Conférences pas-
torales* du 15 et du 16 avril à Paris. La discorde est au camp
d'Agramant. La question du surnaturel a brisé l'Église protestante de France en deux. Les libéraux insistent sur le droit
individuel ; les orthodoxes sur la notion d'Église. Il est vrai
qu'une Église est une affirmation, et qu'elle subsiste par un
élément positif, une croyance définie ; l'élément critique
tout pur la dissout. — Le protestantisme est une combinaison de deux facteurs : l'autorité des Écritures et le libre examen ; dès qu'un des facteurs est menacé ou disparaît, le protestantisme disparaît, *Troja fuit.* — Une nouvelle forme du
christianisme lui succède, et par exemple, l'Église des Frères
du Saint-Esprit, ou celle du Théisme chrétien. Pour moi,
je ne vois à ce résultat nul inconvénient ; mais je crois les
amis de l'Église protestante logiques dans leur refus d'abandonner le Symbole des apôtres, et les individualistes illo-
giques en croyant conserver le protestantisme sans l'autorité.
La question de méthode sépare les deux camps. Je me sépare de tous deux par le fond. A mon sens, le christianisme
est avant tout religieux, et la religion n'est point une méthode ; elle est une vie, une vie supérieure et surnaturelle,
mystique par sa racine et pratique par ses fruits, une communion avec Dieu, un enthousiasme profond et calme, un amour
qui rayonne, une force qui agit, une félicité qui s'épanche ;
bref la religion est un état de l'âme. Ces querelles de méthode
ont leur valeur, mais cette valeur est secondaire ; elles ne
consoleront pas un cœur, et n'édifieront pas une conscience.
C'est pourquoi je ne me sens pas intéressé et pris par ces que-

relles ecclésiastiques. Que les uns ou les autres aient la majorité et la victoire, l'essentiel n'y fait aucun profit, car la dogmatique, la critique, l'Église, ne sont pas la religion, et c'est la religion, le sentiment divin de la vie qui importe. — « Cherchez premièrement le royaume de Dieu et sa justice, et toutes les autres choses vous seront accordées par-dessus. » Le plus chrétien c'est le plus saint, ce critérium est toujours le moins trompeur : « A ceci vous reconnaîtrez mes disciples s'ils ont de l'amour les uns pour les autres .»

Tant vaut l'individu, tant vaut sa religion. L'instinct populaire et la raison philosophique coïncident dans ce critérium. Si la religion est essentiellement un état d'âme, et si le fait subjectif, intérieur, mystique est le but, la raison d'être de tout le reste en religion, on peut dire à un individu : montre-moi ce que tu es, et je saurai ce que vaut ta croyance ou plutôt le prix que je dois attacher à tes formules et tes dogmes. La méthode est quelque chose, mais l'objet est autre chose ; et s'il faut opter, c'est l'objet qui doit être le premier choisi et garanti. Soyez pieux et bon, héroïque et patient, fidèle et dévoué, humble et charitable : le catéchisme où vous aurez appris cela est absous. Le salut est supérieur au moyen du salut, et l'œuvre accomplie au projet en esquisse. Par la religion on vit en Dieu, et par toutes ces querelles, on ne vit qu'avec les hommes et avec les fracs noirs. Il n'y a donc pas équivalence.

La perfection pour but, un exemple pour soutien, le divin prouvé par sa seule excellence : tout le christianisme n'est-il pas là en résumé ? Dieu tout en tous, n'est-il pas sa consommation ?

20 septembre 1866. — Mes amis, les vieux de la vieille, sont, je le crains, mécontents de moi. Ils trouvent que je ne fais rien, que je trompe leur attente et leurs espérances... Moi aussi, je suis mécontent... Ce qui intérieurement me rendrait fier, me paraît inaccessible, impossible, et je me rabats sur les niaiseries, les badinages et les distractions. J'ai toujours aussi peu d'espérance, d'énergie, de foi et de détermination. Seulement j'oscille entre la mélancolie désolée et le quiétisme débonnaire. Et pourtant je lis, je parle, j'enseigne, j'écris. N'importe. c'est en somnambule. Le penchant bouddhique émousse la faculté de libre disposition de soi-même, dissout la puissance d'action ; la défiance de soi tue le désir, et c'est toujours au scepticisme intérieur que je reviens. Je n'aime que le sérieux et je ne puis prendre au sérieux mes circonstances ni moi-même ; je dénigre et raille ma personne, mes aptitudes et mes aspirations. Je me prends perpétuellement en pitié au nom de ce qui est beau et admirable. En un mot, je porte en moi un détracteur perpétuel de moi-même ; c'est ce qui m'ôte tout élan. — Passé la soirée avec Charles Heim, qui, dans sa sincérité, ne m'a jamais fait un compliment littéraire. Comme je l'aime et l'estime, il est pardonné. Je n'y mets pas d'amour-propre, et pourtant il me serait doux d'être considéré par un ami incorruptible. Il est chagrinant de se sentir silencieusement désapprouvé... Je veux essayer de le satisfaire et de penser à un livre qui puisse lui faire plaisir, à lui et à Scherer.

6 octobre 1866. — Recueilli dans l'escalier un tout petit chat jaunâtre, fort laid et lamentable. Maintenant roulé en rond sur une chaise à mes côtés, il paraît entièrement heureux et ne demande plus rien. Loin d'être sauvage, il n'a pas consenti à s'amuser hors de ma présence et m'a suivi de pièce en pièce tandis que j'allais et venais. Je n'ai quoi que ce soit de mangeable à la maison, mais ce que j'ai, je le lui donne, savoir, un regard et des caresses, et cela lui suffit, au moins pour l'heure. Petits animaux, petits enfants, jeunes vies, cela est tout un, quant au besoin de protection et de douceur. — P*** me disait que tous les êtres faibles se sentent si bien près de moi. Cela tient à mes instincts de nourrice. P*** a raison et j'ai eu mille preuves de cette influence particulière, sorte de magnétisme calmant et bienfaisant. — Les bêtes viennent volontiers dormir sur mes genoux ; pour peu, les oiseaux nicheraient dans ma barbe comme dans la toque des saints de cathédrale.

Au fond, c'est l'état naturel et le rapport vrai de l'homme avec les créatures inférieures. Si l'homme était vraiment bon et conforme à son type, il serait de bon cœur adoré par les animaux, dont il n'est que le tyran capricieux et sanguinaire. La légende de saint François d'Assise n'est pas tellement légendaire qu'on le pense, et il n'est pas bien sûr que les animaux féroces aient attaqué l'homme les premiers. — Mais n'exagérons rien et laissons de côté les bêtes de proie, les carnassiers et les rapaces. Combien d'autres espèces, par milliers et dizaines de milliers, qui ne demandent que la paix et avec qui nous ne voulons que la guerre brutale ! C'est notre race qui de beaucoup est la plus destructive, la plus malfaisante, la plus redoutable des espèces de la planète ; elle a même inventé à son usage le droit du plus fort, un droit divin qui lui met la conscience en repos avec les vaincus et les écrasés ; elle a mis hors du droit tout ce qui a vie, sauf elle-même. Révoltant et manifeste abus, insigne et indigne atteinte à la justice, acte de mauvaise foi et d'hypocrisie que renouvellent en petit tous les usurpateurs heureux. On fait toujours Dieu complice, afin de légaliser par là ses propres iniquités. Les *Te Deum* sont le baptême de tous les carnages réussis et les clergés ont eu des bénédictions pour tous les scandales victorieux. Cela s'applique de peuple à peuple et d'homme à homme, parce que cela a commencé de l'homme à l'animal.

Il y a là une expiation, non remarquée, mais très juste. Tout crime se paie, et l'esclavage recommence parmi l'humanité les souffrances imposées brutalement par l'homme aux autres êtres vivants. La théorie porte ses fruits. — Le droit de l'homme sur la bête me semble cesser avec le besoin, l'impérieux besoin de défense et de subsistance. Ainsi le meurtre et la torture non nécessaires sont des lâchetés et même des crimes. Un service d'utilité imposé à l'animal impose à l'homme une redevance de protection et de bonté. En un mot, l'animal a des droits sur l'homme et l'homme a des devoirs envers l'animal. — Le bouddhisme exagère sans doute cette vérité, mais les Occidentaux la méconnaissent. Et un jour viendra où la vertu d'humanité sera plus exigeante qu'aujourd'hui. *Homo homini lupus*, a dit Hobbes. Une fois l'homme sera humain pour le loup, *homo lupo homo*.

11 novembre 1866. — Quel singulier cahier que celui-ci ! Je viens de le relire. Il m'était devenu étranger. Tandis que mon ami J. H***, nature confiante et compacte, se retrouve toujours tout entier sous sa main, moi, être diffluent, ondoyant, dispersé, j'ai une peine infinie à rassembler mes molécules, je m'échappe continuellement à moi-même, en dépit de mes méditations quotidiennes et de mon journal intime. La force de cohésion de l'individualité, c'est la volonté et surtout la continuité du vouloir ; ne me continuant jamais moi-même, il est clair que je suis plusieurs et non pas un. Mon nom est Légion, Protée, Anarchie. Ce qui me manque, c'est une force déterminée et constante, un caractère. Vivant au jour le jour, ne comptant sur rien, ne voulant rien, comme la plume au vent je palpite et frissonne à tous les souffles changeants de l'atmosphère. Mes lectures et mes travaux, mes projets et mes goûts sont sans suite et sans portée, parce que je n'y mets aucune passion et aucun intérêt persistant. Je n'existe qu'au provisoire et je ne me suis pas pris au grand sérieux. Le désillusionnement de soi-même et le désabusement de la vie coupent à l'homme le tendon d'Achille. Ambition nulle, paresse complète. On n'aime plus que la paix et la rêverie ornées de tendresse.

> Quand le bonheur n'est plus rien qu'un mensonge,
> On veut dormir la vie, et prolonger le songe.

L'apathie bienveillante, le détachement du vieillard semblent alors le point de vue de la sagesse. Il est si doux de sortir du tourbillon orageux de l'existence vulgaire, et de regarder les folies de l'illusion du haut de sa tour paisible. Cette ironie sereine et indulgente est, selon Cicéron, la récompense de la vieillesse. Elle est l'état d'âme accordé aux habitants des Champs Elysées, et poursuivi par les religieux anachorètes, yoghis, soufis de toutes les époques et de toutes les nations. — L'inconvénient grave de cette paix-là, c'est d'être une friandise et une tentation. A-t-on droit à la récompense avant l'effort, et à la couronne des victorieux sans avoir combattu ? Peut-on se séparer ainsi de son espèce, et le cœur, la conscience, la pitié ne nous rejettent-ils pas bientôt dans le groupe des hommes, c'est-à-dire des agités et des souffrants, quand notre âme convoitait et possédait presque le repos des bienheureux ?— Non, il faut distinguer dans ton bonheur actuel deux choses : l'une excellente, c'est le détachement des faux biens et des désirs trompeurs ; l'autre, moins bonne, c'est la défiance exagérée de la vie et des femmes. — Il faut donner le meilleur exemple possible. Eh bien ! pour cela, tu as deux devoirs à remplir : comme homme, tu dois faire plus d'heureux ; comme homme spécial, tu dois mieux faire valoir ton talent. — Tu n'approuves ni le célibat ni l'improductivité ; donc tu ne dois pas t'y résigner aussi aisément. Ton ennemi, c'est la timidité, qui engendre l'indolence. Ton besoin, c'est le courage, la foi, la persévérance, l'action. Il faut savoir violenter sa nature, quand elle a tort d'être trop douce. — Brûle tes vaisseaux, oblige-toi à l'énergie, fais le saut périlleux, lie-toi toi-même ; c'est le grand progrès qui te reste à accomplir. Se mettre dans la dépendance, c'est condescendre à devenir homme, c'est s'abaisser volontairement, c'est faire un sacrifice, c'est s'ennoblir soi-même, car l'héroïsme seul ennoblit et il est héroïque de sacrifier librement son repos, ses aises, sa sécurité, ses goûts à l'idée d'un devoir.

La raison dit : Sois prudent ; la conscience : Sois téméraire ! — La raison prêche bien, mais la conscience ne se tient pas pour battue ; elle incline à toutes les belles folies ; l'impossible est sa convoitise secrète.

13 décembre 1866. — Soupé chez J. H***, avec deux Français et quatre Genevois, dont deux professeurs et deux régents, plus deux dames, la femme et la sœur de l'amphitryon. J'oubliais un Anglais, M. H***, que j'ai ramené sous mon parapluie, il y a un instant, et dont les oreilles anglicanes ont dû souffrir ce soir, car tout ce monde-là est aussi rationaliste et anti-chrétien que possible... La conversation a été des plus vives et des plus nourries. Mon impression est toutefois que le déniaisement excessif des individus fait l'affaire de la tyrannie, et que cette manière d'entendre la liberté la sape fatalement. Je songeais à la Renaissance, aux Ptolémées, au règne de Louis XV, où l'anarchie joyeuse de l'esprit avait pour corrélatif le despotisme du pouvoir, et inversement à l'Angleterre, à la Hollande, aux États-Unis, où la liberté

politique s'achète par des partis pris et des préjugés nécessaires.

Pour que la société ne croule pas, il faut un principe de
cohésion, par conséquent une croyance commune, des
principes admis et indiscutés, une série d'axiomes pratiques
et d'institutions que ne bouleverse pas chaque caprice de
l'opinion du jour. En mettant tout en question, on compromet tout. Le doute est le complice de la tyrannie. « Si
un peuple ne veut pas croire, il faut qu'il serve », disait
Tocqueville. Toute liberté implique une dépendance et a ses
conditions. C'est ce qu'oublient les esprits frondeurs, critiques
négatifs. Ils croient souffler sur la religion ; ils ne savent pas
qu'on ne détruit pas la religion et que la question est seulement de savoir laquelle on aura. Voltaire fait la force de
Loyola et réciproquement. Entre eux point de paix, et pour
la société entrée dans ce dilemme, pas davantage. La solution est dans une religion libre, de libre choix et de libre
adhésion.

11 janvier 1867.

> Eheu fugaces, Postume, Postume,
> Labuntur anni.....

J'entends distinctement tomber les gouttes de ma vie
dans le gouffre dévorant de l'éternité. Je sens fuir mes jours
au-devant de la mort. Tout ce qui me reste de semaines, de
mois ou d'années à boire la lumière du soleil ne me paraît
guère qu'une nuit, une nuit d'été, qui ne compte pas, car elle
va finir. Il y a de la poésie dans ce point de vue ; mais elle
doit tourner en énergie laborieuse, non en mélancolie inféconde.

> Avant d'aller dormir sous l'herbe,
> Fais ton monument ou ta gerbe.

La mort ! le silence ! l'abîme ! — Effrayants mystères
pour l'être qui aspire à l'immortalité, au bonheur, à la
perfection ! Mon Dieu, où serai-je demain, dans peu de

temps, quand je ne respirerai plus ? quand une main étrangère écrira sous ma dernière ligne

Fin du journal de H. F. A.
mort le...
à.....

où seront ceux que j'aime ? où allons-nous ? que sommes-
nous ? Les éternels problèmes se dressent toujours devant
nous, dans leur implacable solennité. Mystères de toutes
parts ! La foi pour toute étoile dans ces ténèbres de l'incertitude, où résonne lugubrement le *que sais-je* des trépassés !

N'importe ! il n'est pas nécessaire que *nous* vivions, pourvu
que le monde soit l'œuvre du Bien et que la conscience du
devoir ne nous ait pas trompés. — En tout cas, même dans
la disparition de Dieu, nous nous devons à autre chose qu'à
nous-même ; nous pouvons nous consacrer à notre race et
nous immoler pour le prochain. Donner du bonheur et faire
du bien, voilà notre loi, notre ancre de salut, notre raison
d'être, notre phare. Toutes les religions peuvent s'écrouler ;
tant que celle-là subsiste, nous avons encore un idéal et il
vaut la peine de vivre.

La religion de l'amour, du désintéressement, du dévouement dignifiera l'homme tant que ses autels ne seront pas
désertés, et nul ne peut les détruire pour toi tant que tu te
sens capable d'aimer.

11 avril 1867. — ... Réveille-toi, toi qui dors, et relève-toi
d'entre les morts !

Ce qu'il te faut continuellement rafraîchir et renouveler
c'est ta provision de courage. Tu arrives par ta pente naturelle au dégoût de la vie, à la désespérance, au pessimisme.
« L'homme heureux, l'heureux du siècle », selon Mme ***,
est au contraire un *Weltmüde* [1], qui fait seulement bonne
figure devant le monde, et qui se distrait comme il peut de
sa pensée secrète, pensée triste jusqu'à la mort, la pensée
de l'irréparable. Sa paix n'est qu'une désolation bien portée ;

---

1. « Fatigué du monde. »

sa gaieté n'est que l'insouciance d'un cœur désabusé et que l'ajournement indéfini et désillusionné du bonheur. Sa sagesse est l'acclimatation dans le renoncement ; sa douceur n'est que la privation patiente plutôt que résignée. En un mot, il subit son existence sans joie, et ne peut se dissimuler que tous les avantages dont elle est semée ne remplissent pas son âme jusqu'au fond. La soif d'infini n'est pas étanchée. Dieu est absent. Le vide est au-dessous de mes richesses de surface.

Pour éprouver la vraie paix, il faut se sentir dirigé, pardonné, soutenu par la puissance suprême, il faut se sentir dans sa voie, au point où Dieu nous veut, dans l'ordre. Cette foi donne de la force et du calme. Tu ne l'as pas. Ce qui est te paraît arbitraire, fortuit, pouvant être ou ne pas être. Rien, dans tes circonstances, ne te paraît providentiel, tout te semble laissé à ta responsabilité, et c'est cette idée même qui te dégoûte du gouvernement de ta vie. Tu avais besoin de te donner à quelque grand amour, à quelque noble but ; tu aurais voulu vivre et mourir pour l'idéal, c'est-à-dire pour une sainte cause digne de ton dévouement ; et cet emploi de toi-même t'a manqué. Une fois cette impossibilité démontrée, tu n'as repris cœur sérieusement à rien et tu n'as plus fait que badiner avec une destinée dont tu n'étais plus dupe, *nada* [1] ! Dès qu'on l'a déchiffrée, l'énigme du sphinx nous ôte le courage,

> Le long effeuillement de nos illusions...

Quelle ironie !

Sybarite, rêveur, paresseux, iras-tu donc ainsi jusqu'à la fin, ballotté entre le devoir et le bonheur, sans prendre résolument parti ? La vie n'est-elle pas une épreuve de notre force morale, et toutes ces vacillations intérieures ne sont-elles pas les tentations de l'âme ? On peut avoir manqué le coche : mais à quoi bon les regrets et les gémissements ? Il faut jouer avec les cartes de son jeu. Est providentiel tout ce qui est donné, tout ce qui est irréparable, imposé, fatal, par exemple ton âge, ton sexe, ton nom, tes antécédents, ta situation

---

1. « Rien », en espagnol.

actuelle, tes obligations présentes. La question est simplement celle-ci : dans tes circonstances qu'as-tu de mieux à faire ? — Il est interdit de jeter le manche après la cognée, de déserter et d'abdiquer. Donc, il faut se résigner à la condition humaine d'abord et à ta condition individuelle ensuite.

15 avril 1867 (sept heures du matin). — Bourrasque pluvieuse cette nuit. Ma vieille femme de ménage dit que les coups de vent semblaient des coups de canon. Caprices d'avril ! — Il fait gris et morne à la fenêtre et les toits sont lustrés d'eau. — *Gleba putris* et cervelle molle. Le printemps fait son œuvre, et l'âge implacable nous pousse vers notre fosse. Enfin, chacun son tour.

> Allez, allez, ô jeunes filles,
> Cueillir des bleuets dans les blés !

Mélancolie. Langueur. Lassitude. — Le goût du grand sommeil m'envahit, combattu pourtant par le besoin d'un sacrifice soutenu, par l'appétit héroïque. Ne sont-ce pas les deux manières d'échapper à soi-même ? Dormir ou se donner, pour mourir à son moi : c'est le vœu du cœur. — Pauvre cœur !

Weissenstein [1], *6 septembre 1867 (dix heures du matin).* — Vue merveilleuse, aveuglante de beauté ! Au-dessus d'une mer de lait, inondée de lumière matinale, et dont les vagues houleuses viennent battre au pied des escarpements boisés du Weissenstein, plane à des hauteurs sublimes la ronde infinie des Alpes. Le côté oriental de l'horizon est noyé dans les splendeurs des brumes remontantes, mais à partir du Tödi toute la chaîne flotte, pure et claire, entre la plaine neigeuse et le ciel d'un bleu pâle. L'assemblée des géants tient son concile au-dessus des vallées et des lacs que submergent les vapeurs. Les Clarides, les Spannörter, le Titlis, le Sustenhorn, puis les colosses bernois, des Wetterhörner

---

1. Sommité du Jura, au-dessus de Soleure.

aux Diablerets (savoir les Schreckhörner ardus, le Finster-aarhorn acéré, le trio de l'Eiger, du Mönch et de la Jung-frau, le Bietschhorn étincelant et la Blümlisalp semblable à une toiture, le Doldenhorn, le couple pyramidal du Balm-horn et de l'Altels, suivi du Wildstrubel et du Wildhorn), puis les sommités vaudoises (grand Muveran, Mosseron, Chamossaire, Tour d'Aï, Naye), valaisannes (Dent du Midi), fribourgeoises (le Moléson) et chablaisiennes (les Cornettes), et au delà de ces hautes chaînes les deux rois de la chaîne italienne : le Mont-Blanc d'un rose suave et même la pointe bleuâtre du Mont-Rose, germant dans une entaille du Dol-denhorn : telle est la composition de l'assemblée assise en amphithéâtre. Le profil de l'horizon affecte toutes les for-mes : aiguilles, faîtes, créneaux, pyramides, obélisques, dents, crocs, pinces, cornes, coupoles ; la dentelure s'infléchit, se re-dresse, se tord, s'aiguise de mille façons, mais dans le style angulaire des sierras. Les massifs inférieurs et secondaires présentent seuls des croupes arrondies, des lignes fuyantes et courbes. Les Alpes sont plus qu'un soulèvement, elles sont un déchirement de la surface terrestre. Le granit mord le ciel et ne le caresse pas. Le Jura au contraire fait comme le gros dos sous le dôme bleu.

(Onze heures). — L'océan de vapeur est monté à l'assaut des montagnes qui le dominaient comme des écueils hautains. Il a écumé longtemps en vain sur le flanc des Alpes, mais, revenant sur lui-même, il a mieux réussi avec le Jura. Nous voilà enveloppés par ses ondes voyageuses. La mer de lait est devenue un vaste nuage, qui engloutit la plaine et les monts, l'observatoire et le spectateur. Dans ce nuage, tintent les clochettes des troupeaux et circulent les rayons du soleil. Le coup d'œil est fantastique !

Départ du *Musikdirector*. Départ d'une famille de Colmar arrivée seulement cette nuit (quatre personnes). La jeune fille et son frère, vrais peupliers pour la taille. La jeune personne, très jolie, dans le genre fin et d'une piquante élé-gance, mais ne touchant à rien que du bout des doigts et du bout des dents : une gazelle, une hermine ; incurieuse, ne sachant pas admirer, et pensant à soi plus qu'à toute autre chose. C'est un peu l'inconvénient d'une beauté et d'une stature qui attirent les regards. D'ailleurs citadine jusqu'aux moelles et dépaysée dans la grande nature qu'on trouverait volontiers mal élevée. Aussi ne se dérange-t-on pas pour elle, et l'on parade sur la montagne avec sa petite toque et son imperceptible ombrelle, comme sur un boulevard. C'est un des genres de touristes si comiquement croqués par Tœpffer. Caractère, l'infatuation naïve. Patrie, la France. Point d'appui, la mode. De l'esprit, mais il manque l'esprit des choses, l'intelligence de la nature, le sentiment des diversités extérieures du monde et des droits de la vie à être ce qu'elle est, à sa manière et non à la nôtre.

Ce ridicule tient au même préjugé national qui fait de la France l'empire du Milieu et fait négliger aux Français la géographie et les langues. Le vulgaire citadin français est d'une badauderie délicieuse, malgré tout son esprit naturel, parce qu'il ne comprend que lui-même. Comme certains moines de l'Athos, il vit dans la contemplation de son nombril. Son pôle, son axe, son centre, son tout, c'est Paris ; moins que cela, le ton parisien, le goût du jour, la mode. Grâce à ce fétichisme bien organisé, on a des millions de copies d'un seul patron original et tout un peuple manœuvrant comme les bobines d'une même manufacture, ou comme les jambes d'un même corps d'armée. C'est admirable et fastidieux, admirable comme puissance matérielle, fastidieux pour le psychologue. Cent mille moutons ne sont pas plus instructifs qu'un mouton, mais ils fournissent cent mille fois plus de laine, de viande et d'engrais. C'est tout ce qu'il faut au berger, c'est-à-dire au maître. Oui, mais on ne fait avec cela que des métairies et des monarchies. La république demande des hommes et réclame des individualités.

(Midi). — Ravissant coup d'œil. Un grand troupeau de vaches traverse en courant l'alpage, sous ma fenêtre qu'éclaire furtivement un rayon de soleil. Le tableau est frais comme une apparition ; il fait une trouée dans la vapeur qui se referme sur lui, comme la planchette d'une lanterne magique. Quel dommage de m'en aller d'ici quand tout est si riant autour de moi, et quand la vie est d'une légèreté élyséenne !

10 janvier 1868 (onze heures du soir). — Réunion philosophique chez Édouard Claparède [1]. Question à l'ordre du jour : de la nature de la sensation. Claparède conclut au subjectivisme absolu de toute *empirie*, en d'autres termes à l'idéalisme pur. C'est joli chez un naturaliste. Le moi seul existe, et l'univers n'est qu'une projection du moi, une fantasmagorie que nous créons sans nous en douter, en nous croyant contemplateurs. C'est notre noumène qui s'objective en phénomène. Le moi serait une force irradiante qui, modifiée sans connaître le modifiant, l'imagine en vertu du principe de causalité, c'est-à-dire enfante la grande illusion du monde objectif pour s'expliquer lui-même. La veille ne serait qu'un rêve mieux lié. Le moi serait ainsi une inconnue qui enfante une infinité d'inconnues par une fatalité de sa nature. La science se résume dans la conscience que rien n'est sauf la conscience. En d'autres termes, l'intelligent sort de l'inintelligible pour y rentrer, ou bien le moi s'explique à lui-même par l'hypothèse du non-moi ; mais il n'est au fond qu'un rêve qui se rêve. On pourrait, avec Scarron, dire de lui :

> Et je vis l'ombre d'un esprit,
> Qui traçait l'ombre d'un système
> Avec l'ombre de l'ombre même.

Cette abolition de la nature par le naturalisme est conséquente et c'est le point de départ de Schelling. Au point de vue de la physiologie, la nature n'est qu'une illusion forcée, une hallucination constitutionnelle. On n'échappe à cet ensorcellement que par l'activité morale du moi, qui se sent cause, cause libre, et qui par la responsabilité rompt le prestige et sort du cercle enchanté de Maïa [2].

Maïa ! serait-ce la vraie déesse ? La sagesse hindoue a déjà fait du monde le rêve de Brahma. Faut-il avec Fichte en faire le rêve solitaire de chaque moi ? Le moindre imbécile serait donc un poète cosmogonique, projetant le feu d'artifice de l'univers sous la coupole de l'infini. — Mais pourquoi

1. Zoologue genevois, né en 1832, mort en 1871.
2. « Maïa », dans le brahmanisme, est la diversité par opposition à l'unité, l'apparence et l'illusion par opposition à la réalité, à l'être.

nous donnons-nous gratuitement tant de peine pour apprendre quelque chose ? Au moins dans nos rêves, sauf dans le cauchemar, nous accordons-nous l'ubiquité, l'omniscience et la liberté complète. Éveillés, serions-nous donc moins ingénieux qu'endormis ?

16 janvier 1868 (six heures du soir). — Bénie soit l'enfance qui met un peu de ciel entre les rudesses terrestres, et qui sert à rapprocher parfois les âmes sur un terrain neutre! Je l'ai dit quelque part, les naissances sont le rajeunissement moral de l'humanité, en même temps que le moyen de sa survivance. Ce qu'il se fait de bons sentiments autour des berceaux et de l'enfance est un des secrets de la Providence générale ; supprimez cette rosée rafraîchissante, et la mêlée des passions égoïstes desséchera comme le feu la société humaine. Les adultes se rassasient inévitablement les uns des autres et finiraient par être chacun en agacement contre tous, comme les passagers d'un navire au long cours, si la mort ne renouvelait pas les vis-à-vis, et surtout si des passagers nouveaux, innocentes et frêles créatures, contre lesquelles nul n'a de grief personnel, ne détendaient pas la situation, en ramenant l'attendrissement au milieu de l'hostilité aride, et le désintéressement au milieu des égoïsmes en arrêt.

Bénie soit l'enfance pour le bien qu'elle fait et pour le bien qu'elle occasionne, sans le savoir et sans le vouloir, en se faisant aimer, en se laissant aimer! Le peu de paradis que nous apercevons encore sur la terre est dû à sa présence. Sans la paternité, sans la maternité, je crois que l'amour lui-même ne suffirait pas à empêcher des hommes éternels de s'entre-dévorer, des hommes, entendons-nous, tels que les ont faits nos passions. Les anges n'ont pas besoin de la naissance et de la mort pour supporter la vie, parce que leur vie est céleste. Notre vie au contraire est un train de guerre perpétuel, et le plus cher souci de l'homme, après le soin de son intérêt personnel, est, trop souvent, l'art de donner du désagrément à ses semblables. « Cha n'est pas que cha m'amuse, mais cha vexe mon voisin, et ch'est toujours cha ! » est la formule de cette gracieuse tendance.

Gardons-nous de prendre en grippe notre milieu et notre espèce, car où aller pour échapper à notre malaise ? Et ce qui est pis, c'est de se prendre en grippe soi-même, car comment sauter hors de son ombre ? Puisqu'on ne peut changer les choses, le plus simple est de changer la manière dont on les regarde. Bouleverser le monde est incommode et inutile, mieux vaut renouveler son être, et muer son âpreté. Le mécontentement empoisonne la vie ; l'acceptation peut lui rendre sa poésie et une sévère beauté. L'idée religieuse d'épreuve et de mission, de tâche et de devoir, est nécessaire pour vaincre ces irritations morbides du sentiment qui tiennent en échec la raison. Tous les chemins mènent à Rome et à la folie. Il y en a très peu qui mènent au bien, peut-être un seul ; et on ne trouve le commencement de ce chemin qu'en sortant de soi.

25 janvier 1868. — J'ai la bouche dans un état piteux. La langue, la gencive et les dents me font mal à la fois. Depuis que le dentiste y a mis la main, deux molaires qui n'avaient jamais bronché sont devenues sensibles, et le tout semble en capilotade. Menaçante innovation ! Me voilà entré dans le troupeau des *dysodontés*, des malheureux qui sont, par leur mâchoire, à la merci des intempéries et des gens de l'art. J'ignorais cette dépendance et cette tristesse. Cela favorise le dégoût de la vie, en nous remémorant à chaque repos le mot de la Trappe : Frère, il faut mourir ! Frère, tu te démolis, tu redeviens graduellement poussière, et tu penches graduellement vers le tombeau. Cet avertissement morose n'a rien de gai.

Guenille, si l'on veut, ma guenille m'est chère. C'est ici qu'il est capital de croire à l'immortalité de son être, et de penser avec l'apôtre que si l'homme extérieur se détruit, l'homme intérieur se renouvelle de jour en jour. — Et pour ceux qui en doutent et qui ne l'espèrent pas ? Le reste de leur carrière n'est alors que le démembrement forcé de leur petit empire, le démantèlement successif de leur être par l'inexorable destin. Il est dur d'assister à cette longue mort, dont les étapes sont lugubres et la fin inévitable. On comprend que le stoïcisme ait maintenu le droit du suicide. — Quelle est ta foi actuelle ? Le doute universel, ou du moins assez général de la science, ne t'a-t-il pas envahi à ton tour ? Tu as défendu la cause de l'immortalité de l'âme devant les sceptiques, et néanmoins, après les avoir réduits au silence, tu ne sais pas bien si tu n'es pas au fond de leur avis. Tu voudrais te passer d'espérance, et il est possible que tu n'en aies guère plus la force, et qu'il te faille, comme un autre, être soutenu et consolé par une croyance, et par la croyance au pardon et à l'immortalité, c'est-à-dire par la croyance religieuse de forme chrétienne. La raison et la pensée se lassent comme les muscles et comme les nerfs. Il leur faut du sommeil. Et ce sommeil, c'est la rechute dans la tradition enfantine, dans l'espérance commune. Il est si fatigant de se maintenir dans un point de vue exceptionnel qu'on retombe dans le préjugé par pur affaissement, ainsi que l'homme debout finit toujours par se laisser couler sur le sol et par reprendre l'horizontale. Nous ne sommes donc à notre hauteur que par instants. Le milieu nous enchaîne et nous remet au niveau général, dès que notre vigueur diminue et que le feu de l'âge s'amortit en nous. — Et c'est grâce à cette loi que le catholicisme recaptive au lit de mort la majorité des ouailles qui lui avaient échappé pendant leurs belles années. De là aussi le proverbe : Devenu vieux, le diable se fait ermite.

Que devenir, quand tout nous quitte, santé, joie, affections, fraîcheur des sens, mémoire, capacité de travail ; quand le soleil nous semble se refroidir et la vie se dépouiller de tous ses charmes ? Que devenir, si l'on n'a aucune espérance ? Faut-il s'étourdir ou se pétrifier ? — La réponse est toujours la même : s'attacher au devoir.

> Vis pour autrui, sois juste et bon,
> Fais ton monument ou ta gerbe,
> Et du ciel obtiens le pardon
> Avant d'aller dormir sous l'herbe.

N'importe l'avenir, si l'on possède la paix de la conscience, si l'on se sent réconcilié et dans l'ordre. Sois ce que tu dois être, le reste regarde Dieu. C'est à lui à savoir ce qui vaut le mieux, à soigner sa gloire, à faire le bonheur de ce qui dépend de lui, que ce soit par la survivance ou par l'anéantissement.

Et même il n'y aurait point de Dieu saint et bon, il n'y aurait
que le grand être universel, loi du tout, idéal sans hypostase
ni réalité, que le devoir serait encore le mot de l'énigme et
l'étoile polaire de l'humanité en marche.

16 février 1868. — J'achève *Mainfroy* d'About (premier des
Mariages de province). Que d'esprit, de verve, d'aplomb et
et de finesse ! About est un vrai petit-fils de Voltaire, il a
le trait, la malice et les ailes, l'aisance cavalière sur un fond
de subtile ironie, et une liberté intérieure qui lui permet de
se jouer de tout, de se moquer des autres et de lui-même,
tout en s'amusant de ses idées et même de ses fictions.
C'est bien là la marque authentique, la signature de l'esprit.
Malignité incoercible, élasticité infatigable, moquerie lumineuse, joie dans le décochement perpétuel de flèches sans
nombre et qui n'épuisent jamais le carquois, le rire inextinguible d'un petit démon élémentaire, l'intarissable gaieté,
l'épigramme rayonnante : il y a de tout cela dans les vrais
hommes d'esprit. *Stulti sunt innumerabiles*, disait Érasme,
le patron latin de ces fins railleurs. Les sots, les vaniteux,
les fats, les niais, les gourmés, les cuistres, les grimauds,
les pédants de tout pelage, de tout rang et de toute forme ;
tout ce qui se pose, perche, piaffe, se rengorge, se grime,
se farde, se pavane, s'écoute, s'impose, tout cela c'est le
gibier du satirique ; autant de cibles fournies à ses dards,
autant de proies offertes à ses coups. Et l'on sait si le
monde en est avare. C'est une vraie bénédiction ! Un festin
de cocagne est servi à perpétuité à l'esprit sarcastique ; le
spectacle de la société lui fait une noce de Gamache sans fin.
Aussi comme il fourrage à cœur joie dans ses domaines !
quels abatis et quelles jonchées tout autour de ce grand
chasseur ! La meurtrissure universelle fait sa santé à lui.
Ses balles sont enchantées et il est invulnérable. Sa main est
infaillible comme son regard, et il brave riposte et représailles,
parce qu'il est l'éclair et le vide, parce qu'il est sans corps,
parce qu'il est fée.
Les hommes d'esprit ne reconnaissent et ne souffrent que
l'esprit ; toute autorité les fait rire, toute superstition les
amuse, tout le convenu les excite à la contradiction. Ils ne

font grâce qu'à la force et ne tolèrent que le parfait naturel. Pourtant dix hommes d'esprit ne valent pas un homme de talent, ni dix hommes de talent un homme de génie. Et dans l'individu le cœur est plus que l'esprit, la raison vaut le cœur et la conscience l'emporte sur la raison. Si donc l'homme d'esprit n'est pas *moquable*, il peut du moins n'être ni aimé, ni considéré, ni estimé. Il peut se faire craindre, il est vrai, et faire respecter son indépendance.; mais cet avantage négatif, résultat d'une supériorité négative, ne donne pas le bonheur. L'esprit ne suffit donc à rendre heureux ni celui qui le possède ni ses alentours.

> L'esprit sert bien à tout, mais ne remplace rien.
> Soyez donc gens d'esprit, mais surtout gens de bien.

8 mars 1868. — Madame *** me retient à prendre le thé avec trois jeunes personnes de ses amies, trois sœurs, je crois. Les deux cadettes sont extrêmement jolies : la brune autant que la blonde. Placé entre ces deux charmantes filles, je me suis caressé les yeux à ces frais visages, où riait la jeunesse en fleur. Que cette électrisation esthétique est bienfaisante pour l'homme de lettres ! elle le restaure positivement, par une sorte de courant d'induction. Sensitif, impressionnable, absorbant comme je le suis, le voisinage de la santé, de la beauté, de l'esprit, de la vertu, exerce une puissante influence sur tout mon être, et réciproquement je m'affecte et m'infecte aussi aisément en présence des vies troublées et des âmes malades. — Miss C*** H*** disait à quelqu'un de moi que je devais être « superlativement féminin » dans mes perceptions. Cette sensitivité sympathique en est la cause. Pour peu que je l'eusse voulu, j'aurais eu la clairvoyance magique d'une somnambule, et pu répéter sur moi une quantité de phénomènes étranges. Je le sais, mais je m'en suis gardé, soit par insouciance, soit par raison. Quand je pense aux intuitions de toute sorte et de sorte opposée que j'ai eues depuis mon adolescence, il me semble que j'ai vécu bien des douzaines et presque des centaines de vies. Toute individualité caractérisée se moule idéalement en moi ou plutôt me forme momentanément à son image, et je n'ai qu'à me regarder vivre en ce moment pour comprendre cette nouvelle manière d'être de la nature humaine. C'est ainsi que j'ai été mère, enfant, jeune fille, mathématicien, musicien, érudit, moine, etc. Dans ces états de sympathie universelle, j'ai même été animal et plante, tel animal donné, tel arbre présent. Cette faculté de métamorphose ascendante et descendante, de *déplication* et de *réimplication*, a stupéfié parfois mes amis, même les plus subtils (Edm. Scherer). Elle tient sans doute à mon extrême facilité d'objectivation impersonnelle, qui produit à son tour ma peine à m'individualiser pour mon compte, à n'être qu'un homme particulier, ayant son numéro et son étiquette. Rentrer dans ma peau m'a toujours paru curieux, chose arbitraire et de convention. Je me suis apparu comme boîte à phénomènes, comme lieu de vision et de perception, comme personne impersonnelle, comme sujet sans individualité déterminée, comme déterminabilité et formabilités pures, et par conséquent ne me résignant qu'avec effort à jouer le rôle tout arbitraire d'un particulier inscrit dans l'état civil d'une certaine ville, d'un certain pays. C'est dans l'action que je me sens entreposé ; mon vrai milieu c'est la contemplation. Toute ambition, recherche et poursuite m'est une corvée, un amoindrissement, une concession faite à l'usage, par débonnaireté. Je ne respire à l'aise qu'en déposant ce rôle d'emprunt et en rentrant dans l'aptitude aux métamorphoses. La virtualité pure, l'équilibre parfait est mon refuge de prédilection. Là je me sens libre, désintéressé, souverain. Est-ce un appel, est-ce une tentation?

C'est l'oscillation entre les deux génies, grec et romain, oriental et occidental, antique et chrétien. C'est la lutte entre deux idéaux, celui de la liberté et celui de la sainteté. La liberté nous divinise, la sainteté nous prosterne. L'action nous limite, la contemplation nous dilate. La volonté nous localise, la pensée nous universalise. Mon âme balance entre deux, quatre, six conceptions générales et antinomiques, parce qu'elle obéit à tous les grands instincts de la nature humaine, et qu'elle aspire à l'absolu, irréalisable autrement que par la succession des contraires. Il m'a fallu du temps pour me comprendre, et parfois il m'arrive de recommencer l'étude de ce problème résolu, tant il nous est difficile de

maintenir en nous un point immobile. J'aime tout, et je ne
déteste qu'une chose, savoir l'emprisonnement irrémédiable
de mon être dans une forme arbitraire, même choisie par
moi. La liberté intérieure serait donc la plus tenace de mes
passions et peut-être ma seule passion. Cette passion est-
elle permise ? J'ai l'ai cru avec intermittence, et je n'en suis
pas parfaitement sûr.

17 mars 1868. — La femme veut être aimée sans raison,
sans pourquoi ; non parce qu'elle est jolie, ou bonne, ou bien
élevée, ou gracieuse, ou spirituelle, mais parce qu'elle est.
Toute analyse lui paraît un amoindrissement et une subordination de sa personnalité à quelque chose qui la domine
et la mesure. Elle s'y refuse donc, et son instinct est juste.
Dès qu'on peut dire un *parce que*, on n'est plus sous le prestige,
on apprécie, on pèse, on est libre, au moins en principe. Or
l'amour doit rester une diablerie, une fascination, un ensorcellement, pour que l'empire de la femme subsiste. Mystère
disparu, puissance évanouie. Il faut que l'amour paraisse
indivisible, irrésoluble, supérieur à toute analyse, pour
conserver cette apparence d'infini, de surnaturel, de miraculeux, qui en fait la beauté. La majorité des êtres mé-
prisent ce qu'ils comprennent et ne s'inclinent que devant
l'inexplicable. Le triomphe féminin est de prendre en
flagrant délit d'obscurité l'intelligence virile qui prétend à
la lumière. Et quand les femmes inspirent l'amour, elles
ont précisément la joie orgueilleuse de ce triomphe. —
J'avoue que cette vanité est fondée. Toutefois l'amour profond me paraît une lumière et un calme, une religion et
une révélation, qui méprise à son tour ces victoires inférieures
de la vanité. — Les grandes âmes ne veulent rien que de
grand. Tous les artifices paraissent honteusement puérils à
qui flotte dans l'infini.

19 mars 1868 (neuf heures du matin). — Bise et froidure ;
néanmoins la tête reste molle, et j'éprouve comme des ti-
raillements cérébraux. Je ne suis pas en fonds de vigueur ;
la cause ? Je ne la devine pas, à moins d'une déperdition

inaperçue, d'une *fuite* nerveuse qui ne m'a pas fait signe au passage. C'est singulier et désagréable.

Faire attendre un tout petit service est plus maladroit qu'en refuser poliment un gros ; car pour le refus, il peut y avoir des raisons sérieuses ; pour le retard, il semble n'y avoir que peu de bonne volonté. L'empressement est d'autant plus de mise dans les bagatelles, qu'il dispense de concessions dans les choses importantes. C'est ce qu'une femme surtout ne devrait jamais oublier. Mais la négligence fait faire mille sottises, qu'elle ne laisse pas plus réparer qu'elle n'a su les prévenir. Soyons attentifs avec les autres, et maintenons en éveil notre présence d'esprit. C'est un soin fastidieux mais nécessaire. — Ce qu'on nomme les petites choses, c'est la cause des grandes, car c'en est le commencement, l'ovule, l'embryon ; et le point de départ des existences décide ordinairement de tout leur avenir. Un point noir est le début d'une gangrène, d'un ouragan, d'une révolution, un point sans plus. D'une mésintelligence imperceptible peut sortir finalement une haine et un divorce. Quelle est cette impératrice carlovingienne qui perdit le trône pour une dispute dont un raccourcissement de chevelure était l'origine ? Une avalanche énorme commence par le détachement d'un atome; l'embrasement d'une ville, par la chute d'une allumette. Presque tout provient de presque rien, semble-t-il. Les cent premiers francs d'une fortune coûtent plus à gagner que parfois des millions plus tard. Mahomet a eu plus de peine à créer les six premiers croyants dans sa religion que ses successeurs à conquérir six royaumes. Seule la première cristallisation est affaire de génie ; l'agrégation ultérieure est affaire de masse, d'attraction, de vitesse acquise, d'accélération mécanique. L'histoire, comme la nature, nous montre l'application de la loi d'inertie et d'agglomération, qui se formule facétieusement ainsi : Rien ne réussit comme le succès. Trouvez le joint, frappez juste, commencez bien : tout est là. Ou plus simplement : ayez de la chance, car le hasard joue un rôle immense dans les affaires humaines. Ceux qui ont le plus réussi en ce monde, l'avouent ; le calcul n'est pas inutile, mais le hasard se moque effrontément du calcul (Napoléon, Bismarck, Machiavel), et le résultat d'une combinaison n'est nullement proportionnel à son mérite. Du point de vue supranaturel on dit : ce hasard prétendu, c'est la part de la Providence ; l'homme s'agite, mais Dieu le mène (Fénelon). Le malheur, c'est que l'intervention présumée fait échouer le zèle, la vertu, le dévouement, et réussir le crime, la bêtise, l'égoïsme, aussi souvent et même plus souvent que le contraire. Rude épreuve pour la foi, qui s'en tire avec ce mot : Mystère ! c'est-à-dire qui reconnaît après coup que son explication n'explique pas, et n'est conséquemment qu'un verbiage honnête, une logomachie pieuse. — C'est dans les origines qu'est le principal secret du destin. Ce qui n'empêche pas la suite soubresautée des événements de nous réserver aussi des surprises. Ainsi, à première vue, l'histoire n'est que désordre et hasard ; à seconde vue, elle paraît logique et nécessaire ; à troisième vue, elle paraît un mélange de nécessité et de liberté ; au quatrième examen, on ne sait plus ce qu'il en faut penser, car, si la force est l'origine du droit et le hasard l'origine de la force, nous revenons à la première explication, mais avec la gaieté de moins.

Démocrite aurait-il raison ? Le fond de tout serait-il le hasard, toutes les lois n'étant que des imaginations de notre raison, laquelle, née d'un hasard, a cette propriété de se faire illusion sur elle-même et de proclamer des lois qu'elle croit réelles et objectives, à peu près comme un homme qui rêve un repas croit manger, tandis qu'il n'y a en vérité ni table, ni aliments, ni convive, ni nutrition ? Tout se passe comme s'il y avait de l'ordre, de la raison, de la logique dans le monde, tandis que tout est fortuit, accidentel, apparent. L'univers n'est que le kaléidoscope qui tourne dans l'esprit de l'être dit pensant, lequel est lui-même une curiosité sans cause, un hasard qui a conscience de tout le grand hasard et qui s'en amuse pendant que le phénomène de sa vision dure encore. La science est une folie lucide, qui se rend compte de ces hallucinations forcées. Le philosophe rit, parce qu'il n'est dupe de rien et que l'illusion des autres persiste. Il est pareil au malin spectateur d'un bal qui aurait adroitement enlevé aux violons toutes leurs cordes et qui verrait néanmoins se démener musiciens et danseurs, comme s'il y avait musique. L'expérience le réjouirait en démontrant que l'universelle

danse de Saint-Guy est pourtant une aberration du sens intérieur, et qu'un sage a raison contre l'universelle crédulité.
Ne suffit-il pas déjà de se boucher les oreilles dans une salle
de danse, pour se croire dans une maison de fous ?

Pour celui qui a détruit en lui-même l'idée religieuse, l'ensemble des cultes sur la terre doit produire un effet tout
semblable. Mais il est dangereux de se mettre hors la loi
du genre humain et d'avoir raison contre tout le monde.

> Vieux soldats de plomb que nous sommes,
> Au cordeau nous alignant tous,
> Si des rangs sortent quelques hommes,
> Nous crions tous : A bas les fous !

Rarement les rieurs se dévouent. Pourquoi le feraient-ils ?
Le dévouement est sérieux et c'est sortir de son rôle que de
cesser de rire. Pour se dévouer, il faut aimer ; pour aimer, il
faut croire à la réalité de ce qu'on aime ; il faut savoir souffrir,
s'oublier, se donner, en un mot devenir sérieux. Le rire éternel
c'est l'isolement absolu, c'est la proclamation de l'égoïsme
parfait. Pour faire du bien aux hommes, il faut les plaindre
et non les mépriser ; et dire d'eux, non pas : les imbéciles !
mais : les malheureux ! Les dériseurs sont impatientants,
parce que l'esprit tue en eux le cœur, et qu'ils se désintéressent de l'humanité. Le sceptique pessimiste et nihiliste paraît moins glacial que l'athée goguenard. Or, que dit le sombre
Ahasvérus ?

> Vous qui manquez de charité,
> Tremblez à mon supplice étrange :
> Ce n'est point sa divinité,
> C'est l'humanité, que Dieu venge.

Mieux vaut se perdre que de se sauver tout seul et c'est
faire tort à son espèce que de vouloir avoir raison sans faire
partager sa raison. C'est d'ailleurs une illusion que d'imaginer
la possibilité d'un tel privilège, quand tout prouve la solidarité complète des individus et quand aucun ne peut penser
que par la pensée générale, affinée par des siècles de culture
et d'expérience. L'individualisme absolu est une niaiserie.
On peut être isolé dans son milieu particulier et temporaire,

mais chacune de nos pensées et chacun de nos sentiments trouve, a trouvé et trouvera son écho dans l'humanité. L'écho est immense, retentissant pour certains hommes représentatifs que de grandes fractions de l'humanité adoptent comme guides, révélateurs, réformateurs ; mais il n'est nul pour personne. Toute manifestation sincère de l'âme, tout témoignage rendu à une conviction personnelle sert à quelqu'un et à quelque chose, lors même qu'on ne le sait pas, et qu'une main se pose sur votre bouche ou qu'un nœud coulant vous prend à la gorge. Une parole dite à quelqu'un conserve un effet indestructible, comme un mouvement quelconque se métamorphose sans s'anéantir. — Voilà donc une raison pour ne pas rire, pour ne pas se taire, pour s'affirmer et pour agir ; c'est que nous sommes tous membres les uns des autres, et qu'aucun effet n'est totalement perdu.

Conclusion : il faut avoir foi en la vérité, et se faire un devoir de montrer cette foi par l'action. Il faut chercher le vrai et le répandre. Il faut aimer les hommes et les servir, sans espoir de gratitude. — Au lieu d'ἀπέχου καὶ ἐπέχου, il convient de dire : ouvre-toi et donne-toi.

Mornex-sous-Salève, 8 avril 1868 (cinq heures du soir). — Donné ce matin une leçon sur l'École stoïcienne, avec un gai dégoût pour la majorité de mon auditoire. Pris congé de mon petit monde ordinaire, fait les arrangements et préparatifs nécessaires, quitté la ville par un grand coup de vent qui soulevait toutes les poussières de la banlieue, et deux heures plus tard me voici installé à l'hôtel Bellevue, dans ma chambre de l'année dernière. Le temps s'est mis à l'orage. Sous le ciel voilé de lourdes nuées, le vent du sud souffle par rafales et remplit de brume grisâtre la vaste étendue. L'hémicycle lointain des montagnes qui se déroule devant ma fenêtre ne s'aperçoit plus que vaguement à travers l'atmosphère vaporeuse. Le paysage est terne, presque menaçant ; et néanmoins j'éprouve déjà un certain bien-être et je me félicite d'avoir quitté la ville. Respiration plus libre, tête plus légère ; j'écris près de ma fenêtre ouverte, et je sens que l'accommodation se fait déjà. Le sentiment de l'étrangeté, ou plutôt de l'*étrangèreté*, qui donne toujours un certain malaise, disparaît depuis que j'ai ouvert mon journal intime, et fait place au sentiment du chez soi.

Je compte rester ma semaine ici et j'ai pris mes dispositions en conséquence. Comme toujours, au dernier moment, les obstacles se sont quasi coalisés et il semblait vraiment que mes connaissances s'étaient échelonnées sur mon chemin pour m'arrêter et me faire manquer l'heure. Tenir ferme son programme, même en petit, est difficile et méritoire... Brr ! un éclair ! Tonnerre, hurlement de la bourrasque, immenses ondées spasmodiques, déchirure du voile des nuées dans la direction du Mont-Blanc, qui apparaît dans une sorte de gloire blafarde. Ma maison comme une tour déchire l'air, et de ma chambre située au sommet, comme un observatoire, j'ai les sensations d'un gabier perché dans les agrès d'un navire !... Trois coups de tonnerre, du Môle aux Voirons, tout se noie dans la vapeur tourbillonnante ; mes volets grincent, et le vent qui s'engouffre dans ma chambre m'oblige à tout fermer... Lumière renaissante, mais étrange comme la lueur d'une éclipse qui finit. Les arbres, affolés, se plient et se renversent en tous sens... Je rouvre. Le paysage a beaucoup gagné par le coloris. Il est fait de vert tendre, de brun profond et d'un gris très doux. Les terres et les roches mouillées donnent des tons chauds, qui caressent l'œil. Nouveau spasme météorologique : coups de vent furieux, vagues frissonnantes de la pluie dans un espace cube de seize lieues, trombe livide entraînée avec la vitesse de la flèche. Voir presque du haut en bas ce spectacle singulier, être dans ce phénomène grandiose sans en être atteint, est un vif plaisir. Douceur éthérée de la contemplation. C'est ainsi que le sage regarde la vie et que le grand poète domine les passions de ses personnages... Instant de répit. Puis nouvelles fureurs. Les colères de la nature comme celles des hommes sont intermittentes. Leurs accès se suivent mais se rythment. Profitons de la lanterne magique offerte à ma curiosité. Depuis des mois je n'avais pas eu de communication avec la nature. L'occasion est bonne pour rentrer dans sa familiarité.

9 avril 1868. — Passé trois heures avec le gros volume de

Lotze *(Geschichte der Aesthetik in Deutschland[1])*. L'attrait
initial a été décroissant et a fini par l'ennui. Pourquoi ?
parce que le bruit du moulin endort et que ces pages sans
alinéas, ces chapitres interminables et ce ronron dialectique
incessant me font l'effet d'un moulin à paroles. Je finis par
bâiller comme un simple mortel devant ces épaisses et lourdes
compositions de l'Allemagne. L'érudition et même la pensée
ne sont pas tout. Un peu d'esprit, de trait, de vivacité, d'imagination, de grâce, ne gâterait rien. Vous reste-t-il dans la
mémoire une image, une formule, un fait frappant ou neuf,
quand on pose ces livres pédantesques ? Non, il vous reste
de la fatigue et du brouillard. L'affreux mot : « Mangeurs
de saucisses, idéalistes » (Taine), vous revient comme une
vengeance. O la clarté, la netteté, la brièveté ! Diderot, Voltaire et même Galiani ! Un petit article de Sainte-Beuve, de
Scherer, de Renan, de Victor Cherbuliez fait plus jouir, rêver
et réfléchir que mille de ces pages allemandes bourrées jusqu'à
la marge et où l'on voit le travail moins son résultat. Les
Allemands entassent les fagots du bûcher, les Français
apportent des étincelles. Épargnez-moi les élucubrations ;
servez-moi des faits ou des idées. Gardez votre marc, vos
cuves et votre moût ; je désire du vin fait, qui pétille dans le
verre et stimule mes esprits au lieu de les appesantir.

Mornex, 11 avril 1868. — Un gros nuage vient encore de
secouer de la neige sur nous. Les flocons tombaient en plein
soleil. Lutte de l'hiver et de l'été. J'y assiste fenêtre ouverte,
mais roulé dans mon châle. Les rumeurs de vie, abois lointains, coups de marteau confus, voix de femmes à la fontaine,
chants d'oiseaux dans les vergers inférieurs se fondent en
harmonie vague. Des fumées s'élèvent des nuages à distance,
mais il n'y a pas de traces de vapeurs ; les glèbes ne sont
point assez amollies ni le soleil assez chaud. Le printemps
prélude à ses bienveillances, mais il est encore sévère. Il
s'était trop avancé la semaine dernière, et reprend une
attitude moins affable. Le tapis vert de la plaine se tigre et

---

1. Hermann Lotze (1817-1881), auteur d'un grand nombre d'ouvrages phi-
osophiques.

se damasse d'ombres passagères et remuantes qu'y promè-
nent les nues. On est assiégé de sensations.

*Mornex, 12 avril 1868 (Jour de Pâques, huit heures du
matin).* — Impression solennelle et religieuse. Sonnerie de
toute la vallée. Les champs même ont l'air d'exhaler un can-
tique. — Il faut à l'humanité un culte ; le culte chrétien
n'est-il pas, à tout prendre, le meilleur parmi ceux qui ont
existé en grand ? La religion du péché, du repentir et de la
réconciliation, la religion de la renaissance et de la vie éternelle n'est pas une religion dont on doive rougir. Malgré toutes
les aberrations du fanatisme étroit, toutes les superstitions
du formalisme bête, toutes les laideurs additionnelles de l'hypocrisie, toutes les puérilités fantastiques de la théologie,
l'Évangile a consolé la terre et modifié le monde. L'humanité
chrétienne n'est pas beaucoup meilleure que l'humanité
païenne, mais elle serait bien pire sans une religion et sans sa
religion. Toute religion propose un idéal et un modèle ; or
l'idéal chrétien est sublime et le modèle est d'une beauté
divine. On peut détester toutes les églises et s'incliner devant
Jésus. On peut mettre en suspicion les clergés et à l'interdit
les catéchismes, et aimer le Saint et le Juste qui est venu
sauver et non maudire. Jésus servira toujours à la critique
du christianisme, et quand le christianisme sera mort, la religion de Jésus pourra survivre. Après le Jésus-Dieu reparaî-
tra la foi au Dieu de Jésus.

(Cinq heures du soir). — Grande promenade à deux par
Cézargues, Eseri et le bois d'Yves ; retour par le pont du
Loup. Temps aigre et grisâtre... Une grosse joie populaire,
blousée de bleu, avec fifre et tambour, vient de faire escale
une heure durant sous ma fenêtre. Cette troupe exclusivement mâle a chanté une multitude de choses, chants ba-
chiques, refrains, romances, tous avec lourdeur et laideur.
La Muse n'a pas touché la race de nos pays, et quand cette
race est en gaieté elle n'en a pas plus de grâce. On dirait des
ours en goguette. Sa poésie relative est d'une triste vulgarité,
d'une affreuse platitude. Nous sommes pourtant, grâce à
l'art, au-dessus de l'ignoble, mais nous en restons à la tri-

vialité. Pourquoi ? D'abord parce qu'en dépit de l'affectation de notre démocratisme, les classes courbées vers la glèbe du travail sont esthétiquement inférieures aux autres ; ensuite parce que la poésie rustique, paysanesque, est morte, et qu'en prenant part à la musique et à la poésie des classes cultivées, le paysan n'en donne plus que la caricature et non la copie. La démocratie, en n'admettant plus qu'une série entre les hommes, a donc fait tort à tout ce qui n'est pas de premier choix. Comme on ne peut plus sans outrage juger les hommes dans leur ordre, on ne les compare qu'aux sommités et ils paraissent plus médiocres, plus laids, plus avortés qu'auparavant. Si l'égalitarisme élève virtuellement la moyenne, il dégrade réellement les dix-neuf vingtièmes des individus au-dessous de leur situation antérieure. Progrès juridique, recul esthétique. Aussi les artistes voient-ils se multiplier leur bête noire : le bourgeois, le philistin, le singe de l'homme de goût, l'ignare présomptueux, le cuistre qui fait l'entendu, l'imbécile qui s'estime l'égal de l'intelligent.

« La vulgarité prévaudra », comme le disait de Candolle des graminées. L'ère égalitaire est le triomphe des médiocrités. C'est fâcheux, mais c'est inévitable et c'est une revanche du passé. L'humanité, après s'être organisée sur la base des dissemblances individuelles, s'organise maintenant sur la base des ressemblances ; et ce principe exclusif est aussi vrai que l'autre. L'art y perdra, mais la justice y gagnera. Le nivellement universel n'est-il pas la loi de la nature, et quand tout est de niveau tout n'est-il pas fini ? Le monde tend donc de toute sa force à la destruction de ce qu'il a enfanté. La vie est la poursuite aveugle de sa propre négation ; comme il a été dit du méchant seul, elle aussi fait une œuvre qui la trompe, elle travaille à ce qu'elle déteste, elle file son suaire et empile les pierres de son tombeau. Il est bien naturel que Dieu nous pardonne, car « nous ne savons pas ce que nous faisons ».

De même que la somme de la force est toujours identique dans l'univers matériel et en présente non une diminution ou une augmentation, mais des métamorphoses, il n'est pas impossible que la somme du bien soit en réalité toujours la même et que par conséquent tout progrès sur un point se compense en sens inverse sur un autre point. Dans ce cas, il ne faudrait jamais dire qu'un temps et un peuple l'emportent du tout au tout sur un autre temps et un autre peuple, mais en quoi particulièrement il y a supériorité. — La grosse différence, d'homme à homme, serait alors dans l'art de soutirer de soi-même le plus de force mentale disponible pour la vie supérieure, autrement dit de transformer sa vitalité en spiritualité et sa puissance latente en énergie utile. Cette même différence existerait de peuple à peuple. L'extraction du maximum d'humanité d'un même fond d'animalité formerait l'objet de la concurrence simultanée ou successive dans l'histoire. L'orthobiotique, l'éducation, la morale et la politique ne seraient que des variantes du même art : l'art de vivre. Et cet art, application de la chimie et de la distillerie cosmétiques aux choses de l'âme, n'est que l'art de dégager la pure forme et la plus subtile essence de notre être individuel.

26 avril 1868 (dimanche à midi). — Triste matinée. Mauvaise nuit ; faiblesse. Reçu de Berlin une lettre peu gaie. Perdu mon temps à des balivernes... Langueur, mécontentement, même un certain ennui, du vide, de l'abattement. — Perspectives mélancoliques de tous les côtés. Senti fuir le sable dans la clepsydre de ma vie et s'écouler mes forces sans résultat ni utilité. Dégoût de moi-même.

(Dix heures du soir). — Visites... Veillé seul. Il pleut depuis plusieurs heures. Les choses m'ont donné une série de leçons de sagesse. J'ai vu les buissons épineux se couvrir de fleurs et toute la vallée renaître sous le souffle du printemps. J'ai assisté aux fautes de conduite des vieillards qui ne veulent pas vieillir et qui se révoltent dans leur cœur contre la loi naturelle. J'ai vu à l'œuvre les mariages frivoles et les prédications babillardes. J'ai vu des tristesses vaines et des isolements à plaindre. J'ai entendu des conversations badines sur la folie et les chansonnettes folâtres des oiseaux. Et tout cela m'a dit la même chose : Remets-toi en harmonie avec la loi universelle, accepte la volonté de Dieu, use religieusement de ta vie, travaille pendant qu'il fait jour,

sois sérieux et joyeux à la fois. Sache répéter avec l'apôtre :
« J'ai appris à être content de l'état où je me trouve ».

17 mai 1868 (onze heures du matin).—Pour quoi mon pauvre cœur éprouve-t-il une sorte de frémissement ? pourquoi les larmes montent-elles à mes yeux ? qu'est-ce qui m'émeut et m'oppresse de la sorte ? Ah ! je le sais bien et je le sens bien ; mais je ne puis ni le dire ni l'écrire. — Il me semble aussi que mes destinées se décident, et cette décision est une crise, une angoisse, une mort intérieure..... Est-ce bien possible ? J'ai pleuré, largement pleuré. J'en ai la vue et l'âme troublées. Que faire, mon Dieu ? Incertitude, confusion, chaos. Je n'ose regarder la vie en face ; je ne sais plus où est le devoir, ce que prescrit la sagesse, ce que conseille la raison. Lest et boussole, ancre et voilure, tout semble me manquer à la fois. Agitation, perplexité, obscurité, combats. Attendrissement, étouffement. Je veux et je ne veux pas. Les témérités folles me tentent et m'effraient. Bourrasque, tournoiement, typhon.

Que je trouve heureux les pinsons et les enfants que j'entends chanter par ma fenêtre ouverte ! Ils n'ont pas à prononcer sur leur sort, à prendre ces résolutions fatales et irrévocables qui engagent irrémédiablement l'avenir et qu'on peut déplorer jusqu'au tombeau et par delà. Ils ne risquent d'affliger mortellement personne. Ils sont d'accord avec eux-mêmes.

Tu es faible de cœur comme une femme ; il te faut des imprudences pour conserver ton estime, et cependant tu as peur de toute exaltation, parce que tu crains en toi les réactions anti-héroïques. Tu as des élans et pas de confiance dans tes élans. Tu ne peux supporter l'idée de faire souffrir ce qui t'aime, ni la pensée d'une humiliation, ni la perspective d'un regret, d'un remords ou d'un repentir. Tu n'as pas le courage de vouloir, parce que ta conscience, ta raison et ton cœur ne veulent céder ni l'un ni l'autre, et que tu répugnes à toute détermination arbitraire. L'homme partagé attire la foudre et les malheurs, et comme il le pressent, il se détourne des aventures et n'aime pas à quitter le port.

(Trois heures après-midi). — Eblouissement de la vue. Accès de tendresse. Horreur du désert. Tout me paraît vain, vide, inutile, excepté l'amour. Et d'autre part, l'amour sans la paix de la conscience n'est qu'un étourdissement ou un rongement d'esprit. Il faut se sentir dans l'ordre, dans la règle, dans le devoir pour pouvoir mourir et même pour pouvoir vivre. Malheureux, tu n'as plus d'énergie, de volonté, d'héroïsme. Tu ne cherches que ce qui caresse tes instincts trop féminins de sympathie et d'affection. La malaria de l'indifférence a stérilisé ton intelligence et ta part de talent. Et à cela, pas de remède, car tu chéris ton mal, et tu ne crois pas à la guérison. Toutes les ambitions viriles sont éteintes chez toi. Le goût de la lutte, l'illusion des succès, la passion de la victoire, le besoin de pouvoir et d'influence, la soif de la richesse, le désir de la réputation, la curiosité de l'esprit ne sont plus des réactifs capables de mordre sur ton indolence. La paix intérieure est ton seul vœu. Dónner du bonheur autour de toi et réduire le plus possible ton existence, telle est l'unique aspiration de ton instinct. Il n'y a plus en toi l'étoffe que d'un pauvre petit père de famille ; et encore la vie conjugale et paternelle te paraît-elle trop compliquée et trop difficile pour ton âge et tes aptitudes. Pour n'encourir aucune destitution et aucune humiliation, tu voudrais renoncer à tout d'avance et de bonne grâce. Incrédulité, timidité, paresse, découragement. — C'est mal. Il faut faire plaisir à ceux qui nous aiment, qui nous estiment, qui ont foi en nous. Cette raison suffit et ce stimulant n'a pas perdu son efficace.

21 mai 1868. — Après souper, pèlerinage à la Prairie. Violent orage. Énormes ondées, effroyables éclairs, furieux tonnerres... Pourquoi l'amour, me demandais-je, fait-il toujours penser à la mort ? c'est qu'il est lui-même une mort, la mort à nous-mêmes, l'anéantissement du sombre despote dont parle le poète persan, l'extinction de l'égoïsme, de la vie personnelle et solitaire. Et cette mort est une nouvelle vie ; mais cette vie est bien une mort. — Pourquoi la femme, être nerveux, débile, timide, ne craint-elle plus aucun danger quand elle est avec ce qu'elle aime ? C'est que mourir sur le cœur aimé est son rêve secret. Le paradis pour elle est d'être *ensemble* ; que ce soit dans la souffrance, la joie, les délices, le trépas, ceci est chose secondaire. N'être plus deux, ne faire qu'un, à tout prix, partout, toujours : voilà son aspiration, son cœur, son cri, son instinct. La femme n'a qu'une religion, l'amour ; l'amour n'a qu'un souci, l'identification extatique, la combustion des êtres isolés et leur union dans une même flamme. Et il y a des gens pour railler et nier le mysticisme, quand la moitié de notre espèce n'a pas d'autre culte, pas d'autre foi, pas d'autre idéal, quand l'état suprême entrevu par la tendresse, par la haute piété et par la grande poésie est un témoignage de cette réalité morale ! La mysticité, qui indispose la raison, est la patrie naturelle de l'âme. Sa méthode plus sommaire aboutit au même résultat que la spéculation ; elle ramène à l'Unité, à l'Absolu. Elle brise les barrières temporaires et fictives de l'individualité. Elle fait éclater dans le sein du fini le sentiment débordant de l'infini. Elle est une émancipation, une métamorphose, une transfiguration de notre pauvre petit Moi.

26 août 1868 (sept heures et demie du matin). — Beau temps clair et frais. Le réveil est décidément plus favorable à la raison qu'au sentiment, au travail qu'à la rêverie, et par conséquent à l'indépendance personnelle qu'à l'assujettissement volontaire. La lucidité n'est pas aussi propice à la tendresse que le trouble. Quand on voit à travers son émotion, on ne voit peut-être pas tout à fait juste...

(Neuf heures du matin). — Littré me conduit au *Roman de la Rose*, et la longue polissonnerie allégorique du dernier chant me fait mal. — Ainsi l'imagination est toujours plus vulnérable que les sens, et le rêve plus dangereux que la réalité. C'est pourquoi les séminaristes sont exposés au satyriasis et les cloîtres à la nymphomanie. Les poètes érotiques font plus de désastres que les filles légères. C'est le mystère qui est l'irritant ; c'est l'inconnu qui est le poison. Le mariage est le tombeau de l'amour physique, et c'est un grand bien. Il désobsède des illusions charnelles, et dégage la liberté de l'esprit. Le stimulus générateur est une impulsion puissante

mais troublante ; c'est comme un nuage chargé d'électricité, un orage capable de féconder. Mais au-dessus du nuage il y a le ciel bleu, l'espace libre, l'éther ; au-dessus du désir, il y a la pensée ; au-dessus des illusions, il y a la vérité ; au-dessus de la passion et de ses orages, il y a la sérénité spirituelle. — Est-ce qu'après toutes ces tempêtes du cœur et ces agitations de la vie organique qui m'ont tellement particularisé, localisé, emprisonné dans l'existence individuelle, je pourrai enfin remonter dans mon ancien empyrée, dans la région de la pure intelligence, dans la vie désintéressée et impersonnelle, dans l'indifférence olympienne pour les misères de la subjectivité, dans l'état d'âme purement scientifique et contemplatif ? Est-ce que je pourrai enfin oublier tous les besoins qui me rattachent à la terre et à l'humanité ? Est-ce que je pourrai devenir un pur esprit ? — Hélas ! je ne puis le croire même un seul instant. Je vois devant moi les infirmités prochaines, je sens que je ne puis me passer d'affection, je sais que je n'ai pas d'ambition et que mes facultés sont en baisse. Je me rappelle que j'ai quarante-six ans, que mes dents et mes cheveux me quittent, que ma vue et ma mémoire sont affaiblies, et que tout le cortège de mes juvéniles espérances s'est envolé. Donc, je ne puis m'abuser sur le sort qui m'attend; l'isolement croissant, la mortification intérieure, les longs regrets, l'inconsolable et inavouable tristesse, une vieillesse lugubre, une lente agonie, une mort au désert.

> Ce qu'on rêva toute sa vie
> Rarement on peut l'accomplir...
> Lutte inutile, il faut mourir.

Impasse formidable ! Ce qui m'est encore possible me trouve dégoûté, et tout ce que j'aurais désiré m'échappe et m'échappera toujours. La fin de tout élan, c'est éternellement la fatigue et la déception. Découragement, abattement, affaissement, apathie, spleen ; c'est la série qu'il faut sans trêve recommencer quand on roule encore le rocher de Sisyphe. Ne semble-t-il pas plus court et plus simple de plonger la tête la première dans le gouffre ?

Mourir, dormir... peut-être rêver, dit Hamlet. Le suicide

ne résout rien si l'âme est immortelle. Non, il n'y a jamais qu'une solution : rentrer dans l'ordre, accepter, se soumettre, se résigner et faire encore ce qu'on peut pendant qu'il fait jour. Ce qu'il faut sacrifier, c'est sa volonté propre, ses aspirations, son rêve. Renonce au bonheur une fois pour toutes, à la bonne heure. L'immolation de son moi, la mort à soi-même, tel est le seul suicide utile et permis. Dans ton désintéressement actuel il y a du dépit secret, de l'orgueil froissé, une abdication par contrariété, un peu de rancune, bref de l'égoïsme, puisqu'il y a la recherche prématurée du repos. Le désintéressement n'est absolu que dans la parfaite humilité qui broie le moi au profit de Dieu,

> De quelque grand labeur, de quelque saint amour.

Tu n'as plus de force, tu ne veux rien ; ce n'est pas cela, il faut vouloir ce que Dieu veut, il faut aller du détachement au sacrifice, et du sacrifice au dévouement. L'abnégation qui ne devient point active est comme la foi sans les œuvres ; elle est de mauvaise qualité.

La coupe que tu voudrais voir passer loin de toi, c'est la responsabilité, c'est le supplice de la vie ; c'est la honte d'exister et de souffrir en être vulgaire qui a manqué sa vocation ; c'est l'humiliation amère et grandissante de décroître, de vieillir en te désapprouvant toi-même, en affligeant tes amis et en te rongeant le foie. Ruminer sans fin l'irréparable, ou s'abrutir dans l'étourdissement te paraissent deux sortes d'enfer. Comme le néant serait plus doux que cet holocauste du moi ! — « Veux-tu être guéri ? » était le texte du discours de dimanche.

« Venez à moi, vous tous qui êtes travaillés et chargés et je donnerai du repos à vos âmes »...

« Et si notre cœur nous condamne, Dieu est plus grand que notre cœur. »...

(Trois heures et demie du soir). — Repris le *Pensoroso* [1], dont j'ai violé tant de maximes et oublié tant de leçons.

---

1. *Il Penseroso*, poésies-maximes, par H. F. Amiel, Genève, 1858.

Mais ce volume est bien le fils de mon âme et sa muse est bien la vie intérieure. Lorsque je veux renouer la tradition avec moi-même, il m'est bon de relire ce recueil gnomique auquel on a si peu rendu justice et que je citerais volontiers s'il était d'un autre (mais, sauf Émile de Girardin, qui donc est une autorité pour soi-même ?) Il m'est agréable de pouvoir toujours en signer toutes les pensées et de m'y sentir dans cette vérité relative qui s'appelle la conformité avec soi-même, l'accord de l'apparence avec la réalité, l'harmonie de la parole avec le sentiment, en d'autres termes la sincé rité, l'ingénuité, l'intimité. C'est de l'expérience personnelle dans toute la rigueur du terme.

... Un besoin se réveille en moi, celui de rentrer dans mon talent, dans mon meilleur moi, dans mon être véritable, dans la poésie de mon passé. J'ai l'impression de m'être égaré dans la sentimentalité énervante et contrefait dans ma carrière officielle. Ma vraie nature a été contrariée, déviée, atrophiée, par des circonstances et dans un milieu défavorables. J'ai laissé perdre le résultat de mes vastes travaux, de mes patientes méditations, de mes études variées. C'est la forme de suicide que j'ai adoptée par une sorte de stoïcisme découragé. Vivre pour autrui, me dépenser pour une patrie et pour une société sympathiques, c'était mon espérance vague en revenant à Genève. Mais bientôt j'ai senti mon cœur se serrer et toute espérance s'évanouir ; j'ai reconnu que j'étais mal marié par la vie, et qu'en épousant Genève, j'ai épousé la mort, la mort de mon talent et de ma joie. Les compensations de détail qui m'ont été accordées n'ont pas changé le fond des choses ; le fond est que je me suis donné perdu après examen de la situation. J'ai vu que je ne pourrais jamais m'entendre avec ma famille et notre société, que leurs dieux n'étaient pas les miens, que nous n'étions ni du même limon, ni du même ciel ; dès lors un découragement incurable s'est emparé de moi et toute ambition a été tarie dans mon sein. Conquérir, subjuguer l'estime de cette taupinière ? cela m'a paru trop mesquin pour le désirer, le jeu n'en valait pas la chandelle. Partir ? je ne voulais travailler que par amour ; et à l'étranger il aurait fallu faire ma carrière pour moi-même. Bref, je suis resté... J'ai répondu aux avances d'affection qui m'ont été faites ; mais je n'ai pas su me marier, parce que j'ai voulu concilier la prudence, l'honneur et la tendresse. Maintenant me voici, las, déclinant, vieillissant, avec un pupitre usé pour toute compagnie et un cœur plein de rêves en deuil pour toute richesse. Je ne sais quel parti prendre et quel profit tirer de mes livres, de mes amis, de ma position, de mon âge, de mes débris de force et de mes amas de souvenirs. Je suis un peu comme le gardien mélancolique d'un cimetière, ou comme ce bon vieillard qui raconte l'histoire de *Paul et Virginie.*

Ce qui me manque, et cette lacune a été constante, c'est la volonté, la volonté dure qui se détermine par elle-même, sans amour et sans faiblesse, qui veut parce qu'elle veut, qui a l'évidence de l'utile, ou la certitude du devoir. Au fond, je n'ai jamais rien voulu qu'une chose, agir par un grand amour et pour une grande cause. Il me fallait une vie secrètement sublime, et je n'ai jamais su me résigner à la parodie de mon rêve. L'idéal a servi à me désoler intérieurement, en m'enlaidissant encore la laideur du réel et la pauvreté du possible. Désolation muette, c'est isolement ! Je n'ai jamais avoué mes peines profondes qu'à mon journal. Et le monde qui m'entoure me prend tantôt pour un joyeux compagnon qui est arrivé à l'indifférence philosophique et qui s'est arrangé pour ne pas partager l'oscillation des destinées humaines, tantôt pour un niais qui a perdu sottement toutes les chances de se procurer les biens que tous convoitent, tantôt pour un original incompréhensible et insociable qui veut tout faire autrement que les autres ; tantôt pour un égoïste renforcé, tantôt pour un ermite frondeur et morose, tantôt pour un paresseux qui fait le mort par indolence. Le monde ne m'a jamais regardé dans les yeux ni dans le cœur. Il préfère s'imaginer que mon plaisir est de jouer avec le repos des jeunes filles, ou de faire des rimes à moments perdus. Il n'aura pas mon secret, parce que je ne l'estime ni ne l'aime assez pour cela, et qu'il m'est encore plus indifférent que je ne le suis à lui-même. Dans ce petit monde avide où je vis, sauf un petit nombre d'âmes et d'esprits d'élite, le reste n'existe pas pour moi, et est certainement plus loin de moi que les habitants de Terre-Neuve ou de Formose. Notre vrai monde individuel ne se compose que des êtres qui s'attendent à nous ou à qui nous pouvons faire du bien. Le reste n'est que masse, milieu, élément, à travers lequel nous avons à naviguer, sans lui faire tort, mais sans entrer avec lui dans un autre rapport que le rapport juridique. — O misère ! Tandis que le cœur chante : « *Seid umschlungen Millionen !* » le monde se refuse à toute cordialité véritable, et chacun se trouve refoulé sur lui-même.

(Six heures du soir). — A la question ! discoureur intarissable et futile ! Tu l'as dit :

> Se guérir c'est se vaincre et non pas discourir.

Que veux-tu faire ?

(Dix heures du soir). — Magnifique soirée. Promenade sur les quais et jusqu'au fanal de la rade avec l'ami H***. Impressions maritimes. Clair de lune.

1er septembre 1868. — La passion est une adorable merveille. J'éprouve devant son mystère un recueillement religieux. Oui, l'amour est sacré, et sa sainte folie est plus noble que toutes les sagesses. J'écoute à genoux le dithyrambe de sa tendresse et les hymnes de son exaltation, en réévoquant mes souvenirs d'hier j'éprouve un saisissement et un éblouissement intérieurs. Vivre dans un cœur de femme, assister en quelque sorte à sa dévotion secrète, entendre en cachette les litanies enthousiastes de son culte, respirer l'encens enivrant de cet autel où brûle la flamme de l'extase, c'est un privilège rare et terrible. Il semble qu'Isis ait soulevé son voile et qu'on doive être foudroyé. Il est plus qu'émouvant de se pencher sur les profondeurs de cet abîme ; on y risque le vertige. — La passion est une des formes de la prière. Tout ce qui nous transporte hors de nous-mêmes a quelque chose de sublime. Et le sublime console des laideurs de la vie vulgaire au-dessus de laquelle il nous faut planer.

Villars [1], *12 septembre 1868.* — Oh ! la famille ! Si la superstition pieuse et traditionnelle dont on entoure l'institution laissait dire la vérité vraie sur la chose, quel compte elle aurait à régler ! que de martyres sans nombre elle a sournoisement et inexorablement fait subir ! que de cœurs étouffés, déchirés, navrés par elle ! que d'oubliettes, que d'*in pace*, que de cachots, que de supplices abominables dans ses annales, plus sombres que celles de l'Inquisition d'Espagne ! on remplirait tous les puits de la terre avec les larmes qu'elle a fait verser en secret ; on peuplerait une planète avec les êtres dont elle a fait le malheur, et on doublerait la moyenne de la vie humaine avec les années de ceux dont la famille a su abréger les jours. O les soupçons, les jalousies, les médisances, les rancunes, les haines de famille, qui en a mesuré la profondeur ? Et les mots venimeux, les outrages dont on ne se console pas, les coups de stylet invisibles, les arrière-pensées infernales, ou seulement les torts de langue irréparables, les babils funestes, quelle légion de souffrances n'ont-ils pas engendrées ? La famille s'arroge l'impunité des vilenies, le droit des insultes et l'irresponsabilité des affronts. Elle vous punit à la fois de vous défendre d'elle et de vous être confié en elle. On n'est jamais trahi que par les siens, dit un proverbe fameux. La famille peut être ce qu'il y a de mieux en ce monde, mais trop souvent elle est ce qu'il y a de pis. La parenté est la chambre des tortures, qui survivra à tous les moyens-âges et que n'abolira aucune philanthropie. On peut aussi la comparer au champ funeste qui vous rend l'ivraie au centuple, et qui vous étouffe votre froment. Un tort est châtié par elle jusqu'à la quatrième génération, et six cents bonnes actions envers elle sont enterrées soigneusement sous la pierre de l'oubli. Par qui est-on méconnu, rejeté, jalousé, vilipendé plus que par sa famille ? où peut-on faire le mieux le dur apprentissage de la moquerie et de l'ingratitude, sinon dans la famille ? — Il y a une sorte de conjuration tacite pour ne présenter que les bons côtés de la famille, et pour sous-entendre le reste : mensonge

---

1. Station alpestre qui s'ouvre sur un splendide amphithéâtre de montagnes, au-dessus de Bex et de la vallée du Rhône. L'auteur y passa plus d'une fois ses vacances universitaires.

officiel que les sermonnaires paternes et la poésie sentimentale
balancent comme un encensoir. C'est aussi en ne parlant
que des quaternes et des quines, qu'on a fait la réputation
de la loterie et la misère des niais. Le moraliste sérieux,
comme le romancier sincère, doivent être des justiciers et
arracher le masque à cette idole parfois atroce dans son hypocrisie.

Le fait est que la parenté n'est que le lieu de nos épreuves,
et qu'elle nous donne infiniment plus de peines que de bonheur. Il faut l'admettre comme Socrate admettait Xanthippe,
comme l'exercice providentiel de notre patience et comme une
occasion constante d'héroïsme obscur.

Villars, 14 septembre 1868 (huit heures du matin).—Éveillé
à six heures par la crépitation de la pluie sur le gravier de la
terrasse. Je pousse mes volets. Nous sommes en plein nuage ;
le brouillard encapuchonne la maison, et la pluie s'égoutte
sur nous sans tomber, puisque nous faisons partie de l'éponge
où elle se forme. Ce temps convient à mon état d'âme et me
rend l'équilibre et la force.

Senti la fascination de la routine, l'attrait de l'habitude,
la douceur de l'oubli, le narcotisme de l'ornière. Ainsi le
cycle est complet en trois mois. La soif du changement aboutit à la quiétude de la continuation. Toutes ces tempêtes
n'ont produit que l'usure du vouloir et l'ennui d'innover.
La guerre incessante rassasie encore plus que la torpeur. —
Je voudrais ne plus vivre que par la pensée, par le travail.
Je me suis si mal trouvé d'être descendu de la montagne de la
contemplation dans la vallée des sentiments humains, que je
regrette presque de n'avoir pas réussi à me bronzer le cœur.
Mais l'illusion n'est plus possible ; je sais que je ne puis vivre
sans amour, amour du foyer, de la famille, des amis et de la
patrie ; et je sais que famille et patrie ne me donneront
jamais de bonheur, ne me comprendront jamais. Je suis donc
condamné à l'étouffement graduel, à moins d'un mariage
qui me donne à la fois l'indépendance absolue de mon milieu
et la joie intérieure. Le désintéressement pur, le détachement,
le renoncement ôtent toute énergie et ne conduisent qu'à
l'immobilité résignée. Le désir de mourir n'est pas ce qui

donne le moyen de bien vivre et d'être utile. Mais toutes les bourrasques du cœur, toutes les tempêtes du sentiment obscurcissent la vue claire du devoir, les notions calmes du bon sens. Une éclaircie semble se faire en toi, grâce à une semaine de montagne et à une journée de captivité. Profites-en. Un peu de silence se fait dans la maison et dans ton âme. Emploie cette trêve que t'accorde le destin... Ne rien changer à ce qui est, est à peine une solution, car c'est passer honteusement sous les fourches caudines de la tristesse. Pourtant, revoir, plume en main, toutes les possibilités et choisir entre les malheurs le moindre, par voie d'élimination.

(*Onze heures du matin*). — Songé à l'héroïne de l'*Histoire hollandaise*. On arrive donc à se dessécher à force de larmes ; la douleur s'use tout en nous usant. Chacun ne peut souffrir que jusqu'à une certaine limite ; arrivé là, il est sauvé par la mort ou par l'apathie. C'est une des compassions de la nature. La douleur d'autrui renouvelle et ravive la nôtre ; mais si autrui s'endort, on finit peut-être par s'assoupir soi-même, comme un enfant après des sanglots. Telle serait donc la thérapeutique de la passion. J'entrevois, avec une sorte de vague pitié, cette incapacité d'une souffrance excessive et trop prolongée, cet émoussement honteux de la douleur. Mais peut-être qu'ici, selon mon usage, je m'accuse trop tôt et je me dénigre trop fort. Je m'attribue comme réelle une tranquillité qui n'est qu'apparente. Au fond, on ne se connaît qu'à l'épreuve, et je me suis déjà causé de tels étonnements sur mon compte, que je n'ose faire aucune conjecture pour des situations nouvelles. Je ne me hasarde plus à avoir sur moi d'opinion bonne ou mauvaise, crainte de la voir démentie par l'événement. Je ne sais plus ce que vaut mon cœur ni s'il vaut quelque chose. Est-il sérieux ou léger, oublieux ou constant, mobile ou fidèle ? on peut tenir tous les paris et moi-même j'ignore ce qui en est. Il me semble que je suis mobile en fait d'émotions et tenace en fait d'affection; mais est-ce certain, démontré ? Je ne crois pas... Il serait donc plus juste de regarder les métamorphoses et les phénomènes de ma vie de sentiment comme exagérés en plus plutôt qu'en moins. En doutant de mon cœur je le calomnie ; et tous les faibles qui se sont confiés à moi, protestent contre ce doute. Mais ce qui est vrai, c'est que ta fierté te faisant rougir d'une faiblesse trop féminine et regretter des avances méconnues, t'a souvent rejeté dans une impassibilité d'emprunt...

En résumé, rassure-toi sur ton cœur. Il est meilleur que ne le croit ton monde ; et, en dépit de cette affreuse éducation défensive que ce monde détestable lui a imposée, il a encore plus de douceur, de sensibilité, de bénignité et de tendresse qu'il n'en faut pour rendre heureux ceux qui ne l'obligeront pas à se hérisser malgré lui d'épines, et qui consentiront à se laisser tout simplement aimer.

Villars, 19 septembre 1868. — Sait-on jamais le fond de l'histoire des hommes ? . . . .
. . . .

Initier le jeune homme aux droits et aux devoirs sexuels, le faire au moment utile et de la manière saine et convenable, c'est une partie essentielle de l'éducation. Pour moi, qui avais pourtant à un degré éminent tous les instincts délicats, toutes les aspirations élevées, toutes les inclinations vertueuses, j'ai manqué la vie, parce que je n'ai eu ni direction, ni conseil, ni encouragement, ni initiation, relativement aux choses qui concernent la pudeur, et que par conséquent j'ai exagéré maladivement tous les scrupules et brûlé comme un moine, au lieu de vivre comme un homme. A trente-neuf ans j'étais encore vierge, et à l'heure qu'il est, je suis encore harcelé par Lilith, comme un séminariste. N'est-ce pas absurde ? Et qu'un médecin ne me prendra pas en pitié ! A qui et à quoi ai-je fait ce long et vain sacrifice ? A une idée, à un préjugé, à un respect d'anachorète. Et qui me punit maintenant par la calomnie de ma persistante et ridicule chasteté ? Justement l'objet de mon respect, les femmes, les vierges. Le célibat est honni des dieux et maudit des femmes. Il a les horreurs de la vie présente, et les couvents seuls lui promettent en compensation les palmes de la vie à venir. — En un mot, je ne peux plus qu'avec une amère ironie songer à cette folie à laquelle j'ai sacrifié ma santé, ma force et mon existence, cette folie de la continence, prise pour la vertu. J'éprouve ce que sentent les demoiselles de quarante ans, une sourde fureur contre les chimères de l'opinion auxquelles elles ont offert en holocauste les profonds instincts de leur nature. Il leur semble qu'elles ont divinisé une fiction, et pris la voix d'un préjugé pour la voix de la conscience. Mourir pour une erreur, pour un devoir prétendu est toujours noble, mais mourir désillusionné est une grande affliction.

Ceci est un emportement de la nature révoltée. Cette protestation va trop loin. La pureté, la retenue, la chasteté sont certainement des vertus, et il ne faut pas regretter d'y avoir cru et d'avoir souffert pour elles...

Villars, 21 septembre 1868. — Joli effet d'automne. Tout était couvert ce matin et la grise mousseline de la pluie s'est promenée sur tout le cirque de nos montagnes. Maintenant la bande bleue qui a paru d'abord derrière les cimes lointaines a grandi, monté successivement vers le zénith, et la coupole du ciel presque nettoyée de nuages laisse épancher sur nous les pâles rayons d'or d'un soleil encore convalescent. La journée s'annonce bénigne et caressante. Tout est bien qui finit bien.

Ainsi, après la saison des larmes, peut revenir une joie douce. Dis-toi que tu entres dans l'automne de ta vie, que les grâces du printemps et les splendeurs de l'été sont passées sans retour, mais que l'automne aussi a ses beautés. Les pluies, les nuages, les brouillards, assombrissent fréquemment l'arrière-saison, mais l'air est encore doux, la lumière caresse encore les yeux et les feuillages jaunissants ; c'est le moment des fruits, des récoltes et des vendanges, c'est le moment de faire les provisions pour l'hiver. — Ici les troupeaux de vaches laitières arrivent au niveau du chalet et la semaine prochaine ils seront plus bas que nous. Ce baromètre vivant nous indique l'heure de quitter la montagne. Il n'y a rien à gagner et tout à perdre à négliger l'exemple de la nature et à se faire des règles arbitraires d'existence. Notre liberté sagement comprise n'est que l'obéissance volontaire aux lois universelles de la vie. — Ta vie est à son mois de septembre. Sache le reconnaître et t'arranger en conséquence.

13 novembre 1868. — Je feuillette et lis en partie deux ouvrages de Secrétan (*Recherches sur la méthode*, 1857 ; *Précis élémentaire de philosophie*, 1868). La philosophie de Secrétan, c'est la philosophie du christianisme considéré comme la religion absolue. Subordination de la nature à l'intelligence, de l'intelligence à la volonté, et de la volonté à la foi positive, telle est sa charpente générale. Malheureusement l'étude critique, comparative, historique fait défaut, et cette apologétique où l'ironie s'allie à l'apothéose de l'amour laisse une impression de parti pris. La philosophie de la religion sans la science comparée des religions, sans une philosophie désintéressée et générale de l'histoire, demeure plus ou moins arbitraire et factice. Le droit et le rôle de la science sont mal gardés et mal établis dans cette réduction de la vie humaine à trois sphères, savoir celles de l'industrie, du droit et de la religion. L'auteur me paraît un esprit vigoureux et profond, plutôt qu'un esprit libre. Non seulement il est dogmatique, mais il dogmatise en faveur d'une religion positive qui le domine, le soumet. En outre, le christianisme étant un X que chaque Église définit à sa manière, l'auteur, usant de la même liberté, définit le X à sa façon : en sorte qu'il est à la fois trop et trop peu libre à l'égard du christianisme comme religion particulière. Il n'évite pas l'arbitraire et n'a pas assez d'indépendance. Il ne satisfait pas le croyant anglican, luthérien, réformé, catholique ; il ne satisfait pas le libre penseur. Cette spéculation *schellingienne* qui consiste à déduire nécessairement une religion particulière, c'est-à-dire à faire de la philosophie une servante de la théologie chrétienne, est un héritage du moyen âge.

Or, après avoir cru, il s'agit de juger. Un croyant n'est pas juge. Un poisson vit dans l'océan, mais ne peut l'envelopper du regard, le dominer, ni par conséquent le juger. Pour comprendre le christianisme, il faut le mettre à sa place historique, dans son cadre, en faire une partie du développement religieux de l'humanité, le juger non du point de vue chrétien, mais du point de vue humain, *sine ira et studio*. Mais de tous les objets d'étude, il n'en est point où les confusions soient plus communes, plus faciles, plus obstinées et plus revêches que les questions religieuses. Le radotage à l'infini est la misère attachée à cet ordre de problèmes, et c'est ce qui en dégoûte les intelligences exactes et les esprits libres. A quoi bon exaspérer les fanatismes vigilants et furibonds, quand ils doivent se relever de toutes les défaites et renaître même de leurs cendres ? La science trouve son compte à ignorer la théologie et à édifier la connaissance de la nature et de l'histoire, en se passant de cette reine détrônée, qui peut ameuter tant de passions et soulever tant d'orages. La science libre ne remplace point la religion ; mais elle oblige les religions positives à devenir plus spirituelles, plus pures et plus vraies dans leurs enseignements sur le monde et sur l'homme. Elle les contraint, comme disait Diderot, à « élargir leur Dieu ».

16 décembre 1868. — Je suis dans l'angoisse pour mon pauvre et doux ami Charles Heim. Copié quelques poésies allemandes (Rückert, Salis, Tanner, Geibel) que je lui envoie. Elles doivent adoucir les heures du passage, en parlant d'espérance et d'immortalité. Elles sont d'ailleurs dans la langue aimée, celle que parlait son père. Depuis le 30 novembre, je n'ai plus revu l'écriture du cher malade, qui m'a fait alors son dernier adieu. Que ces deux semaines m'ont paru longues ! Comme j'ai compris ce besoin ardent d'avoir les dernières paroles, les derniers regards de ceux qu'on a aimés ! Ces dernières communications sont comme un testament ; elles ont un caractère solennel et sacré, qui n'est sans doute pas un effet de notre imagination. Ce qui va mourir participe en quelque mesure de l'éternité. Il semble qu'un mourant nous parle d'outre-tombe ; ce qu'il dit nous paraît une sentence, un oracle, une injonction. Nous en faisons un demi-voyant. Et il est certain que pour celui qui sent la vie lui échapper et le cercueil s'ouvrir, l'heure des paroles graves a sonné. Le fond de sa nature doit paraître, et le divin qui est en lui n'a plus à se dissimuler par modestie, crainte ou prudence.

Au lit de mort, l'ange s'est dévoilé.

Oh ! n'attendons pas, pour être justes, compatissants, démonstratifs envers ceux que nous aimons, qu'eux ou nous soyons frappés par la maladie ou menacés de mort. La vie est courte et l'on n'a jamais trop de temps pour réjouir le cœur de ceux qui font avec nous la sombre traversée. Hâtons-nous d'être bons.

26 décembre 1868. — Mon cher et doux ami Charles Heim est mort ce matin à Hyères. C'est une belle âme qui retourne au ciel. A-t-il pu lire ma lettre d'avant-hier ? Je ne sais, mais il aura peut-être souri en la voyant : et cette pensée, ce sourire d'un mourant fait du bien au cœur. Il a donc cessé de souffrir ! Est-il heureux maintenant ?

22 janvier 1869 (onze heures et demie du soir). — Je grelotte dans ma mansarde, tandis que la bise secoue mes volets et me soutire toute la chaleur de mon foyer...

23 janvier 1869. — ... A quoi me sert le beau soleil et le ciel bleu ? Une épaisse couche de givre blafard couvre mes vitres, et me fait une captivité. Je me sens enguignonné, embabouiné. Tout beau, mon cœur ! comme dirait Corneille. Il s'agit de reprendre l'empire sur soi-même et de réduire le coursier intérieur qui se cabre. Toutes ces petites misères ne sauraient avoir raison d'une volonté virile. Un éclair de mauvaise humeur est déjà de trop. — Au fond, comme on fait son lit on se couche ; et la plupart de ces contrariétés viennent de ta nonchalance. Tu détestes t'occuper de ces balivernes domestiques ; elles se vengent en se conjurant contre ton bien-être au moment où cela peut t'être le plus désagréable. Tu n'as point de mémoire pour toutes ces babioles de garde-robe, de grenier, de lingerie ; à qui la faute ? Tu voudrais oublier ces soucis vulgaires, échapper à ce réseau humiliant de nécessités imperceptibles : tout ce monde lilliputien te châtie de ton mépris. — Par dédain, tu manques de prudence et d'ordre dans les choses du ménage, tu les ignores et tu refuses de t'y intéresser : qu'arrive-t-il ? elles te font repentir de ce laisser aller superbe.

Au fond, c'est la même faute que tu commets avec les hommes, en négligeant de caresser les amours-propres, c'est-à-dire de ménager les infiniment petits. Tous les petits obstacles deviennent gros, dès qu'on n'en tient pas compte ; les crapauds se gonflent comme des bœufs, dès qu'on les pique d'honneur en ne faisant pas attention à eux.

Je sais tout cela ; mais j'éprouve une sorte de répugnance insurmontable à m'occuper de certains détails. Et ne voulant ni tempêter par respect pour moi-même, ni m'assujettir à des précautions qui me paraissent un abaissement, j'arrive toujours à me détacher tout bonnement de la chose qui m'échappe. Je m'étudie à l'indifférence protectrice et médicatrice. Gouverner les choses ou s'en affranchir : ce sont les deux bonnes attitudes. S'en laisser troubler ou dominer, en un mot dépendre d'elles, c'est ce que je ne puis tolérer. Variante du : Tout ou rien. La chose précieuse, c'est la liberté intérieure, celle d'Epictète. Quand on ne tient plus ni au bien-être, ni à la santé, ni à la vie, ni à l'opinion, on est presque inviolable.

27 janvier 1869. — Quel est donc le service rendu par le christianisme au monde ? La prédication d'une bonne nouvelle. Quelle est cette nouvelle ? Le pardon des péchés. Le Dieu de sainteté aimant le monde et le réconciliant avec lui par Jésus, afin d'établir le royaume de Dieu, la cité des âmes, la vie du ciel sur la terre, c'est là tout ; mais c'est toute une révolution. « Aimez-vous les uns les autres comme je vous ai aimés. » « Soyez un avec moi comme je suis un avec le Père », telle est la vie éternelle ; voilà la perfection, le salut et la félicité. La foi à l'amour paternel de Dieu, qui châtie et pardonne pour notre bien, et qui veut non la mort du pécheur mais sa conversion et sa vie : voilà le mobile des rachetés.

Ce qu'on appelle le christianisme est un océan où viennent confluer une foule de courants spirituels dont l'origine est ailleurs ; ainsi plusieurs religions d'Asie et d'Europe, et surtout les grandes idées de la sagesse grecque, en particulier du platonisme. Ni sa doctrine ni sa morale telles qu'elles se sont historiquement constituées ne sont neuves et d'un seul jet. L'élément essentiel et original, c'est la démonstration par le fait que la nature divine et la nature humaine peuvent coexister, se confondre en une même et sublime flamme, que la sainteté et la pitié, la justice et la miséricorde peuvent ne faire qu'un en l'homme et par conséquent en Dieu. Ce qu'il y a de spécifique dans le christianisme, c'est Jésus, c'est la conscience religieuse de Jésus. Le sentiment sacré de son union avec Dieu par la soumission de la volonté et le ravissement de l'amour, cette foi profonde, tranquille, invincible, est devenue religion. La foi de Jésus est devenue la foi de millions et de milliards d'hommes. Ce flambeau a produit un incendie immense. Ce révélateur et cette révélation ont paru si lumineux, si éclatants, que le monde ébloui a depuis oublié la justice et reporté sur un seul bienfaiteur tous les bienfaits, héritage du passé. La critique religieuse est impossible à la presque totalité des hommes. Dès qu'il s'agit de questions religieuses, le jugement est obscurci par les préjugés, troublé par les terreurs et les rancunes, agité par les passions, et l'on voit les individus les plus distingués devenir incapables de méthode, de sang-froid et d'impartialité. Les esprits libres (je ne dis pas hostiles) se comptent par unités. Dès qu'il s'agit de choses de foi, la logique, la raison, la conscience morale cessent de fonctionner normalement ; l'absurde n'est plus absurde, la contradiction n'est plus contradictoire, l'immoralité n'est plus immorale. Celui qui ne perd pas la tête n'est qu'un profane et un incrédule.

La conversion du christianisme ecclésiastique et confessionnel en christianisme historique est l'œuvre de la science biblique. La conversion du christianisme historique en christianisme philosophique est une tentative en partie illusoire, puisque la foi ne peut être dissoute entièrement en science. Mais le déplacement du christianisme de la région historique dans la région psychologique est le vœu de notre époque. Il s'agit de dégager l'Évangile éternel. Pour cela, il faut que l'histoire et la philosophie comparée des religions fassent sa place vraie au christianisme et le jugent. Puis il faut dégager la religion que professait Jésus de la religion qui a pris pour objet Jésus. Et quand on aura mis le doigt sur l'état de conscience qui est la cellule primitive, le principe de l'Évangile éternel, il faudra s'y tenir. C'est le *punctum saliens* de la religion pure. — *Ama et fac quod vis.*

Peut-être alors le surnaturel fera-t-il place à l'extraordi

naire, et les grands génies seront-ils regardés comme les messagers du Dieu de l'histoire, comme les révélateurs providentiels par lesquels l'esprit de Dieu agite la masse humaine. Ce qui s'en va ce n'est pas l'admirable, c'est l'arbitraire, l'accidentel, le miraculeux. Les petits miracles locaux, chétifs et douteux s'éteindront comme les pauvres lampions d'une fête de village ou les cierges misérables d'une procession, devant la grande merveille du soleil, devant la loi du monde des esprits, devant le spectacle incomparable de l'histoire humaine conduite par le tout-puissant dramaturge que l'on appelle Dieu. — La future philosophie de l'Histoire devra être à celle de Bossuet ce que celle-ci est aux capucinades des Loriquet de sacristie. *Utinam !*

3 février 1869. — « Comment font ceux qui regardent l'histoire avec leur cœur pour ne pas mourir de tristesse ? » demandait hier un publiciste parisien, à propos de l'ouvrage de l'Américain Draper (*Histoire du développement intellectuel de l'Europe*). Répondons à cette question : Qu'est-ce qui diminue de siècle en siècle ? Ce n'est pas tant le mal, qui ne fait que se déplacer et changer de forme ; c'est plutôt l'ignorance d'une part et le privilège de l'autre. Ce qui s'accroît, c'est la science et l'égalité. L'humanité connaît toujours plus le monde et elle-même ; elle met toujours plus à la portée et à l'usage de tous les fruits du travail de tous. Voilà tout. Mais cela suffit peut-être à justifier l'histoire. — Supposez cette évolution à son terme ; l'égalité absolue des droits et des avantages de tous les êtres humains est réalisée ; mais si l'histoire n'est pas finie alors, qu'arrivera-t-il ? la reconstitution de la hiérarchie spirituelle, chacun étant estimé précisément ce qu'il vaut, et faisant ce pour quoi il a été fait. Nous voilà dans la République platonicienne. Vingt ou trente siècles encore sans cataclysmes géologiques, et l'humanité atteindrait cette phase. Mais à quoi bon, si la somme du mal, c'est-à-dire de la souffrance et du péché, n'a pas sensiblement diminué ? L'idéal ultérieur sera l'analogue du Millénium, la sainteté de tous, le bien réalisé par tous, autrement dit le Ciel sur la terre, avec la mort, la maladie et la séparation en plus. — A quoi bon encore, si le bonheur

complet flotte encore devant cette troisième humanité, ha-
letante sur le globe terrestre domestiqué et soumis ? Elle
aspirera encore à mieux. La vie éternelle sera son rêve.
Autant vaut la saisir tout de suite. L'Évangile éternel sera
la solution demandée. Pour accepter l'histoire, il faut donc
une foi. Pour le scepticisme, le spectacle des destinées
humaines est d'une amertume sans remède et d'une mélancolie sans fond, toujours dans l'hypothèse que le sceptique
ait un cœur, c'est-à-dire soit non un pur curieux, mais un
homme.

Le positivisme, en proscrivant la notion de but, tue l'activité, car l'activité sans but, sans espérance, sans direction
n'est qu'une folie.

Qu'arrive-t-il dans la pratique ? c'est qu'une société change
seulement l'objet de sa foi, et par exemple, quand elle ne
croit plus en l'autre vie veut s'amuser en celle-ci, et quand
elle a détrôné le Dieu-esprit elle lui substitue le culte du Veau
d'or. L'athéisme n'est un oreiller à l'usage que de peu de gens.
Une société athée, à tous les âges et dans les deux sexes, se
conçoit difficilement, tant que l'instinct du bonheur et peut-
être le besoin de la justice absolue subsisteront dans l'âme
humaine.

La foi supérieure et générale d'une société, c'est sa religion.
Pour l'époque actuelle, cette religion n'est plus celle des
Églises dominantes. La religion du Progrès, peut-être celle
de la Nature, ou plutôt de la Science et des lois abstraites,
est en train de remplacer, dans les classes cultivées, la religion
du Dieu personnel se révélant, intervenant par l'action surnaturelle. Le miracle est appelé à se dissoudre. Le culte des
héros, c'est-à-dire des âmes extraordinaires devenues les
phares de l'humanité, préparera au culte de l'Esprit qui
travaille l'univers et fait éclore les soleils, les fleurs et les
hautes pensées. Le théisme universel ressemblera fort au
panenthéisme de Krause, et au règne du Saint-Esprit des
mystiques chrétiens. Chrysippe, Aristote et Platon n'ont
pas annoncé autre chose. Le monde est fait pour le bien ;
l'idée morale est la lumière de la nature entière, et la poursuite du bien parfait est le moteur de l'univers. La conception
épicurienne et la conception stoïcienne, le monde du hasard,

de la matière et de la force d'une part, le monde de l'ordre, de la pensée, de l'esprit d'autre part, — ce sont les deux philosophies antagoniques. Le positivisme, qui ne veut rien proposer, n'est pas une philosophie, mais l'expectative d'une philosophie. Il ne représente qu'une abstention, une privation, une négation, une patience. « Contentons-nous de regarder les phénomènes et d'en découvrir les lois ; les causes, les buts, les principes nous sont inaccessibles. Constatons sans comprendre. Traitons au sérieux les apparences et, ombres nous-mêmes, jouons avec les ombres. Tout est superficie. » Cette sagesse est un jeûne forcé qui ne ressemble à la science que par une analyse imparfaite de la faculté de connaître. Platon a démontré déjà que si nous ne connaissons que les apparences nous ne connaissons rien, et que la science des apparences n'était une science qu'à condition de n'être plus une apparence.

1er mars 1869.— L'impartialité et l'objectivité sont aussi rares que la justice, dont elles ne sont que deux formes particulières. L'intérêt est une source inépuisable de complaisantes illusions. Le nombre des êtres qui veulent voir vrai est extraordinairement petit. Ce qui domine les hommes, c'est la peur de la vérité, à moins que la vérité ne leur soit utile, ce qui revient à dire que l'intérêt est le principe de la philosophie vulgaire, ou que la vérité est faite pour nous, mais non pas nous pour la vérité. — Ce fait étant humiliant, la majorité ne veut naturellement pas le constater ni le reconnaître. Et c'est ainsi qu'un préjugé d'amour-propre protège tous les préjugés de l'entendement, lesquels naissent d'un stratagème de l'égoïsme. — L'humanité a toujours mis à mort ou persécuté ceux qui ont dérangé sa quiétude intéressée. Elle ne s'améliore que malgré elle. Le seul progrès voulu par elle, c'est l'accroissement des jouissances. Tous les progrès en justice, en moralité, en sainteté, lui ont été imposés ou arrachés par quelque noble violence. Le sacrifice, qui est la volupté des grandes âmes, n'a jamais été la loi des sociétés. C'est trop souvent en employant un vice contre un autre, par exemple la vanité contre la cupidité, l'esprit de gloriole contre l'inclination positive, la convoitise contre

la paresse, que les grands agitateurs ont vaincu la routine. —
En un mot, le monde humain est presque entièrement dirigé
par la loi de la nature, et la loi de l'esprit (justice, beauté
morale, bonté), simple ferment de cette grossière pâte, n'y a
fait lever qu'assez peu de soufflures généreuses.

Au point de vue de l'idéal, le monde humain est triste et
laid ; mais en le comparant à ses origines probables, le genre
humain n'a pas tout à fait perdu son temps. De là trois
manières de regarder l'histoire : le pessimisme, quand on
part de l'idéal ; l'optimisme, quand on contemple à reculons ;
l'héroïsme, quand on songe que tout progrès coûte des flots
de sang ou de larmes, et que le *mieux*, ainsi que la divinité
mexicaine, réclame des hécatombes de cœurs fumants.

L'hypocrisie européenne se voile la face devant les immolations volontaires de ces fanatiques de l'Inde, qui se
jettent sous les roues du char de triomphe de leur grande
déesse. Pourtant ces immolations ne sont que le symbole de
ce qui se passe en Europe comme ailleurs, de l'offrande de
leur vie faite par les martyrs de toutes les grandes causes.
Disons-le, la déesse sanguinaire et farouche, c'est l'humanité
elle-même, qui n'avance que par le remords et ne se repent
que par l'excès de ses crimes. — Ces fanatiques qui se dévouent sont la protestation continue contre l'égoïsme universel. Nous n'avons renversé que les idoles visibles, mais
le sacrifice perpétuel subsiste encore partout, et partout
l'élite des générations souffre pour le salut des multitudes.
C'est la loi austère, amère, mystérieuse de la solidarité. La
rédemption et la perdition mutuelles sont la destinée de
notre race. Ainsi l'égoïsme est le mobile des individus, et
l'égoïsme est une cécité. Le genre humain fait donc une
œuvre qui le trompe ; il est moins libre qu'il ne croit et travaille comme les polypiers de l'océan à un édifice qu'il ignore.
Conclusion de toute cette rêverie, qui a couru la bride sur le
cou : soumission à l'ordre universel. Pas de révolte contre
son temps et contre les choses. Entrer dans le concert des
forces et des actions historiques, payer sa dette et sa rançon,
et remettre à Dieu le reste. Ne pas mépriser son espèce et
rester champion du bien, sans illusion et sans amertume.
La bonté prévenante et sereine est plus que l'irritation, et

plus mâle que le désespoir ! Fais ce que dois, advienne que
pourra.

18 mars 1869. — En revenant d'une promenade hors ville
ma cellule me fait horreur. C'est un cachot obscur, encombré,
hideux comme le taudis de Faust. Dehors le soleil, les
oiseaux, le printemps, la beauté, la vie ; ici la laideur, les
paperasses, la tristesse, la mort. — Et pourtant ma promenade a été des plus mélancoliques. J'ai erré le long du
Rhône et de l'Arve, et tous les souvenirs du passé et toutes
les déceptions du présent et toutes les inquiétudes de l'avenir
ont assiégé mon cœur, comme un tourbillon d'oiseaux de nuit.
J'ai fait le compte de mes trépassés, et toutes mes fautes se
sont rangées en bataille contre moi. Le vautour de mes regrets s'est mis à me ronger le foie. Mes secrètes pensées ont
gonflé comme la poire d'angoisse. Le sentiment de l'irréparable m'a étouffé comme un carcan. Il m'a semblé que
j'avais manqué la vie et que la vie à présent me manquait. —
Ah ! que le printemps est redoutable pour les solitaires.
Tous les besoins endormis se réveillent, toutes les douleurs
disparues renaissent, le vieil homme terrassé et bâillonné se
relève et se met à gémir. Les cicatrices redeviennent blessures
saignantes et ces blessures se lamentent à qui mieux mieux.
On ne songeait plus à rien, on avait réussi à s'étourdir par le
travail ou la distraction, et tout d'un coup le cœur, ce prisonnier mis au secret, se plaint dans son cachot, et cette
plainte fait chanceler tout le palais au fond duquel on l'avait
muré.

> Maudit printemps, reviendras-tu toujours !

Se fût-on soustrait à toutes les autres fatalités, il y en a
une qui nous remet sous le joug, c'est celle du temps. Tu as
réussi à t'affranchir de toutes les servitudes, mais tu avais
compté sans la dernière, celle des années. L'âge vient et sa
pesanteur remplace toutes les autres oppressions réunies.
L'homme mortel n'est qu'une variété d'éphémère. En regardant les berges du Rhône qui ont vu couler le fleuve
depuis dix ou vingt mille ans, ou seulement les arbres de

l'avenue du cimetière, lesquels ont vu défiler tant de convois depuis deux siècles ; en retrouvant les murs, les digues, les sentiers qui m'ont vu jouer quand j'étais enfant ; en contemplant d'autres enfants courant sur le gazon de cette plaine de Plainpalais qui a porté mes premiers pas, j'ai eu l'âpre sensation de l'inanité de la vie et de la fuite des choses. J'ai senti flotter sur moi l'ombre du mancenillier. J'ai aperçu le grand abîme implacable où s'engouffrent toutes ces illusions qui s'appellent les êtres. J'ai vu que les vivants n'étaient que des fantômes voltigeant un instant sur la terre, faite de la cendre des morts, et rentrant bien vite dans la nuit éternelle comme des feux follets dans le sol. Le néant de nos joies, le vide de l'existence, la futilité de nos ambitions, me remplissaient d'un dégoût paisible. — De regret en désenchantement, j'ai dérivé jusqu'au bouddhisme, jusqu'à la lassitude universelle. — L'espérance d'une immortalité bienheureuse vaudrait mieux...

Avec quels yeux différents on voit la vie à dix, à vingt, à trente, à soixante ans ! Les solitaires ont conscience de cette métamorphose psychologique. — Une autre chose aussi les étonne : c'est la conjuration universelle pour cacher la tristesse de ce monde, pour faire oublier la souffrance, la maladie, la mort, pour couvrir les plaintes et les sanglots qui partent de chaque maison, pour farder le hideux masque de la réalité. Est-ce par générosité pour l'enfance et la jeunesse, est-ce par peur qu'on voile ainsi la vérité sinistre ? Est-ce par équité, et la vie contient-elle autant ou plus de biens que de maux ? — Quoi qu'il en soit, c'est d'illusion plutôt que de vérité que l'on s'alimente. Chacun dévide la bobine de ses espérances trompeuses, et quand il l'a épuisée, il s'assied pour mourir, et laisse ses fils et ses neveux recommencer la même expérience. Chacun poursuit le bonheur, et le bonheur esquive la poursuite de chacun.

Le seul viatique utile pour faire la traversée de la vie c'est un grand devoir et quelques sérieuses affections. Et même les affections périssent, du moins leurs objets sont mortels : un ami, une femme, un enfant, une patrie, une Église, peuvent nous précéder dans la tombe ; le devoir seul dure autant que nous.

> Vis pour autrui, sois juste et bon ;
> Fais ton monument ou ta gerbe,
> Et du Ciel obtiens le pardon
> Avant d'aller dormir sous l'herbe.

Cette maxime exorcise l'esprit de révolte, de colère, de découragement, de vengeance, d'indignation, d'ambition qui tour à tour vient agiter et tenter le cœur que le printemps gonfle de sa sève. — O vous, tous les saints de l'Orient, de l'antiquité et du christianisme, phalange de héros, vous avez connu les langueurs et les angoisses de l'âme ; mais vous en avez triomphé. Sortis vainqueurs de la carrière, ombragez-nous de vos palmes, et que votre exemple ranime notre courage !

Du reste, le soleil baisse, la nature est moins belle. L'orage intérieur a passé.

3 avril 1869. — J'achève le magnifique volume de Renan *(les Apôtres).* Remue-t-il assez de choses, de questions et d'idées ! C'est un éblouissement. Pourtant j'éprouve toujours le sentiment d'une disproportion entre la cause et l'effet, entre le rôle et l'acteur. Si les apôtres et leurs hallucinations ne sont que cela, pourquoi leur œuvre est-elle aussi considérable ? Si la supercherie, l'illusion ou la duperie sont indispensables à la religion, pourquoi ne pas s'insurger contre la religion ? — Le point de vue esthétique, chez Renan, domine tout et explique cette apparente contradiction.

Mornex, 6 avril 1869 (huit heures du matin). — Temps magnifique. Les Alpes éblouissantes sous leur gaze d'argent. Les sensations de toute sorte m'ont inondé : volupté d'un bon lit, délices de la promenade au soleil levant, charmes d'une vue admirable, douceur d'un excellent déjeuner, nostalgie du voyage, en feuilletant les vues d'Espagne (par Vivian), et des pâturages d'Écosse (par Cooper), soif de joie, faim de travail, d'émotions et de vie, rêves de bonheur, songes d'amour ; le besoin d'être, l'ardeur de sentir encore et de me répandre s'agitaient au fond de mon cœur. Soudain réveil d'adolescence, pétillement de poésie, renouveau de l'âme, repoussée des ailes du désir. Aspirations conquérantes, vagabondes, aventureuses. Oubli de l'âge, des chaînes, des devoirs, des ennuis ; élans de jeunesse, comme si la vie recommençait. Il semble que le feu ait pris aux poudres ; notre âme se disperse aux quatre vents. On voudrait dévorer le monde, tout éprouver, tout voir. Ambition de Faust ; convoitise universelle ; horreur de sa cellule ; on jette le froc aux orties, et l'on voudrait serrer toute la nature dans ses bras et sur son cœur. O passions, il suffit d'un rayon de soleil pour vous rallumer toutes ensemble ! La montagne froide et noire redevient volcan, et fait évaporer sa couronne de neige sous un seul jet de son haleine brûlante. Le printemps amène de ces résurrections subites, invraisemblables. Faisant frissonner et bouillonner toutes les sèves, il produit des envies impétueuses, des inclinations foudroyantes et comme des fureurs de vie imprévues et inextinguibles. Il fait éclater l'écorce rigide des arbres et le masque de bronze de toutes les austérités. Il fait tressaillir le moine dans l'ombre de son couvent, la vierge derrière les rideaux de sa chambrette, l'enfant sur les bancs du collège, le vieillard sous le réseau de ses rhumatismes.

> *O Hymen, Hymenæe !*
> *Notusque calor per membra cucurrit.*

Tous ces frémissements ne sont que les variantes infinies du grand instinct de la nature ; ils chantent la même chose en toute langue ; ils sont l'hymne à Vénus, le soupir après l'infini. Ils signifient l'exaltation de l'être qui veut mourir à la vie individuelle, et absorber en soi tout l'univers, ou se dissoudre en lui.

L'amour qui a conscience de lui-même est un pontificat ; il sent qu'il représente le grand mystère, et il se recueille religieusement dans le silence pour être digne de ce culte divin.

Mornex, 8 avril 1869, dernier jour (cinq heures du soir). — Grande vue lumineuse et calme. Les hirondelles traversent l'étendue. En face de moi, du côté de Bonneville, j'aperçois les ruines du château qui a donné son nom à toute la province (Faucigny), ruines qui me conservent aussi bien des souvenirs. Ce vaste paysage semble me regarder avec des yeux amis. Et malgré moi, en présence du Mont Blanc éternel et de toutes ces cimes couronnées de neige, je me sens envahi par une pensée mélancolique.

> Car l'éternelle harmonie
> Pèse comme une ironie
> Sur tout le tumulte humain.

L'ombre commence à occuper les plaines. Marche ! marche ! juif errant. Le jour décline, la température baisse, il faut rentrer dans le travail, dans le souci, dans le devoir. La ville te rappelle. Tes vacances sont finies. Reprends le joug, rattache le boulet à ton pied. Renonce à la montagne, au grand air, à la rêverie, à la liberté. Galérien de l'enseignement, relâché sur parole, présente-toi à l'appel. — Salut, doux paysage, cher amphithéâtre de coteaux verts et de montagnes blanches, berceau de ma jeunesse, asile de mon âge mûr, je n'ai plus de confidences à vous faire, mais vous voyez un rêveur qui ne vous quitte qu'avec peine car il ne sait pas ce que sera sa vie dans trois mois, ni demain.

24 avril 1869. — Némésis serait-elle plus réelle que la Providence ? le Dieu jaloux plus vrai que le Dieu bon ? la douleur plus sûre que la joie ? les ténèbres plus certaines de vaincre que la lumière ? est-ce le pessimisme ou l'optimisme qui a raison ? lequel, de Leibniz ou de Schopenhauer, a le mieux compris l'univers ? de l'homme qui se porte bien ou de l'homme souffrant, lequel voit le mieux au fond des choses ? lequel se trompe ?

Ah ! le problème de la douleur et du mal est toujours la plus grande énigme de l'être, après l'existence de l'être lui-même. La foi de l'humanité a généralement postulé la victoire du bien sur le mal ; mais si le bien est non pas le résultat d'une victoire, mais une victoire, il implique une bataille incessante, infinie, il est la lutte interminable et le succès éternellement menacé. — Or si c'est là la vie, Bouddha n'a-t-il pas raison de la regarder comme le mal même, puisqu'elle est l'agitation sans trêve et la guerre sans merci ?

Le repos ne se trouve alors que dans le néant. L'art de s'anéantir, d'échapper au supplice des renaissances et à l'engrenage des misères, l'art d'arriver au Nirvâna serait l'art suprême, la méthode de la délivrance. Le chrétien dit à Dieu : Délivre-nous du mal. Le bouddhiste ajoute : Et pour cela délivre-nous de l'existence finie, rends-nous au néant ! Le premier estime qu'affranchi du corps il peut entrer dans le bonheur éternel ; le second croit que l'individualité est l'obstacle à toute quiétude et il aspire à la dissolution de son âme elle-même. L'effroi du premier est le paradis du second...

Mon sentiment à moi, c'est que la souffrance, le péché et l'isolement sont un mal, mais que l'existence, même individuelle, est un bien. Si l'individu, qui est une volonté, se sentait complètement uni avec la volonté universelle, il aurait tué le péché. S'il se sentait uni avec tous les autres hommes, il aurait détruit l'isolement. Et s'il avait un organisme purement spirituel, il aurait supprimé la souffrance. Des âmes saintes, réunies en société auprès de Dieu et le glorifiant, c'est en effet le paradis chrétien. Mais cette conception repose sur bien des hypothèses : qu'il y a des âmes ; — que la vie individuelle soit possible sans une limite, ou sans corps ; — que des âmes amies se rejoignent et se reconnaissent ; — que des mères puissent être heureuses tant que leurs enfants ne le seront pas, c'est-à-dire aiment moins en entrant dans le royaume de l'amour ; — que des êtres progressifs puissent devenir parfaits, tandis que la perfection et le progrès s'excluent, etc. — Hélas ! que de choses douteuses et pourtant toutes nécessaires à la foi !

Une seule chose est nécessaire : l'abandon à Dieu. Sois dans l'ordre toi-même et laisse à Dieu le soin de débrouiller l'écheveau du monde et des destinées. Qu'importent le néant ou l'immortalité ? Ce qui doit être, sera. Ce qui sera, sera bien. La foi au bien, peut-être ne faut-il pas davantage à l'individu pour traverser la vie. Mais il faut avoir pris parti pour Socrate, Platon, Aristote, Zénon, contre le matérialisme, la religion du hasard et le pessimisme. — Peut-être même faut-il se décider contre le nihilisme bouddhique, parce que le système de la conduite est diamétralement opposé si l'on travaille à augmenter sa vie ou à l'annuler, s'il s'agit de cultiver ses facultés ou de les atrophier méthodiquement.

Employer son effort individuel à l'accroissement du bien dans le monde, ce modeste idéal suffit. Aider à la victoire du bien, c'est le but commun des saints et des sages. *Socii Dei sumus*, répétait Sénèque après Cléanthe.

Et le fabuliste en donnait cette variante familière, devenue proverbiale :

> Que chacun fasse son métier,
> Les vaches seront bien gardées.

Celui qui fait son œuvre individuelle, celui-là accomplit la Loi et les Prophètes, il est dans l'ordre, il travaille au Grand Œuvre, il réjouit l'humanité et les anges. *Age quod agis.* Sois calme, laborieux, résigné, et fais ta petite tâche en conscience. Le ciel et la terre ne te demandent pas davantage.

30 avril 1869. — Achevé l'ouvrage de Vacherot [1], qui m'a rendu pensif. J'ai le sentiment que sa notion de la religion n'est pas rigoureusement exacte et que la conséquence est dès lors sujette à retouche. Si la religion est un âge psychologique antérieur à celui de la raison, il est clair qu'elle doit disparaître chez l'homme, comme les organes du têtard lorsque la grenouille est formée, révérence parler ; mais si elle est un mode de la vie intérieure, elle peut et doit durer autant que le besoin de sentir, à côté de celui de penser. La question est celle-ci : théisme ou non-théisme ? Si Dieu n'est que la catégorie de l'idéal, la religion s'évanouit de droit comme les illusions de l'adolescence. Si l'Être peut être senti et aimé en même temps que pensé, le philosophe peut faire acte de religion, comme il fait acte d'artiste, d'orateur, de citoyen. Il peut se joindre à un culte sans déroger. Or j'incline à cette solution. J'appelle religion la vie devant Dieu et en Dieu.

Et Dieu fût-il défini la vie universelle, pourvu qu'il soit positif et non négatif, notre âme pénétrée du sentiment de

1. *La Religion*, 1869.

l'infini est dans l'état religieux. La religion diffère de la philosophie, comme le moi naïf diffère du moi réfléchi, comme l'intuition synthétique diffère de l'analyse intellectuelle. On entre en religion par le sentiment de la dépeendanc volontaire et de la soumission joyeuse au principe de l'ordre et du bien. C'est dans l'émotion religieuse que l'homme se recueille ; il retrouve sa place dans l'unité infinie, et ce sentiment-là est sacré.

Mais, malgré cette réserve, je rends hommage à cet ouvrage, qui est un beau livre, bien mûr et bien sérieux. L'auteur est aussi un noble caractère.

13 mai 1869. — Déchiqueture dans les nuages. Par les trous bleus un vif soleil darde ses rayons espiègles. Orages, sourires, lubies, colères et larmes : en mai, la nature est femme. Elle plaît à la fantaisie, émeut le cœur et fatigue la raison par la succession de ses caprices et la véhémence inattendue de ses bizarreries.

Ceci me rappelle le verset 213 du second livre des Lois de Manou : « Il est dans la nature du sexe féminin de chercher ici-bas à corrompre les hommes ; et c'est pour cette raison que les sages ne s'abandonnent jamais aux séductions des femmes. » C'est pourtant la même législation qui a dit : « Partout où les femmes sont honorées, les divinités sont satisfaites » ; et ailleurs : « Dans toute famille où le mari se plaît avec sa femme et la femme avec son mari, le bonheur est assuré » ; et encore : « Une mère est plus vénérable que mille pères ». Mais sachant ce qu'il y a d'irrationnel et d'orageux dans cet être fragile et charmant, Manou conclut : « A aucun âge une femme ne doit se gouverner à sa guise ».

Jusqu'à ce jour, dans plusieurs codes contemporains et circonvoisins, la femme est encore mineure toute sa vie. Pourquoi ? à cause de sa dépendance de la nature et de son assujettissement aux passions qui sont des diminutifs de la folie, en d'autres termes parce que l'âme de la femme a quelque chose d'obscur, de mystérieux qui se prête à toutes les superstitions et qui alanguit les énergies viriles. A l'homme le droit, la justice, la science, la philosophie, tout ce qui est désintéressé, universel, rationnel ; la femme au contraire introduit partout la faveur, l'exception, la préoccupation personnelle. Dès qu'un homme, un peuple, une littérature, une époque s'efféminent, ils s'abaissent et s'amoindrissent. Dès que la femme quitte l'état de subordination où elle a tous ses mérites, on voit ses défauts naturels grandir rapidement. L'égalité complète avec l'homme la rend querelleuse ; la domination la rend tyrannique. L'honorer et la gouverner sera longtemps la meilleure solution. Quand l'éducation aura formé des femmes fortes, nobles et sérieuses, chez lesquelles la conscience et la raison domineront les effervescences de la fantaisie et de la sentimentalité, alors il faudra dire : Honorer la femme et la conquérir ! Elle sera vraiment une égale, une pareille, une compagne. Pour le moment, elle n'est cela qu'en théorie. Les modernes travaillent au problème et ne l'ont pas résolu.

15 juin 1869. — Le déficit du christianisme libéral c'est une idée trop facile de la sainteté, ou, ce qui revient au même, une idée trop superficielle du péché [1]. Le défaut des libérâtres se retrouve dans les libéraux, savoir : un demi-sérieux, une conscience trop large, un salut trop commode, une religion sans crucifixion réelle, une rédemption à bon marché, une psychologie trop frivole de la volonté, et surtout de la volonté perverse : en un mot, une sorte de mondanité théologique. Aux âmes très pieuses ils font l'effet de parleurs un peu profanes, qui froissent les sentiments profonds en vocalisant sur des thèmes sacrés. Ils choquent les convenances du cœur, ils inquiètent les pudeurs de la conscience par leurs familiarités indiscrètes avec les grands mystères de la vie intime. Ils paraissent des enjôleurs spirituels, des agents du Prince de ce monde déguisés en anges de lumière, des rhéteurs religieux à la façon des sophistes grecs, plutôt que des guides dans la voie douloureuse qui conduit au salut. — Ce n'est pas aux gens d'esprit, ni même de science, qu'appartient l'empire sur les âmes, mais à ceux qui font l'impression d'avoir vaincu la nature par la grâce, d'avoir traversé

---

1. On était à cette époque, à Genève et dans toute la Suisse protestante, au plus vif des discussions entre l'orthodoxie et le « christianisme libéral ».

le buisson de feu, et de parler non pas le langage de la sagesse humaine, mais celui de la volonté divine. Bref, dans l'ordre religieux, c'est la sainteté qui fait l'autorité, et l'amour ou la puissance de dévouement et de sacrifice qui va au cœur, persuade et attendrit.

Ce que les âmes religieuses, poétiques, tendres, pures pardonnent le moins, c'est qu'on diminue ou rabaisse leur idéal. C'est pourquoi toucher à Jésus leur paraît un sacrilège et pourquoi ouvrir trop grande la porte du paradis leur semble un crime. — Il ne faut jamais mettre contre soi un idéal ; il faut en montrer un autre, plus pur, plus haut, plus spirituel, si possible, et dresser, derrière une cime plus élevée, une cime plus élevée encore. Ainsi l'on ne dépouille personne, on rassure tout en faisant réfléchir, on fait entrevoir un but nouveau à celui qui voudrait changer de but. On ne détruit que ce qu'on remplace ; et l'on ne remplace un idéal qu'en satisfaisant à toutes les conditions de l'ancien avec quelques avantages en sus. — Que des protestants libéraux présentent la vertu chrétienne avec une intimité, une intensité, une sainteté plus grandes qu'auparavant, et cela dans leurs personnes et dans leur influence, ils auront fait la preuve demandée par le Maître : l'arbre sera jugé à ses fruits.

22 juin (1869 neuf heures du matin). — Temps somnifère. Quant à l'extérieur, tout est laid, gris et bas. Une mouche est morte de froid sur ma *Revue moderne*, en plein été ! Qu'est-ce que la vie ? me disais-je en regardant la bestiole inanimée. C'est un prêt, comme le mouvement. La vie universelle est une somme totale qui montre ses unités ici et là, partout, comme une roue électrique laisse pétiller les étincelles à sa surface. Nous sommes traversés par la vie, nous ne la possédons point. Hirn [1] admet trois principes irréductibles : l'atome, la force, l'âme ; la force qui agit sur les atomes, l'âme qui agit sur les forces. Probablement qu'il distingue des âmes anonymes et des âmes personnelles. Ma mouche serait une âme anonyme.

(Même jour). — Voilà les églises nationales qui se débattent

1. G.-A. Hirn, physicien alsacien (1815-1890).

contre le christianisme dit libéral ; Berne et Zurich ont commencé le feu. Aujourd'hui Genève entre en lice. Le Consistoire, à l'heure où j'écris, délibère sur deux pétitions, l'une pour le retranchement du credo dans la liturgie, l'autre pour faire prêcher Fontanès. Il commencera la danse des œufs. — On finit par s'apercevoir que le protestantisme historique risque de faire le plongeon, et n'a plus de raison d'être entre la liberté pure et l'autorité pure. Il est en effet un stage provisoire, fondé sur le biblicisme, c'est-à-dire sur l'idée d'une révélation écrite et d'un livre divinement inspiré et faisant par conséquent autorité. Une fois cette thèse mise au rang des fictions, le protestantisme s'effondre. Il sera obligé de reculer jusqu'à la religion naturelle, ou religion de la conscience morale. MM. Réville, Coquerel, Fontanès, Cougnard, Buisson acceptent la conséquence. Ils sont les avancés du protestantisme et les retardés de la libre pensée (Vacherot).

Leur illusion est de ne pas voir qu'une institution quelconque repose sur une fiction légale et que toute chose vivante présente un contre sens logique. Postuler une Église de libre examen, d'absolue sincérité, c'est être un logicien ; mais la réaliser, c'est autre chose. L'Église vit sur quelque chose de positif et le positif limite l'examen. On confond le droit de l'individu qui est d'être libre avec le devoir de l'institution qui est d'être quelque chose. On prend le principe de la science pour le principe de l'Église, ce qui est une erreur. On ne s'aperçoit pas que la religion est différente de la philosophie, et que l'une veut unir par la foi tandis que l'autre maintient l'indépendance solitaire de la pensée. Pour que le pain soit bon, il lui faut du levain, mais le levain n'est pas le pain. Que la liberté soit la méthode pour arriver à la foi éclairée, d'accord, mais les gens qui ne s'entendraient que sur ce critérium et cette méthode ne sauraient fonder une Église, car ils peuvent différer complètement sur le résultat. Supposez un journal où les rédacteurs seraient de tous les partis possibles, ce journal serait sans doute curieux, mais il n'aurait point d'opinion, point de foi, point de symbole. Un salon de bonne compagnie où l'on discute poliment n'est pas une Église, et une dispute même courtoise n'est pas un culte. Il y a confusion des genres.

14 juillet 1869. — Lamennais ! Heine ! âmes tourmentées, l'une par une erreur de vocation, l'autre par le besoin d'étonner et de mystifier. Le premier manquait de bon sens et de gaieté ; le second manquait de sérieux. Le Français était un dominateur violent et absolu ; l'Allemand, un Méphistophélès gouailleur qui avait horreur du philistinisme. Le Breton était tout passion et tristesse, le Hambourgeois tout fantaisie et malice. Aucun des deux n'est un être libre, et ne s'est fait une vie normale. Tous deux, par une faute première, se sont jetés dans une querelle sans fin avec le monde. Tous deux sont des révoltés. Ils n'ont pas combattu pour la bonne cause, pour la vérité impersonnelle ; tous deux ont été les champions de leur orgueil. Tous deux ont considérablement souffert, et sont morts isolés, reniés et maudits. Magnifiques talents, dépourvus de sagesse et qui ont fait à eux-mêmes et aux autres beaucoup plus de mal que de bien ! Plus on a de puissance intellectuelle, plus il est dangereux de mal prendre et de mal commencer la vie ; c'est comme pour les armes à feu : plus la carabine ou le canon rayé ont de portée, plus une simple déviation dans le pointage produit d'erreur dans le tir. Quelles lamentables existences que celles qui se dépensent à soutenir un premier défi, ou même une bévue, un lapsus !

Ces guerres niaises, qui finissent invariablement par une catastrophe, m'inspirent une profonde pitié. — Et nous nous croyons libres, tandis que nous sommes d'ordinaire les esclaves de la fatalité, et de la pire fatalité, celle des bagatelles ! Un rien pèse sur notre vie entière, et nous avons la stupidité d'être fiers :

> Marionnettes du destin
> Ou pantins de la Providence,
> Chaque soir et chaque matin
> Se raillent de notre prudence.

20 juillet 1869. — Lu cinq ou six chapitres épars du *Saint Paul* de Renan. L'auteur est souvent déplaisant par ses allures ambiguës et ses contradictions alternatives, destinées à plaire à tous les goûts. En dernière analyse, c'est un libre penseur, mais dont l'imagination flexible s'accorde l'épicuréisme délicat de l'émotion religieuse. Il trouve grossier celui qui ne se prête pas à ces gracieuses chimères, et borné celui qui les prend au sérieux. Il s'amuse des variations de la conscience, comme du jeu d'un kaléidoscope ; mais il est trop fin pour s'en moquer. Le vrai critique ne conclut pas et n'exclut rien ; son plaisir est de comprendre sans croire, et de bénéficier des œuvres de l'enthousiasme tout en restant libre d'esprit et débarrassé d'illusion. Cette manière de faire paraît de la jonglerie ; ce n'est que l'ironie souriante d'un esprit très cultivé, qui ne veut être étranger à rien et n'être dupe de rien. C'est le parfait dilettantisme de la Renaissance. — Avec cela, des aperçus sans nombre et la joie de la science ! Voir juste et de toutes les manières à la fois, c'est en effet quelque chose de délicieux.

14 août 1869. — ... Au nom du ciel, qui es-tu ? que veux-tu, être inconstant et infixable ? où est ton avenir, ton devoir, ton désir ? Tu voudrais trouver l'amour, la paix, la chose qui remplira ton cœur, l'idée que tu défendras, l'œuvre à laquelle tu dévoueras le reste de tes forces, l'affection qui étanchera ta soif intérieure, la cause pour laquelle tu mourrais avec joie. Mais les trouveras-tu jamais ? Tu as besoin de tout ce qui est introuvable : la religion vraie, la sympathie sérieuse, la vie idéale ; tu as besoin du paradis, de la vie éternelle, de la sainteté, de la foi, de l'inspiration, que sais-je ? Tu aurais besoin de mourir et de renaître, de renaître transformé toi-même et dans un monde différent. Tu ne peux ni étouffer tes aspirations, ni te faire illusion sur elles. Tu sembles condamné à rouler sans fin le rocher de Sisyphe, à ressentir le rongement d'esprit d'un être dont la vocation et la destinée sont en désaccord perpétuel. « Cœur chrétien et tête païenne », comme Jacobi ; tendresse et fierté ; étendue d'esprit et faiblesse de volonté ; les deux hommes de saint Paul, chaos toujours bouillonnant de contrastes, d'antinomies, de contradictions ; humilité et orgueil ; candeur enfantine et défiance illimitée ; analyse et intuition ; patience et irritabilité ; bonté et sécheresse ; nonchalance et inquiétude ; élan et langueur ; indifférence et passion ; en somme, incompréhensible et insupportable à moi-même et aux autres.

Je reviens de moi-même à l'état fluide, vague, indéterminé, comme si toute forme était une violence et une défiguration. Toutes les idées, maximes, connaissances, habitudes s'effacent en moi, comme les rides de l'onde, comme les plis dans un nuage ; ma personnalité a le minimum possible d'individualité. Je suis à la plupart des hommes ce que le cercle est aux figures rectilignes ; je suis partout chez moi, parce que je n'ai pas de moi particulier et nominatif. — A tout prendre, cette imperfection a du bon. En étant moins *un* homme, je suis peut-être plus près de l'homme, peut-être un peu plus homme. En étant moins individu, je suis plus espèce. Ma nature, prodigieusement incommode pour la pratique, est assez avantageuse pour l'étude psychologique. En m'empêchant de prendre parti, elle me permet de comprendre tous les partis...

Ce n'est pas seulement la paresse qui m'empêche de conclure ; c'est une sorte d'aversion secrète pour les prescriptions intellectuelles. J'ai le sentiment qu'il faut de tout pour faire un monde, que tous les citoyens ont droit dans l'État et que, si chaque opinion est également insignifiante en elle-même, toutes les opinions sont parties prenantes à la vérité. Vivre et laisser vivre, penser et laisser penser, sont des maximes qui me sont également chères. Ma tendance est toujours à l'ensemble, à la totalité, à l'équilibre. C'est exclure, condamner, dire non, qui m'est difficile, excepté avec les exclusifs. Je combats toujours pour les absents, pour la cause vaincue, pour la vérité ou la portion de vérité négligée : c'est-à-dire que je cherche à compléter chaque thèse, à faire le tour de chaque problème, à voir chaque chose de tous les côtés possibles. Est-ce là du scepticisme ? Oui, comme résultat ; non, comme but. C'est le sentiment de l'absolu et de l'infini réduisant à leur valeur et remettant à leur place le fini et le relatif.

Mais ici, également, ton aspiration est plus grande que ton talent ; ta perception philosophique est supérieure à ta force spéculative ; tu n'as pas l'énergie de tes vues ; ta portée est supérieure à ton invention : tu as par timidité laissé l'intelligence critique dévorer en toi le génie créateur. — Est-ce bien par timidité ?

Hélas ! avec un peu plus d'ambition ou de bonheur, il y avait à tirer de toi un homme que tu n'as pas été, et que ton adolescence laissait entrevoir.

Villars, 16 août 1869. — Je suis frappé et presque effrayé de représenter aussi bien l'homme de Schopenhauer : « Que le bonheur est une chimère et la souffrance une réalité ; — que la négation de la volonté et du désir est le chemin de la délivrance ; — que la vie individuelle est une misère dont la contemplation impersonnelle seule affranchit », etc. Mais le principe que la vie est un mal et le néant un bien est à la base du système, et cet axiome je n'ai pas osé le prononcer d'une façon générale bien qu'en l'admettant pour tels ou tels individus. — Ce que je goûte encore dans le misanthrope de Francfort, c'est l'antipathie pour les préjugés courants, pour les rengaines européennes, pour les hypocrisies des Occidentaux, pour le succès du jour. Schopenhauer est un grand esprit désabusé, qui professe le bouddhisme en pleine Allemagne et le détachement absolu en pleine orgie du xixe siècle. Son principal défaut, c'est la sécheresse complète, l'égoïsme entier et altier, l'adoration du génie et l'indifférence universelle, tout en enseignant la résignation, l'abnégation, etc. Ce qui lui manque, c'est la sympathie, c'est l'humanité, c'est l'amour. Et ici, je reconnais entre nous la dissimilitude. Par la pure intelligence et par le travail solitaire, j'arriverais facilement à son point de vue ; mais dès que le cœur est sollicité, je sens que la contemplation est intenable. La pitié, la bonté, la charité, le dévouement reprennent leur droit et même revendiquent la première place.

La grandeur la plus grande est encor la bonté.

Si quelque chose est, Dieu est ; si Dieu est, ce qui est, est par lui ; la vie dès lors ne peut être un mal ; elle doit être au contraire la diminution du mal et l'augmentation du bien. Donc, l'accroissement de l'être serait la loi universelle. La conversion de l'être en conscience, la spiritualisation et la moralisation grandissantes seraient la raison de la Nature. Dieu ne s'accroît pas ; mais l'amour se multiplie par lui-même

en multipliant les points aimants et aimés ; et le monde
serait l'infini laboratoire de la vie, élaborant l'infinie multitude des esprits, qui élabore à son tour la vraie forme de
l'existence divine, savoir l'infini élevé à l'infinie puissance par
l'impérissable fécondité de l'intelligence et de l'amour. — Je
me cabre donc contre le désolant pessimisme de Schopenhauer. La réduction au néant est un pis aller. — La question
est théisme ou non-théisme.

Charnex-sur-Clarens, 29 août 1869. — Agréable matinée...
Vécu dans la verdure à quelque cent pieds au-dessus du village, médité avec Schopenhauer, plané au-dessus des eaux
bleues, oublié ma petite historiette et ma chétive personnalité,
selon ma vieille habitude, et selon le goût du philosophe franc-
fortois. Les cousins, fourmis et autres bestioles de la forêt
me dévoraient là-haut, mais j'avais la liberté de l'esprit...
Schopenhauer vante l'impersonnalité, l'objectivité, la contemplation pure, la non-volonté, le calme et le désintéressement, l'étude esthétique du monde, le détachement de la vie,
l'abdication de tout désir, la méditation solitaire, le dédain
de la foule, l'indifférence pour tous les biens convoités du
vulgaire : il approuve tous mes défauts, l'enfantillage, mon
aversion pour la vie pratique, mon antipathie pour les utili-
taires, ma défiance de tout désir ; en un mot, il courtise mes
penchants, il les caresse et les justifie.

> Redoutables flatteurs ! présent le plus funeste
> Que puisse faire aux rois la colère céleste.

Cette harmonie préétablie entre la théorie de Schopenhauer et mon homme naturel me cause un plaisir mêlé de
terreur. Je pourrais m'*indulger*, mais je crains d'enguirlander
ma conscience. D'ailleurs je sens que la bonté ne souffre
pas cette indifférence contemplative et que la vertu consiste
à se vaincre.

Charnex, 30 août 1869. — Encore quelques chapitres de
Schopenhauer... — Schopenhauer croit à l'immutabilité
des données premières de l'individu et à l'invariabilité du

naturel. Il doute de l'homme nouveau, du perfectionnement réel, de l'amélioration positive dans un être. Les apparences seules se raffinent. Le fond reste identique. — Peut-être confond-il le naturel, le caractère et l'individualité ? J'incline à penser que l'individualité est fatale et primitive, le naturel très ancien mais altérable, le caractère plus récent et susceptible de modifications involontaires ou volontaires. L'individualité est chose psychologique, le naturel chose esthétique, le caractère seul chose morale. La liberté et son emploi ne sont pour rien dans les deux premiers ; le caractère est un fruit historique et résulte de la biographie. — Pour Schopenhauer, le caractère s'identifie avec le naturel, comme la volonté avec la passion. En un mot, il simplifie trop, et regarde l'homme du point de vue plus élémentaire qui suffit avec l'animal. La spontanéité vitale et même chimique est déjà nommée volonté. Analogie n'est pas équation ; comparaison n'est pas raison ; similitude et parabole ne sont pas du langage exact. — Beaucoup des originalités de Schopenhauer s'évaporent quand on les traduit dans une terminologie plus exigeante et plus précise.

(Plus tard.) — Rien qu'en entr'ouvrant les *Lichtstrahlen* de Herder[1], on sent la différence avec Schopenhauer. Celui-ci est plein de traits, d'aperçus qui se détachent du papier et se découpent en images nettes. Herder est beaucoup moins écrivain; ses idées se délaient dans leur milieu, et ne se condensent pas d'une façon brillante, en cristaux et en pierreries. Tandis que ce dernier procède par nappes et courants de pensées qui n'ont pas de contours définis et isolés, l'autre sème des îles, saillantes, pittoresques, originales, qui gravent leur aspect dans le souvenir. Ainsi diffèrent entre eux Nicole et Pascal, Bayle et Saint-Simon.

Quelle est la faculté qui donne du relief, de l'éclat, du mordant à la pensée ? c'est l'imagination. Par elle l'expression se concentre, se colore et se trempe. En individualisant ce qu'elle touche, elle le vivifie et le conserve. L'écrivain de génie change le sable en verre et le verre en cristal, le mi-

---

1. Recueil de pensées et fragments tirés des écrits de cet auteur.

nerai en fer et le fer en acier ; il marque à sa griffe chaque idée qu'il empoigne. Il emprunte beaucoup au patrimoine commun et ne rend rien, mais ses vols mêmes lui sont complaisamment laissés comme propriété privée. Il a comme une lettre de franchise et le public lui permet de prendre ce qu'il veut.

Charnex, 31 août 1869. — Erré sur les pentes bocagères. Lu sous le noyer de la maison rouge... Temps lourd, vaporeux, congestif.

<table>
<tr><td>CONTRASTES</td><td></td><td>ALTERNANCE</td></tr>
<tr><td></td><td>HARMONIE</td><td></td></tr>
<tr><td>ÉQUILIBRE</td><td></td><td>TOTALITÉ</td></tr>
</table>

Senti se heurter en ma conscience tous les systèmes opposés : stoïcisme, quiétisme, bouddhisme, christianisme. Schopenhauer a beau me prêcher l'abdication, la résignation, l'immobilité, pour atteindre la paix, quelque chose réclame en moi et proteste. La mort de la volonté et du désir, le désenchantement absolu de la vie : ceci m'est facile, et précisément par cela, suspect. La vie est-elle seulement un piège, une illusion, un leurre, un mal ? Je ne puis encore le croire. L'amour est-il une superstition ? une contemplation ? une immolation ? Le bonheur n'est-il qu'un mensonge convenu ? Ne serai-je donc jamais d'accord avec moi-même, et ne pourrai-je ni pratiquer mes maximes, ni maximer mes pratiques ? Si l'impersonnalité est un bien, pourquoi ne pas m'y obstiner, et si elle est une tentation, pourquoi y revenir après l'avoir jugée et vaincue ? Il faudrait pourtant savoir une fois ce que tu aimes le plus, ce que tu crois le plus vrai, ce qui te semble le plus exact et le meilleur. — La raison profonde de ma défiance, c'est que le dernier pourquoi de la vie me paraît un leurre. L'individu est une dupe éternelle qui n'obtient jamais ce qu'elle cherche et que son espérance trompe toujours. Mon instinct est d'accord avec le pessimisme de

Bouddha et de Schopenhauer. Cette incrédulité persiste au fond même de mes élans religieux. La nature est bien pour moi une Maïa. Aussi ne la regardé-je qu'avec des yeux d'artiste. Mon intelligence reste sceptique. En quoi donc ai-je foi ? Je ne le sais pas. Et qu'est-ce que j'espère ? Il me serait difficile de le dire. —Erreur ! Tu crois en la bonté et tu espères que le bien prévaudra. Dans ton être ironique et désabusé il y a un enfant, un simple, un génie attristé et candide, qui croit à l'idéal, à l'amour, à la sainteté, à toutes les superstitions angéliques. Tout un millénium d'idylles dort dans ton cœur. Tu es un faux sceptique, un faux insouciant, un faux rieur.

> Borné par sa nature, infini dans ses vœux,
> L'homme est un dieu tombé qui se souvient des cieux.

Charnex [1], *8 septembre 1869 (neuf heures du matin).* — Temps magnifique. Une heure de contemplation muette à ma fenêtre. Vu aller et venir les papillons, les pensionnaires, les chats, les hirondelles, les fumées, dans ce vaste et splendide paysage, où la grâce se marie à la sévérité. Il me semblait que tous les êtres se délectaient de la joie de vivre, dans cet air balsamique, sous les rayons caressants de ce soleil d'automne. Il y a de la félicité dans cette matinée, les effluves célestes baignent complaisamment les monts et les rivages ; on se sent pour ainsi dire sous une bénédiction. Aucun bruit indiscret et vulgaire ne traverse cette paix religieuse. On se croirait dans un temple immense où toutes les beautés de la nature et tous les êtres ont leur place. Je n'ose ni remuer ni respirer, tant l'émotion m'oppresse et je crains de faire fuir le rêve, rêve où les anges passent, moment de sainte extase et d'intense adoration.

---

1. Entre le clair miroir du lac aux vagues bleues
   Et le sombre manteau du Cubly bocager,
   Dévale, ondule et rit, à travers maint verger,
   Sous les noyers pleins d'ombre, un gazon de deux lieues.

   C'est ici, c'est Charnex, mon nid dans les halliers,
   L'asile aimable et doux où mon loisir s'arrête :
   Les Pléiades, le Caux, l'Arvel sont sur ma tête ;
   Chillon, Vevey, Clarens, Montreux sont à mes pieds.

(AMIEL, Jour à Jour.)

Comme autrefois j'entends, dans l'éther infini,
La musique du temps et l'hosanna des mondes.

Comme la bonne femme de Fénelon, je demeure sans paroles et je ne [puis] rien dire que : *Oh !* Mais cette exclamation si nue est une prière, un élan de gratitude, d'admiration et d'attendrissement. Dans ces instants séraphiques, on sent venir à ses lèvres le cri de Pauline : « Je sens, je crois, je vois ! » On oublie toutes les misères, tous les soucis, tous les chagrins de la vie, on s'unit à la joie universelle, on entre dans l'ordre divin et dans la béatitude du Seigneur. Le travail et les larmes, le péché, la douleur et la mort n'existent plus. Exister c'est bénir, la vie est le bonheur. Dans cette pause sublime, toutes les dissonances ont disparu. Il semble alors que la création ne soit qu'une symphonie gigantesque, qui épanouit aux pieds du Dieu de bonté l'inépuisable richesse de ses louanges et de ses accords. On ne doute plus qu'il en soit ainsi, on ne sait plus s'il en est autrement. On est devenu soi-même une note de ce concert, et l'on ne sort du silence de l'extase que pour vibrer à l'unisson de l'enthousiasme éternel.

14 octobre 1869. — Hier mercredi, mort de Sainte-Beuve. Grande perte !

16 octobre 1869. — *Laboremus !* paraît avoir été la devise de Sainte-Beuve comme de Septime Sévère. Il est mort debout, et il a, jusqu'à la veille du jour suprême, tenu la plume et surmonté les souffrances du corps par l'énergie de l'esprit. C'est aujourd'hui, à cette heure même, qu'on le dépose dans le sein de la mère nourricière. Il a tenu bon et refusé les sacrements de l'Église ; il ne s'est rattaché à aucune confession. Il était du *grand diocèse*, celui des chercheurs indépendants ; il ne s'est accordé aucune hypocrisie finale. Comme Voltaire et comme Lamennais, il n'a voulu avoir affaire qu'à Dieu tout seul, ou peut-être à la mystérieuse Isis. Étant garçon, il est mort aux bras de son secrétaire. Il avait soixante-cinq ans. Sa puissance de travail et de mémoire était immense et intacte.

Quels étaient ses commensaux du vendredi ? Scherer, Nefftzer, Weiss, Prévost-Paradol, Taine et quelques autres. Que pense Scherer de cette vie et de cette mort ?

19 octobre 1869. — Bel article d'Edmond Scherer sur Sainte-Beuve, dont le *Temps* fait le prince des critiques français et le dernier représentant de l'époque du goût littéraire, l'avenir étant aux faiseurs et aux hâbleurs, à la médiocrité et à la violence. L'article respire une certaine mélancolie virile, qui sied dans la nécrologie d'un maître des choses de l'esprit.

Le fait est que Sainte-Beuve produit un plus grand vide que Béranger et Lamartine ; ceux-ci étaient des grandeurs déjà historiques et lointaines, celui-là nous aidait encore à penser. Le vrai critique est un point d'appui pour tout le monde. Il est le jugement, c'est-à-dire la raison publique, la pierre de touche, la balance, la coupelle qui mesure la valeur de chacun et le mérite de chaque œuvre. L'infaillibilité du jugement est peut-être ce qu'il y a de plus rare, tant elle réclame de qualités en équilibre, qualités naturelles et acquises, qualités de l'esprit et du cœur. Qu'il faut d'années et de labeurs, d'études et de comparaisons, pour amener à maturité le jugement critique ! Comme le sage de Platon ce n'est qu'avec la cinquantaine qu'il est au niveau de son sacerdoce littéraire, ou, pour être moins pompeux, de sa fonction sociale. Ce n'est qu'alors qu'il a fait le tour de toutes les manières d'être et qu'il possède toutes les nuances de l'appréciation. — Et Sainte-Beuve joignait à cette culture infiniment raffinée une mémoire prodigieuse et une incroyable multitude de faits et d'anecdotes emmagasinés pour le service de sa pensée.

8 décembre 1869 (huit heures du matin). — Ciel bas, air gris, temps triste ; — ce paysage correspond à l'état d'une âme abattue, et d'un cœur sans espérance. Ma petite ménagère file-doux et trotte-menu vient de partir, emportant mes lettres du jour. J'ai déjeuné et me voici à mon bureau, recueilli devant mon ouvrage. Le travail consciencieux et solide n'est-il pas encore ce qui trompe le moins ?

Je ne me sens pas encore bien établi dans ma nouvelle demeure. Je ne puis pas mettre à l'instant la main sur un objet quelconque, livre ou papier, harde ou gravure. Puis je ne sais comment tirer parti de ma principale chambre, sur laquelle je comptais le plus. Diverses choses traînent, lochent ou boitent. Bref, le bohème malgré lui n'est pas encore casé. Un peu de confort serait pourtant gentil. — Mais, comme le disait ce matin ma femme de ménage,« le bon Dieu ne veut pas qu'on soit heureux ». Cette idée profonde qui résume toute la philosophie chrétienne — car c'est la glorification pieuse de la douleur — est descendue dans la conscience des plus humbles et des plus petits. Le malheur est voulu par le Dieu bon, donc la douleur est un bien. Ce prodigieux paradoxe est devenu tout simple et même populaire. Cela veut dire que cette vie n'est qu'une épreuve de notre patience, et que la vraie vie vient après. Le christianisme est un leurre si l'âme n'est pas immortelle, car il ajourne au ciel la justice et le bonheur, et l'équilibre moral est escompté par la foi aux promesses de l'avenir. La religion de la douleur est celle de l'espérance. « Heureux ceux qui pleurent, car ils seront consolés ! »

J'en conclus qu'il n'y a aucun moyen égal à la religion pour populariser les grandes idées morales. Et j'en induis que le besoin d'autorité sur un point grandissant à proportion de l'affranchissement sur tout le reste, la démocratie future se passera toujours moins de religion, et peut-être même rétrogradera jusqu'au catholicisme, pour échapper à l'atomisme moral. Les époques incrédules sont toujours le berceau de nouvelles superstitions. « Si un peuple ne veut pas croire, il faut qu'il serve. » — On a toujours une religion, et une foi, comme on fait de la prose, fût-ce sans le savoir. Le choix n'est donc pas entre la foi et la science, mais entre une foi et une autre, entre une religion grossière et une meilleure. Il est possible que la religion du bien, sans espoir de récompense et d'immortalité, en d'autres termes le stoïcisme, devienne un jour la foi de l'humanité. Jusqu'ici, du moins, cette religion n'a suffi qu'aux plus nobles âmes, et le paradis a été nécessaire aux chrétiens et aux musulmans. Le paradis ne fût-il qu'un imparfait symbole de la Vie éternelle, et par conséquent une illusion, sa vertu fortifiante n'en aurait pas moins été un fait. L'erreur des cerveaux étroits est de ne pas rendre justice à l'illusion, c'est-à-dire à la vérité relative, purement psychologique et subjective. Toutes les intelligences vulgaires manquent de délicatesse critique, et se font l'idée la plus naïve de la vérité religieuse ou même de la vérité, parce qu'elles ne comprennent pas la nature et les lois de l'esprit humain. La phénoménologie est lettre close pour ces pachydermes, qui vivent à la surface de leur âme. Ils sont les lourds, les épais, les obtus, qui ne voient clair qu'en arithmétique et en mécanique, et sont incompétents dans le monde moral. La géométrie est leur domaine, le *fieri*, le devenir, la vie, et par conséquent la réalité dernière et profonde n'est pas de leur ressort ni de leur gibier.

Mais de quoi parlais-je ? de la nécessité d'une foi quelconque, pour pouvoir agir et vivre. Le scepticisme conclut rigoureusement au quiétisme. Dans le doute on s'abstient. L'incertitude infinie impose l'absolue immobilité. Si donc l'action est obligatoire, il faut une espérance, une persuasion, une foi, pour décider la volonté libre. L'intérêt, le devoir sont des motifs ; mais tout motif n'a de valeur que par une foi sous-entendue, la foi au bien par exemple, ou celle au plaisir. Il est vrai que cette foi est une expérience ; mais croire à son expérience est encore un acte de foi, qu'un vrai sceptique peut s'interdire. La base de ma certitude c'est donc mon expérience intime, mais son principe est l'acte de souveraineté par lequel je décide *motu proprio* et sans raison que mon expérience est valable, qu'elle est vraie, que j'y crois. Le passage de l'illusion à la vérité est donc une spontanéité du vouloir. Le fond de la certitude est notre volonté. Sans la volonté, nous restons dans le scepticisme. Sans elle, il y a conscience, mais il n'y a point de science et point de réalité. — Mais si l'individu n'est au fond qu'une volonté, l'univers aussi n'est qu'une volonté. Et la volonté s'éteignant, tout disparaît comme un songe. Volonté et imagination, ce serait là tout l'homme et toute la nature. La réalité n'est que la fantasmagorie infinie de la Volonté primordiale. Maïa est le rêve de Brahma. — C'est une des grandes *Weltvorstellungen* possibles. Schopenhauer en a fait le système.

(Plus tard). — Ce matin tout m'a glacé : le froid de la saison, l'immobilité physique et surtout la *Philosophie de l'Inconscient* [1]. Ce livre établit cette thèse désolée : la création est une erreur ; l'être tel qu'il est ne vaut pas le néant, et la mort vaut mieux que la vie.

J'ai ressenti l'impression morne qu'*Obermann* m'avait causée dans mon adolescence. La tristesse noire du bouddhisme m'a enveloppé de ses ombres. — Si, en effet, l'illusion seule nous masque l'horreur de l'existence et nous fait supporter la vie, l'existence est un piège et la vie un mal. Comme Annikeris, le Πεισιθάνατος, nous devons conseiller le suicide, ou plutôt, avec Bouddha et Schopenhauer, nous devons travailler à l'extirpation radicale de l'espérance et du désir, qui sont la cause de la vie et de la résurrection. Ne pas renaître, c'est là le point et c'est là le difficile. La mort n'est qu'un recommencement, tandis que c'est l'anéantissement qui importe. L'individuation étant la racine de toutes nos douleurs, il s'agit d'en éviter l'infernale tentation et l'abominable possibilité. —Quelle impiété ! Et pourtant tout cela est logique ; c'est la dernière conséquence de la philosophie du bonheur. L'épicuréisme aboutit au désespoir. La philosophie du devoir est moins désolante. — Mais le salut est dans la conciliation du devoir et du bonheur, dans l'union de la volonté individuelle avec la volonté divine, dans la foi que cette volonté suprême est dirigée par l'amour. Pour ne pas maudire la création, il faut croire, malgré les apparences et les expériences, qu'elle est une œuvre d'amour, et que le principe universel est à la fois sagesse, sainteté et bonté. Sinon, qu'elle soit anathème ! et invoquons le néant.

23 février 1870. — Reconnu avec terreur les causes de mon obsession d'hier. Elles sont dans l'instinct de perversité ; dans l'instinct de bravade ; — et dans l'instinct de suicide. On a beau dire, le mal tente parce qu'il est le mal, Satan n'a pas toujours besoin de se déguiser en ange de lumière pour se faire écouter et suivre ; il pique la curiosité, et cela suffit. On parle de la peur du danger, mais le danger exerce

1. Hartmann, *Philosophie de l'Inconscient*, 1869.

aussi un attrait puissant et vertigineux ; on veut se mesurer avec lui, et jouir de sa force.

On s'appuie sur l'instinct de conservation, mais l'instinct contraire est aussi réel. Ce qui nous est funeste sollicite en nous un goût malsain, qui n'est point aveugle mais dépravé.

Ainsi ce qui chagrinera notre conscience et notre intérêt peut nous tenter encore ; pourquoi ? en caressant notre instinct de révolte qui ne veut craindre ni Dieu ni diable, qui n'admet pas le supérieur et qui s'insurge contre tout conseil et toute injonction. — Il y a donc en nous l'élément satanique ; il y a un ennemi de toute loi, un rebelle qui n'accepte aucun joug, pas même celui de la raison, du devoir et de la sagesse. Cet élément est la racine de tout péché : *das radicale Böse* de Kant. L'indépendance, qui est la condition de l'individualité, est en même temps la tentation éternelle de l'individu. Ce qui fait que ce que nous sommes est aussi ce qui nous fait pécheurs.

Le péché est donc bien dans nos moelles, il coule en nous comme le sang dans nos veines, il est mêlé à toute notre substance. Ou plutôt je dis mal : la tentation est notre état naturel, mais le péché n'est pas nécessaire. Le péché consiste dans la confusion volontaire de la bonne avec la mauvaise indépendance ; il a pour cause la demi-indulgence accordée à un premier sophisme. Nous fermons les yeux sur les commencements du mal parce qu'ils sont petits, et dans cette faiblesse se trouve en germe notre défaite. — *Principiis obsta*, cette maxime bien suivie nous préserverait de presque toutes nos catastrophes.

Nous ne voulons d'autre maître que notre caprice ; autant vaut dire que notre mauvais moi ne veut pas de Dieu, que le fond de notre nature est séditieux, impie, insolent, réfractaire, contradicteur et contempteur de tout ce qui prétend à le dominer, par conséquent contraire à l'ordre, ingouvernable et négatif. C'est ce fond que le christianisme appelle l'homme naturel. Mais le sauvage qui est en nous et qui fait notre étoffe première doit être discipliné, policé, civilisé, pour donner un homme. Et l'homme doit être patiemment cultivé pour devenir un sage. Et le sage doit être éprouvé pour devenir un juste. Et le juste doit avoir remplacé sa volonté individuelle par la volonté de Dieu pour devenir un saint. Et cet homme nouveau, ce régénéré, c'est l'homme spirituel, c'est l'homme céleste, dont parlent les Védas comme l'Évangile, et les Mages comme les néo-platoniciens.

17 mars 1870 (onze heures du matin). — Une belle musique de cuivre vient de jouer quelques morceaux dans la rue, sous la pluie. C'était un velours pour l'homme intérieur. O Pythagore, si la musique nous transporte ainsi dans le ciel, c'est que la musique est l'harmonie, que l'harmonie est la perfection, que la perfection est notre rêve, et que notre rêve, c'est le ciel. — Ce monde de querelle, d'aigreur, d'égoïsme, de laideur et de misère, nous fait involontairement soupirer après la paix éternelle, après l'adoration sans borne et l'amour sans fond. Ce n'est pas tant de l'infini que nous avons soif que de la beauté. Ce n'est pas l'être et les limites de l'être qui nous pèsent, c'est le mal, en nous et hors de nous. Il n'est point nécessaire d'être grand, pourvu qu'on soit dans l'ordre. La perfection dans le relatif suffit parfaitement à notre besoin d'absolu. L'ambition morale n'a point d'orgueil ; elle ne désire qu'être à sa place, et chanter bien sa note dans l'universel concert du Dieu d'amour. La sainteté du serviteur, sans puissance, sans science, sans dignité, est toute la félicité qu'elle souhaite. N'être qu'un vermisseau, mais selon Dieu, voilà le vœu de Cléanthe et de Thomas a Kempis.....

Je ne sais pas si c'est le chapitre de Dixon sur les *Shakers* [1], ou le fait de la convalescence, ou celui de la musique, mais je me sens un grand besoin de mansuétude religieuse : « Autant que cela dépend de vous, soyez en paix avec tous les hommes ! » La retraite, le travail, la méditation, la prière à la façon essénienne me sourient comme une existence de choix. Un intérieur aimant, pieux, tranquille, cultivé, c'est à peu près tout ce qui me tente. — L'instinct contemplatif et mystique se réveille en moi . Mais je me rappelle que je suis ondoyant et divers : *Homo sum, nihil humani...* Faisons notre tâche.

<hr>

1. W. H. Dixon, *New America,* 1867.

30 mars 1870. — Certes, la Nature est inique, sans pudeur, sans probité et sans foi. Elle ne veut connaître que la faveur gratuite et l'aversion folle, et n'entend compenser une injustice que par une autre. Le bonheur de quelques-uns s'expie donc par le malheur d'un plus grand nombre... Inutile d'ergoter contre une force aveugle.

La conscience humaine se révolte contre cette loi, et, pour satisfaire son instinct de justice, elle a imaginé deux hypothèses dont elle s'est fait une religion : la première est i'idée d'une providence individuelle ; la seconde, celle d'une autre vie. Que les accidents et les infortunes incompréhensibles soient des dispensations paternelles d'un Dieu qui veut nous éprouver, et à l'instant la révolte fait place à l'esprit de soumission filiale. Que les étonnantes iniquités de ce monde doivent être réparées après coup, dans une meilleure existence où il y ait de la joie pour tous les affligés et où la justice habite, et dès ce moment, les épreuves deviennent supportables. Ainsi la foi à une protection divine et l'espérance d'une immortalité réparatrice, voilà où l'humanité puise le courage, voilà le procédé génial par lequel elle se réconcilie avec les duretés de la destinée.

C'est là une protestation contre la Nature, déclarée immorale et scandalisante. L'homme croit au bien, et, pour ne relever que de la justice, il affirme que l'injustice qu'il touche n'est qu'une apparence, qu'un mystère, qu'un prestige, et que justice se fera.

Fiat justitia, pereat mundus !

C'est un grand acte de foi. Et puisque l'humanité ne s'est pas faite elle-même, cette protestation a quelque chance d'exprimer une vérité. S'il y a conflit entre le monde naturel et le monde moral, entre la réalité et la conscience, c'est la conscience qui doit avoir raison.

Il n'est nullement nécessaire que l'univers soit, mais il est nécessaire que justice se fasse, et l'athéisme est tenu d'expliquer l'opiniâtreté absolue de la conscience sur ce point. La Nature n'est pas juste ; nous sommes les produits de la Nature : pourquoi réclamons-nous et prophétisons-nous la

justice ? pourquoi l'effet se redresse-t-il contre sa cause ?
le phénomène est singulier. Cette revendication provient-elle
d'un aveuglement puéril de la vanité humaine ? Non, elle est
le cri le plus profond de notre être, et c'est pour l'honneur
de Dieu que ce cri est poussé. Les cieux et la terre peuvent
s'anéantir, mais le bien doit être et l'injustice ne doit pas
être. Tel est le credo du genre humain. Et c'est le bon. Donc,
la Nature sera vaincue par l'Esprit, et l'éternel aura raison
du temps.

1er avril 1870. — Je croirais assez que pour la femme, selon
le vœu de la nature et souvent même après toute éducation
et prédication, la religion c'est l'amour, que l'amour est par
conséquent l'autorité suprême, celle qui juge le reste et décide
du bien. Pour l'homme, l'amour est subordonné au bien, il
est une grande passion, mais il n'est point la source de l'ordre,
le synonyme de la raison, le critérium de l'excellence. Il
semble donc que la femme ait pour idéal la perfection de
l'amour, et l'homme la perfection de la justice. — C'est dans
ce sens que saint Paul a pu dire que la femme est la gloire
de l'homme et l'homme la gloire de Dieu. — Ainsi la femme
qui s'absorbe dans l'objet de sa tendresse, qui fait de son
héros une idole, est pour ainsi dire dans la ligne de la nature,
elle est vraiment femme, elle est reine dans l'art d'aimer, elle
ne s'abaisse point, elle rayonne, elle réalise son type fondamental. Au contraire, l'homme qui enfermerait sa vie dans
l'adoration conjugale, et qui croirait avoir assez vécu en se
faisant le prêtre d'une femme aimée, celui-là n'est qu'un
demi-homme, il est méprisé par le monde et peut-être secrètement dédaigné par les femmes elles-mêmes. La femme
réellement aimante désire se perdre dans le rayonnement de
l'homme de son choix, elle veut que son amour rende l'homme
plus grand, plus fort, plus mâle, plus actif. Chaque sexe
ainsi est dans son rôle : la femme est plutôt destinée à
l'homme et l'homme destiné à la société ; et chacun d'eux
ne trouve sa paix, sa satisfaction et son bonheur que lorsqu'il
a découvert cette loi et accepté cet équilibre. — Ce qui serait
idolâtrique chez l'un ne l'est donc pas chez l'autre. La fin
d'un être décide de ce qui fait partie de sa beauté. Ainsi la

même chose peut être bien chez la femme et mal chez l'homme, vaillance dans celle-là, faiblesse dans celui-ci.

Il y a donc une morale féminine et une morale masculine, comme chapitres préparatoires à la morale humaine ; au-dessous de la vertu angélique et sans sexe, il y a une vertu *sexuée*. Et celle-ci est l'occasion d'un enseignement mutuel, chacune des deux incarnations de la vie s'attachant à convertir l'autre, la première prêchant l'amour à la justice, la seconde la justice à l'amour ; d'où résultent une oscillation et une moyenne qui représentent un état social, une époque, parfois une civilisation entière. Telle est du moins notre idée européenne de l'harmonie des sexes dans la hiérarchie des fonctions.

15 avril 1870 (huit heures du matin). — Je suis humilié de recommencer la série des misères hivernales : coryza, rhume, fatigue des paupières, du cerveau et des reins. Est-ce que la santé ne veut donc plus avoir que des sourires intermittents ? Me faut-il sentir toujours par quelque bout ma carcasse en avarie ? Le soleil va-t-il me nuire maintenant, comme l'ombre jadis ? Je me détraque donc sans remède ?... Ce que je trouve d'insupportable dans ma situation, c'est de me limer plus que de raison, de me détruire à petit bruit, sans utilité et sans nécessité, par simple ignorance de ce qui me conviendrait ou par ennui de me soigner moi-même... Toute destruction gratuite de la vie, tout anéantissement évitable d'un chef-d'œuvre, me parait férocité ou vandalisme. Je retrouve ici mon antipathie contre la souffrance bête, contre le malheur facultatif, contre le dévouement mal entendu. Mourir pour une belle cause, bien, mais mourir par sottise, cela me répugne... Quand on a autant aimé l'action inutile, il faut se faire à l'idée de la décrépitude accidentelle et de la mort prématurée, car c'est là encore de l'inutile... La nature et les hommes conspirent également à nous démolir et à nous remettre en poudre, avant que nous retournions à la cendre natale. Vivre c'est se défendre, c'est vaincre, c'est s'imposer sans trêve et sans relâche ; c'est continuellement se maintenir par la cohésion renouvelée, s'affirmer par la volonté, se dilater par la production ; c'est accomplir un tour de force continu d'équilibrisme infatigable. Sitôt que le jeu nous fatigue et que la lutte nous ennuie, nous sommes perdus. C'est comme pour l'homme qui voyage dans la zone intertropicale : dès qu'il ne tue plus, il est dévoré. Vivre, c'est combattre incessamment la mort, la nuit, le néant ; c'est alimenter, comme un Guèbre, la flamme de sa personnalité, c'est être le protecteur de cette individualité fantasmatique, le griffon de ce trésor imaginaire, le custode consciencieux de cette âme dont la douleur seule nous atteste l'existence, mais qui n'a pas plus de consistance qu'un rêve tenace et qu'un cauchemar chronique...

Crucifixion ! — C'est bien le mot qu'il faut méditer en ce jour. Ne sommes-nous pas au vendredi saint ?

> L'art de la vie, ami, tu voudrais le connaître,
> Il est tout dans un mot : employer la douleur.

Vas-tu maintenant réprouver la souffrance comme vaine, inutile, féroce, tyrannique, quand jadis tu savais en tirer une leçon et un bien ? La maudire est plus facile que la bénir, mais c'est retomber au point de vue de l'homme terrestre, charnel et naturel. Par quoi le christianisme a-t-il soumis le monde, sinon par sa divination de la douleur, par cette trans-figuration merveilleuse du supplice en triomphe, de la cou-ronne d'épines en couronne de gloire, et d'un gibet en symbole de salut ? Que signifie l'apothéose de la croix, sinon la mort de la mort, la défaite du péché, la béatification du martyre, l'*emparadisement* du sacrifice volontaire, le défi à la douleur ?

« O mort, où est ton aiguillon ? ô sépulcre, où est ta victoire ? » A force de travailler sur le thème : l'agonie du Juste, la paix dans l'agonie, et le rayonnement dans la paix, l'humanité a compris qu'une nouvelle religion était née, c'est-à-dire une nouvelle manière d'expliquer la vie et de comprendre la souffrance.

La souffrance était une malédiction que l'on fuyait : elle va devenir une purification de l'âme, une épreuve sacrée envoyée par l'amour éternel, une dispensation divine destinée à nous sanctifier, un secours qu'acceptera la foi, une étrange initiation au bonheur. O puissance de la foi ! tout restant le même. tout est néanmoins changé. Une nouvelle certitude nie l'apparence ; elle transperce le mystère, elle met un père invisible derrière la nature visible. elle fait briller la joie au fond des larmes et fait de la douleur l'incarnation première de la félicité.

Et voilà, pour ceux qui ont cru, la tombe devient le ciel ; sur le bûcher de la vie. iis chantent l'hosanna de l'immortalité, une sainte folie a renouvelé pour eux toutes choses, et quand ils veulent exprimer ce qu'ils éprouvent, leur ravisscment les rend imconpréhensibles ; ils parlent en *langues*. L'ivresse enthousiaste du dévouement, le mépris de la mort, la soif de l'éternité, le délire de l'amour pour la crucification, voilà ce qu'à pu produire l'inaltérable douceur du crucifié. En pardonnant à ses bourreaux, et en se sentant, malgré tout, indissolublement uni avec son Dieu, Jésus a, du haut de sa croix, allumé un feu inextinguible et révolutionné le monde. Il a proclamé et réalisé le salut par la foi dans la miséricorde infinie et dans le pardon accordé au seul repentir. En disant : « Il y a plus de joie dans le ciel pour un seul pécheur qui se convertit que pour quatre-vingt-dix-neuf justes qui n'ont pas besoin de repentance », il a fait de l'humilité la porte d'entrée du paradis.

Crucifiez le moi indomptable, mortifiez-vous complètement, donnez tout à Dieu, et la paix qui n'est pas de ce monde descendra sur vous. Depuis dix-huit siècles, il ne s'est pas dit de plus grande parole, et, quoique l'humanité cherche une application toujours plus exacte et plus complète de la justice, elle n'a secrètement foi qu'au pardon, le pardon seul conciliant l'inviolable pureté de la perfection avec la pitié infinie pour la faiblesse, c'est-à-dire sauvegardant seul l'idée de la sainteté tout en permettant l'essor de l'amour. L'Évangile, c'est la nouvelle de l'inénarrable consolation, de celle qui désarme toutes les douleurs de la terre, et même les terreurs du Roi des épouvantements, la nouvelle du pardon irrévocable, c'est-à-dire la vie éternelle. La croix est la garantie de l'Évangile. Elle en a été l'étendard.

L'humanité a cru Jésus, elle l'a cru sur sa parole et sur son exemple, elle a même cru en lui et en a fait son Dieu. Si le vrai Dieu est celui qui console, qui sanctifie et qui

fortifie, à ce titre, Jésus n'a-t-il pas conquis sa divinité ?
Que la reconnaissance passionnée du cœur impose quelques
illusions à l'esprit, qui en doute ? Mais où est le crime ?
C'est par ses affections et ses adorations que l'âme humaine
s'élève, et non pas seulement l'âme de chaque individu, mais
l'âme de l'humanité.

7 mai 1870. — La foi qui se cramponne à ses idoles et qui
résiste à toute innovation est une puissance retardatrice et
conservatrice ; mais c'est le propre de toute religion de servir
de frein à notre émancipation illimitée et de fixer notre
agitation inquiète. La curiosité est la force impulsive, ex-
pansive, rayonnante, qui, nous dilatant sans limite, nous
volatiliserait à l'infini ; la croyance représente la gravitation,
la cohésion, la concrétion qui fit de nous des corps, des
individus particuliers. Une société vit de sa foi et se développe
par la science. Sa base est donc le mystère, l'inconnu, le
pressenti, l'insaisissable, la religion ; son ferment est le besoin de connaître. Sa substance permanente est l'incompris
ou le divin, sa forme changeante est le résultat de son travail
intellectuel. — L'adhésion inconsciente, l'intuition confuse,
le pressentiment obscur qui décide de la foi première est
donc capital dans l'histoire des peuples. Toute l'histoire se
meut entre la religion qui est la philosophie géniale, instinctive et fondamentale d'une race, et la philosophie qui est
la dernière religion, c'est-à-dire la vue claire des principes
qui ont engendré tout le développement spirituel de l'humanité.

C'est la même chose qui est, qui était et qui sera, mais
cette chose montre avec plus ou moins de transparence et de
profondeur la loi de sa vie et de ses métamorphoses. Cette
chose est l'absolu. En tant que fixe, elle s'appelle Dieu ; en
tant que mobile, le monde ou la Nature. Dieu est présent
dans la nature, mais la nature n'est pas Dieu ; il y a une
nature en Dieu, mais ce n'est pas Dieu même. — Je ne suis
ni pour l'immanence ni pour la transcendance isolément.
Je tiens que, dans l'absolu, l'éternel est aussi vrai que le
mobile, l'esprit que la nature, l'idéal que le réel, le noumène
que le phénomène, et que toute la fantasmagorie de l'être

n'est que l'être sous la catégorie du déploiement sans augmenter l'être en quoi que ce soit. De même que toutes les métamorphoses chimiques sont indifférentes à la balance, et que la formation ou la dissolution d'un système solaire ne change pas d'un atome la quantité de matière cosmique, il y a changement d'état mais non accroissement ou diminution de l'être dans l'être. Quand l'humanité mourrait, il y aurait une grande floraison perdue, mais qu'importe à l'éternité ? L'absolu comme sujet est pensée, comme objet est nature. A supposer que l'absolu cesse un instant son activité intérieure, et retombe dans le sommeil de Brahma, c'est l'univers qui s'évanouit ; mais pour recommencer avec le réveil de l'absolu. — Que l'homme puisse rêver le rêve de Dieu et reconstruire dans sa monade l'architecture de l'infini, c'est là sa grandeur. Mais l'œuvre recommence toujours, parce que chaque vie n'est qu'un éclair et chaque esprit qu'une bulle de savon irisée par cet éclair.

9 mai 1870.— Disraëli, dans son nouveau roman *(Lothair)*, montre que les deux grandes forces actuelles sont la révolution et le catholicisme, et que les nations libres sont perdues si l'une de ces deux forces triomphe. C'est exactement mon idée. Seulement, tandis qu'en France, en Belgique, en Italie et dans les sociétés catholiques, ce n'est que par une tenue en échec de chacune de ces forces par l'autre qu'on peut maintenir l'État et la civilisation, il y a mieux dans les États protestants : il y a une troisième force, une foi moyenne entre les deux autres idolâtries, qui fait ici de la liberté non une neutralisation de deux contraires, mais une réalité morale, subsistant par elle-même, ayant en soi son centre de gravité et son mobile. Dans le monde catholique la religion et la liberté se nient mutuellement, dans le monde protestant elles s'acceptent : donc beaucoup moins de force perdue dans le second cas. La chrétienté catholique est donc dans une situation inférieure ; elle est déchue du premier rang, c'est la race anglo-saxonne qui est en ascendant historique pour l'heure où nous sommes.

La liberté, c'est le principe laïque et philosophique, c'est l'aspiration juridique et sociale de notre espèce. Mais comme il n'y a pas de société sans règle, sans frein, sans limitation de la liberté individuelle, sans limitation morale surtout, il convient que le peuple le plus libre légalement ait pour lest sa conscience religieuse ; c'est ce qui se trouve aux États-Unis. Dans les États mixtes, catholiques ou athées, la limitation, étant seulement pénale, pousse à la contravention incessante : c'est le spectacle qu'offre la France chaque fois qu'elle se rapproche de la République.

La puérilité des libres penseurs consiste à croire qu'une société libre peut se tenir debout et en cohésion sans une foi commune, sans un préjugé religieux quelconque. Où est la volonté de Dieu ? est-ce la raison commune qui l'exprime ou bien est-ce un clergé, une Église qui en a le dépôt ? Tant que la réponse est ambiguë, douteuse et louche aux yeux de la moitié ou de la majorité des consciences (et c'est le cas dans tous les États où la population est catholique), la paix publique est impossible et le droit public est chancelant. S'il y a un Dieu, il faut l'avoir pour soi ; et s'il n'y en a pas, il faudrait d'abord avoir gagné tout le monde à une même idée du droit ou de l'utile, c'est-à-dire avoir reconstitué une religion laïque, avant de bâtir solidement en politique.

Le libéralisme se repaît d'abstractions quand il croit possible la liberté sans individus libres, et qu'il ignore que la liberté dans l'individu est le fruit d'une éducation antérieure, éducation morale qui présuppose une religion libératrice. Prêcher le libéralisme à une population jésuitisée par l'éducation, c'est recommander le mariage à un castrat et la danse à un amputé. Un enfant dont on n'a jamais délié les langes comment marcherait-il ? Comment l'abdication de la conscience propre conduirait-elle au gouvernement de la conscience propre ? Être libre, c'est se diriger soi-même, c'est être majeur, émancipé, maître de ses actes, juge du bien; or le catholicisme ultramontain n'émancipe jamais ses ouailles, lesquelles doivent admettre, croire, obéir, parce qu'elles sont mineures à toujours, et que le clergé seul possède la loi du bien, le secret du juste, la norme du vrai. — Voilà où conduit l'idée de révélation extérieure, habilement exploitée par un sacerdoce patient.

Mais ce qui m'étonne, c'est la myopie des hommes d'État du Midi, qui ne voient pas que la question capitale c'est la question religieuse, et qui, à l'heure qu'il est, ne reconnaissent pas encore que l'État libéral est irréalisable avec une religion antilibérale, et presque irréalisable avec l'absence de religion. Ils confondent des conquêtes accidentelles et des progrès précaires avec des résultats définitifs.

Je crois au contraire qu'en France tout est possible, et que tout peut être reperdu, en fait de liberté. La France sera socialiste et communiste avant d'avoir pu réaliser la république libérale, parce que l'égalité est infiniment plus facile à établir que la liberté, et couper cent arbres beaucoup plus prompt que d'en faire croître un seul. Le socialisme est un aveu d'impuissance. Et il y a quelque vraisemblance que le tapage qui se fait soi-disant en faveur de la liberté n'aboutisse à la suppression de la liberté : je vois que l'Internationale, les irréconciliables et les ultramontains visent également à l'absolutisme, à l'omnipotence dictatoriale. Heureusement qu'ils sont plusieurs et qu'on pourra les mettre aux prises.

Si la liberté doit être sauvée, ce ne sera pas par les douteurs, les phénoménistes, les matérialistes, ce sera par les convictions religieuses, ce sera par la foi des individus qui croient que Dieu veut l'homme libre mais pur, ce sera par les aspirants à la sainteté, par ces dévots surannés qui parlent d'immortalité, de vie éternelle, qui préfèrent l'âme au monde entier, ce sera par ces réchappés de la foi séculaire du genre humain.

Dans le combat des lumières contre les ténèbres, je crois donc que la religion purifiée, le christianisme primitif, sera une force équitable. C'est lui qui dégrisera du faux progrès et de la fausse liberté, en maintenant l'idéal de la vie humaine sanctifiée, et vraiment noble, c'est-à-dire digne du ciel.

5 juin 1870. — L'efficace dans la religion est précisément dans ce qui n'est pas rationnel, philosophique ou éternel, l'efficace est dans l'imprévu, dans le miraculeux, dans l'extraordinaire, dans l'anecdotique. La religion est d'autant plus aimée qu'elle réclame plus de foi, c'est-à-dire qu'elle est moins croyable pour le profane. Le philosophe veut expliquer les mystères et les résoudre en lumière. Au contraire, c'est le mystère que réclame et que poursuit l'instinct religieux, c'est le mystère qui fait l'essence du culte et la puissance du prosélytisme. Quand la croix est devenue la folie de la croix, elle a ravi les multitudes. Et de nos jours encore ceux qui veulent dissiper le surnaturel, éclairer la religion, ménager la foi, se voient abandonnés, comme les poètes qui parleraient contre la poésie, comme les femmes qui décrieraient l'amour. Le charme de la religion est dans la foi ; la foi est l'adoption de l'incompréhensible ; et même la poursuite de l'incompréhensible ; et la foi s'enivre de ses propres offrandes et de ses exaltations multipliées. Telle qu'une femme aimante, elle fait sa volupté du sacrifice, et plus on lui demande de dévouement. plus elle est heureuse.

C'est l'oubli de cette loi psychologique qui stupéfie les libéraux ; c'est sa connaissance qui fait la force du catholicisme...

Il semble qu'aucune religion positive ne puisse survivre au surnaturel qui fait sa raison d'être. La religion naturelle paraît le tombeau de tous les cultes historiques. Toutes les religions concrètes viennent mourir dans l'air pur de la philosophie. Donc aussi longtemps que la vie des peuples a besoin du principe religieux comme mobile et sanction de la morale, comme aliment de la foi, de l'espérance et de l'amour, aussi longtemps les multitudes se détourneront de la raison pure et de la vérité nue, aussi longtemps elles adoreront le mystère, aussi longtemps et avec raison elles resteront dans la foi, seule région où apparaisse pour elles l'idéal sous la forme de l'attrait.

9 juin 1870 (huit heures du matin). — Je m'éveille une heure trop tard pour le premier train de Lausanne, et je renonce à la réunion de la Société d'Histoire, non sans un secret mécontentement de moi-même, car il eût mieux valu me retrouver avec des collègues et consulter un peu l'opinion que de moisir ici dans ma cellule d'alchimiste. Mais c'est toujours la même chose. J'aime à être dispensé, par le hasard ou par l'impossible. Le *trop tard* est d'intelligence avec mon apathie, et je ne redoute qu'en apparence de voir partir sans moi le steamer, le wagon, l'occasion et l'allégresse.

> Là-bas, là-bas !
> Est le bonheur, dit l'espérance.

Et comme je ne suis pas tourné vers l'espérance, je me dis :

> Là-bas, là-bas !
> Est l'ennui, la déception.

Et je reste coi. Au fond, avec ce seul élément de plus ou de moins dans l'âme : l'espoir, tout change. Toute l'activité de l'homme, tous ses efforts, toutes ses entreprises supposent en lui l'espoir d'atteindre un but ; une fois cet espoir évanoui, le mouvement est insensé, il n'est que spasmodique et convulsif, comme celui d'un individu qui tombe d'un clocher. Se débattre devant l'inévitable a quelque chose de puéril. Supplier la loi de la pesanteur de suspendre son action serait sans doute une prière grotesque. Eh bien ! quand on perd la foi à l'efficacité de ses efforts, quand on se dit : Tu ne seras pas mieux ainsi qu'ainsi ; tu es incapable de réaliser ton idéal, le bonheur est une chimère, le progrès est une illusion, le perfectionnement est un leurre ; à supposer toutes tes ambitions assouvies, tu ne trouverais encore là que vide, satiété, rancœur,

> Ixion, Sisyphe et Tantale,
> Les suppliciés de l'espoir,
> Démontrent à qui veut le voir
> Que toute espérance est fatale ;

on s'aperçoit qu'un peu d'aveuglement est nécessaire pour vivre et que l'illusion est le moteur universel. La désillusion complète serait l'immobilité absolue. Celui qui a déchiffré le secret de la vie finie, et qui en a lu le mot, échappe à la Grande Roue de l'existence, il est sorti du monde des vivants, il n'est plus dupe, il est mort de fait. Serait-ce la signification de la croyance antique que soulever le voile d'Isis ou regarder Dieu face à face anéantissant le mortel téméraire ? L'Égypte et la Judée avaient constaté le fait, Bouddha seul en a donné la clef : c'est que la vie individuelle est un néant qui s'ignore, et qu'aussitôt que ce néant se connaît la vie individuelle est abolie en principe. Sitôt l'illusion évanouie, le néant reprend son règne éternel, la souffrance de la vie est terminée, l'erreur est disparue, le temps et la forme ont cessé d'être pour cette individualité affranchie ; la bulle d'air coloré a crevé dans l'espace infini, et la misère de la pensée s'est dissoute dans l'immuable repos du Rien illimité. L'absolu, s'il était esprit, serait encore activité, et c'est l'activité, fille du désir, qui est incompatible avec l'absolu. La volonté est une inquiétude. L'absolu doit être le zéro de toute détermination, et la seule manière d'être qui lui convienne, c'est le Néant.

15 juin 1870 (cinq heures et demie du soir). — Chaleur accablante, ciel couvert, lumière d'éclipse, aspect morne de toute chose. Il me semble que nous traversons la queue d'une comète et que les êtres vivants vont s'éteindre dans l'aridité de cet air épaissi. L'influence torpéfiante gagne mon cerveau et m'ennuage l'entendement. Je ne réagis plus avec vivacité contre le monde extérieur, et je n'ai plus la lucide perception de ma liberté. Que la nature est affreuse et la vie désolée, quand on les regarde à travers le verre jaunâtre de cette impression ; c'est comme si le globe de l'œil s'injectait d'eau de savon. J'ai la sensation de me noyer dans la laideur. Jamais mes volets éraillés, mes rideaux jaunis, mes tapis fanés, mes bibliothèques où les livres sont en zig-zag, ne m'ont paru si désagréables à l'œil. Jamais mon visage ne m'a fait l'effet aussi déplaisant et aussi vieilli. — O lumière, ô jeunesse, ô fraîcheur, ô beauté, j'ai de vagues tentations de vous adorer, vous absentes, vous que mon cœur appelle et regrette, vous, biens disparus et perdus, vous, enchantement des sens et de l'imagination ! Je prends en grippe tout ce qui boite, cloche, geint et grimace, tout ce qui est défraîchi, ébréché, détérioré, et je sens, comme sentirait une fillette de quinze ans, une aversion instinctive pour tout ce qui déplaît, pour tout ce qui est vieux, y compris ma *Wenigkeit.*

Sous le prestige de cette aversion, on proclamerait volontiers le droit divin du beau et l'anéantissement de la laideur sous toutes ses formes. Pourtant, telle est mon apathie, que tout en répudiant la laideur pour tout ce qui m'entoure et ce qui dépend de moi, meubles, appartement, vêtements, etc., je ne me sens nullement le courage de faire l'élégance et la grâce autour de moi, et de pétrir les choses au gré de mon idéal. Cette architectonique est l'affaire de la femme ; c'est elle qui doit arranger, orner, décorer la vie. J'éprouverais une sorte de honte d'accommoder mon intérieur comme une petite-maîtresse, et de faire des frais de bonne volonté pour ce bien-être de mon individu. Un paradis tout fait m'enchante ; mais faire un nid pour moi seul me répugne.

Hélas ! en ceci, comme en tout le reste, je suis trop certain de mourir sans avoir vu se réaliser mon rêve. J'ai pour ainsi dire renoncé en bloc à l'espoir de jamais me satisfaire en quoi que ce soit ; et cela me donne, sinon du contentement, au moins du calme. Les soupirs égrenés n'empêchent pas la résignation fondamentale. Il est plus facile d'étrangler ses désirs que de les rassasier : c'est le parti que j'ai pris d'ordinaire, même pour les choses qui seraient à ma portée.

16 juin 1870. — Lecture : relu le *Cid*, avec toutes les pièces, notices, dédicaces à l'appui ; et la biographie de Corneille par Louandre.

Corneille est un excellent exemple du défaut d'harmonie et d'équilibre si fréquent chez les modernes et qui eût révolté le sens esthétique des anciens : sentiment du sublime, ignorance puérile du monde ; grandeur et gaucherie ; héroïsme et manque d'esprit ; fierté et servilité ; hauteur de l'invention, conversation bête, lourde, ennuyeuse ; talent à écrire des vers, impuissance à les lire tolérablement ; grand homme et grand nigaud ; n'est-il pas bizarre que cela se trouve ensemble, et qu'une belle âme revête l'apparence d'un balourd et d'un malotru ? — A quoi cela tient-il ? à notre éducation ridicule, surtout celle du dix-septième siècle, à notre division sociale, qui détruit l'homme au profit des classes, et range les individus, surtout en monarchie, comme les genres, espèces et familles des insectes ou des crustacés dans les vitrines de nos musées. La civilisation, dite chrétienne, a, pendant dix-huit siècles, été incapable de façonner des hommes complets, libres, nobles, comme le siècle de Périclès en faisait. Le dehors et le dedans ne se correspondent pas chez les modernes. C'est qu'il est plus facile de faire des prodiges ou des monstres que des hommes véritables ; tous les excès sont plus réalisables que la beauté. Nous sommes si éloignés de pouvoir organiser la vie individuelle et sociale d'après l'idéal esthétique, que nous n'avons pas même cette espérance à l'état d'utopie. Il va pour nous sans dire que l'harmonie, le beau, sont des éclairs exceptionnels, dans la nue de notre monde. Aussi le caractère le plus saillant de notre monde historique, c'est la contradiction, autrement dit le désaccord, la dissonance, la laideur et la grimace. — Et, pour comble, nous essayons de tirer vanité de ce défaut grotesque, comme le crapaud qui établirait par raisons démonstratives que les verrues font partie de la distinction parce que son dos à lui est couvert de ces sales rugosités.

L'infatuation où nous sommes de nous-mêmes, tandis que les vrais hommes sont si rares, est d'une bouffonnerie attristante.

3 juillet 1870. — Lecture ; Gérusez (*Calvin* ; — *Anne Dubourg* ; — *Rabelais*). Le point de vue français, quand il s'agit du protestantisme, est toujours ridiculement contradictoire. Le chauvinisme national semble incurable dans sa niaiserie, et rappelle celle de la chanson de La Palice. Pour lui deux choses vont sans dire : c'est que le génie national est sacro-saint, et que les instituteurs séculaires, savoir le romanisme et la monarchie, quoique suspects d'abus, sont non moins indiscutables, sauf du point de vue révolutionnaire. Dès lors le protestantisme, qui d'une part est peu catholique et respecte mal l'absolutisme monarchique, et d'autre part aurait prévenu la révolution, est répudié d'avance, comme ayant risqué de changer l'histoire de France. Cet optimisme naïf qui consiste à dire : Il n'y en a point comme nous, et nous sommes parfaitement contents de ce que nous sommes, est vraiment bouffon. Je me figure un bossu qui voudrait devenir un bel homme sans perdre sa bosse. Les Français, comme tous les aimables pécheurs, tiennent à leurs péchés autant qu'à leur salut, et concéderont ce qu'on voudra en détail, pourvu qu'ils reprennent en bloc toutes leurs concessions. — N'est-il pas niais de faire la critique des conséquences d'une institution sans remonter à l'institution, et de s'indigner devant le bûcher d'Anne Dubourg, en jetant la pierre à Calvin ? Les écrivains comme Gérusez sont impatientants par leur puérilité. Ils ne comprennent que l'opposition moqueuse et stérile, jamais le remède héroïque. Ils admettent Rabelais, la Fronde, la Satire Ménippée, Voltaire, mais ils ont peur des caractères sérieux. Ils veulent l'effet sans les causes, et la pomme sans le pommier : ce qui est un péché de lèse-bon sens. « Le triomphe de Calvin aurait dénaturé la France ! » Gérusez prend cela pour un argument ; il est clair que si l'on met des bottes, on n'est plus en pantoufles. Mais la question est de savoir si, pour traverser les fanges de l'histoire, une chaussure ne vaut pas mieux qu'une autre. — Est-ce que l'histoire de France depuis Louis XI, je suppose, nous montre un peuple modèle, moral, prospère, libre, heureux, enviable ? Dites oui, et n'en parlons plus. Si vous dites non, alors votre optimisme cesse d'arc-bouter la société française, dont on peut montrer les vices secrets et les superstitions profondes. Un des vices est la frivolité qui substitue les convenances publiques à la vérité, et qui méconnaît absolument la dignité personnelle et la majesté de la conscience. Le peuple des apparences ignore l'A B C de la liberté individuelle et reste d'une intolérance toute catholique envers les idées qui ne conquièrent pas l'universalité, c'est-à-dire la majorité des adhésions. La nation se regarde elle-même comme un troupeau qui fait masse, nombre et force, mais non une assemblée d'hommes libres où les individus tirent leur valeur d'eux-mêmes. Le Français éminent tire sa valeur d'autrui ; qu'il ait le galon, la croix, l'écharpe, l'épée, la simarre, en un mot la fonction et la décoration, alors il est tenu pour quelque chose et il se sent quelqu'un. C'est l'insigne qui déclare son mérite, c'est le public qui le tire du néant, comme le sultan crée ses vizirs. Ces races moutonnières disciplinées, sociables, ont une antipathie pour l'indépendance individuelle ; il faut que chez elles tout dérive de l'autorité militaire, civile ou religieuse, et Dieu lui-même n'est pas, tant qu'il n'a pas été décrété. Leur dogme instinctif c'est donc l'omnipotence sociale, qui traite d'usurpation et de sacrilège la prétention de la vérité à être vraie sans estampille, et celle de l'individu à posséder une conviction isolée et une valeur personnelle. — Chacun doit faire comme tout le monde, cette formule si française, contient en soi la justification de toutes les tyrannies, de toutes les banalités, de toutes les persécutions, et de toutes les platitudes.

Bellalpe [1], *20 juillet 1870 (trois heures après-midi).* — Le panorama est d'une majesté grandiose. C'est la symphonie des montagnes, une cantate des Alpes au soleil.

J'en suis ébloui et oppressé. Et ce qui domine, c'est la joie de pouvoir admirer, c'est-à-dire d'être redevenu contemplateur par le bien-être physique, de pouvoir sortir de moi et me donner aux choses, comme c'est le propre de mon état de santé. La gratitude se mêle à l'enthousiasme. Je reviens à moi-même. Quelle bénédiction !

(Huit heures du soir.) — Passé deux heures, au pied du Sparrenhorn, dans un ravissement continu. — Submergé de sensations. Regardé, senti, rêvé, pensé.

Bellalpe, 21 juillet 1870 (quatre heures après-midi). — Ascension du Sparrenhorn (9.050 pieds), après déjeuner. Ce pic auquel nous sommes adossés, demande au touriste deux heures un quart de marche (j'ai descendu en une heure un quart). Sa pointe n'est pas d'un très facile accès, à cause des pierres croulantes et de l'escarpement du sentier qui côtoie deux abîmes. Mais comme on est récompensé !

Le temps était parfaitement beau. La vue embrasse toute

---

1. Bellalpe, station alpestre au-dessus de Brigue, est adossée au versant sud de la chaîne septentrionale du Valais et fait face au passage du Simplon. « Villars était un nid, mais Bellalpe est une aire », a dit l'auteur.

la série des Alpes valaisannes, de la Furka au Combin, et même, par delà la Furka, quelques cimes tessinoises et grisonnes ; et si l'on se retourne, on aperçoit derrière soi tout un monde polaire de névés et de glaciers qui forment le revers sud de l'énorme massif bernois du Finsteraarhorn, du Mönch et de la Jungfrau. Ce massif est représenté par l'Aletschhorn autour duquel pivotent les rubans des divers glaciers d'Aletsch qui se tordent devant le pic d'où je les contemplais. Les cinq zones superposées : champs, bois, gazons, rocs nus, neiges ; et les quatre espèces de montagnes suivant la hauteur (monts boisés, gazonnés, rocheux, neigeux). — Parmi les monts de première grandeur, principaux types : table, le Monte-Leone ; coupole, le Fletscherhorn ; dôme, le Mont-Rose ; pagode, le Mischabel, avec ses quatre arêtes en arcs-boutants et son état-major de neuf pics en faisceau ; pyramide, le Weisshorn ; obélisque, le Cervin (pic, dent, corne, aiguille).

Autour de moi voltigeaient les papillons en partie carrée, des mouches curieuses' et des moucherons aux jambes d'araignée ; mais rien ne végétait, sauf quelques lichens. — Évolution trépidante de quelque nuée blanche au-dessus de ma tête. — La bouteille vide, avec les noms des touristes survenus depuis le 4 juillet, noms écrits sur des fragments de papier. — La grande vue vide et morte du glacier supérieur d'Aletsch, une Pompéi glaciaire. — Gentianes bleues, pensées, marguerites, renoncules, myosotis, anémones. Point d'euphraises. Gazons drus, élastiques. Quelques saxifrages. Resté une heure à la cime.

Les dos de rochers affleurent le sol ; les effondrements circulaires en coupoles gazonnées, la transition entre la zone rocheuse et la zone de gazons.

Bellalpe, 22 juillet 1870 (quatre heures et demie après-midi). — Le ciel, brumeux et marbré ce matin, est redevenu parfaitement bleu, et les géants du Valais se baignent dans la lumière tranquille.

D'où m'arrive cette mélancolie solennelle qui m'assiège et m'oppresse ? Je viens de lire une série de travaux scientifiques (Bronn, *Lois de la paléontologie ;* Karl Ritter, *Lois des formes géographiques,* etc.) et beaucoup d'autres articles de la *Revue germanique* de 1859. Serait-ce la cause de ma tristesse intérieure ? Est-ce la majesté de ce paysage immense, la splendeur de ce soleil penchant qui me dispose à pleurer ?

« Créature d'un jour qui t'agites une heure », ce qui t'étouffe, je le sais, c'est le sentiment de ton néant. Ces noms de grands hommes (Humboldt, Ritter, Schiller, Gœthe) qui viennent de passer sous tes yeux, te rappellent que tu n'as rien su faire de tes dons ; cette Revue de 1859 te reproche secrètement le chétif emploi de tes onze dernières années ; et cette grande nature impassible te dit que demain tu disparaîtras, éphémère, sans avoir fait ton œuvre, sans avoir vécu. Peut-être même est-ce le souffle des choses éternelles qui te donne le frisson de Job ? Qu'est-ce que de l'homme ? cette herbe qu'un rayon fane et qui est jetée au four ? Qu'est-ce que notre vie dans le gouffre infini ? J'éprouve une sorte de terreur sacrée, et non plus seulement pour moi, mais pour mon espèce, mais pour tout ce qui est mortel. Je sens, comme Bouddha, tourner la Grande Roue, la roue de l'illusion universelle, et dans cette stupeur muette il y a une véritable angoisse. Isis soulève le coin de son voile, et le vertige de la contemplation foudroie celui qui aperçoit le grand mystère. Je n'ose respirer ni remuer, il me semble que je suis suspendu à un fil au-dessus de l'abîme insondable des destinées. Est-ce là un tête-à-tête avec l'infini, l'intuition de la grande mort ?

> Créature d'un jour qui t'agites une heure,
> Ton âme est immortelle et tes pleurs vont finir.

Finir ? quand le gouffre des désirs ineffables s'ouvre dans le cœur, aussi vaste, aussi béant que le gouffre de l'immensité s'ouvre autour de nous. Génie, dévouement, amour, toutes les soifs s'éveillent pour me torturer à la fois. Comme le naufragé qui va sombrer sous la vague, comme le condamné dont la tête va rouler sous la hache, je sens des ardeurs folles me rattacher à la vie, des repentirs désespérés m'étreindre et me faire crier grâce. Et puis toute cette agonie invisible se résout en abattement. « Résigne-toi à l'inévitable ! Mène deuil sur les mirages de ta jeunesse ! Vis et meurs dans l'ombre ! Fais, comme le grillon, ta prière du soir. Éteins-toi sans murmure, quand le Maître de la vie soufflera sur ton imperceptible flamme. C'est avec des myriades de vies inconnues que se bâtit chaque motte de terre. Les infusoires ne comptent que s'ils sont des milliers de milliards. Ne te révolte point contre ton néant. » Amen !

Mais il n'y a de paix que dans l'ordre. Es-tu dans l'ordre ? Hélas non ! Ta nature infixable et inquiète te tourmentera donc jusqu'à la fin ? Tu ne verras jamais exactement ce que tu dois faire. L'amour du mieux t'aura interdit le bien. L'anxiété de l'idéal t'aura fait perdre toutes les réalités. L'aspiration vague et le désir indéterminé auront suffi à inutiliser tes talents et à neutraliser tes forces. Nature improductive qui s'est crue appelée à la production, tu te seras fait par erreur un remords superflu, comme une femme qui, par ignorance de son sexe, serait inconsolable d'avoir fait défaut à la paternité.

Le mot de... me revient :

> Chacun use, soit peu soit prou,
> Au moins une cape de fou.

Et aussi celui de Scherer : Il faut s'accepter comme on est.

Zurich, 8 septembre 1870. — Tous les exilés rentrent à Paris : Edgar Quinet, Dufraisse, Louis Blanc, Hugo, etc. En cotisant leurs expériences réussiront-ils à faire subsister quelque temps la République ? Cela est à souhaiter. Mais je ne risquerais pas mon petit doigt sur cette chance. Tandis que la République est un fruit, on en fait en France une semaille. Ailleurs elle suppose des hommes libres, en France elle se fait et doit se faire tutrice, institutrice ; c'est-à-dire qu'elle est artificielle et contradictoire. Elle remet la souveraineté au suffrage universel comme si celui-ci était déjà éclairé, judicieux, raisonnable, et elle doit morigéner celui qui, par fiction, est le maître. Le passé légitime toute espèce de doute ; c'est à la France à faire ses preuves d'amendement et de sagesse. La conversion n'est pas vraisemblable, mais elle n'est pas impossible. Attendons, avec sympathie, mais circonspection... La France a l'ambition du *self government*, mais ce n'est là qu'une convoitise. Il s'agit d'en montrer la capacité. Depuis quatre-vingts ans elle a confondu la révolution avec la liberté. On a droit de l'attendre à l'œuvre.

Bâle, 11 septembre 1870. — *Die Wacht am Rhein !* Il est tard et je veille, et le vieux Rhin bruit sous ma fenêtre et se brise aux arches du pont...

Bâle, 12 septembre 1870. — Comme il y a dix ans, comme il y a vingt ans, le grand fleuve glauque roule ses ondes puissantes, les chevaux piétinent sur les planches du pont aux douze arches, la cathédrale rouge darde ses deux flèches vers le ciel ; le lierre des terrasses qui bordent la rive gauche du Rhin pend des murs comme un manteau vert ; le bac infatigable fait comme jadis son va-et-vient : en un mot les choses paraissent éternelles, tandis qu'on voit blanchir ses cheveux et qu'on sent vieillir son cœur. J'ai passé ici comme zofingien [1], puis comme étudiant d'Allemagne, puis comme professeur ; j'y reviens sur le retour de l'âge, et rien dans le paysage n'a changé que moi : *Eheu, fugaces, Postume, Postume...*

Cette mélancolie du souvenir a beau être banale et puérile, elle est vraie, elle est intarissable, et les poètes de tous les temps n'ont pu échapper à ses atteintes...

Qu'est-ce au fond que la vie individuelle ? une variation du thème éternel : naître, vivre, sentir, espérer, aimer, souffrir, pleurer, mourir. Quelques-uns y ajoutent s'enrichir, penser, pulluler, vaincre, etc., mais en fait, comme que l'on s'extravase, se dilate et se convulsionne, on ne peut que faire onduler plus ou moins la ligne de sa destinée. Qu'on rende un peu plus saillante pour les autres ou distincte pour soi-même la série des phénomènes fondamentaux, qu'importe ? Le tout

---

1. Membre de la société patriotique suisse d'étudiants dite « de Zofingue », nom de la petite ville argovienne où elle fut fondée, en 1819.

est toujours le trémoussement de l'infiniment petit, et la répétition insignifiante du motif immuable. En vérité, que l'on soit ou que l'on ne soit pas, la différence est si parfaitement imperceptible pour l'ensemble des choses que toute plainte et tout désir sont ridicules. L'humanité tout entière n'est qu'un éclair dans la durée de la planète, et la planète peut retourner en gaz sans que le soleil s'en ressente seulement une seconde. L'individu est donc l'infinitésimale du néant. Il n'est intéressant que pour lui-même et dans la mesure de son obtusité.

Qu'est-ce que la Nature ? c'est Maïa, c'est-à-dire un phénoménisme incessant, fugitif et indifférent, l'apparition de tous les possibles, le jeu inépuisable de toutes les combinaisons.

Maintenant, Maïa amuse-t-elle quelqu'un, un spectateur, Brahma ? ou Brahma travaille-t-il à quelque but sérieux, non égoïste ? Du point de vue théiste, Dieu veut-il faire des âmes et augmenter la somme du bien et de la sagesse, en se multipliant lui-même dans des êtres libres, facettes qui lui répercutent sa sainteté et sa beauté ? Il faut avouer que cette conception séduit bien davantage nos cœurs. Mais est-elle plus vraie ? La conscience morale l'affirme. Si l'homme conçoit le bien, le principe général des choses qui ne peut pas être inférieur à l'homme doit être sérieux. La philosophie du travail, du devoir, de l'effort, paraît supérieure à celle du phénomène, du jeu et de l'indifférence.

Maïa, la fantasque, serait subordonnée à Brahma, l'éternelle pensée, et Brahma serait à son tour subordonné au Dieu saint.

25 octobre 1870. — Chaque fonction au plus digne, chaque place au plus capable, à chacun selon son mérite : cette maxime domine toutes les constitutions et sert à les juger. Il n'est pas interdit à la démocratie de l'appliquer, mais la démocratie l'applique rarement, parce qu'elle prétend, par exemple, que le plus digne c'est celui qui lui plaît, tandis que celui qui lui plaît est rarement le plus digne. La démocratie est une femme nerveuse qui donne son suffrage suivant son caprice, et son caprice du moment, et ne ressemble guère au sage qui apprécie le mérite intrinsèque des choses et des personnes, et fait abstraction de ses circonstances accidentelles. Plus brièvement, le système démocratique suppose que la raison guide les masses populaires, tandis qu'en fait elles obéissent plus ordinairement à la passion. Or toute fiction s'expie, car la vérité se venge.

Et voilà pourquoi la démocratie, si belle en théorie, peut, en pratique, aboutir à d'insignes laideurs.

Hélas ! comme que l'on s'y prenne, la sagesse, la justice, la raison, la santé ne seront jamais que des cas particuliers et le partage de quelques âmes d'élite. L'harmonie morale et intellectuelle, l'excellence sous toutes ses formes sera toujours une rareté de grand prix, un chef-d'œuvre isolé.

Tout ce qu'on peut attendre des institutions les plus perfectionnées, c'est de permettre à l'excellence individuelle de se produire, mais non de produire l'individu excellent. La vertu et le génie, la grâce et la beauté seront toujours une noblesse que ne pourra fabriquer aucun régime. Inutile par conséquent de s'enticher pour ou de s'enrager contre des révolutions qui n'ont qu'une importance de second ordre, une importance que je ne veux pas diminuer ni méconnaître, mais une importance plutôt négative, après tout.

Que mon coche ou mon wagon me cahote un peu plus ou un peu moins, pourvu que je me porte bien j'arrive, et c'est l'essentiel. La vie politique nous vole beaucoup trop de temps, car elle n'est que le moyen de la vraie vie. Quels que soient les inconvénients d'un appartement logeable, ils ne sauraient l'emporter sur ceux du déménagement perpétuel. Sous prétexte de perfectionnement ou de fini, nous nous rendons l'existence bien incommode, car enfin si j'emploie mon jour et ma nuit et mon lendemain à refaire mon lit, et cela pour recommencer le surlendemain, je sacrifie le but au moyen, et le sommeil, qui est le nécessaire, à la couchette qui est l'insignifiant. Si je boulange mon pain, quand est-ce que je le mangerai ? Si, pour mieux courir, je couds, découds, recouds et perfectionne sans fin mes chaussures, quand donc courrai-je ? Vaut-il pas mieux coucher à la dure, manger quoi que ce soit et marcher pieds nus, que de se faire l'esclave de cette marotte tyrannique ?

La mesure ! ce mot divin de la Grèce, comme nous l'oublions ! nous gâtons et empoisonnons les meilleures choses, faute de proportion, de modération et de bon sens. L'homme naturel, l'homme vulgaire n'est qu'un animal immodéré. La mesure est le signe de la maturité intérieure ; l'équilibre est la marque de la sagesse. *Rara avis.*

26 octobre 1870. — Sirocco. Ciel bleuâtre. Toute la couronne des arbres est tombée à leurs pieds. Le doigt de l'hiver l'a touchée. — Ma pauvre petite ménagère passe des nuits à courir de sa sœur malade à son mari qui ne l'est pas moins, et ses jours à travailler. Aussi a-t-elle les yeux rouges et enflés. Pauvre petite femme, quelle existence ! Résignée, infatigable, elle va toujours sans se plaindre jusqu'à ce qu'elle tombe.

Des vies pareilles prouvent quelque chose : c'est que l'ignorance véritable c'est l'ignorance morale, c'est que le travail et la souffrance sont le lot de tous les hommes, et que la classification par le plus ou moins de sottise ne vaut pas celle par le plus ou moins de vertu. Le royaume de Dieu n'est pas aux plus éclairés, mais aux meilleurs, et le meilleur est celui qui se dévoue le plus. Le sacrifice humble, constant, volontaire, fait donc la vraie dignité humaine. C'est pourquoi il est écrit que les derniers seront les premiers. La société repose sur la conscience et non pas sur la science. La civilisation est avant tout une chose morale. Sans l'honnêteté, sans le respect du droit, sans le culte du devoir, sans l'amour du prochain, en un mot sans la vertu, tout est menacé et tout croule ; et ce ne sont pas les lettres, les arts, le luxe, l'industrie, la rhétorique, le gendarme, le mouchard ni le douanier qui peuvent soutenir dans les airs l'édifice qui pèche par la base.

L'État fondé sur le seul intérêt et cimenté par la peur est une construction ignoble et précaire. Le sous-sol de toute civilisation, c'est la moralité moyenne des masses, et la pratique suffisante du bien. Le devoir est ce qui supporte tout. Ceux qui, dans l'ombre, le remplissent et donnent un bon exemple sont donc le salut et le soutien de ce monde brillant qui les ignore. Dix justes eussent fait épargner Sodome, mais il faut des milliers et des milliers de braves gens pour préserver un peuple de la corruption et de l'effondrement.

Si l'ignorance et la passion compromettent la moralité populaire, il faut dire que l'indifférence morale est la maladie des gens très cultivés. Cette séparation entre les lumières et la vertu, entre la pensée et la conscience, entre l'aristocratie intellectuelle et la foule honnête et grossière, est le plus grand danger de la liberté. Les raffinés, les ironiques, les sceptiques, les beaux esprits indiquent par leur multiplication la désorganisation chimique de la société. Ils sont l'ammoniac subtil flottant sur la vidange. Exemple : le siècle d'Auguste et celui de Louis XV. Les dégoûtés moqueurs sont des égoïstes qui se désintéressent du devoir général et qui, se dispensant de tout effort, n'empêchent aucun malheur. Leur finesse consiste à n'avoir plus de cœur. Ils s'éloignent par là de la vraie humanité et se rapprochent de la nature démoniaque. Qu'est-ce qui manquait à Méphistophélès ? Ce n'est pas l'esprit, certes ; c'est la bonté...

Ainsi quand je vois les êtres bornés, j'adore l'esprit. Et quand je vois des gens d'esprit, j'incline vers les gens de cœur. L'équilibre seul me contente. L'option est un mal, mais, si elle est obligatoire, je prends l'indispensable, et je préfère ce qui m'impatiente à ce que je mésestime.

28 octobre 1870. — Une chose curieuse, c'est l'oubli absolu de la justice qu'amènent ces conflits de nations. La presque totalité des spectateurs eux-mêmes ne jugent plus qu'à travers leurs goûts subjectifs, leurs colères, leurs craintes, leurs désirs, leurs intérêts ou leurs passions propres : c'est dire que leur jugement est nul. Juger, c'est voir le vrai, c'est se préoccuper du juste et par conséquent être impartial ; mieux que cela, être désintéressé ; mieux que cela, être impersonnel. Combien y a-t-il de juges non récusables dans la lutte actuelle ? Pas dix, pas trois peut-être. On met son point d'honneur à être patriote, c'est-à-dire à n'être pas juste ; on est injuste avec bonheur, avec frénésie, et ce qu'il y a de curieux, on s'en fait gloire. Tant il est plus facile de haïr ou d'aimer passionnément que de s'élever à l'humanité vraie, au point de vue sincèrement religieux. Cette horreur de l'équité, cette antipathie pour la justice, cette rage contre la neutralité miséricordieuse est l'éruption de la passion animale dans l'homme, de la passion aveugle, farouche, et qui a le ridicule de se prendre pour une raison, tandis qu'elle n'est qu'une force.

Je rends grâce à Dieu d'appartenir à un pays et d'avoir une situation qui me permettent de dépouiller mon âme de ces emportements et de ces préjugés vulgaires, et de ne chercher que la justice, comme un homme calme, *sine ira nec studio*.

6 décembre 1870. — *Dauer im Wechsel*, « la persistance dans la mobilité », ce titre d'une poésie de Gœthe est le mot de la nature. Tout change, mais avec des rapidités tellement inégales, que telle existence paraît éternelle pour l'autre ; ainsi un âge géologique comparé à la durée d'un être, ainsi la planète comparée à un âge géologique paraissent des éternités, comme notre vie comparée aux mille impressions qui nous traversent dans une heure. De quelque côté qu'on regarde, on se sent assiégé par l'infinité des infinis. La vue sérieuse de l'univers donne l'épouvante. Tout semble tellement relatif qu'on ne sait plus ce qui a une valeur réelle.

Où est le point fixe dans ce gouffre sans bornes et sans fond ? Ne serait-ce pas ce qui perçoit les rapports, en d'autres termes, la pensée, la pensée infinie ? Nous apercevoir dans la pensée infinie, nous sentir en Dieu, nous accepter en lui, nous vouloir dans sa volonté, en un seul mot la religion, voilà l'immuable. Que cette pensée soit fatale ou libre, le bien est de s'identifier avec elle. Le stoïcien comme le chrétien s'abandonnent à l'Etre des êtres que l'un appelle souveraine sagesse, et l'autre souveraine bonté. Saint Jean dit : Dieu est lumière, Dieu est amour. Le brahmane dit : Dieu est l'intarissable poésie. Disons : Dieu est la perfection. Et l'homme ? l'homme, dans son imperceptible petitesse et son inexprimable fragilité, peut apercevoir l'idée de la perfection, aider à la volonté suprême et mourir en chantant hosanna.

31 décembre 1870 (dix heures du soir). — ... Mais l'année va finir. C'est le moment de se recueillir et de jeter un coup d'œil en arrière.

Qu'ai-je fait de cette année et quel souvenir m'en reste ? Dans ma famille, la dispersion est devenue plus grande, et mon isolement a grandi. A l'Académie, entrevu et préparé ma retraite, essayé même d'un congé semestriel. Je n'ai pourtant travaillé qu'à des services publics : la Société intercantonale des Études supérieures, la Société genevoise pour le progrès des études, la Section de littérature de l'Institut genevois, la Société de chant du Conservatoire en savent quelque chose. Les concours Disdier et Hentsch, les œuvres de Blanvalet, les manuscrits de Fournel, la question orthographique, la question universitaire, m'ont pas mal pris de temps. J'ai aussi donné de l'aide à deux intelligences nouvelles... J'ai vu quelques parties de la Suisse qui m'étaient inconnues, revu Heidelberg, contemplé la lutte de l'Allemagne et de la France, et pratiqué les hommes. Scientifiquement, il me semble avoir peu fait de profit ; mais j'ai fait des expériences morales, et des observations variées. J'ai écrit bien des lettres, assez de vers, plusieurs rapports, et j'en ai imprimé un assez substantiel dans sa brièveté [1].

N'importe, il me semble que j'ai beaucoup rêvassé, paressé, baguenaudé ; et que j'aurais pu mieux faire. Mais c'est le provisoire qui me stérilise, par la dispersion, l'incertitude et le dégoût. D'ailleurs les petits maux physiques et les soucis de santé sont venus à la traverse et la désillusion croissante sur les hommes, sur le présent, sur l'avenir n'était pas faite pour me remonter.

Ce qui me laisse encore l'impression la plus douce, ce sont des preuves d'attachement ou de gratitude, des témoignages d'estime ou de sympathie. Je crois même que je ne tiens plus qu'à cela. Or, ce cordial ne m'a pas été refusé. Si j'ai vu se refroidir plusieurs de mes relations, j'ai appris à connaître quelques nouvelles âmes, et j'ai pu sonder quelques nobles cœurs.

---

1. Les concours Disdier et Hentsch sont des fondations de la Faculté des Lettres ; Amiel travaillait à la publication des œuvres posthumes du poète genevois Henri Blanvalet (1811-1870), qui fut son ami, et du français Charles Fournel (1817-1869), qu'il avait connu à Berlin ; le « rapport substantiel » auquel il fait allusion est intitulé : *Les intérêts de la Suisse romande en matière d'instruction publique*, Genève, 1870.

Ce que j'ai complètement négligé, c'est ma réputation littéraire et mon crédit dans la famille. Mon inertie sur les deux points a été entière, par insouciance d'une part et par fierté de l'autre. Tu n'aimes pas à disputer ce qui se refuse, parce que tu veux être indépendant des choses et des gens du dehors.

En somme, l'année a été passable, et c'est plutôt toi qui as manqué à la fortune que la fortune à toi. Ton défaut a toujours été le même : l'indolence et l'apathie du vouloir. Et la cause ? le doute intérieur, la non-évidence.

Ce qui est fait est fait, disait Jacob Fidèle, on fera mieux une autre fois. Pour le moment, rendons grâce.

Minuit s'approche. La Saint-Sylvestre va expirer. Il serait plus agréable d'être avec des âmes sympathiques ; mais mieux vaut encore être seul qu'avec des indifférents.

Est-ce que je hais quelqu'un ? Non. Je puis donc remercier Dieu et m'endormir en paix.

TABLE

9 782329 180663